中國文化与文明

启功题

外文出版社
北京
耶鲁大学出版社
纽黑文—伦敦

李　松
杨　泓

中国古代雕塑

安吉拉·法尔科·霍沃

巫　鸿

丛书名题字：

启功（原中国书法家协会会长）

总监制／李振国

责任编辑／廖频　孙树明　余冰清

翻译／陈云倩等

版面设计／杰利·凯利

封面设计／王志

卷首图：

五代·后唐　王处直墓散乐图浮雕

图书在版编目（CIP）数据

中国古代雕塑／李松、(美)安吉拉·法尔科·霍沃(Angela Falco Howard)等著；陈云倩等译．—北京：外文出版社；纽黑文：耶鲁大学出版社，2003.4

(中国文化与文明)

ISBN 7-119-03284-4

Ⅰ．中… Ⅱ．①李… ②安… ③陈… Ⅲ．雕塑史-中国-古代-画册

Ⅳ.J309.22

中国版本图书馆CIP数据核字（2003）第009314号

英文版同时出版

中国文化与文明丛书

中国古代雕塑

外文出版社／耶鲁大学出版社 2006

外文出版社

（北京百万庄大街24号）

邮政编码　100037

网址：http://www.flp.com.cn

电子信箱：info@flp.com.cn

sales@flp.com.cn

耶鲁大学出版社

（美国康涅狄格州纽黑文市）

P.O.Box 209040

联合出版

深圳中华商务联合印刷有限公司印制

2006年（8开）第1版

ISBN 7-119-03284-4/J.1635

定价：598.00元（精）

中国国际出版集团暨美国耶鲁大学出版社谨此向给予“中国文化与文明”丛书关心和支持的机构和个人深表谢意

本书在露丝·戴顿和布鲁斯·戴顿的慷慨支持下得以出版

双方出版者对给予本套丛书财政支持的下列机构和个人致以谢意：

罗伯特·E·埃尔斯沃思（安思远）

威廉·休利特和弗洛拉·休利特基金会

利荣森（J·S·Lee）

亨利·鲁斯基金会

帕特里夏·梅隆

国家人文基金会

约翰·里德和辛西娅·里德

罗森克兰茨基金会

斯塔尔基金会

“中国文化与文明”丛书介绍

本套丛书旨在向广大读者及专业人士详细介绍中国灿烂的文化，它的出版是中外学者和出版者们携手合作的结果。书中首次采用了许多鲜为人知的原始资料，向读者展示了学术界最新、最权威的研究成果。本套丛书同时推出中文版和英文版。

本套丛书由中国国际出版集团和美国耶鲁大学出版社共同编辑出版。

丛书合作项目总协调人：

黄友义　中国国际出版集团副总裁（中方）

约瑟夫·里德　联合国副秘书长（美方）

中国国际出版集团编辑顾问委员会成员：

季羡林　北京大学教授

李学勤　中国社会科学院历史研究所前副所长

林戊荪　中国翻译工作者协会副会长

杨　新　故宫博物院前副院长

汪庆正　上海博物馆副馆长

美国耶鲁大学出版社编辑顾问委员会成员：

高居翰　加利福尼亚大学伯克利分校

高美庆　香港中文大学

乔纳森·斯宾塞　耶鲁大学

屈志仁　纽约大都会艺术博物馆

特向“中国文化与文明”丛书高级顾问约瑟夫·里德表示感谢

目录

中国历代纪年表

旧石器时代　约100万年—1万年前

新石器时代　约1万年—4000年前

朝代			公元	都城
夏			前2070-前1600年	阳城、斟鄩
商			前1600-前1046年	亳、殷
周	西周		前1046-前771年	镐
周	东周	春秋	公元前770-前476年	洛邑
周	东周	战国	公元前475-前221年 （东周于公元前256年灭亡）	洛邑
秦			公元前221年-前206年	咸阳
汉	西汉		公元前206年-公元25年 包括新朝（公元9-23年）和更始帝（公元23-25年）	长安
汉	东汉		公元25-220年	洛阳
三国	魏		公元220-265年	邺、洛阳
三国	蜀		公元221-263年	成都
三国	吴		公元222-280年	建业
晋	西晋		公元265-316年	洛阳
晋	东晋		公元317-420年	建康
南北朝	南朝	宋	公元420-479年	建康
南北朝	南朝	齐	公元479-502年	建康
南北朝	南朝	梁	公元502-557年	建康
南北朝	南朝	陈	公元557-589年	建康
南北朝	北朝	北魏	公元386-534年	平城、洛阳
南北朝	北朝	东魏	公元534-550年	邺
南北朝	北朝	西魏	公元535-557年	长安
南北朝	北朝	北齐	公元550-577年	邺
南北朝	北朝	北周	公元557-581年	长安
隋			公元581-618年	长安、洛阳
唐			公元618-907年 周（武则天称帝）公元684-705年	长安
五代	后梁		公元907-923年	汴
五代	后唐		公元923-936年	洛阳
五代	后晋		公元936-947年	汴
五代	后汉		公元947-950年	汴
五代	后周		公元951-960年	汴
十国	蜀		公元907-925年	成都
十国	后蜀		公元934-965年	成都
十国	南平（荆南）		公元924-963年	荆州
十国	楚		公元927-951年	潭州
十国	吴		公元902-937年	江都
十国	南唐		公元937-975年	金陵
十国	吴越		公元907-978年	钱塘
十国	闽		公元909-945年	长乐
十国	南汉		公元917-971年	番禺
十国	北汉		公元951-979年	太原
辽			公元907-1125年	南京（今北京）
宋	北宋		公元960-1127年	东京（今开封）
宋	南宋		公元1127-1279年	临安
西夏			公元1038-1227年	兴庆
金			公元1115-1234年	中都（今北京）
元			公元1271-1368年	大都（今北京）
明			公元1368-1644年	南京、北京
清			公元1644-1911年	北京
中华民国			公元1912-1949年	南京
中华人民共和国			公元1949年——	北京

中国历代部分帝王年表

朝代	帝王名号	在位时间
夏	禹	
商	汤	
	盘庚	
周	**西周**	
	武王（姬发）	前1046－前1043年
	成王（姬诵）	前1042－前1021年
	东周	
	平王（姬宜臼）	前770－前719年
秦	始皇帝（嬴政）	前221－前210年
	二世（胡亥）	前209－前207年
汉	**西汉**	
	高祖（刘邦）	前206－前195年
	文帝（刘恒）	前179－前157年
	景帝（刘启）	前156－前140年
	武帝（刘彻）	前140－前86年
	东汉	
	光武帝（刘秀）	25－58年
	明帝（刘庄）	58－75年
	桓帝（刘志）	147－167年
三国	魏文帝（曹丕）	220－227年
	蜀昭烈帝（刘备）	221－223年
	吴大帝（孙权）	222－252年
晋	**西晋**	
	武帝（司马炎）	265－290年
	东晋	
	元帝（司马睿）	317－322年
南北朝	**南朝**	
	宋武帝（刘裕）	420－422年
	宋文帝（刘义隆）	424－453年
	齐高帝（萧道成）	479－483年
	梁武帝（萧衍）	502－549年
	陈文帝（陈蒨）	559－566年
	陈后主（陈叔宝）	583－589年
	北朝	
	魏太武帝（拓跋焘）	424－452年
	魏孝文帝（元宏）	471－500年
	魏宣武帝（元恪）	500－515年
	周武帝（宇文邕）	561－578年

朝代	帝王名号	在位时间
隋	文帝（杨坚）	581－604年
	炀帝（杨广）	605－618年
唐	高祖（李渊）	618－626年
	太宗（李世民）	627－649年
	高宗（李治）	650－683年
	武后（武曌）	684－705年
	睿宗（李旦）	710－712年
	玄宗（李隆基）	712－756年
宋	**北宋**	
	太祖（赵匡胤）	960－976年
	真宗（赵恒）	997－1022年
	神宗（赵顼）	1068－1086年
	哲宗（赵煦）	1086－1100年
	徽宗（赵佶）	1101－1125年
	南宋	
	高宗（赵构）	1127－1162年
辽	太祖（耶律阿保机）	907－927年
	太宗（耶律德光）	927－947年
金	海陵王（完颜亮）	1149－1161年
	世宗（完颜雍）	1161－1189年
	章宗（完颜璟）	1190－1208年
元	太祖（铁木真）	1206－1227年
	世祖（忽必烈）	1260－1295年
明	太祖（朱元璋）洪武	1368－1398年
	成祖（朱棣）永乐	1403－1424年
	宣宗（朱瞻基）宣德	1426－1435年
	宪宗（朱见深）成化	1465－1487年
	孝宗（朱祐樘）弘治	1488－1506年
	世宗（朱厚熜）嘉靖	1522－1566年
	神宗（朱翊钧）万历	1573－1620年
清	太宗（皇太极）	1627－1644年
	世祖（福临）顺治	1644－1661年
	圣祖（玄烨）康熙	1662－1722年
	世宗（胤禛）雍正	1723－1735年
	高宗（弘历）乾隆	1736－1795年
	仁宗（颙琰）嘉庆	1796－1820年
	文宗（奕詝）咸丰	1851－1861年
	德宗（载湉）光绪	1875－1908年

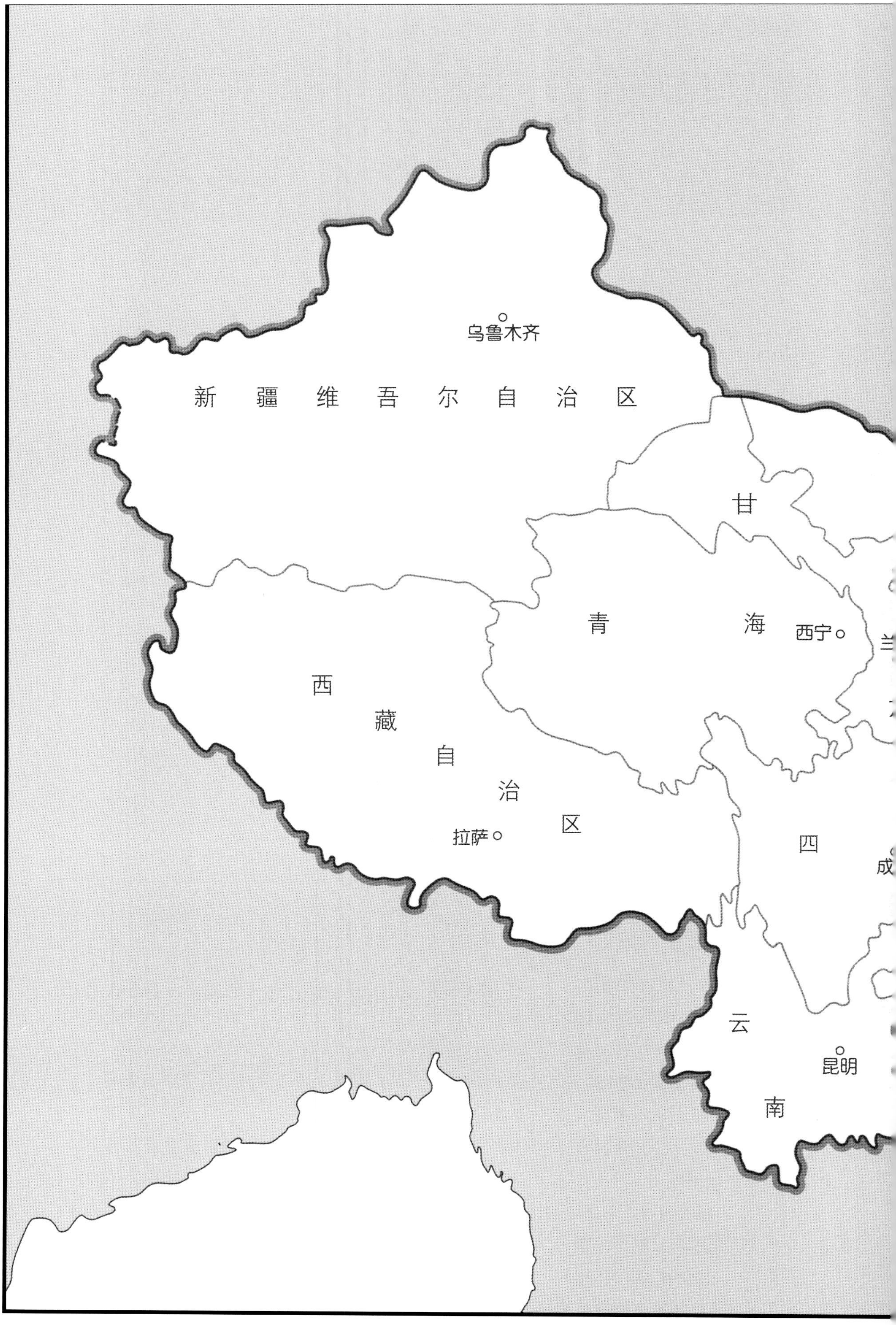
乌鲁木齐
新疆维吾尔自治区
甘
青
海
西宁
西藏自治区
拉萨
四
成
云
南
昆明

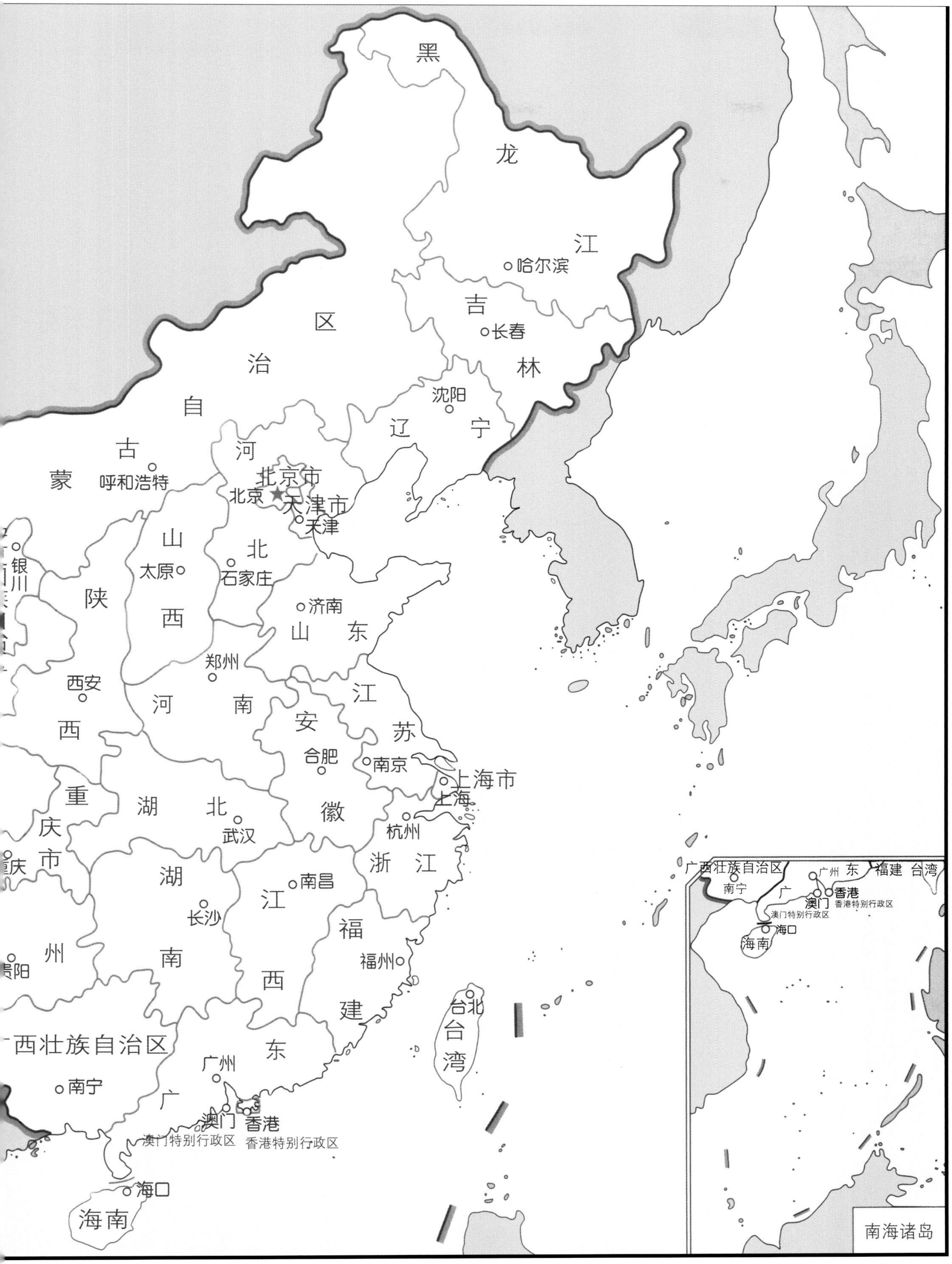
黑
龙
江
哈尔滨
吉
长春
林
区
治
自
古
蒙
呼和浩特
沈阳
辽
宁
河
北京市
北京
天津市
天津
山
北
太原
石家庄
银川
陕
西
济南
山
东
郑州
西安
河
南
江
安
苏
西
合肥
南京
上海市
上海
重
湖
北
武汉
徽
杭州
庆
市
湖
南昌
浙
江
江
长沙
福
州
南
西
福州
建
台北
台
湾
西壮族自治区
东
广州
南宁
广
澳门
香港
澳门特别行政区
香港特别行政区
海口
海南
广西壮族自治区
南宁
广州
东
福建
台湾
广
澳门
香港
澳门特别行政区
香港特别行政区
海口
海南
南海诸岛

传统人文环境中的中国雕塑

原《美术》主编、编审
中国画研究院院务委员　李　松

中国古代雕塑有着极为丰富的遗存，但缺少系统、翔实的文献记载和理论研究，在近世又出现发展上的断层现象。20世纪初期，开始引入西方雕塑创作和教学体系，这一情况直接影响了中国现代雕塑的面貌。

从雕塑艺术角度考察中国古代雕塑遗存，并给予艺术史的评价，主要也是始于20世纪前期，并在研究方法上借用了西方雕塑观念、审美经验，乃至雕塑术语。在开启阶段，这些情况不仅是不可避免，而且曾经起过积极的推进作用。一个世纪以来，海内外学者对中国古代雕塑的研究已经有了相当丰富的学术积累，并且进一步致力于从中国社会历史、文化的大环境背景上梳理中国雕塑发展的总体脉络，揭示民族雕塑艺术的创造规律。另一方面，中国近世美术考古的新发现，不断揭示出许多从不为人所知的艺术现象，中国古代雕塑的门类、艺术样式和总体面貌愈来愈丰富，促使艺术史的古代篇章要不断地充实和改写。这使得中国古代雕塑发展历史的研究成为一门富有生命力、不断前进的学术领域。

这正是编写本书的原因和意义之所在。

追溯源头

地下考古发现不断将中国雕塑的源头向前追溯：20世纪80年代初在辽宁阜新县查海遗址发现的陶罐上有蟾蜍和蛇衔蛙的浮雕及玉的雕刻品。90年代又在聚落遗址清理出一条长19.7米的龙形石雕，经碳14年代测定，约距今八千多年。[1]

距今六七千年前，是中国新石器时代发展的第一个高峰时期，在中华大地的中原和东北地区、东南沿海等地都发现了陶塑或木、石雕刻的人头像和各种动物形象，它们可能出自妇女或巫觋之手，用于佩戴或出于某种巫术的目的。到距今五千年前后的新石器时代晚期，用不同材料、不同手法制作的各种雕塑作品在各地遗址普遍发现，其中有些在三维空间的雕塑语言运用上已达到相当高的水平。而直接取材于现实生活的鸟兽形象尤为生动传神。而这一时期特别引人注目的是红山文化祭祀地母神的祭坛和女神庙中的孕妇裸身陶塑，以及体量大小不等的女神像残块与头像。其主神像据残存的五官与肢体残块推知，应有真人的三倍之大，其塑造方法与后世泥塑做法相似。这一现象表明，中国早在距今五千年前已有塑造大型彩塑的经验。

在此之后，有1986年秋季在四川广汉三星堆两个祭祀坑中发现的古蜀人铸造的、相当于真人大小的青铜立人像和大量人头像、人面具，人们由此得知，在商周之际，古人已能熟练地铸造硬质材料的大型人物像。文献记载秦始皇（公元前221－前210年在位）铸出体量硕大的十二钟鐻铜人也就不足为怪了。重各12万公斤的钟鐻铜人在秦汉宫殿广场上矗立了五个多世纪，最后为前秦国君苻坚（公元338－385年）所销毁。秦汉时期辉煌的雕塑从此湮没无闻。然而1974年，陕西临潼秦始皇陵附近的农民在掘井时意外地发现了随葬的兵马俑群，有与真人相近的彩绘陶武士俑数达七千，还有战车、陶马与数千件铜兵器，其规模与气势再现了“秦王扫六合”的军威与国威。如此巨大的雕塑创作工程，在文献记载中却不着一字。

与真人真马等大的陶塑群昭示中国雕塑史上一个重要的史实：由红山文化大型彩塑女神像、广汉三星堆青铜人像群，到秦始皇陵兵马俑，可知中国古代从新石器时代晚期开始，已经在大型雕塑创作方面积累了丰富的经验。南北朝（公元420－589年）以后佛教美术兴起造大像的风气，正是本土雕塑传统与外来宗教艺术相互融汇的结果。

宗教因缘

为了便于将丰富而纷纭繁杂的中国古代雕塑遗存梳理出一条比较清晰的总体脉络，本书分作上下两编。上编包括：新石器时代至东汉的雕塑；魏晋至明清时代的陵墓雕刻。下编包括：南北朝至唐宋时期的佛教雕刻，主要是石窟寺雕刻，兼及金铜佛与造像碑；元明清时期的寺观雕塑。

需要向读者说明的是，这样的划分并不意味着将完整的艺术现象加以生硬地割裂。例如陵墓雕刻也是上古时代，特别是秦汉时期（公元前221－220年）雕塑的重要内容，而墓内随葬的俑则是从春秋时期（公元前770－前476年）已经出现了。再如下编中，寺观与石窟寺原本属于同类性质，同时期的石窟寺雕塑与寺观雕塑在整体设计、材质、样式、表现手法上有所不同，但又相互影响，共同体现着统一的宗教思潮和艺术风格特点。石窟寺大规模营造到宋代（公元960－1279年）以后已趋于消歇，而藏传佛教的石窟营造则主要兴盛于元代（公元1271－1368年）以后。在雕塑历史发展演变的叙述中，不能不兼有史书编写体例的编年与叙事本末两种形式，而在内容上必然有所交错、穿插。

更重要的一点是下编标明宗教雕塑，并不表示本书是对世俗雕塑与宗教雕塑作界限分明的划分。事实上，上编的内容，无论是原始社会时期具有巫术意义的雕塑作品，或是夏商周时期（公元前2070－前256年）作为礼乐制度的物质载体主要用于祭礼活动的各类雕塑作品，以及秦汉以后陵墓的神道石刻和代替活人随葬的俑与驱邪辟不祥的镇墓兽等，也都具有明显的宗教性质。

“国之大事，在祀与戎。”[2] 在古代中国社会，祭祀天地、社稷、宗庙祖先，是与战争同等的国家大事。君主是最高的祭司，将神权、政权、军权统一于一身。严格而复杂的礼仪、祭祀活动体现着宗法等级的统治秩序，形成具有鲜明宗法特色的传统宗教。东周时期，儒家经典《仪礼》、《礼记》、《周礼》将其进一步体系化、理论化、法规化，对嗣后两三千年的中国社会产生极为深远的影响。

两汉时期（公元前206－220年），是中国宗教发展的一个重要阶段。传统宗教与儒家学说相结合，转化为儒教，由此而形成政教合一的统治形式；传统宗教与巫术、神仙方术、阴阳五行相结合，出现了道教；佛教从公元1世纪经由西域传入，在其以后的发展中，为了在中土立足和发展，不惜吸收与其本义相悖的儒家忠孝思想，逐渐形成中国的佛教宗派与理论。

在漫长的中国封建社会，佛、道、儒成为中国传统文化的三大支柱。[3]

佛、道、儒三教都充分运用美术为其宗教活动和普及宣传服务，也使美术创作在内容和表现形式上获得新的发展。儒教美术主要是在祭祀和各种礼仪活动中，以绘画和雕塑形式体现名教作用，与音乐、舞蹈等文艺形式相配合，发挥“成教化、助人伦”的作用；佛教、道教美术则主要致力于创造反映天国世界统治秩序的造像组合，供信众膜拜，并以经变等形式将经典中的抽象教义演绎成通俗的、便于理解和接受的具体图像。

中国上古时代重大的雕塑创作主要应用于两个方面：一方面是宫殿环境和皇家园林；一方面是墓葬。前者多已无存，仅有个别的孑遗为当时有过的历史辉煌留下印记。墓葬，特别是各代帝王陵墓的神道两旁的石雕则大量保存下来，墓内随葬的俑和明器也随考古发掘的进展而不断有令人耳目一新的发现。墓葬仿效生人起居环境的特点，为当时宫殿、园林雕塑状况提供了参照。

墓葬建筑与雕塑充分反映着中国古代社会的忠孝为本的伦理观念与宗教观念。古代人认为人死之后灵魂不灭，转化为鬼魂也要享受人间的衣食器用、居住条件和等级待遇。墓地的选择、方位要依据堪舆之说与道家阴阳五行理论。入葬时和入葬以后，要遵照儒教之礼进行各种祭礼活动。天子的先人有配天的资格而享受最高等级的祭礼。佛教传入之后，在墓室之内的雕塑和随葬器物中出现了饰有圆光，身著袈裟的佛陀形象。

墓葬的地面雕塑遗存主要是分布于神道两侧的石雕文臣武将、坐骑、奇禽异兽等，意在呵护亡灵，驱除妖魅，但实际上其宗教的意义很淡薄而主要是一种礼仪性的纪念物。

墓葬的地面雕刻主要起源于秦汉时期，秦始皇死后葬于骊山，陵墓环境“树草木以象山”；[4] 西汉武帝（公元前140－前86年在位）时，青年将军霍去病死后，“为冢象祁连山”并置石虎、马、象等石雕于草莽之间，霍去病墓附近的卫青、平阳长公主合葬墓“起冢象庐山”，[5] 都是象征性的纪念手法。唐代（公元618－907年）昭陵浮雕六骏，是太宗李世民（公元627－649年在位）生前征战时的坐骑；昭陵、乾陵的外国酋长、宾客石像，也是大唐王朝外交成就的纪念物。自唐代乾陵之后，神道石雕的内容、数量逐渐形成定制。当瞻拜者穿过漫长神道旁高大的石人石兽群，一步一步接近陵寝之时，感受到的是对于“奉天承运”的皇朝威仪之慑服，而不是宗教的虔诚，这是墓葬雕刻与佛、道教雕刻的明显不同。

墓室内的俑类雕塑作品，由于要刻意模仿现实生活中的各色人等，使塑造者得到很大的创作自由空间。汉唐时代不同材质的俑类作品，在艺术成就上达到同时代雕塑创作的高峰。

墓葬雕塑特别是帝王和勋贵墓葬内外的雕塑作品，主要由隶属于少府的东园（官署名）监造。[6] 宋以后归工部的少府监、将作监管理。[7] 作为国家工程，由专业工匠雕造，有严格的工程管理规范。从其性质与生产的背景来看，也与作为修宗教功德的佛教、道教雕刻不同。

中国古代除佛、道、儒三教外，还有伊斯兰教、基督教等多种宗教在不同时期、不同地域流行过。但遗存下来的雕塑不多。具有特殊价值的是福建泉州元代印度教石刻和晋江摩尼光佛浮雕。泉州的印度教遗存有1934年出土的四臂毗湿奴石雕立像，为印度教主神，袒上身，薄衣贴体，具有明显的印度雕刻风格。还有许多狮身人面像等石柱装饰浮雕。晋江摩尼光佛像雕于至元五年（公元1339年），为世界上仅存的摩尼教教主雕像，穿宽大袍服，颔下垂两绺长髯，结跏趺坐，身后有圆光，显然受到佛造像的影响。

中国古代也有大量非宗教性的雕刻作品。例如东周（公元前770－前256年）以来流行的人和动物形灯具及器物支架；汉代作为“相马”参照，立于未央宫金马门前的铜马，作为“水则”的李冰石像；唐代作为水利工程设施的蒲津渡铁牛；宋代的针灸铜人；清代《大禹治水》玉山子等等。或具有实用功能，或主要用于观赏。有的也具有很高的艺术价值，并与同时期的宗教美术作品体现着共同的时代风格和雕刻成就。

绘画、雕塑与雕塑家

佛教美术的传播给中国传统雕塑注入了新的活力。

佛教内容和造像样式的本土化过程，主要发生在南北朝和隋唐时期（公元581－907年）。在这个过程中，画家起了重要的、主导性作用。他们也兼作道教美术创作，使佛教、道教美术互相借鉴、发展。宋代郭若虚在《图画见闻志》一书中历数东吴至宋代重要人物画家三十七人，称他们“无不以佛道为功”。[8] 他们的作品成为佛教、道教绘画与雕塑创作的范式。

中国古代雕塑家的名字见于史书的不多，这与大量古代雕塑遗存很不相称，但有几位代表性的雕塑家在佛教雕塑本土化的过程中起过重要作用。

东晋（公元317－420年）至南朝宋（公元420－479年）时期的戴逵、戴颙父子被认为是改变早期佛造像朴拙形式的艺术家。[9] 他们创作了大量木、夹纻、青铜造像。唐道世所著《法苑珠林》卷二十四称：“二戴像制，历代独步，其所造甚多，并散在诸寺，难悉详录。”由于后世毁寺灭佛，这些作品未能保存下来。据文献记载，他们的主要贡献在于：一是创立了汉式佛造像的新样式，作品克服了生硬摹拟外来佛像的程式，令人产生亲切感。[10] 二是在造像的量度比例关系上提出新的模式并积累了塑造大像的丰富经验。戴颙曾亲手制作丈六金铜佛与菩萨像的模具。三是戴逵精心塑造夹纻行像五躯，为行像的创作提供了范式。这些都对当时佛造像的发展与提高产生重要影响。

魏晋名士以秀骨清相、褒衣博带为美的风尚，随着画家的创作，直接影响了佛画与佛塑的时代面貌，终于取代了生硬移植西方像制而造成的古朴僵直的造型，推进了佛造像本土化的进展。

北齐（公元550－577年）至唐代佛造像流行“曹衣出水”和“吴带当风”两种主导的样式。

“曹衣出水”是北齐画家曹仲达创立的梵式佛像样式：“其体稠叠而衣服紧窄”，[11] 正是人们所熟悉的北齐至隋代那种薄衣贴体，衣褶层叠富于装饰风格的造像特点。曹仲达是曹国人，其故地在今乌兹别克撒马尔罕的北部和东北方一带。在隋唐之际还有另外两位以擅画外国人和佛像著称的西域画家尉迟跋质那、尉迟乙僧父子，乙僧“画外国及佛像……小则用笔紧劲如屈铁盘丝，大则洒落有气概”，[12] 可以见出，曹仲达、尉迟父子的佛像创作都代表了传入中原的西域佛教题材与绘画面貌。

“吴带当风”，是唐代初期画家吴道子的画风。“吴之笔，其势圜转而衣服飘举”，[13] 其所表现的正是唐代上流社会男女服装宽松自然、衣袂飘举、举止容与的风尚与气度。

郭若虚在论述曹、吴绘画体法之不同时，特别指出其影响所及非仅绘画，“雕塑铸像，亦本曹吴”；“至今画家有轻拂丹青者，谓之吴装，雕塑之像，亦有‘吴装’”。[14]

被画史推为画圣的吴道子以创作了大量道释壁画而在绘画史上有着重要的影响，也影响了道释雕塑创作。宋代董逌分析吴道子的绘画特点，认为：“吴生之画如塑然，隆颊丰鼻，跌目陷脸，非谓引墨浓厚面目自具，其势有不得不然者。”“吴生画人物如塑，旁见周视，盖四面可意会。其笔迹圆细如铜丝萦盘，朱粉厚薄皆见骨高下而肉起陷处，此其自有得者。”[15] 他分析吴道子人物画，能表现出“四面可意会”的三度空间立体效果，同时，从渲染与设色效果上能表现出皮肤下面骨骼与肌肉的起伏结构关系。

特别值得注意的还有两点：一是吴道子自己也曾参与佛像雕塑创作，例如曾为汴州（今开封）大相国寺维摩变中的文殊菩萨与维摩诘像装塑；二是吴道子的弟子中张爱儿（张仙乔）、王耐儿等都是当时著名的塑工。[16]

北齐、隋代佛造像“曹衣出水”风格向“吴带当风”风格转换，吴道子及其弟子群起了重要的作用，形成一代时尚。与吴道子同时师法张僧繇的杨惠之，是中国美术史上少有的著名雕塑家之一，被画史誉为“道子画、惠之塑，夺得僧繇神笔路”。

张僧繇是中国历史上以佞佛著称的南朝梁武帝萧衍（公元502－549年在位）时期的画家，与顾恺之齐名。“武帝崇饰佛寺，多命僧繇画之”，“朝衣野服，古今不失，奇形异貌，殊方夷夏，皆参其妙”。[17] 吴道子、杨惠之距张僧繇活动的年代相去近两个世纪，他们主要是从张僧繇的画迹遗存中学习其绘画风格与表现技巧。

杨惠之长于肖像创作，能使人从塑像背影上识别出所塑对象，这在当时是很难得的。他曾于京兆府道教太华观塑玉皇像，成为宋代真宗时建玉清昭应宫玉皇塑像装銮参照的典范。也曾于汴州（今开封）安业寺（后改为大相国寺）塑佛像及维摩诘等像。据《太平清话》记，杨惠之首创千手观音样式，又创山水塑壁。后者为宋代画家郭熙进一步发展，成为后来流行的“影壁”。杨惠之著有《塑诀》一卷，已不传。[18]

唐代中期贵公子出身的画家周昉，长于肖像和贵族仕女题材的人物画，画风尚丰肥，设色柔丽。当时的雕塑也仿效他的绘画样式，称为“周家样”。从唐代中期的三彩陶俑上可以见到周昉画风的影响。周昉也长于佛画，他的突出贡献是创造了水月观音的新样式。

藏传佛教美术在元代以后的盛行与来自尼泊尔的阿尼哥（公元1245－1306年）及其弟子刘元等创作群体的努力有着重要关系。

阿尼哥为尼波罗国（今尼泊尔王国）贵胄，于中统元年（公元1260年）应选到西藏领导黄金塔修建工程，受到元代朝廷的帝师、藏传佛教萨迦派领袖八思巴（公元1235－1280年）的器重，被引荐到大都（今北京）晋见元世祖忽必烈，至元十年（公元1273年）被委任为诸色人匠总管府总管，授以银章虎符。五年后（公元1278年）又被授以光禄大夫、大司徒，兼领将作院，待遇等同于丞相。这样的隆遇，在中国历代雕塑家中是绝无仅有的。阿尼哥是杰出的建筑家、雕塑家，也是工艺美术家。他受命从事的创作活动涉及儒、道、佛三教，数量众多，一生设计、营造的宗教工程有塔三（今存北京妙应寺白塔）、佛教大寺九、道宫一（三皇庙）、儒教祠祀二（上都国学、文庙）。[19]

阿尼哥将“西天梵相”的造像仪轨与塑造经验传给了道士出身的刘元等人。刘元是阿尼哥最优秀的学生，“尝从阿尼哥学西天梵相，亦称绝艺。至元中，凡两都名刹，塑土、范金、抟换为佛像，出元手者，神思妙合，天下称之……抟换者，浸帛土偶上而髹之，已而去其土，髹帛俨然成像”。[20] 刘元官至昭文阁大学士、正奉大夫、秘书监卿。元世祖外出巡幸必使刘元跟随。仁宗时规定刘元非有旨不许擅为人造神像。阿尼哥之子阿僧哥、阿述腊也都是宗教雕塑家，并曾担任过重要官职。由阿尼哥、刘元等发展并推广的西天梵相，由于元代皇帝笃信喇嘛教而得到流行。然而，他们也同时兼作汉传佛教、道教和儒教雕塑。

佛、道、儒三教在流传过程中，存在着尖锐的矛盾和斗争，然而又是相互依存，相互吸收、借鉴的。不同时代的美术家在创作宗教美术作品时，多数人并不存在宗教偏见。南朝梁代画家张僧繇就曾在江陵天皇寺柏堂内同时画卢舍那佛和孔子、十哲像。唐代杨惠之既塑过道教的玉皇尊像，也塑过佛教的维摩诘、毗沙门天王、五百罗汉等像。

阿尼哥适应元代对宗教的兼容政策，曾于至元十一年（公元1274年）奉诏为上都国子监塑造孔子及十哲像，元贞元年（公元1295年）奉诏为崇真万寿宫造道教群像，大德八至九年（公元1304－1305年）又先后为东花园寺铸丈六佛像，为圣寿万宁寺造千手千眼菩萨，铸五方佛。刘元也塑过不少著名的佛、道两教造像。这些情况意味着在雕塑家们的创作过程中已经自然地实现了佛、道、儒三教雕塑艺术互相借鉴、融合的课题。

宗教美术主要是进行一种类型化的人物形象创造。三教神佛形象，按照宋代郭若虚的评论应是：

释门则有善巧方便之颜；

道像必具修真度世之范；

……

儒贤即见忠信礼义之风。[21]

而各教的教主应是同类人物中最高类型的创造，也是雕塑巨匠最高的创造任务。

佛教作为外来宗教，要以佛的真容、教义的真经取信于中国的信众。所以自汉代以来，历朝都有高僧去“西天”取回经像，也有国外僧人传经像东来，这些经像既反映着印度佛教自身的发展变化，也在东传中经历着本土化的过程。佛教最高等级的佛陀是高度程式化了的，在中国本土化的过程中，体型、面相、服饰、艺术风格样式都有很大变化，但作为佛之基本特征的各种因素，如三十二相、八十随形好、手印，以及依据佛经确定的造像组合关系等等都是不能改变的。而菩萨、弟子、天王、力士、罗汉等造像，则相对宽松、自由得多。他们是中国雕塑家参照现实人物创造或改造了的。其中特别突出的是把菩萨由天男相，去掉绀青色的两撇胡须变成美貌娇弱的妇女相。无怪唐代高僧道宣曾慨叹：“造像梵相，宋齐间皆唇厚、鼻隆、目长、颐丰，挺然丈夫之像。自唐来，笔工皆端严柔弱似妓女之貌，故今人夸宫娃如菩萨也。”（宋·《释道诚集》，《释氏要览》）然而，它确实显示了中国佛教美术家的艺术创造精神，中国的佛教信众也依照自己的审美观点容许了这样的改变。

道教美术在很多地方借鉴了佛教。道教以理想化了的中国士大夫形象为依据塑三清教主形象。而其庞杂的神仙系统则广泛取材自政府官吏、文臣武将，以至社会各阶层人物，这使得道教造像在一定程度上具有相当的社会现实性。

儒家以“名教”与佛家之“象教”（制作为具体形象以教化众人）相区别。早期孔子像有两种造像样式：一种是老年儒者装束；一种是戴冕旒的帝王装束。明代（公元1368－1644年），朝廷发生应不应塑孔子像的争议，结果是废塑像改为供祭木主，因之儒教雕塑未能有重要的发展。

中国雕塑与绘画有着密不可分的关系。在早期，出现过一些雕塑与绘画结合的艺术样式，如汉代设置于墓室之内的画像石、画像砖，实际是经过雕刻后，在缺少光线的环境中，可以扪触的绘画。后来的“塑壁”，或浮雕作品，如五代王处直墓室内汉白玉着色浮雕《奉侍图》与《散乐图》，以壁画帷幕为衬托，[22] 其绘画成分更重于雕塑成分。

在后来的发展中，绘画对雕塑有多方面的影响，如中国古代雕塑空间意识较弱而绘画性较强，重视轮廓的影像效果。作为中国绘画重要表现手段的线条，在雕塑中也是重要的、最富于表现力的因素。无论是“曹衣出水”，或是“吴带当风”，都是从现实生活中提炼、概括出来的，以最简洁、最有力的方式表现对象。当人们面对麦积山石窟147号龛北魏佛像，或龙门石窟唐代卢舍那大佛时，激动观者心弦的，不仅是佛面相的慈悯庄严，那富于韵律感的优美、典雅、自然、流畅的衣纹更具有一种沁人心脾的艺术感染力量，体现着中国传统艺术的特色。

雕塑作品的着色，也有中国自身的特点。古人绘画理论把“随类赋彩”作为六法之一。古代雕塑创作习称“三分塑，七分绘”，认为绘的作用更重于塑，但具体的着色经验、口诀未能留传下来。历代画家对颜料的研究和关于色彩配置的规律、色与墨的关系、着色方法等反映着民族审美习惯，可以作为研究古代雕塑着色经验的参照。

中国古代雕塑作品，包括泥、木、铜、石等各种材质的作品绝大部分都是着色的。宗教雕塑对着色尤为重视，称做装銮，即指在造像上的贴金、着色技巧。《五代名画补遗》将善装銮彩画的王温列为“神品”，他为开封大相国寺内杨惠之所铸的弥勒瑞像装銮，“其金像彩画圣容，能具种种大慈大悲端严相好”，被誉为大相国寺十绝之一，因而被识者评论为“夫装銮，塑像之羽翼”。[23]

雕塑在中国传统文化中的位置

尽管中国古代雕塑有辉煌的成就，但艺术表现从来不是创作的目的，它从属于不同时代的政治需要和宗教需要，而不可能是自由的艺术创造。

商周时代的雕塑附属于建筑或工艺美术，很少有独立的雕塑作品，雕塑的生产者是属于王室或官府手工生产作坊的“百工”（“百工”包括管理者、设计者和制作者）。国家对生产实行统一管理，亦即“工商食官”，即由官府供应生活所需，提供原材料、生产工具、设备与场地，实行严格的技术管理。“物勒工名，以考其诚。功有不当，必行有罪，以穷其情。”（《礼记·月令》）只是为了检验质量，才在产品上标出作者的名字，若不合规范，就要治罪。

百工的地位在以技艺为统治者服务的七类人中等级最低：“凡执技以事上者：祝、史、射、御、医、卜及百工。”他们的技艺世代相传，不能改行从事其他职业：“凡执技以事上者，不贰事，不移官，出乡不与士齿。仕于家者，出乡不与士齿。”（《礼记·王制》）“工之子恒为工。”（《国语》）这样，一方面有利于保证工艺技术的薪火相传，不致于中断；但在另一方面也会造成技术上因袭保守的倾向。

统治者从维护思想统治的需要出发，不鼓励艺术上的创新，深怕由此滋生异端。艺术生产需要技巧，但“大巧不可为”。[24] 在《礼记·月令》中反复强调“毋或作为淫巧以荡上心”，违者要处以极刑；“作淫声、异服、奇技、奇器以疑众，杀。”（《礼记·王制》）

然而，这些法令并未能完全扼杀艺术工匠的艺术想像力和创造精神。在经济发展，社会大动荡的东周时期，礼崩乐坏，物欲极度膨胀的新贵族们为着追求穷奢极侈的豪华享受，也在实际上鼓励着“奇技、奇器”的发展。

东周时期，工商业发达，“工商食官”制度被破坏，出现包括雕塑工匠在内的自由个体手工业生产者，然而在此后两千多年的长时期内，由于雕塑创作的集体生产特点，大型的工程性创作活动仍是由官府所承办和管理。雕塑作者始终没有摆脱掉工匠的地位。有成就的雕塑家被称为塑匠、巧匠、相匠，[25] 在一般人心目中，依然是“不与士齿”。

在中国古代文化艺术领域中，音乐的地位高于美术。在美术领域内，书法、绘画的地位高于雕塑，书画家地位高于雕塑家。一个重要的原因，是由于有文人士大夫、官员，以至皇帝参与书画创作活动，提高了书画艺术的地位，而文人精神、文化素养对书画艺术的注入，也提升了书画的文化内涵，并发展成为主流，而与从事壁画、版画等门类的画工、画匠拉开了距离。

雕塑则不同，从事雕塑创作是重体力劳动，历史上除戴逵、戴颙等人之外，很少有高层次的文化人参与雕塑创作。[26] 也没有文人为中国古代雕塑作梳理、研究、著录。而塑匠们自身的创作经历、创作经验也未记录下来。杨惠之未能传世的《塑诀》，推测应是归纳为口诀的具体实践经验，未上升为理论。存世的有关古代雕塑文献资料如《元代画塑记》、[27] 清《圆明园内工佛作现行则例》等，主要是记录雕塑与绘画宗教造像所用的材料、规范等，也没有创作理论的内容。这些情况都反映了工匠创作的一些特点和局限性。

一些古代重大雕塑创作活动有碑文记载，但主要是记录创作的缘起、主持人、创作年月。如龙门石窟奉先寺唐代卢舍那大佛造像群，在碑记中记载的是下令建寺的唐高宗李治，助脂粉钱两万贯的武则天皇后，负责营造工程的高僧、官员和支料匠，却没有真正创造这一雕刻巨迹的工匠之名。作品是不朽的，作者却是默默无闻的。

中国雕塑在文化史上是一颗蒙尘的明珠。

当代建筑家梁思成在其所著《中国雕塑史》开端，曾无限感慨地说："艺术之始，雕塑为先……此最古最重要之艺术，向为国人所忽略。考之古籍，鲜有提及；画谱画录中偶或述其事而未得其详。"[28]

20世纪，中国雕塑在长期沉寂之后出现了一些新变化：世纪之初，学习西方雕塑，改变了传统的雕塑观念和创作方式，逐渐融入中国社会，形成雕塑艺术的现代面貌。到下半世纪，有了较大的发展，出现了像人民英雄纪念碑、农业展览馆广场群雕等具有民族气派和时代特色的作品。80年代以后，城市环境雕塑蔚为大观，呈现出一派复兴气象。然而它并非对传统雕塑的直接继承和延续，在探索过程中还有很多不成熟的东西，难以垂之久远。解决好民族化和现代化的课题还是中国当代雕塑创作的艰难任务。

当人们重新审视古代无名匠师留下的无数雕塑遗迹，想从中寻找借鉴之时，感到有很多令人尚无法企及的东西。古代雕塑中有很抽象的，也有很写实的作品，但中国古代没有西方古典雕塑对于人体比例、解剖达到的令人叹为观止的精确表现。古代匠师所特别看重的是对于整体气势、精神力量和内在神韵的表达，例如霍去病墓那些单纯至极而又深厚至极的大型石雕就包蕴汉代大一统的泱泱气度。古代匠师聪明地把握各种不同的材质，运用艺术的夸张、取舍、变形，不惜改变比例、解剖关系，以强化感情，强化艺术表现力。可以把一座山雕成一尊像，在方寸大小的作品中也要追求小中见大的张力。在质朴的形式之中深藏着雄浑博大的民族气魄。前人没有留下雕塑论著，而每件优秀作品都是一本无字书，若能从中解读出古代匠师艺术创造的奥秘，不少创作中的难题可能会迎刃而解。

我们编撰这本书，也是在参与这种破译的过程，这是一件费力而又有趣的事。希望我们的工作能对读者有益，也能有助于推动今后雕塑艺术的繁荣发展。

中国佛教雕塑艺术的发展轨迹

美国新泽西州拉特格斯大学亚洲艺术系教授
纽约大都会艺术博物馆亚洲艺术部中国佛教艺术特别顾问　安吉拉·法尔科·霍沃

在约两千年间，外来的影响和中国皇室的倡导推动了中国世俗和宗教雕塑艺术的发展。以木、石为材质的雕塑，并非中国固有的重要艺术形式。虽然雕塑技艺并不是专门用于制作佛像，但却是与佛教传统和佛教修炼方式紧密联系的。

由于外来艺术有力的影响和本土士大夫的支持，从公元3世纪东汉后期佛教兴起，到公元1279年宋朝灭亡的一千多年间，中国的雕塑艺术得到持续发展。在宋代，佛教和佛教艺术臻于顶峰，中国佛教已经深深植根于当时的社会文化生活，同时皇室对于佛教艺术的赞助也达到了新的高度。

从元代起，西藏地区的藏传佛教得到皇室的扶持，并在内地广泛传播，融合了藏汉风格的雕塑反映了亚洲内陆多种文化的影响。受藏传佛教影响的雕塑作品与宋代集大成的佛教艺术，在内容和形式上都大异其趣，在初始阶段，汉族大都难以适应。元代，由于蒙古族皇帝倡导西藏佛教及其艺术，而令中国汉族对自身认同问题提出了根本的质疑，中国传统雕塑因而在元代失去了它的平衡。

本书章节的划分是为了便于介绍复杂而源远流长的中国雕塑，其实各时期各区域间并无明确的分界，而是互相影响、有时甚至是互相交错的。例如，在某一特定时期，不同寺院和石窟雕塑的材料、手法、风格都不相同，但却是互相影响的，并且作为一个整体反映了那个时代的宗教艺术的面貌。又例如，从宋代起大规模的石窟寺庙建筑渐趋停止，但元代在西藏又兴起修建石窟寺庙之风。为了更好地说明中国雕塑史中这种交错的情况，本书同时采用按时期先后顺序叙述和按实物描述的方法。

再者，如果把本书的分章方法理解为一类雕塑是世俗雕塑，另一类是宗教雕塑，有着截然不同的分野，那就错了。所有传统的中国雕塑都是与影响巨大的各种信仰分不开的，这些信仰以不同方式对超自然的世界、死后世界所作的解释，其实是为顺应世俗政权的要求。正如巫鸿和杨泓先生在有关章节中阐释的那样，地上地下的不同大小和材质的丧葬艺术品，受到至少是商代以来的各种信仰的影响。而且，这些作品虽然有其宗教性质，但很大程度上可以看作是表现礼仪的。

第二部分由李松先生和我撰写，论述佛道儒等信仰的表现方式。佛教是外来的宗教，但中国信众吸收了它的教义，使它成为中国文化的基本成分。佛教和中国本土的道教，以及儒家思想体系同样影响深远。

佛教和道教雕塑从一开始就反映弥久不变的信仰，这与墓葬雕塑不同。墓葬雕塑是不断演变以适应不同时期的不同要求的。艺匠随着政治与文化相互关系不断的发展，使道教与佛教艺术变得丰富多彩。两种宗教互相影响，取长补短。从艺术上看，佛教艺术是其他宗教的模本。

长期以来，中国人一直使用“雕”和“塑”两种方法。仔细分析，用“雕”还是用“塑”取决于使用的材料。无论表现人物、动物还是器皿，塑主要用泥叠加而成，青铜器皿的陶范也是这样制作的。但石雕和木雕要用斫削的方法，用经处理的材料削减而成。玉器是用琢和研磨的方法制作的，与后来用于砂岩、石灰岩和大理石的手法不能相提并论。石雕制作是因佛教在中国的传播而流行的，因为所制佛像无论是供礼拜，还是为积功德，都需要按照印度创造的程式制作。石雕的大发展，开创了雕塑的新阶段，即利用雕塑表现人物和动物，而且是在一定的空间即庙宇和神龛中展示。中国纪念碑式的石雕如霍去病（卒于公元前113年）墓前雕刻无疑早于佛教雕像，但不能认为它是后来与宗教有关的人物雕塑的滥觞。

不论是雕或塑，是人像或器物，“雕塑”一词并不适用于所有的中国立体艺术。本书雕塑一词用得很宽泛，与西方传统中的概念不尽相同。在西方，雕塑一般是指圆雕和浮雕，是雕塑家自由的艺术创作，主要是陈列在生活场所，供欣赏的。对大多数西方人，雕塑引起的联想是能叫上名字的大艺术家，是这些艺术家开创的风格，这些风格又启发后来的仿效者。相反，中国的“雕塑”从新石器时代到各个历史时期，主要指的是埋葬在坟墓中的无名氏的雕刻，是为死者祈福或具有某种功用的。

从东汉后期到公元317年中国南北分裂时期，由于对佛教经典尚不完全了解，又缺少神职人员的监督指导，致使佛教雕塑作品无法严格按仪规制作。严格说来，这些类似佛像的作品还不是依循佛教传承制作的独立塑像，而是墓葬建筑或明器的一部分。这些作品也受到道教信仰的影响，当时道教也处于发展的初始阶段。俑、房舍模型、铜镜、魂瓶等丧葬用具放在显贵生前建造的坟墓里，这些显贵信奉佛教，但是他们所理解的佛教与当时正发展着的道教教义和道教艺术相吻合。

在这一时期，佛教和道教都在发展自己的神像系统。一般认为佛教是嫁接在业已存在的道教信仰上，佛的形象与道教神祇可以互换。很难明确区分这两种信仰体系的贡献，因为它们是同时发展的。后来人们一般认为道教造像很大程度上依赖佛教已确立的神像程式。

佛教信仰和礼仪很明显是来自外国。雏形期佛教雕塑主要发现于四川省的长江中游沿岸地区和沿海的江苏、浙江省，这些地区都与外部世界有联系。四川地处交通干线的汇合处，南线经云南最终与印度连接，北路连接甘肃河西走廊并通往中亚和印度，沿海省份则通过海路与印度相通。

佛教初步传播发展于中国南北分裂的动乱时期，人们之所以愿意接受这种外来的宗教，其部分原因是佛教还未充分发展。此时，虽然有些地方政权的统治者不是汉人，但是民族问题还没有凸现出来。而到了元代，少数民族建立的王朝统治中国中原地区，并开始改变佛教艺术的汉族特征，以致有了汉传佛教艺术与藏传佛教艺术。元代以后两种佛教雕塑成了中国佛教雕塑传统的核心内容。从元代到清代，中国佛教雕塑是在藏传佛教艺术的影响下，在完全变化了的历史背景下发展的。

后来历代帝王不仅利用他们掌握的财富赞助、影响中国的雕塑艺术，而且把引进教义的主要观点中国化。皇室的支持在中国佛教雕塑的发展过程中，是十分关键的。在元代，忽必烈在扶持藏传佛教时，与萨迦派教主、外国艺术家之间建立起一种特殊关系。元代皇帝选封藏传佛教有学识的大喇嘛为帝师，帝师为宗教艺术确立了教义上的指导方针。

在明代，皇帝和西藏高僧之间的个人关系和政治关系也十分密切。永乐年间(公元1403-1424年)，由汉藏工匠合作制作的带有年号的金铜像大量出现。许多铜像是皇帝赐予西藏喇嘛的，也有些是皇帝和皇宫内收藏供礼拜用的。

清代皇室的扶持对藏传佛教的兴盛仍旧是十分重要的。例如，康熙皇帝(公元1662-1722年在位)和他的孙子乾隆皇帝(公元1736-1795年在位)曾受高僧传授的密法，他们十分支持这种信仰。当时，一些杰出的西藏工匠和汉族工匠被朝廷征召到王宫，并鼓励他们遵循藏传佛教的传统创作，因而促进了数种佛像艺术风格的融合。

过去五十年中的一些令人鼓舞的新发现，改变了人们对从汉代后期到宋代佛教雕塑发展的认识。其中很重要的一点，是当时一些巨大的佛雕艺术工程有相当一部分是周边的或地区性的艺术，而不是由中央政府主持兴建的。如第三章所述，在中国分裂时期，佛教艺术的发展受深深植根于民间的地方风格的影响。风格和教义的创新常常起源于周边地区，然后为政治势力强大、艺术水准较高的中心地带所吸收，中心地带往往也是王朝的都城所在地。

例如，4世纪到5世纪初，多种风格并存的艺术表现手法可见于统治甘肃河西走廊的凉代皇室的艺术传统，占据陕西的后秦统治者所赞助制作的艺术作品，以及后赵时期河北制作的金铜像。公元439年北魏（公元386-534年）统一北方，先后定都平城（今大同）和洛阳，北魏风格也融合了上述三个中心开创的风格。

南方的佛像制作与北方中原地区是同时发展的。在南京或邻近南京地区发现的佛教雕塑令人惊讶，引起我们重新思考失传的南方雕塑艺术的风格和内容的兴趣。近期山东青州龙兴寺二百多件雕塑的发现是该省十年文物发掘中最重要的的成果之一。在政治和文化上，山东深受南朝都城建康的影响。在四川和山东发现的文物中，有几座梁代（公元502-557年）造像碑，还有我们认为可以代表南方风格的佛像。

南北风格明显不同。南方造像重写实，立体的造像形体硕大。南方的创新之一，是把阿弥陀佛和弥勒佛并置于观音菩萨两旁，组合成三尊（这一形式本是用于表现佛陀的）；再就是把神像置于山水背景下，这是天国或净土的早期表现。另外，我们发现在梁代艺术（如四川和山东文物中所见）中印度的笈多(约公元320-600年)风格取代了以前的犍陀罗风格。

中国分裂时期的佛教艺术发展的主要特征是多种流派同时发展并互相融合。在6世纪后半叶，北齐、北周和隋代的佛教艺术受到各种复杂的地域风格的强烈影响。例如，北周艺术喜好繁复的表面装饰，源于已在四川植根的印度风格，而其结实方整的造像形体则反映了甘肃、宁夏、陕西等地的地方偏好。新近从山西太原和陕西西安发现的文物中，还可以看到中亚的影响，那里为粟特富商建造的石碑上表现的题材是波斯神像和祆教徒拜火仪式。

在这一时期，来自不同地区的宗教教义和神像源源不断地传入中国。丝路是印度神像和宗教建筑传入的最重要的通道。西南一线从印度经今日缅甸到云南，从印度乘船到中国东部沿海的海路也在这种交流中起着重要的作用。因为同时有这么多的外来影响，这一时期的雕像（金铜像、石雕、泥塑、木雕）具有国际化的特征。外来教义和艺术，以及艺术原型的传入，地方和皇家的赞助共同成就了庞大而富丽堂皇的石窟寺。

在中国分裂为南北朝的大约四百年间，佛教渐渐演变为一种本土的宗教，有牢固的僧侣组织和经典传统做基础。与初期阶段佛教不同的是，这一时期的艺术取材于由中外僧人传播开来的大批经典文献。这一时期的造像也反映各种僧人的传教意图。

大唐帝国时期雕塑数量极为惊人。唐朝在亚洲大陆畅通无阻的扩张，加上与众多国家间的空前的商业和文化交流，把中国的城市特别是首都长安变成了国际化都市。结果是雕刻家视野扩大了，开始以更加自然写实的形象，取代了以往高度程式化的抽象表现和以线条为主的风格。当时已经成熟的人物画对佛教艺术产生的影响，也是不可低估的。

这种写实的风格也与当时对佛经的解释相适应。当时，对佛经的解释哲理深奥，给雕塑家和画家提出了难题。8世纪初的山西天龙山大理石雕像和西安体态丰腴的雕像，最能代表唐代世俗的写实风格。西安相国寺遗址出土的一组雕塑作品，从多方面说明了当时新引进的密宗的教义的复杂性。忿怒相的密宗神像三头六臂，可能借鉴了当时佛教绘画（特别是敦煌壁画）中制造幻象的手法，只不过是完全的圆雕，姿势更为生动，一改早期全正面的静态描绘。

唐代风格虽然相当统一，但一些地区仍在探索着新的艺术表现方法。例如，四川虽然是唐帝国的组成部分，但其巨大的岩石雕像有其独特的艺术追求。当地的地主和新兴的商贾出资兴建的宏大工程，足以与龙门皇家兴建的工程相媲美。四川雕塑中含有浓厚的世俗味和对物质的追求，对众神聚集的净土世界的描绘，表明其赞助者似乎希冀他们在尘世的享乐，在另一个世界里也能得到。

另一个富有创新意义的区域是在今云南的南诏王国，那里与唐朝的都城（西安和洛阳）的文化活动相隔离。在9世纪下半叶的鼎盛时期，南诏王国制造了风格与北方明显不同的铜像乃至金像。不仅南诏王国的艺术表现手法自成一体，与当时唐代的风格完全不同，而且表现的题材也完全是取自当地的，它供奉历代的南诏王和君王的保护神。

宋代是发生深刻变化的时期，宋政权与北部少数民族建立的辽、金和西夏政权成对峙局面。这一时期，外来影响和皇室的支持有着特别的意义。契丹族建立的辽（公元907－1125年）和女真族建立的金（公元1115－1234年），占据中国的东北和中原的一部分，党项族（羌族一支）建立的西夏（公元1038－1227年）把统治扩展到西北部和今天新疆的一部分地区。这三个王朝都信奉佛教，但他们对艺术和信仰的看法截然不同。西夏的影响无疑是最强最深的，因为它崇奉新兴起的藏传佛教。[1] 西夏还宣扬一种异于汉族的统治观点，即皇帝和皇帝的精神导师——上师都享有尘世和天国的权力。这种形式的统治后来成为蒙古族建立的元朝遵循的模式。

这种新的教义和政治观与中国原有的佛教传统相抵牾。藏传佛教及其艺术的传播造成了一种双重信仰，即原来广泛流行的传统的佛教和新传入的藏传佛教。因为这两种信仰是适应不同民族的，所以此后一直并行而未融合。

传统的宋代雕塑在几个方面有创新。新建石窟寺数量明显减少，由皇家出资兴建、装饰富丽的寺庙则大量出现，尤其以中原地区北部为盛，例如文献上记载的开封相国寺。[2] 而在继续兴建石窟的地方，如四川和陕西，风格和结构都有了重大的创新。四川雕塑十分巨大，石窟内壁龛也很大。另外，石窟雕塑家似乎力求表现一种无所不包的教义。例如，完工于1249年的四川大足宝顶山石窟，放弃了分格神龛的创作观念，而把整个石窟内约三十个巨型浮雕组成一组，表现相联系的主题。这种巨大的雕塑布局体现了当时的主要佛教宗派的理念。其中有源于《华严经》的华严宗，有净土宗、禅宗，以及与禅宗有关的罗汉崇拜、大觉教义，还有传布广泛的观音崇拜。[3] 除了这些传统的神像外，还常常加上三个密宗神祇，如大智明王、孔雀明王和千手千眼观音，这是唐代密宗初传时介绍到中国的，不是后来由西夏引入的。

北宋和金代建造的陕西石窟也有令人惊异的新特色。这些石窟多在陕西省西北部，远离城市，有几个在延安及其附近。这些石窟多是在当地官员（多为将领）支持下兴建的。其布局大都相似，在略呈方形的石窟中央有佛坛，坛上是三佛及其侍从；佛像上方的藻井雕饰华丽。分隔佛坛的壁柱上刻有大小不同的上千个神像、上百个佛陀，以及罗汉、文殊、普贤、水月观音，还有圆寂和超凡入圣的僧伽。显然这是当地神像传统的组合方式。

一般说来，宋代雕塑特别是菩萨像是理想化的，一般都温文尔雅，与当时士人文化中盛行的人道主义精神很相合。只是在罗汉像上还能见到唐代流行的写实手法痕迹。

辽金雕塑家的艺术观念略有改变，造于1056年的应县佛宫寺内的释迦塔上的泥塑，显示出雕塑者在刻意追求西藏风格，塑造手法更加程式化，身躯和面部皆不重写实。在金代寺庙雕塑中也能看出这种倾向。

西夏雕塑，彻底地背离了同时代的宋朝的风格。但西夏雕塑并不是仿照西藏样式制作的，而是西夏人自己对佛像的独立阐释。在西夏都城所在地今宁夏回族自治区境内的寺庙中和甘肃安西榆林石窟里，塑着鲜为人知的神像。[4]

西夏的雕塑是前往辽、金国布道的吐蕃僧人途经西夏时传入的，在由朝廷赞助刊印的经典的插图中也能找到其原型。公元1159年，西夏仁宗皇帝（公元1139－1193年在位）曾请吐蕃噶玛噶举派喇嘛藏索哇入宫为他传道，尊为上师，从而在喇嘛和皇室支持者之间建立了一种特殊关系，后来这种做法为元代和清代的帝王所沿用。世俗和精神权力的结合，使皇家对佛教的倡导有了新的含义。[5]

在元代，当藏传佛教成为国教之后，佛教雕塑与以往传统彻底决裂。元世祖忽必烈（公元1260－1295年在位）封八思巴为国师，1260年八思巴又把阿尼哥带领的一批尼泊尔僧人请到王宫。阿尼哥对西藏的雕塑、建筑和绘画艺术有非常大的影响。[6]

忽必烈之后，元、明、清各代的帝王也依靠外来工匠制作藏传佛像。皇宫里建起了造办处，各族匠人在宫中合作，上师按佛经教义规定的佛像制作规范进行指导。于是，这种艺术创作成为中国文化的构成部分。

在蒙古族取代汉族的统治建立了元朝时，风格特异的西藏造像大量传入内地，与流行了近千年的汉式造像并存。虽然这时的政治形势与南北朝时期的中国北方没有什么不同，但此时人们对藏传佛教的反应却是完全不同的。在四五世纪时，佛教还处于初期发展阶段，到13世纪时，佛教教义和艺术都已相当成熟，大多数汉族人认为佛教体现了他们的智慧和艺术理想，而对蒙古族统治者信奉的佛教不感兴趣。他们对藏传佛教艺术尚存有偏见，尽管这是中国文化中极为辉煌的一部分。这种状况直到元代终结仍未改变。

明朝（公元1368－1644年），皇权又回到汉人手中。但皇室对藏传佛教的赞助和兴趣仍在继续，只是其赞助的程度和兴趣因不同皇帝而异。有些皇帝，其中最重要的是永乐皇帝与西藏僧侣建立了密切的联系。皇室和士大夫也和他一样对藏传佛教感兴趣。有些历史学家解释皇室对藏传佛教的信奉是维持中央政府和边地分散的民族间的关系的一种手段，但中国皇帝也很可能真的对这种信仰有兴趣。

与此同时，喇嘛和外族工匠不断地来到内地。其中最突出的例子如噶玛噶举派黑帽系第五世却贝桑波(公元1384－1415年)，曾应永乐皇帝之命来到南京，并奉诏为永乐皇帝之父洪武皇帝和其母马皇后举行特别的荐亡法会。公元1407年却贝桑波被永乐帝封为如来大宝法王，赐名“如来”（藏语“得银协巴”），颇受恩宠。皇帝还把仿照西藏贡品制作的大量铜像赏赐给他。

这种互换礼品的做法是这种佛教艺术固有的传统，把引进的风格永久化了。在元明清三代中，藏汉金铜佛像风格相当一致，而从十六国到宋代制作的佛像因为不断地演变而面貌不同。因为是作为礼品互相赠予的，所以多为较小的金铜像而石雕木雕像很少，由于后者巨大笨重搬运不便。另外，西藏佛礼也要求把许多神像按特定阵列展示，只有较小的神像，中等大小的寺庙和神堂才能放得下。

一般说来，15世纪的藏汉金铜像严格模仿外国原型，但带有永乐年号的金铜像却有可能是迎合皇家喜好而制。大多装饰繁复，制作精细，别致典雅；神像的脸庞圆得不自然，眼皮厚重，小下巴，嘴唇突出得迷人。这些造型特征，在宣德年间（公元1426—1435年）和成化年间（公元1465—1487年）为皇帝制作的金铜像上也能看到。

除了这些金铜像外，传统的佛教雕塑仍在用不同的材质继续制作，用以放在寺庙里或更僻远的的深山里。这些雕塑是表现当时佛教的主要教派净土宗、天台宗、华严宗、禅宗等的思想的，或者是供礼拜的观音菩萨的众多化身。在整个明代，皇帝对藏汉佛教艺术的慷慨施予和兴趣一直不减，尽管大多数汉人依然崇奉更为“本土”的佛教派别。其实，永乐皇帝对藏传佛教的尊崇并不说明他忽略佛法的其他方面。藏传佛教和传统佛教雕塑有明显的区别，是为适应不同派别的信徒的需要。

明代后期，蒙古土默特部万户首领俺答汗（公元1507—1582年）恢复了蒙古族在亚洲内陆的影响。他不仅信奉藏传佛教，而且立格鲁派活佛三世达赖喇嘛和班禅大师为宗教和政治领袖，与西藏建立了特殊的关系。这种与西藏最高宗教领袖的关系使俺答汗在全体蒙古族人民中享有极高威望。满族贵族在1644年建立清王朝时，仍延续元、明两代的做法，与西藏达赖喇嘛和班禅大师保持着这种特别关系。

在清代，藏传佛教对朝廷的影响远远超过了明代。满族人充当了亚洲内陆种种文化的协调者。皇室对藏传佛教的扶持推动了藏传佛教艺术的发展。从朝廷赞助中受惠的一位艺术家是喀尔喀蒙古地区格鲁派最大的转世活佛和雕塑家一世哲布尊丹巴（法名咱那巴匝尔，公元1634—1723年）。他的家族本属于富有实力的土谢图汗部。这位才华横溢的青年被送往西藏学习佛法，接受了达赖和班禅的特殊教导，返回喀尔喀时有五十多个画家和铸铜工匠陪同。他和阿尼哥有许多相似之处。他在喀尔喀履行最高法师和杰出艺术家的双重使命。虽然他制作的金铜像还带有尼泊尔和藏式风格的深深印记，但已按蒙古族的审美趣味进行了改造。这种风格是藏汉风格的又一种演变，深得康熙皇帝喜爱。康熙成为他最有力的庇佑者。[7]

乾隆在位时间很长，对藏传佛教兴趣很浓。他的国师章嘉·若必多吉是位极有才华的学者，精通佛典，八岁时被尊为活佛，于内蒙古佑宁寺坐床。他一生大部分时间在北京度过。雍正、乾隆两朝时他奉命策划过许多事项，如给圣像编目、建庙、制作神像、重印佛经等，对藏传佛教和藏汉佛教艺术的兴盛起了推动作用。[8] 例如，现存的许多有乾隆年号的金铜像上都用汉、满、藏、蒙四种文字注明神像的特点和身份，便是当时所注。这些金铜像成为当时造像的范本。1744年，乾隆皇帝命章嘉·若必多吉主持将雍正皇帝即位前的王府改建成北京最著名的藏传佛教寺庙雍和宫。乾隆一生崇信佛教，似乎不只是为了利用佛教维系多民族大帝国的安宁，而是真心向佛。

以上主要是对佛教艺术的思考，旨在为深入研究中国独特而复杂的雕塑提供一些帮助。外来的和外部观念对汉族传统的影响与中国佛教雕塑史是分不开的。在不同时代，皇家的倡导扶持和宗教以多种方式的发展，对中国雕塑的发展起着重要的作用。但是，中国佛教雕塑艺术的发展是与佛教教义的发展相联系的，几千年来的变化，与中国宫廷艺术的联系等等，未能一一尽述。在本书中，我们只试图对风格多样，而又极富创造性的中国雕塑艺术的发展轨迹作粗浅的介绍，为研究这一伟大的艺术遗产提供一些方法。

上编　世俗雕塑

巫 鸿

第一章 新石器时代至汉代雕塑

在中国的传统词汇中，与用石块及陶土制作立体形象有关的两类名词说明了雕塑的两种基本方法。一类包括“雕”、“刻”，就是刻凿；另一类包括“堆”、“塑”，与各种塑造方法有关。这些基本的技术性定义蕴含着雕塑的起源：此类艺术的诞生必然是在人类开始懂得制造石具与陶器的新石器时代。虽然有些旧石器时代晚期（大约公元前5万至1万年间）的穿孔饰物已开始显现早期人类对于物件形式特色（例如色彩与形状）的关切，但是，那个时期的典型人工器物仍为由天然卵石或岩块打击而成的粗糙石具。[1]

刻凿与塑造代表了两种截然不同的雕塑手法。对于一个雕刻者而言，一方石块或玉材不仅提供了雕刻所需要的物质材料，也决定了他在构思时所受到的时空限制。雕刻是以工具“去除”部分材料以制成所需要的形体。用坚硬而昂贵的材料如玉石所制成的雕塑，体积比较小，需要专门的手工技术并耗费较多的劳力。上述及其他一些特点均可用来区分雕刻和堆塑。堆塑是所有雕刻技术中最为直接的方法，堆塑者可以自由决定所塑造作品的尺寸。塑造用材价格低廉，天然陶土是使用最广泛的可塑性材料，几乎存在于中国的各个角落。陶土作为可塑材料十分易于捏造，只须以水浸湿并经过揉捏即可成形，经日晒或烘烤后更可增加其坚固性。雕刻在材质与空间上的限制激发了艺术家的创造力并向其提出挑战；堆塑则在扩展性的形制、富于变化的结构及表现力强的质地等方面为人们提供了进行创新的自由。

因此，雕刻与堆塑不仅仅是两种不同的技法，也界定了两种基本的艺术创造形式，各自具有其独特的艺术媒介及制作过程，并与特定的设计概念及不同模式的艺术想像力有关。雕刻或堆塑的作品往往由不同类型艺术家为某种特定目的所创造。由于这些差异，雕刻与堆塑从未相互取代，而是从一开始就以并行的方式持续发展。

第一节　史前时期雕塑

考古发掘已认定出许多中国新石器时代地方性文化，它们多沿循大小河川发展。大约自公元前5000年，这些地方性文化逐渐形成两种主要的区域文化体系，也就是席德伟（David · N · Keightley）所称的东部传统和西北传统，即龙山和仰韶文化。[2] 雕刻与堆塑在两个文化遗存中均有发见，东部传统的典型作品是玉器和单色陶器，而西北传统的雕塑则以石雕与彩绘陶器为主。在这两个传统中，不同地区雕塑种类、形制、功能的差异与当地文化传统有密切关系。然而，若将这些地域性的差异视为绝对的分野则是一种错误。事实上，各地区间的互动与文化交流相当频繁，并且一些考古学家已指出，大约自公元前4000至2000年间，也就是新石器时代晚期，一个庞大的文化网络逐渐在广阔的地域形成，为雏形的中国文明奠定了基础。[3] 因此，对早期雕塑艺术的研究既要注意地方特有的形制，也要注意逐渐出现于广大地区中的共同艺术传统。

小型陶土人像大概与陶器的发明同时开始。中国各地均已发掘出早期的此类小型人像。以出土于北方黄河流域河南密县的雕塑人头，以及陕西宝鸡的人体躯干为例，它们的制造年代均可上溯到公元前5000年前后。[4] 无独有偶，发现于浙江河姆渡的两件长江流域东南文化的人头像亦是公元前5000年的产物。这后两件作品均有着狭长的脸型与夸大的颧骨，但是其中一件人头像以线条刻划出一双杏眼及半张开的嘴，另一人头像则纯以三度空间立体造型（不是以线条刻划）强调其凸起的前额及深陷的眼窝。[5] 除了人像之外，一些公元前5000年至4000多年的新石器时期遗址中还发现了猪、羊、狗、燕子及鱼的造型。[6] 此类小型陶土塑像一直延续到新石器时代结束，构成了中国雕塑早期传统的一个重要部分。

另一类陶塑鸟兽形的中空器物也出土于不同地区，此类器物的早期（公元前4000多年至3000多年）范例有陕西华县的鹰尊（图1－1）及若干山东大汶口的兽形篚，其中以华县的鹰尊尤为简洁传神。这件陶器相当大，有36厘米高。创作此器的艺术家巧妙地将器物塑造成一只鹰的形状，以其身体作为中空的器身，尾和双腿为支柱。然而这件雕塑真正的成就尚不在于其构思巧妙的形体，而在于它在体积和重量上给人留下的突出印象。器物省略细节以加强整体感，以一系列精心设计的面体组合构成立体形象。在东部与南部地区也发现了兽形器物，与这件出自西北地区的器物在艺术水准上不相上下。出土于山东大汶口文化遗存的一件四足兽形器昂首张口，仿佛是在仰天长啸。[7] 此外，一件江苏吴县良渚文化遗址出土的器物似为鸟与海豹的综合体，这一富于想像的结合，使艺术家得以将海豹平滑鼓胀的躯体轮廓与鸟头多棱角的骨骼结构形成对比。[8]

与上述雕塑陶器不同，新石器时代的第三种陶塑是附着于陶器器身上的雕塑附件，但器物主体仍保持一般形制。一些河姆渡的浮雕像曾被认定为陶器上的装饰物，但绝大部分的此类出土物件与西北文化传统有关。公元前4000多年西北文化传统首先兴盛于黄河中游，在公元前3000多年与2000多年间逐渐转移到黄河上游地区。出自这个广大区域的器物包括三种雕塑类型：浅浮雕、高浮雕，以及圆雕。即使是浅浮雕的形象也多半是单独制成，然后再附着于器身上。有些这类的雕塑饶有趣味，比如河南陕县庙底沟出土的一陶片，表现一只蜥蜴在水盆边缘探头取水的姿态。[9] 另外有些形象则可能具有某种宗教或巫术的含意，如出土于青海省乐都柳湾的一只陶罐的一侧装饰着一个女裸体浮雕塑像，这个裸女像有着大头、圆腹和凸起的乳房，下体显现并借助手势予以强调。[10] 想要了解这个塑像的确切意义虽然不是绝无可能，但是却困难重重。然而，此塑像与陶罐另一侧上的纹样之间的关系却颇值得注意：在另一侧我们所见的不再是雕塑而成的具体人像，而是以几何线条粗略绘制的手足及脊骨的半抽象形体。

1–1 **鹰尊**
新石器时代 高36cm 陶 1957年陕西省华县太平庄出土
中国国家博物馆藏

这两种对比强烈的视觉形式——雕塑人像及绘制的几何形体——还以不同的组合方式出现于其他器物的装饰纹样中。这类器物上有绘制的人体，而头部则以高浮雕或圆雕的手法制作，突现于器物的肩部。[11] 西北部的陕西、甘肃等地均曾发现此类器物，一般而言，雕塑的人头像仅有粗略的面部特征，但偶尔也会见到制作精细的头像，反映出表现特定人物的尝试。例如出自陕西宝鸡北首岭的陶器残片上刻有一高7.3厘米的人头像，表现一个阔面、高颧骨的中年男子，艺术家以锥刺的方式刻划出他那小而上挑的眼睛及半张开的嘴，其粗而浓的眉毛与胡须则以黑色颜料加绘。[12]

带有雕塑附件器物的另一种类型是以人头像作为瓶盖，而以器身比拟人体。[13] 有些头像的面部带有纹饰，蛇一般的发辫自额角拖垂而下，可能表现某种超自然的神灵。另有些头像则接近男人或女人的自然形象，一件出土于陕西商县的红陶人头瓶是这种类型的最佳范例（图1－2）。年轻女性的头像出现在质朴的瓜形陶瓶的上端，几乎占了器物总高的三分之一。头像比例匀称，覆盖于头顶的头发以戳刺纹样表现，可说是中国史前时期最好的雕塑人像之一。人像有着宽阔的前额、圆润的双颊，以及尖削的下巴，呈现出复杂而又感性的轮廓。然而真正使这个头像栩栩如生的是它那令人赞叹的面部表情：略仰着头，眯着双眼，带着微笑，仿佛正在吹口哨或歌吟。虽然我们无从得知制作者的用意，然而，这件作品显然是在表现某种动作与情绪，制作者力图捕捉人类的瞬间情感。

在与西北传统并行发展的东部传统中，雕塑作品除了实心陶俑与动物形陶器以外，更重要的是雕琢玉器。这些玉器的产生标志着由一般性手工艺品转向礼器艺术的演进。[14] 事实上，“雕刻”一词并不能确切形容玉器的制造技术。因为玉石极为坚硬，即使用金属工具也难以刻凿，因此玉器的成形尚须仰赖琢磨技术。即使是制作一件形状简单的玉器也至少要经过以下五个步骤：(1) 切割璞玉并磨平粗糙的表面；(2) 将玉材粗切成大致的形状；(3) 细磨成形并穿孔；(4) 雕琢细部与表面的装饰纹样；(5) 打光表面使其平滑光亮。全部的过程均须精琢细磨，极其费时费力。

1–2　红陶人头瓶
新石器时代　23×13.5cm　陶　1953年陕西省商县出土
西安半坡博物馆藏

如此制成的作品乃是一个特殊历史时期的产物，即当专业化的劳动力受到控制并可以花费在礼器制作上的时代。

按西方艺术史背景下所形成的对雕塑的概念来看，中国的早期雕塑与西方相比显得贫乏。诚然，古埃及、中东，以及希腊产生了无数的雕像与浮雕，其中不乏巍峨壮观的作品，由此可见，他们自古以来就热衷于塑人体形象。然而，在中国，尤其是史前时期东部传统盛行的地区，则喜欢用雕塑技法制作抽象的礼器及合成式鸟兽形象。这类作品有些在形式上模仿武器或农具并略加变形，另一些则是专门设计的礼器。实际上，这类作品才是真正使中国史前时期及早期雕塑具有独特地位的代表作品，因此对中国早期雕塑的研究，必须对这类作品加以重视。这个时期也出现了人与动物的雕塑形象，对于这些具象形式产生的原因，必须从它们与众多礼器和合成鸟兽形象之间的关系中去了解。

这种创造非具象形式及象征性图案的倾向，在一系列黄河下游新石器时代晚期文化中表现得最为明显。公元前3000多年兴盛于山东半岛的大汶口文化制造出一些精美的玉斧。[15] 这些具有精确而微妙外形的器物只在随葬品极为丰富的墓葬中才能见到，器物的表面经过精心打磨，闪烁着变幻的光彩，其质地光滑温润而又坚硬，观之悦目。原本握在死者手中的这种玉斧，是以昂贵材料模仿寻常斧头所制成的，象征着死者的社会地位与政治权威。有些玉斧及其他的礼器上更饰以想像的鸟兽纹样，此类器物可以一件龙山文化出土的玉锛为范例。龙山文化是继大汶口文化之后称雄于山东的一种文化。[16] 这件玉锛两面都刻有兽面纹样，据此，学者将相当大一批公共机构及私人收藏的玉器定为公元前2000多年龙山文化的遗存。这些玉器上主要有两种纹样，一种是龇着锐齿的兽面，另一种是展翅的鹰，均以浅浮雕或隆起的细线表现，它们有时出现在一柄玉锛的正反两面。一个与山东地区上古王国有关的古老传说或许可以解释这两种图案共存的现象：这个王国以鸟类为大臣，以鹰为国君。[17] 有的玉器表现鹰擒人首，可能象征某种体制化暴力行为，如战争或殉人祭祀。体制化暴力出现于龙山文化时期，预示着集权式国家与组织性宗教的肇始。

与山东龙山文化同时期的长江下游地区良渚文化也对“面具”这一母题十分热衷，并且经常以两个相辅相成的面具来装饰玉礼器。其中一个面具比较接近人形，在硕大的羽毛头饰之下配有一张棱角分明的脸；另一个面具则比较接近兽形，中央有一双圆睁着的大眼。[18] 这两种面具在良渚文化中广泛流行，但似乎从未以立体形态出现。目前所发现的数千件良渚玉器中，所有的面具只以浮雕、线刻，或是镂刻的形式制成，或单独或以组合形式出现在各种各样的礼器或装饰物上。这些玉器证明了中国早期艺术中一个逐渐增强的趋势，那就是对礼器的偏好胜于偶像，以抽象、非模拟性的形式为基础，在此之上建立了一套象征性的艺术语汇。

良渚玉器中最重要的三种礼器为玉斧、玉璧和玉琮。延续大汶口的传统，大而精美亮泽的良渚玉斧是权力地位的象征，只见于社会地位最高的男性死者的随葬品中；玉璧可能衍生自装饰性的玉环，但良渚玉璧十分硕大沉重，只具有象征或仪式功能；管状的玉琮与上述两种平面形的玉器不同，是一种令人叹为观止的抽象立体雕塑，它的立体效果凭藉形状与装饰纹样的配合而得以实现（图1－3）。从外观上来看，典型的玉琮是一个平头的四棱柱体，面具纹样刻划在四条棱的两旁，这种“开放性”的设计突破了平面视觉范围。由于玉琮的每一面有两个位于边缘的半个面具，观者必须转到玉琮的下一面才能看到一个完整的面具。这种循序观赏的方式突出了形状与纹样的互动关系，也就是说，玉琮的立体造型因其表面纹样而更加显著。

北方的红山文化一般被视为东部传统的一支，是位于现今辽宁省与内蒙古的地区性新石器文化，大约兴盛于公元前3500年至公元前2500年。红山文化自早期即表现出对立体形体的强烈兴趣，出自红山文化遗址的玉器包括抽象的蹄形玉管与云形玉饰、微型的鸟与龟、长着水牛角或鹿角的半人半兽形象，以及想像的动物形象。[19] 想像的动物形象中最流行的是所谓的“猪龙”，其基本特征包括环形的身躯、突起的大眼，以及与脸部相连的阔而圆的双耳。猪龙显然是一种幻想中的动物，在墓葬中经常放在死者胸前，其丧葬象征意义已无从了解。[20] 这个特殊的形象在红山文化中具有重要的意义，不但频频出现，还对其他雕塑的设计有强

1-3 玉琮
新石器时代 29.7×6.1cm 玉 1982年江苏省武进寺墩出土
南京博物院藏

1-4 玉龙
新石器时代 高26cm 玉 1971年内蒙古自治区翁牛特旗三星他拉乡出土
翁牛特旗博物馆藏

烈的影响。目前我们所知道最大的红山玉器是一件高26厘米、形态优雅的龙，有着修长的头颅与身躯，它那环形的轮廓和方阔的鼻头显示了其和猪龙之间的亲近关系（图1－4）。

如同东部传统其他分支的玉器文化一样，玉器经常出现在大型的红山文化墓葬之中，甚至有时是唯一的随葬品。然而，同属于这个文化的其他礼仪建筑，比如庙宇或祭坛，则集中了一批批或大或小的陶塑。在辽宁西部的牛河梁，考古学家发掘了一个面积广阔的祭坛遗址，以圆形和方形的积石台交替组成，并且有砖砌的多室结构。[21] 在多室结构的残迹中发现有彩绘的壁面，说明这些房室原来曾以多彩的壁画装饰。此外所发掘的残块中还有陶塑的碎片，最大的一件是一个22.5厘米高的人头像（图1－5），以令人惊异的写实风格表现出宽阔的前额、上扬的眉毛、凸起的颧骨和大而肉感的嘴。头像的大小如同真人，青色玉石制成的双眼似在凝视着观者，栩栩如生。在头像附近散落的陶塑残片中发现有塑像残躯的局部，如裸露的肩膀和手臂，根据它们平滑的外形，学者们曾推测塑像所表现的可能是裸体的女性。[22] 经专家鉴定，此遗址内发掘出的所有陶土残片中没有一片是表现男性身体的，倒是有许多残片表现女性乳房富有变化的形状，更加证实了学者们的以上推测。由于这些残片所表现出的身体比例不同，发掘者认为这座建筑物中原本必定有一批女性塑像，最大的塑像是真人尺寸的二倍或三倍，这座建筑物因而被称为“女神庙”。

1—5 彩塑头像
新石器时代 22.5×16.5cm 陶 1983年辽宁省牛河梁女神庙出土
辽宁省博物馆藏

辽宁东山嘴发现的另一处红山文化遗址更进一步将这些女性雕像与生育崇拜联系起来。[23] 同牛河梁遗址一样，这也是一处占地宽广由方形与圆形石台组成的建筑群址。遗址中的陶土女像有的十分巨大，盘腿而坐，右手握住左腕，其塑造技术和艺术风格与牛河梁人像一致。但是有两个出土的小塑像却是在牛河梁遗址中不曾见到的：这两个高5厘米和5.8厘米小塑像的残躯有着大而鼓起的腹部及肉感的臀部，可能表现的是孕妇。学者将这两个塑像与产生于辽阔的欧洲与北亚接壤处的所谓“生殖女神”像相联系，这一地区对于“生殖女神”的崇拜自旧石器时代晚期延续至青铜时代。

事实上，塑造女性人像以作为生殖象征的传统在中国可以追溯至公元前5000年，六个发掘于河北省滦平县后台子的石像即是那时的遗存。这六个石像中有一个是高34厘米的裸体女像，正用双手捧着鼓起的肚子作蹲踞状；另一较小的雕像作类似姿态，但双腿大张，有些学者认为这是“分娩姿态”。[24] 像这样的人像出现于大约公元前5000年的河北北部与公元前4000多年到3000多年的河北和辽宁地区是可以理解的，因为这两个地区均与欧亚草原地带相连。红山文化位于草原地带与中国中原地区之间，这样的中间位置亦可说明该文化中生殖女神像与鸟兽几何形玉雕共存的现象。与源自于西方的生殖女神像不同，红山玉雕受到来自沿海东部诸文化的强大影响。颇为有趣的是，这两种渊源互异的雕塑似乎与红山文化中不同的性别与礼仪有关：东山嘴遗址中陶土制作的女性人像发现于圆形平台附近，而龙形或鸟形玉器则出现于遗址中心一块面积很大的方形地基旁。

红山文化一直延续到公元前2000多年，这一时期的红山及其他地区的玉雕不仅证实了区域间的文化交流，也体现了独特的地方性创造力。创新的例证之一是1987年发现于安徽省含山县凌家滩的一个淡青软玉制的小型裸体人像。玉雕的外观显现出匀称的轮廓，浑圆的臀部与方直的肩膀形成对比，而脸及身体其他部位的细部则以浮雕或线刻的方式表现。这个直立人像的双手相握于下巴前，其姿态可能具有某种礼仪含义。[25] 至于文化交流方面，学者曾认为东部传统是一种“海洋性”文化，人们利用船只在江海上航行，文化的影响因而沿海岸河流传播。[26] 湖北省石家河文化遗址近来出土的玉雕进一步证实了上述论点。石家河文化是沿长江支流之一汉水所发展的新石器文化之一，其玉雕的纹样设计反映出这个文化刻意借用千里之外的典型东部文化传统的艺术形象：有些玉雕与红山文化的猪龙相似，另一些则令人联想到山东龙山文化的兽形面具及鹰鸟

1—6 小型雕像

新石器时代　陶　1987年湖北省天门邓家湾出土　荆州博物馆藏

形象，还有一些玉雕是良渚玉琮的变形。[27] 这些玉雕大约制于公元前2000年，反映出不同区域间逐渐频繁的交流，以及艺术形式上日益加强的融合。这种交流和融合最终导致一个跨区域的文化整体的形成。

除了精巧的玉雕之外，石家河文化也以小型陶塑闻名，而这又可能是受到来自西北地区的影响。诚然，依据其中心地理位置，石家河文化应是东西两大新石器文化传统的交会地点，自20世纪50年代以来，许多红陶塑像陆续在石家河、邓家湾，以及其他汉水沿岸遗址出土，其数量目前已有数千件。[28] 与单一出土的陶土塑像不同，这些塑像成批的集中出现，每一群体均由数目可观的小型塑像组成，包括象、猿、兔、虎、狗、猪、貘、羊、龟、枭、鸭、鸡、小鸡，以及各种各样的鸟类，高度多半不及10厘米，但形象十分真实生动（图1－6）。出自邓家湾的塑像中有两个全身的小型人像，身体由搓揉成形的各个部分接合而成。两像均戴着帽子与耳环，以僵直的姿势正襟危坐；其中一人似乎捧着一条鱼，另一人也以双手呈献某物，似乎都正在进献祭品。由此可以推知，其他动物及鸟类塑像可能是呈献给神灵或死者的象征性祭品。

第二节　商代雕塑

中国新石器时代末期，以龙山文化为代表的东部传统迅猛地向西发展，其结果是许多地方性的龙山文化在中原地区出现，而在此同时，东部传统中的其他支系仍在南方与东南方持续发展。这一情况致使象征性艺术形式在广大的区域中取得了优势，玉雕在曾属于西北传统的地区出现，单色陶器在中部地区被大量生产制造，而在东部陶礼器艺术的发展达到了最高峰。虽然山东的黑陶杯通常并不被视为雕塑，但是它代表了这个时代的理想的立体形象。这类陶器在技术和艺术上的成就令人惊叹：器壁的厚度已降到了临界点，仅有2至3毫米；那微妙的轮廓曲线似乎是经过精细的计算；通常是全黑的单色加强了器物轮廓的表现力。这里审美价值观的取向似乎是脆弱与非物质性，而不是圆满充实的形式。这类礼器或是毫无装饰，或是饰以简单的几何纹样。然而作为龙山文化的另一个艺术想像力焦点的玉礼器则激发人们设计出繁复的面具纹样。在这样的背景下，中国的青铜时代于焉开始。

青铜器铸造技术的发明无疑是公元前2000年左右中国艺术中最具有意义的一件事。其他古文明地区多用青铜铸造工具以提高生产力，然而古代中国人将青铜视为“美金”，几乎只用来制造武器和礼器——两种在战争与礼仪中行使权力不可缺少的器具。[29] 礼器最早出现于史前时期的东部传统，到了商代，青铜已成为这门艺术的主要材料。因此，不难想像青铜艺术中的许多成分，尤其是对礼器及面具母题的重视，可以追溯到更早的陶礼器与玉礼器。一旦青铜礼器成为最尊贵的艺术形式，它便融合了陶器与玉刻艺术的特性，形成一种新的艺术传统。

目前已知最早的青铜器是出土于河南省二里头的7件爵杯，它们在形制与美学观念上均与龙山陶器接近，同样讲求轻薄、修长与细致，也同样追求复杂的轮廓甚至不惜牺牲容量与实用性。此外，这些夏代（公元前2070－前1600年）末期制造的青铜器沿袭龙山陶器之

1–7 **虎头觥**
商代 25×31.5×10.6cm 青铜 1976年河南省安阳小屯妇好墓出土 美国哈佛大学赛克勒博物馆藏

例，不着任何明显的表面装饰。[30] 但这一情况在商代（约公元前1600—前1046年）早期与中期产生了变化，一股铸造“纪念碑”式青铜器的风潮在此期间兴起，所铸器物不以脆弱的特质，而以其巨大的体积与雄伟的外观使人留下深刻的印象。这类青铜器——如高1米、重达100公斤的大方鼎——在位于河南省郑州的商代中期都城遗址已发现若干件。[31] 这些青铜器及其他同期的器物的装饰风格也发生了重大的变化，几乎所有商代中期青铜器的器形均源于陶器，但先前只出现在玉器上的面具纹样在商代中期亦转移到青铜器上。由此可见，商代中期的青铜器铸造者并未因循陶器或玉雕单一的传统，而是吸取多方面的艺术形式创造出新的传统。

商代中期到晚期最常见的青铜器纹样是一种通常称为“饕餮”的兽面纹，有时候兽面是由一双面对面的“夔龙”组合而成。在商代中期的青铜器上，这种母题多半由浮雕的线状或带状卷曲纹样环绕一对圆眼构成；到了商代晚期，饕餮纹逐渐演变成具有生命的形象，并且在外观上愈来愈占有显著的地位。这个神秘动物经常融合各类鸟兽的特征，以浮雕形式自浓密的雷纹背景中凸现出来。[32] 晚商青铜器上这类强有力的形象愈来愈多，有时甚至整个器物就是一只立体的神秘鸟兽。这种兽形或鸟形器延续了史前时期雕塑陶器的传统，我们或可称之为“雕塑型青铜器”。这些青铜器可分为三大类，即觥、尊、卣，均是祭祀时用来盛酒的器物。觥是一种形状不对称的有盖酒壶，器盖前端盖住壶嘴，做成龙头或虎头形状，龙虎的身体有时出现在盖上，有时出现在器身的两侧。觥的后端通常做成一只鸮鸟，上扬的面部出现在器盖上，展开的双翅则附于器身（图1－7）。一般而言，觥的形制相对定型，然而鸟兽形的尊或卣的形状及装饰纹样则富于变化，其共同点似乎只在于各种立体鸟兽形象的结合，有时整个器形作鸟兽状，有时则只是器物的某一部分为鸟兽形。常见的类型有四足兽形（如水牛、山羊、犀牛、象）、鸱鸮型，以及由一对鸟兽背靠背组成的复合型。

商代的工匠铸造“雕塑型青铜器”时，必须先以陶土塑成模型。也就是说在青铜器的创作过程中，青铜与陶土同时被用来制作雕塑作品。商代与西周（约公元前1046－前771年）的青铜器铸造技术与古代西亚、欧洲所使用的“失蜡法”不同，而是采用“合范铸造法”，这种方法至少包括下列五个步骤：(1) 制作器物的陶土模型并烘干；(2) 用陶土在所制模型上压出外范，并将其切割为数块；(3) 削去模型的表层以作为铸造的内范；(4) 组合外范与内范，并将熔化的青铜熔浆注入其间的空隙；(5) 冷却后将外范打破取出青铜器，然后磨光器物的表面。“合范铸造法”的铸造技术与商周青铜器对称的外形有直接的关系，但很难说究竟是铸造技术使商周青铜器呈现对称性的外形，或是因商周时期偏好对称性的时尚使这种技术得以发展与运用。以“合范铸造法”铸造出的器物，即使是一只动物或鸟，都必须呈现稳定的正面姿态。

1976年殷墟5号墓出土的青铜器最能表现晚商青铜器艺术多向性的发展。[33] 这个墓葬的年代为公元前13世纪末期，墓主是商代王后妇好。在仅仅4米宽、5.6米长的墓中，竟然发掘出210件青铜器，包括多件硕大的青铜礼器。其中若干器物的单件重量超过了100公斤，甚至饮酒用的斝杯也高达68厘米，重达18公斤。[34] 大部分器物为当时流行的青铜礼器，器身上布满了当时盛行的装饰纹样。有些青铜器为“雕塑型青铜器”，例如，墓中出土的一对觥几乎与图7所示完全一致。[35] 另外还

1–8 **鸮尊** 商代 高45.9cm 青铜
1976年河南省安阳小屯妇好墓出土 中国国家博物馆藏

有一件四足兽形觥，外形类似站立的马或羊，有一对大角，背上、胸前及前腿饰有卷曲龙纹。[36] 从后往前看，这只怪兽却化作一只挺胸展翅的鸟，其形象与一件同出于此墓的鸮尊类似。[37] 这只鸱鸮有着强有力的双脚及平展的鸟尾，在它挺直的躯体与圆鼓鼓的头上装置着浮雕和立雕的蛇、龙与小鸟形象（图1－8）。铸造这件器物及妇好墓中其他类似青铜器的目的显然不是为了表现真实的鸟兽，而是创造合成式的神秘形象以供祭祀之用。上述四足兽形觥的器盖与器身内部刻有妇好庙号，证明了这件青铜器是专为其丧礼所铸。

妇好墓中还发掘出800多件玉雕和石刻，其中多件为动物和鸟类的微型立雕，有些则是龙与饕餮之类的神秘动物，另有许多动物立雕虽然其表面装饰着形式化的纹样，但仍然栩栩如生地表现出兔、虎、象、鱼、水牛、熊、猴、马、鹰、燕、鹅等形象。[38] 其中有一些利用玉石的天然色彩巧妙地表现动物的不同部位。比如有两只龟有着黑色的龟壳和浅色的身体；又有一只鸭，双眼与双翅都是深色，但颈子是白色。[39] 许多这类玉器为立体雕塑，较薄的玉器多半钻有小孔以便佩戴，有些玉器的底部有粗糙的榫形突出物，由此判断原应插立于某种基座之上。[40]

妇好墓中还发现了一批独特的人像与半人像的玉雕和石刻，包括呈跪坐姿势的全身人像、人头像，以及两面刻有不同性别、头上有角的站立人像。[41] 妇好墓内的玉雕石刻有合成性的神秘形象、自然写实的人像、平面的线刻或浮雕，以及立体的雕像，再一次显

1–9　跽坐玉人雕像
商代　高7cm　玉　1976年河南省安阳小屯妇好墓出土
中国国家博物馆藏

1–10　虎头人身怪兽
商代　高36.3cm　石　河南省安阳武丁墓出土
台北故宫博物院藏

示了这些作品在形象与风格上的多样化。这些作品中有一件极为写实的石刻人像，表现一个穿着长袍、戴着环形帽的中年男子，似乎是官员或廷臣。[42] 其双手置于膝头呈跪坐姿态，高颧骨、大鼻头、厚嘴唇等脸部特征显示出雕刻者对人物体貌的敏锐观察力，甚至让人感受到人像的个性。可能是因为雕刻者对此像的脸部特别用心，致使所刻头部比例过大，相形之下身体的处理则显得较为简略。

妇好墓出土的一些跪坐或蹲踞人像有着人身和鸟爪，或以人鸟背靠背组成复合形象。[43] 商王室以契为其始祖，传说其出生与一只“玄鸟”有关。据说，上帝降下玄鸟，一个名叫简狄的女人吞下了玄鸟的卵之后怀孕并产下契，也就是后来建立子姓商族的始祖。叙述这个传说的颂歌在子姓宗庙中持续演出，甚至在商代亡国很久之后仍未中断。这个传说或许可为这些鸟人雕像的象征意义提供依据，妇好墓中一件十分有趣的玉刻也可能与此传说有关（图1－9）。这是一件精巧的黄棕色微型玉雕，高仅7厘米，表现一个端然跪坐的人像，这个人像的高贵地位可见于他（或她）的管状头冠、华丽长袍、锦绣衣带，以及佩饰，这些都是古代中国最高礼服的表征。人像的脸部特征及服饰均表现得相当自然，但是其背部下方有一个形状怪异的突出物，有些学者无法确认其为何物而推测它可能是武器。[44] 然而，我们尚未发现任何与此相似的商代武器，而且它的表面纹样与人像的左大腿相连，说明它是人像身体的一部分。将这个突出物的形状与晚商的图案和象形文字相对照，可以认为这是一条鸟（燕）尾。这个人像甚至有可能是妇好的“肖像”，正如甲骨文中商代王室祖先的名字常与鸟的图形相结合那样，

1－11 **青铜面具**
商代 高25.4cm 青铜 河南省安阳侯家庄出土
台北中央研究院藏

此处“玄鸟”的特征可能用来彰示商代王室成员的神圣起源。[45]

妇好墓中出土的形制、材质各不相同的雕塑在商代最后国都安阳的其他地点也曾发现。如跪姿或蹲踞人像曾在小屯村和侯家庄的王室墓葬中发现。[46] 妇好墓出土的大型雕塑中有一对大理石制成、40厘米高的鹭鸶，石雕的背后各有一个方形凹槽，因此发掘者认为可能是一种建筑装饰品，[47] 1928年到1937年间，在安阳考古发掘中也曾发现类似的大理石雕刻。商代王室最大的陵墓1001号墓墓主可能是妇好的丈夫商王武丁。考古学家在该墓中发现一系列大理石雕像，包括龟、蛙、鹰、鹭鸶、鸱鸮、双面象鼻人兽像，以及虎头人身怪兽（图1－10），有些较为写实，有些则带有浓厚的神秘色彩。[48] 其中大型石雕不是背部有方形凹槽就是中间有

1–12 **小臣俞犀尊** 商代 高24.5cm 青铜 相传山东省梁山出土 美国旧金山亚洲艺术博物馆藏

洞，同样被认为是建筑装饰品。由于这个墓曾被盗，这些石雕是在盗洞的堆积物中发现的，因此它们原来在墓中的位置及功能已无法确认。

有一些安阳出土的晚商雕塑则是妇好墓中所未见的，这些雕塑包括台北中央研究院历史语言研究所保存的两件陶塑人像。[49] 虽然商代早、中期动物、鸟类及人形的陶土塑像曾在河南陕县、甘肃玉门及河北藁城发现，证明这种古老的艺术形式在青铜时代仍持续存在。[50] 但安阳出土的两件晚商人像似乎反映出当时社会的一个真实侧面，人像轮廓粗略，颈上戴枷、双手铐于身前或反铐于身后，生动地表现了当时的囚徒形象。这两个囚犯穿着长袍，下半身被遮住，而头上精光无发，可能是商代罪犯形象的写照。另一种风格不同的写实主义作品可以一件令人赞叹的青铜面具为例，这件高25.4厘米、几乎与真人脸面一般大小的青铜面具出土于侯家庄第1400号王室墓葬中（图1－11）。面具的风格比大部分商代面具更为真实自然，所雕人面颧骨凸起，前额窄浅，下巴尖削，宽阔的鼻头使得抿着的嘴唇显得更加单薄，饱满的双颊与一双细长的凤眼似属于一张年轻的脸，正对着观者微笑。这个面具惊人的真实感使得一些人推测它可能是某一商王的肖像或是拓自尸体的面具，但我们也应注意面具中的形式化成分，比如由许多平行线组成的眉毛，以及饰云纹的大耳等等。虽然这个面具的功能至今仍然不能确定，但是面具上方的大环表明它原是用来挂在墙上的。新发掘的一个用来铸造这类面具的陶范，证明1400号墓面具在晚商安阳并非孤例。这个陶范上的人面再一次表现出真实自然的风格，但由于陶范仅高11.8厘米，所铸面具必然较人脸实际尺寸小许多。[51]

旧金山亚洲艺术博物馆所藏的一件犀牛形青铜尊，又称小臣俞犀尊，反映了雕塑艺术在商末的一个新趋势（图1－12）。根据尊内长铭记载，这件器物是为了纪念商代最后一位君王帝辛南征而铸。小臣俞犀尊与妇好墓出土的羊觥或鸟尊的不同之处在于它表现的是真实的动物，而不是合成性的神秘鸟兽。此外，铸造小臣俞犀尊的艺术家完全摒弃在其他早期器物表面上常见的纹饰，而只以立体形式来表现一只短腿鼓腹，表情顽黠的幼犀。这件器物叙述性的长铭及其朴实的外表使它成为商代末期新型青铜器的代表，[52] 然而这种表现动物的写实风格可能是受到南方青铜雕塑的影响。

1—13 **人虎相抱卣**
商代　通高35.3cm　青铜　湖南省宁乡出土
法国巴黎塞努施奇博物馆藏

过去三四十年中，中国考古学最重要的成就之一是发现了若干属于商代晚期及西周早期的高度发展的地方性青铜文化。这些发现对于中国早期雕塑的研究特别重要，因为它们证实了在公元前1000多年时，至少有两种地方性文化表现出对立体雕塑的特殊兴趣，其所生产的青铜雕塑在规模及题材变化上，往往超过了商代中心地区的作品。

这两种青铜文化分别以湖南东部及四川中部为中心。湖南省东部湘江流域若干相邻的地区，如宁乡、衡阳、醴陵等地出土的晚商青铜器，不仅华丽壮观，而且常以大象、水牛，甚至野猪的形象出现。[53] 与妇好墓兽形器类似，这些铜器器身上布满了各种浮雕的几何或兽形图案；但与妇好墓兽形器不同的是，这些器物的外形往往模拟真实动物而非想像中的怪兽。部分宁乡青铜器甚至表现人形，比如一件方鼎的四面饰有乍看似乎相同的四张人脸，然而如果仔细观察，可以发现其设计者巧妙地调整了人脸比例，以适应方鼎长宽两面不同的大小及形状。附着于人脸周围的角与利爪说明所表现对象并非普通人类，而是某种超自然的神灵。[54] 另一对雕塑型酒器似乎也与这类超自然的物体有关，一件在巴黎塞努施奇博物馆，另一件在日本泉屋博物馆，两者都表现一个怪兽以前爪拥住一人，似

1–14　青铜头像

商代　41×12.7cm　青铜　1986年四川省广汉三星堆出土　三星堆博物馆藏

乎正在吞噬（图1－13)。对于这个形象学者们有不同的诠释：有些认为器上雕塑的人与怪兽是一体两面的和谐统一体；另一些学者则认为是表现人殉，即殉葬的人正被神圣的虎形兽吞噬。对这两件青铜器的含义较正确的诠释，可能必须等到当地有关宗教或巫术的文字记载出土方能找到依据。

与湖南的青铜文化相比较，西南部的三星堆文化具有一种与商代中心文化差异更大的艺术传统。[55] 考古发现证明这个内陆地区与长江中游之间在商朝曾互有往来，在此地青铜主要用来制作大型雕像而非礼器。1986年四川考古学家在三星堆发现了两个祭祀坑，其中出土了数以千计的稀有艺术品，是历年来最可观的考古发现之一。[56] 对雕塑史尤其重要的是，在这两个坑中发掘出一百多件青铜人像，其中包括一个真人大小的雕像、大约五十个头像、三十多副面具、许多较小的人像，以及一株大型青铜“神树”。这些雕塑的形式与规模前所未见，三星堆因此而举世闻名。

所有三星堆出土的青铜人像都有着十分夸张的鼻子、嘴和耳朵，使它们看起来像是外星人。这些人像的面貌如此丑陋怪诞，可能所表现的是戴着面具的人：有些人像的面部有一道清晰的界线以区分被面具覆盖的部分和未被覆盖的部分，有些人像更戴着附有金箔的面具（图1－14)。除一件以外，三星堆人像所展现的雕塑风格都是一致的，摒除了一切平顺转折，而采用尖锐多棱角的线条及凹槽来刻划脸部的细节。然而，不同的眼睛形状将这些人像又分成两大类，其中主要

1－15 青铜立像
商代 通高262cm 青铜 1986年四川省广汉三星堆出土

1–16 **石雕人像**
商代　高19.6cm　石　美国芝加哥美术馆藏

一类都有一对眼角上扬的杏眼，占据脸部的显著部位，眼睛上方有两道浓眉，下方有深陷的凹槽，眼部最明显的特征是中间一道横向突起，使眼球成为棱角分明的几何形体。属于这类的雕塑包括所有的人头像、全身人像，以及部分面具，其身份可根据不同的发形头饰进一步加以区分。三星堆出土的唯一立像，也有一双这样的眼睛（图1－15）。这件人像头戴冠，身穿长袍，站在镂刻着四个象头的祭坛上，它那布满华丽装饰纹样的柱形瘦长身体给人一种半抽象的感觉。从它屈曲成圆环的双臂判断，此像双臂原本握着某种物体置于胸前，可能是一支象牙。大量的象牙也出现于这两个祭祀坑中，反映出象牙对三星堆人具有特殊的意义。

第二类型的眼睛更为怪异：圆柱状的瞳孔自眼球向外突出。在三个出自2号坑的硕大而怪丑的面具上可以见到这样的眼睛。这些面具可能原本安装在巨大的木柱上，最大的面具有138厘米宽，65厘米高，它柱状的瞳孔有16.5厘米长，直径则有13.5厘米，柱形周围还箍有一圈环状物。此面具双眉间有一个方洞，表明原来此处可能装置了一个高耸的卷纹突出物，如在另一件同类而较小的三星堆面具上所见。

由于至目前为止尚未发现与三星堆文化遗址同期的文字资料，学者只能在较晚的文献中寻找诠释这些青铜像的证据。有的研究者在著于公元4世纪的《华阳国志》中，找到与四川古代历史有关的重要记载，说古代蜀国的国君蚕丛“其目纵，始称王”，因而提出所谓“纵目”可能就是指三星堆面具上的柱状瞳孔，因此这些面具所表现的就是有奇异双眼的蚕丛。[57] 这个结论是否可靠姑且不论，但所引文献清楚地记载了蚕丛这位开国君主的眼睛与众不同，这一说法与三星堆青铜人像似乎吻合。人像的双眼是这些铜像最特殊的表征，也是它们超自然力的象征。

有关上述青铜人像含义的论证，亦可通过将其与另一种三星堆人像进行比较而获得。与这些青铜人像截然不同的是一批裸体石人，到目前为止，所有科学发掘的这类人像均出土于四川东部的三星堆文化遗址，两件发掘于三星堆，第三件来自成都。[58] 但唯一一件完整的这类人像目前收藏于芝加哥美术馆（图1－16）。这件人像是用整块的黑石雕刻磨光而成，作正面跪姿，其双手以粗绳反绑于背后，致使上身略微前倾，但仍然抬头面对前方。这件雕像并不是一件粗制滥造的微型人像。像高近20厘米，在已知的商周玉石人像中可说相当大了，然而这件人像令人赞赏之处并不在于它的大小，而在于它的艺术表现力。一件出自如此久远的时代的作品，其人体比例出人意料的准确。人像既没有穿戴任何衣物，也没有露出生殖器，或显示身体各部细节，躯体的造型简化到近于抽象的程度。人像表面略有起伏形成流畅的轮廓线，反映出雕刻工匠对柔顺平滑形体的一种刻意追求。

这也许是中国青铜时代表现人体最为精确的一件人像，然而，它却没有眼睛，鼻梁两侧微微下凹，与高起的颧骨和突出的前额平滑地相连。在眼部并无雕刻的痕迹，而其他脸部特征，如耳、嘴、鼻和头发，则以立体形式真实地表现，因此更显出无眼的空白。宗教艺术学者经常讨论绘画中为神像“开眼”的特殊象征意义，他们也注意到，毁坏偶像的双眼是破除偶像神力最有效的方法，去掉偶像的双眼等于是剥夺它的生命。[59] 我们可以看到，三星堆文化的青铜和石刻人像都反映出眼睛即神力这一观念，只不过前者采取夸

1–17 盠驹尊
西周 32.4×34cm 青铜 1955年陕西省眉县李村出土
中国国家博物馆藏

张的手法突出表现双眼，后者则将其略去。因此，这两类雕塑可以互相印证彼此的象征意义：它们之间的差异证实青铜人像代表神祇或神化了的君主，石刻人像所表现的则是奴隶或俘虏。

第三节 周与春秋战国时期雕塑

由姬姓宗族所建立的周代（约公元前1046–前256年），其发祥地在今陕西省境内。作为一种地方文化及政治实体，周人至少自公元前1500年就开始发展属于他们自己的青铜制造业，并且与商人维持着一种亦敌亦友的关系。公元前11世纪周人克商之后，仍持续吸收并改造商代的都会艺术，包括各种雕塑形式。不久前出土于陕西长安张家坡163号墓的一件罕见的周代早期雕塑型青铜器，即为这种持续发展的产物。它那特异的外形似乎是以商器为雏形，并融入了强烈的地方特色。[60] 器身主要部分为一不知名的有角怪兽，它头大腿细，成排的小型立体鸟兽形象附于头、胸、背、尾各部分，使器形轮廓显得支离破碎。商代兽形铜器的强烈立体感及生命力在这件器物上消失了，取而代之的是将不同艺术形式综合扭曲在一起的多元体。

我们在其他周代雕塑型青铜器，如觥、兽形卣与尊上，也发现同样倾向。虽然西周早期觥的数量相当多，但如商觥那样富于活力的却很少。不少西周的觥采用了一种特殊的晚商器形设计，将器身类型化，使之成为圆形或方形酒器，只在器盖前部保留兽首形状。[61] 兽形尊和卣也经过修改而继续制造，例如周代早期，一件由大臣太保所委制的鸟形卣虽然外形似鹰，但却由半抽象形体组成。[62] 周代中期雕塑型青铜器日趋简化与抽象化，一件陕西岐山出土的牛尊，器身近乎柱形，其上布满粗犷的几何纹饰。[63] 类似纹样亦见于另一件出自強伯墓的兽形尊，它与牛尊是同一时期的作品，其所以定为象尊，是由于它有一个怪诞上扬的象鼻。[64]

以上这些例子表明，总体来看雕塑型青铜器在周代早、中期呈现衰退现象。引起这种衰退的原因之一可能是南方与西南方几处重要的青铜文化未能继续发展：三星堆青铜人像大约在周早期神秘地消失，湖南青铜器制造中心也不再生产大件兽形与人形青铜器。这些地区不仅是晚商时期重要的青铜雕塑中心，而且其文化曾刺激了商代都会地区雕塑艺术的发展，随着它们的消失这些刺激亦不复存在。除“雕塑型青铜器”外，其他形式的商代雕塑，如玉雕人像与青铜面具虽然也延续至周代，[65] 但也如雕塑型青铜器一样，这些艺术传统在周代早中期也没有显示出新的创造力与想像力。

上述现象引导我们去探索导致雕塑衰退的一个重要因素，即礼器艺术在西周时期的进一步系统化。此时，大量青铜器为贵族宗庙中举行的祭祖仪式而铸，铜器上冗长的铭文旨在纪念重要政治事件和记述这些家族的历史。当青铜器逐渐成为承载文字的媒介时，其形式便不再具有独立含义，于是，装饰纹样渐趋简化与形式化，雕塑形象日渐稀少。事实上，青铜艺术向文字化与抽象化的发展自晚商时期已经开始，但只是到西周时期，这种趋向才发展为控制整个礼器艺术的主流。[66] 这种源自周代都会中心的发展趋向，传到周王室分封的属国和封邑。“册命”仪式是分封时的重要仪礼，一般在周代王室宗庙中举行。通过这个仪式周王赐予贵族或功臣头衔、土地、人民及礼器。许多西周青铜器是这些贵族为纪念受王室封赏的光荣时刻所造。

册命仪式也偶尔提供铸造雕塑型青铜器的机遇。公元前10世纪大臣盠所铸马形尊，又称盠驹尊，就是此类稀有器物之一（图1－17）。此尊出土于陕西眉县，

1－18 刖人守囿铜挽车
西周 9.1×13.7×11.3cm 青铜
1989年山西省闻喜出土 山西省考古研究所藏

其胸前铭文特别指出它的铸造背景，铭文记载盠参与周王主持的新驹入厩仪式，典礼结束时周王赐予盠两匹马，于是盠委制此器以谢王恩。虽然这件马形酒器只在背上有一个口，但却有两个器盖。其一覆于器口之上，盖内短铭记载周王所赐两匹马中其一名为“骓子”；另一个器盖存于器身中，记载另一匹马名为“骆子”。因此这件礼器是以青铜雕塑来表现周王赐物，藉以使之不朽。这一铸造目的使得盠驹尊具有写实风格与简洁的纹饰，与同地出土的其他盠器上绵密的半抽象装饰纹样形成强烈的对比。[67]

尽管盠驹尊的出现足以证明西周青铜器铸造者具备设计与铸造写实形象的能力，但这却是少数个例之一，这种对表现自然形象的尝试，始终未能在周代发展成重要的艺术潮流。然而，出现于西周末期的一类带有人形或兽形附件的青铜器显示了青铜雕塑的一个新方向，这些器物主要发现于陕西南部周都与山西南部晋国地区。由于这两个地区在地理及政治上关系密切，这些青铜器反映了周代贵族间流行的一种艺术风格，其代表作成为独树一帜的一种雕塑型青铜器。出土于陕西南部扶风和宝鸡的两件作品可视为这种风格初期阶段的范例。这两件由方鼎变形而来的器物均是下部为灶的方形炊器，[68] 灶两侧有窗，前方有一扇上栓的门。有趣的是守门者是一左腿自膝以下残缺的裸体人像。这类刖刑人像可在《周礼》中找到解释：“墨者使守门，劓者使守关，刖者使守囿。”古代的注疏中更特别说明，刖者的任务是看管周代王室园囿中的动物栏房。[69]

这种肢体残缺的守门人像在山西闻喜上郭晋墓出土的一件盒形青铜器上再次出现（图1－18）。[70] 但这个设计华丽的器物年代应稍晚，大约是东周（公元前770－前256年）初年或公元前8世纪中期的作品。这件高仅9.1厘米的器物，四周附有多达15个立体鸟兽和人像雕塑。器顶雕有四只鸟围着一只猴子，环绕器壁雕有四条龙与四只虎，器物的前方有一刖者立于门旁。虽然这个人像反映出周代社会的残酷习俗，但整件器物的设计却显得意趣盎然。事实上将它视为一件玩具也并不为过：盒形底部的六个车轮使它成为一小型拖车。前轮状似一对老虎，当拖车拉曳运行时，犹如两只老虎背负着所有雕塑鸟兽在奔跑。

这件器物的形状、尺寸及立体附件，均显示出其与最近在北赵天马－曲村晋侯墓地出土的一批铜器的密切关系。但这些北赵铜器上的雕塑人像并非肢体残缺的守门人，而是以跪姿或蹲姿背负铜器的裸像。[71] 这种类型的人形附件，在西周晚期与东周早期的青铜器上常可见到，多作为器足出现。将这类人像塑成裸体可能表示其为奴隶的低下社会地位。不过，浙江绍兴坡塘306号墓出土的一件铜器上的裸体人像可能蕴含某种特定的宗教礼仪意义。这件独特的微型雕塑模拟一座建筑物，似是一座庙宇或享堂（图1－19），内有方形地面和三面墙，表面装饰着繁缛的连续几何图案；四坡攒尖式的屋顶中央立有一根粗柱，柱顶栖息一只巨鸟。自上古时代起，中国东部沿海地区，包括这个建筑模型出土的地方，就已存在对鸟的崇拜。[72] 这件青铜雕塑证明这种崇拜可能一直延续到公元前6世纪，它的宗教性能也可由建筑物内部情景一见端倪：室内没有任何陈设，只有六名演奏各式乐器的裸体乐师。这件雕塑可能表现庙堂中用以娱神或降神的音乐演奏，这在古代中国是一种广为流传的宗教或巫术仪式。

1—19 **伎乐铜屋**

春秋　17×13×11.5cm　青铜

1981年浙江省绍兴坡塘出土　浙江省博物馆藏

1—20 **神兽**

春秋　高48cm　青铜　1990年河南省淅川出土

河南博物院藏

上述雕塑附件和建筑模型代表春秋时代（公元前770－前476年）逐渐形成的一种新的雕塑形式，[73]由山西侯马铸铜作坊遗址出土的陶范即可证明。此外一些重要的技术发展，尤其是对分铸法日益精细频繁的运用，与这种雕塑形式的形成也有着密切的关系。通常一个立体附件，不论是一个蛇形把手或是人形基座，均先分件铸成，然后再铸于较大的青铜器上。从塑模制范到铸造成品，这些附件也须按照制作立体铜器的基本技术要求与步骤制作。某些铜器的附件上所显现出的立体雕塑的特性绝非偶然，尽管它们尚未成为完整的雕塑个体，但其造型常常独立于所附着的器物，所表现的立体人像与神秘动物给人留下了深刻印象。

这类作品中的一个突出例子是出自河南新郑李家楼的一对华丽壮观的方壶。[74]壶高均超过1米，重64公斤，这对壶上集聚了众多的鸟兽形象，包括器身上的几何夔龙纹样、把手上镂空的神秘动物，以至器顶上的仙鹤。立鹤雕得生动写实，昂头展翅，仿佛正要飞入云霄。从龙形把手上的镂空纹饰可以看出对失蜡法铸造技术的运用。失蜡法可能自西亚传入，大约于此时在中国得到运用，常用以制造形状复杂的铜器及纹饰。这门技术以蜡代替陶土制作器物模型，再以细陶土包裹蜡模后加热，待蜡熔化后，便出现了中空的陶范。传统的合范法适用于制作对称和块状的结构；而失蜡法则可以制造各种形状复杂的器物，其对雕塑风格的影响可从中国最早的失蜡法制品中得到印证。[75]

一对出自河南淅川徐家岭9号墓的兽形雕塑可说是这类作品中的突出代表，[76]它们原来可能是一个鼓座的构件（图1－20）。其主体是一只虚构的动物，遍体镶嵌绿松石，以其扁平的四足牢牢站立；头戴蛇状冠，转向一边；张着大嘴，吐出长长的舌头；扭动的蛇身构成具有活力的曲线。这只动物的背上有一个把手似的附件，其顶端有只小兽几乎是主体动物的翻版，也同样吐出长舌，在舌尖上又附有一只带角的怪兽。这些动物形象似乎在自我复制，在这样的衍生过程中赋予这件铜雕一种令人不安却十分迷人的生命力。与表现写实动物和人像的传统有别，这件作品代表了表现想像中的动物的另一种雕塑传统。这两个传统的并行发展及公元前6世纪左右青铜雕塑技术的长足进步，为战国时代青铜雕塑的突飞猛进奠定了扎实的基础。

战国（公元前475－前221年）是中国历史上富于艺术创造与革新的一个伟大时代。公元前5世纪早期，春秋时代结束之前，传统礼器艺术与建筑的发展已达到顶点，在接下来的几个世纪里，艺术与建筑出现了许多新的形式、风格及题材，重新界定了视觉艺术的范畴。在建筑方面，高耸的台阁式建筑赢得了执政者的青睐，其巍峨的外观、夺目的装饰提供了他们所需要的强势视觉象征。在艺术方面，肃穆单调的礼器不再领导时尚，漆器与金银错器物备受欢迎，反映出时人对流畅图案和多彩效果的钟爱。灯、屏风、案桌及其他实用器物被当作严肃艺术品来创作，其昂贵的用料、精巧的做工、奇特的形状充分地表现出当时对物质的占有欲望和奢华铺张的时尚。这种新趣味与战国时代对立体雕塑形象的兴趣息息相关，刺激了在西周与春秋时代在一定程度上被礼器压抑了的雕塑艺术的发展。

给人印象最深和最具有代表性的战国初期雕塑作品出自湖北随县擂鼓墩1号墓，或称曾侯乙墓。根据墓中铭文，这座墓葬的年代可定在公元前433年或略早。[77]但是墓中随葬的许多铜器、编钟及其他物件应是曾侯乙生前所造，时间大约在公元前5世纪中期。这些器物令人惊异的一个特征是它们皆有统一的铭文，即“曾侯乙作持用终”，直截了当地宣告其所有权，不同于许多早期礼器，包括春秋时代的曾国（即随国）铜器。[78] 曾侯乙墓出土器物既不用来记载重要的历史事件，也不用来祭祀祖先，而很可能是用来满足当时奢华的宫廷生活的需要，以及新式的礼仪。[79]

擂鼓墩1号墓出土的许多青铜器具有立体装饰，但这些形象不再是附着于礼器上的小型人像或动物，而具有一定的规模，几乎成为独立的雕像。这些雕塑型青铜器中最重要的三件均与乐器有关：编钟架上的钟虡铜人柱、磬架两端的有翅长颈怪兽和可能是鼓座的鹿角立鹤。[80] 以编钟为例，且不论其记载微妙乐律系统的铭文的价值，以及每件编钟复杂的形状及其装饰(有的由多达38块陶范制成)，单就悬挂编钟的钟虡即是一件精美的艺术品。它分上下两层，镶有精致铜饰的横梁由六个钟虡铜人支撑。若与早期青铜器上的小型人像相比，这些铜人堪称巨人：下层的三个人像分别重359公斤，大约1米高，立在约35厘米高的半球体基座上；上层的三个铜人像较矮，约80厘米高，每个铜人各与钟虡上下层接榫固定。这些人像所表现的应是有官阶的人物：他们均穿紧身上装及长裙，原绘以黑红色花纹，六个人像均佩剑，因此有些学者称之为“武士”或“廷卫”。

这些人像的造型反映出作者对其艺术表现力的高度重视。虽然铜人挺直的身躯在功能上如同古希腊的人像柱是用作钟虡的，但给人的印象却是这些“武士”似乎是以弯曲的双臂毫不费力地支撑着沉重的钟架。人像的头虽然较大，但不像有些早期或同期人像的头大到不成比例。真正令这些人像与众不同的是对其面部的刻划，反映出对人体解剖令人惊异的精细认知。直视的双眼和紧闭的嘴唇轮廓分明，与宽阔的前额、凸起的颧骨和尖削的下巴之间顺滑巧妙的变化形成对比。这种写实的雕塑风格必然是刻意追求的，因为人像所立的半球体基座以完全不同的装饰风格出现。基座覆以密密麻麻的起伏卷纹及自夔龙纹衍生出来的涡纹，在风格上它们与墓中许多其他器物的装饰是一致的，但在此处这种多棘的表面与铜人朴素自然的风格，形成强烈的对比。

擂鼓墩1号墓出土的铜器包括了战国时代循不同途径发展的两大类雕塑——写实人像与神秘动物形象。上述人像柱所表现的写实风格亦见于其他战国时代人像，著名的侯马铸场也出土了制作这类人像的陶范，所制成品曾出土于山西其他遗址，年代可定于公元前6世纪晚期到5世纪早期。[81] 一些人像通常为支撑着某物而举着双臂（因此与擂鼓墩钟虡人像类似)，还有一些呈跪姿、蹲姿或立姿的人像，伸展双臂抱住或抓着管状物。若干这类例子出土于东周王都遗址金村，有的则得之于科学考古发掘，有时人像所握管状物为灯柱。[82] 所有这类人像均以僵直的正面姿态出现，前伸的双臂如同弧形的圆柱；然而其对服饰尤其是头饰的精心刻划，则显示出作者意在表现真实的形象。

相比而言，战国时代神秘动物雕塑所强调的是另一种风格。以擂鼓墩1号墓的鹿角立鹤鼓架为例，这件作品并不以表现真实动物为目的，其形象源于幻想并进而激发想像。另一件著名的铜龙据说来自燕国下

1—21　**银首人形灯**

战国　高66.4cm　银　青铜　1976年河北省平山中山王墓出土　河北省文物研究所藏

都易县武阳台周边的姥姆台，可能曾是台上楼阁的饰物。[83] 这只半兽半爬虫式的龙长着脊刺和尖翅，身上布满了中心有点的线形涡纹。它的翅、角与鳍构成强烈的立体感，其夸张的富有弹性的曲线甚至给人一种动感，好像它正弓起圆颈，收紧筋腱和肌肉，马上就要跃入空中。

1-22 **错金银虎噬鹿屏风插座**
战国 21.9×51cm 青铜 1977年河北省平山中山王墓出土
河北省文物研究所藏

战国时代中晚期大批人像与神秘动物造型的器物集中发现于河北平山中山国王陵。如同公元前5世纪的曾国一样，公元前4世纪的中山国是一个蕞尔小国，只希望在超级强权的夹缝中求生存。曾国大概在乙侯去世后不久便灭亡了；中山国则在公元前296年灭于赵，其时约为都邑灵寿附近最后一个主要王陵（1号墓）建成后十年。1974年至1978年间，此地共发掘出三十多座东周时代古墓。[84] 其中1号墓墓主为中山王，6号墓的墓主可能是他的父亲。此二墓中出土的雕塑作品包括人像、树形灯、龙凤方案和牛、犀、虎形屏风座，以及无明显实用功能的一对有翅怪兽。

这些雕塑作品有三个重要特征：高度的立体感、生动的形象及精美的装饰。一个重要的突破是这些作品不再只表现人与动物死板的正面形象，而可以从各个角度欣赏，其题材也更为广泛。1号墓出土的一件铜灯取形于一株巨树，枝干上有十三个灯座，盘绕在主干上的龙可能是神话中的烛龙。然而树上的其他形象，则源自现实世界：鸟雀栖息在枝头歌唱，猕猴向树下的两人伸手乞食。艺术家捕捉住生活中的刹那情景，营造出活泼轻松的气氛。另一件出自6号墓的灯则运用了不同的造型技巧（图1－21），不强调人兽间戏剧性的互动关系，而以一男性立像吸引人的视线，此像双手把握螭形灯座。此灯座与另外一盏战国人形灯的一个显著不同的特点是其具有装饰与表象双重功能的镶嵌：银制的脸上镶以黑色石料制作的眼睛，蛇身鳞片和人像雅致的长袍也用镶错纹样表现。

中山国王陵出土的其他雕塑作品多为动物形象，虽同样具有精致的镶错纹样，但常表现出异国情趣。这其中有一件由四龙四凤组成的案座，龙凤的体、翅、角相互穿插，形成一种巧夺天工的交织图案。另一对出自1号墓的神秘怪兽与案座的四龙相似，方头著角、张着大嘴、身上有翅，显然受到草原文化的影响。另三件雕塑原为三扇屏风的基座，成一线排开，以噬鹿猛虎居中，牛与犀牛位于两侧（图1－22）。居中的猛虎最能显现出这类动物形象的起源：动物搏斗母题和对粗犷动作的表现是草原文化艺术的主要特点。学者一般认为中山国人为游牧民族白狄的后代，其祖先大约于公元前8世纪时进入陕西北部及山西西北部，因此中山国艺术具有草原文化特点有其历史原因。[85] 然而若将这只铜虎仅仅视为草原文化艺术的翻版则是一个错误，这件作于公元前4世纪中国中原地区的立体雕塑，将原

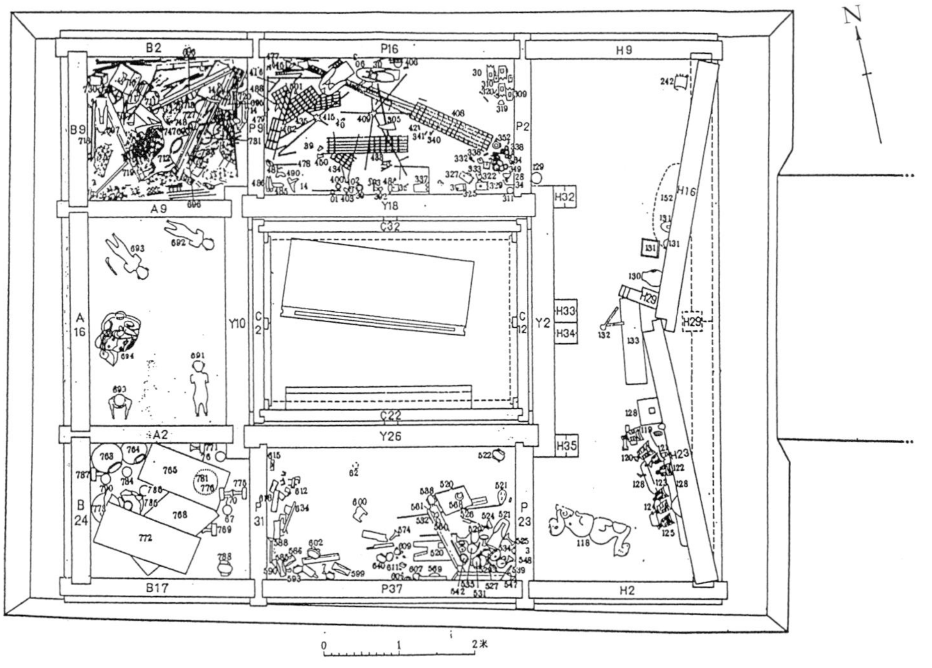

1–23 河南省信阳长台关楚墓1号墓墓室平面图

是平面金属牌上的草原动物搏斗主题转变成51厘米长、重达26公斤的煌煌巨制。不同文化艺术的融合也反映在其装饰上：这里金银错纹饰所表现的并非是抽象图案，而是兽身上斑斓的毛皮。

擂鼓墩1号墓的编钟，中山王陵的灯、案桌及屏风原本都属于王宫陈设，由此可见宫殿已成为战国时代雕塑艺术的一个中心。当时与宫殿同等重要的另一个雕塑制造与需求中心则是墓地。墓葬与日俱增的重要性与当时社会政治的转变有着密切关系。在这一时期周王室势力更趋衰微，诸侯凭借其控制的经济资源与武力以增强实力，相互兼并。墓葬成为这些新权贵的权力地位的象征之一。[86] 丧葬艺术发展的两个重要表征为墓上建筑的日趋华丽壮观，以及“明器”艺术传统的形成。明器是指特别为墓葬所制作的器物，包括新出现的墓俑。

明器，亦称冥器，按照古制这类器物既不同于实用器物，又与宗庙礼器相异。[87] 明器的一个主要特征是它必须不具有实用功能，正如《礼记》记载：“是故竹不成用，瓦不成味，木不成斫，琴瑟张而不平，竽笙备而不和，有钟磬而无簨虡。”[88] 基于同样道理，墓俑为明器的一种，不与真人同等，而只是象征那些追随死者的人殉。虽然在商代和西周甚至史前时期的墓葬中均曾发现人像，但不能确定它们是否专为葬礼而作，况且它们只是偶尔出现，并不能证实当时已存在墓俑随葬定例。直到春秋晚期至战国时期，墓俑才逐渐发展成为南北墓葬中的固定随葬物。以属于这一时代在湖南长沙所发掘的209座墓为例，墓中共发现14件俑，[89] 然而，其他楚墓要到较晚才开始出现这类的随葬物。发现于常德德山的84座墓葬中，没有一座战国早期墓有俑，只在两座战国中期墓中发现7件，最大的一群墓俑总共23件，出土于5座战国晚期墓。[90]

墓俑常被视为是用以取代早期普遍存在的人殉，考古发现基本认同这一论点：第一，战国墓中的墓俑经常置于死者身旁或在其四周，这样的安排显然是依循殉人葬的模式。第二，春秋晚期山西长子县牛家坡7

号墓中沿东、南壁有三名殉人，沿西、北壁则置有两对木俑。这七“人”共同围护中间的死者。[91] 第三，湖北江陵望山2号墓中的“遣册”称墓中俑为亡故主人在冥界的“亡僮”。[92] 第四，墓俑的广泛出现与殉人葬的衰微同见于这一时期。

长子县7号墓及其他考古发掘出现了殉人与墓俑存在同一墓葬的复杂现象。例如，在临淄郎家庄的一座公元前5世纪墓葬的主室外共发现26具骨骸，[93] 其中17具为年轻女性，一人一棺围绕着男性墓主。这些女性死者佩戴首饰，有个人物品随葬，其中二人还伴有殉人，另六人则有陶俑。类似的情形也发现于章丘战国中期的另一座齐墓中。[94] 这种多次出现的现象表明当时显赫的贵族死后仍用人殉葬，而地位较低的人则用墓俑陪葬。

进而观之，郎家庄墓以活人殉葬又分为两种。与葬于同一个墓中的17具女尸不同，另外九名男女均死于非命，不是被肢解就是被活埋。学者将这两类活人殉葬分别称之为“人殉”和“人牲”。[95] 在墓俑刚出现时，“人殉”和“人牲”可能用不同的俑来替代；大部分墓俑为奴仆、车马驭手及乐师形象，因此所代替的是“人殉”；然而有一小部分墓俑似乎蕴含特别礼仪或巫术功能，比如河南信阳长台关1号墓内，有一与墓穴同宽的前室，其后有五个侧室和后室，围绕着中间的棺室（图1－23）。[96] 从各室的随葬物可以判断其功能，并进而推知其内墓俑的身份。前室好像是一前厅，陈设有青铜礼器及乐器；前室后方的中室为棺室，双层棺木中的死者佩戴着玉饰和镶金带钩；棺室左右分别是厩房和厨房，厩房中有二车马驭手俑，厨房内有二厨役俑；厩房之后可能是书房，内有床榻、文具和竹简，室中两个精致的墓俑可能是簿记，其黑袍上绘着极为细致的纹样，头发和衣服用胶粘在头与身上；厨房之后是储藏室，内有二跪俑守护大瓮。最神秘的是棺室正后方的墓室：室中央立着一头吐着长舌、长着鹿角的怪兽，俗称“镇墓兽”，四隅有四个人形俑。与墓中其他俑不同，这四个俑的雕工粗略，也没有衣物蔽体，更为匪夷所思的是其中一俑以竹签穿胸。可能位于中央的雕像代表某神祇，而周围的墓俑代表献给它的“人牲”。

战国时期墓俑根据材料和风格可分为两大类，基本分属南方和北方。南方楚地出土的墓俑均为木制，而大部分北方出土的墓俑为陶制。[97] 长台关1号墓出土的11件墓俑代表了楚俑三大类型之一，多以整块木料雕制，但有些墓俑向外伸展的手臂分开雕制，再以暗榫相接，面部和衣物的纹饰多为绘制。有些南方墓俑身材十分匀称，其顺滑的肩颈、流畅的衣裙、华丽的服饰及独特的姿态，显示它们的特殊地位。两件这类精美墓俑出自江陵义冢6号墓（图1－24），均高50厘米以上，面貌和服装相同，但具不同姿势，一人平伸双手仿佛捧持某物，另一人伫立候侍在旁。这两件人像可说是战国时代对人物刻划最自然生动的作品，是雕塑与绘画相结合达到完美和谐境界的范例。事实上，作为雕塑作品而言，此二人的鹅蛋形脸与圆柱形身体相当简单概括，但配以刻划传神的面容、彩绘细致的长袍及精巧的缀饰，便转变成令人难忘的艺术作品。

出自长沙的一些墓俑代表了较为形式化的第二类型。同样以整块木材制成的这类俑常具有宽额、盾形脸及尖削而略为突出的下巴；人像的颈项修长，与下削的双肩连成一线，有时著前开襟长袍。这些形式化

1–24　**武昌义地内侍俑**　战国　高52.5cm　木　1978年湖北省江陵出土　湖北省博物馆藏

1–25 彩绘奏乐俑
战国 7.7—7.9cm 陶 1990年山东省章丘大墓出土

的墓俑与第三类楚俑形成鲜明对比，后者以出自包山2号墓两件超过1米的大型俑为代表，这两个俑不仅手臂分别刻制，其耳、手掌及双脚全都另外制作，再一一接合制成一个复杂的人形。但是其躯体仍仅是用以著衣的，因此颈以下的身躯做工相当粗糙，而暴露的部分则处理得非常精细。头脸制作得十分巧妙，彩绘细腻，连须发都以真人毛发粘制而成。

大多数的北方墓俑则具有与上述木俑截然不同的特色，多半以陶土塑造，再涂以红、黄、褐色或全黑。许多这种俑是微型人像，郎家庄1号墓出土的墓俑约10厘米高，类似的例子也见于山西分水岭，河南辉县、洛阳，以及山东若干地区。[98] 人像面部刻划简略，其吸引人之处在于其夸张的动作姿态。这类墓俑多表现艺人乐伎，最负盛名的是1990年出土于山东章丘大墓的一组人像。[99] 此墓中既有人牲又有人殉，其中一名殉人为女性，陪葬品中有一组共38件雕塑，包括25个俑、5件乐器和8只鸟，组成一个乐舞表演场面。其中10个女舞俑高度为7.7厘米到7.9厘米不等，组成一个舞阵，十俑之中又可依照其各种各样的服饰和姿势划分为若干小舞群。男乐俑中有两个击鼓俑、其余三个分别为撞钟、击磬和弹瑟俑（图1–25）。另外还有十俑袖手端立，可能是观看这场乐舞表演的观众。

南北墓俑艺术风格的差异反映了不同的礼仪目的。许多楚俑所表现的是冥界家居生活中的仆从，如奴仆、厨役、驭者及簿记等，他们很少独立成群，而是各自置于特定的墓室之中，与其他随葬物如日用器具、厨具、车马、或文具等相配置。因此我们可以将这些墓俑视为模仿各种家居生活的“偶人”。以北方墓俑而言，章丘墓俑和墓中其他随葬物之间并没有明确关系，这些制作粗略的小型人像相互配合而形成一独立的乐舞表演场面。包括表演者、伴奏及观众的这组雕塑，表现死者在冥界轻松愉快的生活，因而在丧葬内涵中具有明确的意义。一组秦墓出土的雕塑与上述齐墓中出土的雕

1–26 镇墓兽

战国　高128cm　木髹漆

1957年河南省信阳长台关

楚墓1号墓出土

河南省文物研究所藏

塑在形式上有相似之处，但所强调的重点则不同，其中的牛车与谷仓似乎表明墓主对一般性经济活动特别重视，可能与该墓墓主较为低下的社会地位有关。[100]

这些不同风格的墓俑，反映出墓葬雕塑在地域和文化上的变异。战国时代的另外一些雕塑作品则纯为地方性产物，其最著名的例子就是"镇墓兽"。这种雕刻的象征性与意义一直是学者间热烈争论的焦点，至今仍无定论。考古文献中所称的"镇墓兽"外形差异十分显著。大英博物馆所藏的一件具有一张棱角分明半几何形的人面，结构简明，令人赞赏，代表了其中一种风格。[101] 另一种风格以长台关1号墓出土的镇墓兽为代表，是一头健壮有力的怪兽，头上有一对鹿角，巨大的眼睛似圆盘，张着大嘴，吐出的长舌垂到腹部，正面跪坐，正在吞食一蛇（图1－26）。第三类镇墓兽则更为抽象，在木制基座上立着一个由一系列方形组成的立体形象，但细部的雕刻和彩绘仍表现出圆眼和长舌。[102] 这些形式不同而年代大致相同的作品反映出南方楚文化内部的地方差异。

虽然镇墓兽曾发现于河南和湖南，但是在考古发掘中，发现最多的是湖北江陵地区战国时期的墓葬中，仅雨台山墓地一处就出土156件。[103] 由于缺乏文字记载，对镇墓兽的研究必须仰赖形式特征和考古根据。其反复出现的特征包括长舌、鹿角和噬蛇，似乎反映出巫术的成分。[104] 考古发掘进而表明镇墓兽一般只出现于有棺椁和礼器的墓中，每墓只有一件镇墓兽，常置于前室或后室，而且总与鼓一起出现。[105] 这些考古资料一方面似乎表明镇墓兽与巫术有关（例如与鼓一起出现），另一方面则显示其社会和宗教的属性，即为特权阶级专有。

在制作材料和技术上，属于楚文化中的木胎漆雕被广泛用来制作镇墓兽。制作这类漆器过程冗长，首先要采集漆树汁液，经反复过滤使生漆透明而有粘性，混入朱砂或碳粉制成红、黑有色漆液，用来涂在内胎上。漆液不仅可以保护内胎，使其强韧，同时也可用以描绘色彩纹样与形象装饰。[106]

虽然远在战国之前漆器已出现于中国，但直到此时才开始广泛流行。[107] 根据1986年统计，在楚地已发现3,000件以上漆器，多半属于这个时期。[108] 与青铜器只出土于大墓中不同，漆器在楚墓中几乎是无所不在，即使是一座小墓有时也会有几十件，而像擂鼓墩1号墓这样的大墓则出土200件以上。其中有些漆器具有雕塑形式，如两件鹿雕，一件鹿身浑圆髹成黑色，另一件更为写实，绘以精致的面部特征及细腻的毛皮纹样。[109] 这两件鹿雕没有明显的实用功能，而同墓所出的鸳鸯形漆盒则是一件实用性与雕塑形式相结合的作品，同时还突出体现了漆器集雕塑、绘画于一体的长处。鸳鸯的造型比例匀称，身体两侧绘有两幅小型绘画，一幅表现舞蹈，另一幅表现音乐演奏，周边均框以复杂的装饰纹样，使这两幅画似乎是出现于方形"视窗"中的生活情景。

这件鸳鸯形漆盒堪为融雕塑绘画于一体的范例，而江陵望山1号墓出土的一件小座屏则以另一种方式将这两种艺术结合于一体。座屏上连续镂刻出鹿、凤、鸾、蛇的形象，在平面空间中如绘画形象一般排列，动物的细部更以彩绘表现。另一件出色的楚彩绘雕塑是出于江陵李家台4号墓的漆制凤鸟虎形基座，其上的图案抽象有力，色彩强烈，虎座以黑色为主，而凤身则饰以大块的红、银、黄色。凤鸟背部插有一对以同样色彩绘饰的鹿角，大概用以显示其神力。[110]

关于战国时代雕塑的讨论也应当包括玉器及其他材料的装饰品，其发展同样反映了这个时期对雕塑日渐浓厚的兴趣及礼器世俗化的趋向。此时装饰品的制作终于在数量上和质量上都超过了礼器，而且更重要的是体现了艺术创作中新的活力。擂鼓墩1号墓中的一件玉雕是战国早期玉器的杰作。这件长48厘米的带状玉饰，由16块玉雕以榫眼或铜环相接而组成，原位于死者头部附近，可能为其华丽头饰的一部分。战国时期的其他玉饰还包括佩、钩、环，以及匕首、剑上的配件等。各式各样的龙形玉佩以其优雅的躯体和卷鳍在公元前4世纪广为流传。一件金村出土的精美项链，就是由三条这类的龙、卷纹玉管及两个玉雕舞人串成的。这两个舞人用琢磨得光润细腻的白玉制成，表明当时流行以人形雕刻品为饰物，与上述以青铜人像为室内装饰的时尚同时风行。

玉佩、带钩在战国时期也成为华丽的装饰物。早期的带钩小而装饰简单，但这种情形在公元前4世纪至3世纪间完全改观，此时的带钩形状各异，色彩、质料和工艺也多种多样。一些最精美的带钩据称出土于东周王都洛阳，这一说法由最近在此地发现的鎏金钩而获得证实。[111] 其他地区所发现的华丽带钩有出土于河南辉县固围村5号墓的一件作品，上面所镂雕的动物围绕着三个玉环相互勾连，带钩圆形尾端作兽面，另一端则镶一狭长的玉制兽首。[112] 这类以贵重金属及宝石制成、饰以想像或真实动物形象的装饰品，最能代表此时的“奢华艺术”传统，它与宫室建筑和墓葬艺术创造性的发展，使战国时期雕塑艺术呈现出前所未有的新面貌。

第四节　秦代雕塑

历史学家将公元前221年秦代的建立视为中国历史上的一个转折点。秦不仅统一了中国，而且，更新了国家政体的组织和内涵，开创了一个与过去截然不同的时代。此前中国是以宗族构成的血缘社会，而秦王朝成为中国第一个中央集权帝国。自此之后，中华帝国屡经改朝换代，延续了两千多年。

秦代也是中国文化史上的转折点。秦始皇的功绩不仅是以武力统一全国，而且包括统一领土之后所施行的政治、社会及思想上的一系列统一措施。秦始皇以强大武力及统治才能成功地瓦解了周代诸侯分封制度中根深蒂固的区域主义，代之以官僚系统，将天下划分为三十六郡，直属中央政府管辖。汉代太史公司马迁记载了秦始皇统一全国后所实行的一系列改革措施，包括统一律法、度量衡、文字及车轨。对车轨的统一也意味着建立一个宽度一致的道路系统。在思想上，东周的哲学家与政治家都曾为未来的社会提出构想；诸子百家均就自己的政治理想发展成各种理论。秦始皇排除众说，独尊以建立专制政权为宗旨的法家。

这些改革意味着毁坏与建设同时并进，而秦始皇成为新政治实体和秩序的化身：他的理念就是法律，他的信仰就是宗教，他的个人活动就是政治、宗教及艺术上最重要的事件。因为这一期间国家主持的所有雕塑工程都与政治改革及秦始皇个人有关，研究秦代

1—27　青铜雕像
秦　11×7.5cm　青铜　1982年陕西省咸阳出土
咸阳市博物馆藏

1–28 **驭手和铜车马** 秦 驭手高92cm 铜车马152×225cm 青铜 1980年陕西省临潼秦始皇陵西侧出土 秦始皇兵马俑博物馆藏

雕塑便必须了解秦代政治与秦始皇的意图。又因为秦代只延续了26年，而重要雕塑工程均在首都地区进行，因此这些工程在时空上密切相关，必须在同一背景下统一研究。由于这些原因，本节对秦代雕塑的讨论将不专注于个别作品如著名的兵马俑，我的方法是把这些兵马俑视为一庞大地下军队的一部分，并进而把这支军队看成是秦始皇陵的一个组成部分，再将秦始皇陵与秦都咸阳的宫殿联系起来研究。这样，埋藏于地下的兵马俑应与宫殿中功能不同的地上雕塑在同一时空背景下讨论。从历史的角度来理解这些雕塑作品，也就是去重组并再现它们的相互关系。

史书上最常提到的秦始皇时期的雕塑作品并不是兵马俑，而是一批已不复存在的青铜雕像，称为“十二金人”。司马迁首先在《史记》中提到这批雕像的制作：始皇二十六年（公元前221年），天下初并，秦始皇“收天下兵，聚之咸阳，销以为钟鐻，金人十二，重各千石，置廷宫中”。[113]

此时铸造这些巨大青铜人像有着重大意义：它们铸于秦国刚刚统一天下，用以纪念秦获得胜利的历史时刻。与铸十二金人一同被司马迁载入《史记》的还有秦始皇登基称帝所宣布的其他统一措施。因此这些雕像所蕴含的意义是十分清楚的：天下业已太平，再无必要争战。原先的六国已被消灭，融合成为新的政治实体，它们的武器理应被销毁熔作统一的象征。可以想像，十二金人很可能是分为六对，立于通往咸阳宫的御道两侧，代表被兼并了的六国。[114] 这些由各国收集来的青铜所制作的人像一方面成为胜利者的纪念碑，另一方面也象征着俯首称臣的敌对势力。对当时的国人，这些铜像必然令他们联想到传说中夏朝建立之初所铸造的九鼎。据记载，这些神圣的器物也是由各地收集的青铜所制作，并且也象征这些地区融合而成的政治实体，即夏朝。[115] 然而象征秦代统一的艺术品已不

1–29 铜车马 秦 106.2×317cm 青铜 1980年陕西临潼秦始皇陵西侧出土 秦始皇兵马俑博物馆藏

再是礼器，而是人像雕塑。

十二金人至汉代仍然存在，陈列于西汉长安长乐宫前。公元2世纪末天下大乱，拥兵自重的董卓为了铸币销毁了十像，其余两像流离失所，最后终于被前秦国君苻坚所毁。自秦至前秦的六百多年间，有关十二金人的故事广为流传，对其大小、重量及含意说法多有抵牾。一些汉和汉以后的作者或称其为翁仲，或以其象征秦统一后来到中国的夷狄巨人。记载中每尊金人重量亦从12万公斤到17万公斤不等。[116] 说法如此不一，因此这些记载难以为据，对十二金人的真实面貌只能以近来考古发现中的秦代青铜人像为参照来加以想像。

1982年在咸阳所发现的一个青铜头像（图1－27）由于与一件秦始皇铜诏版同出而可定为秦代雕塑。[117] 这件头像虽然只有11厘米高，但在雕塑技术与艺术表现上超越了所有先秦立体人像。它所表现的似乎并非是类型化的人像，而是一个真实的人的雕像，有着一张圆而端正的脸、隆起的颧骨及宽阔的前额 ；神情内敛，似乎正对着观者微笑。雕塑者显然对人体结构十分了解，以前所未见的表现方式将脸部刚硬、柔软、突起、凹陷的表面组合成立体形状。生动、细腻的面部特征与平顺光亮的头发、精致华丽的头饰形成对比。人像的头发以平行流动的线条刻划而成；高耸的头饰则为多棱形，饰以鲜明的卷纹，这一形状特异的多层头饰似乎表明人像的显赫地位。虽然这件作品不一定和十二金人有直接关系，然而，从中可以看出秦朝青铜雕塑家的高度艺术水平。

其他秦朝青铜雕塑发现于秦始皇陵中，包括两件令人惊叹的青铜马车和驭者，可说是中国古代青铜雕塑中制作最精致的作品（图1－28）。[118] 虽然这两辆马车均有四匹马及一名驭者，但它们的式样不同。第一辆马车长225厘米，高152厘米，属于浅舆有伞盖的导车；第二辆长317厘米，高106.2厘米，是一箱式有弧顶的安车（图1－29）。两辆马车的驭者均为铜制，大小约为真人一半。第一辆马车的驭者高92厘米，长袍高冠，双手执辔立于车伞下。第二辆的驭者同样执辔，但跽坐在车舆前。雕塑者显然力图真实地再现当时的人、物形象，二驭者不仅比例正确，其面孔、衣物、头冠、鞋履、衣带及佩剑均模仿各种材料质地，第一辆马车的驭者还佩戴着玉佩。两位驭者均通体施彩，虽然大部分色彩在出土时已剥落，但考古学家仍可从其残留部分推知其原貌：驭者身著粉衫绿袍，头冠、围巾与裤子则为白色。

这两辆铜马车的重要特征之一是它们的组合式结

1－30　秦始皇陵平面图

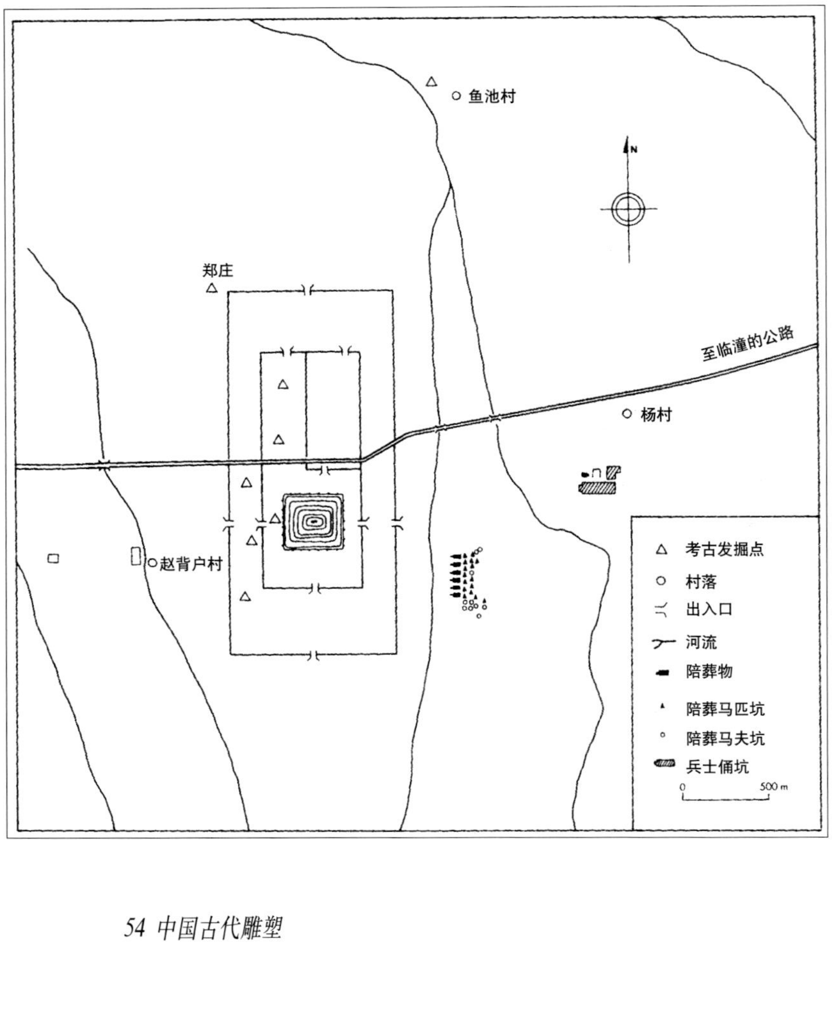

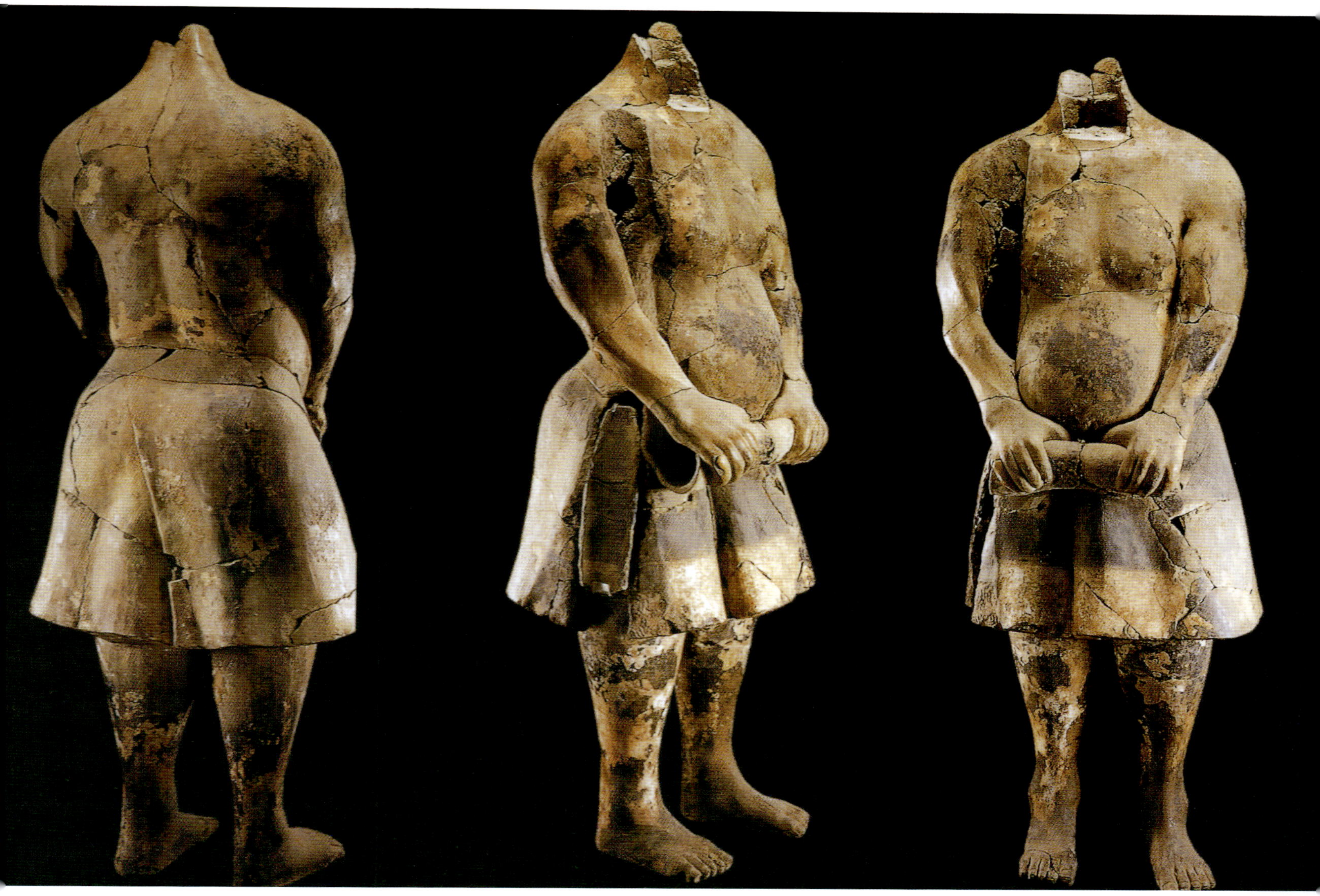

1–31 **裸身百戏俑（正、侧、背面）**
秦　高171cm　陶　1999年陕西省临潼秦始皇陵冢丘东侧俑坑出土　陕西历史博物馆藏

构。与一体成型的传统雕塑不同，它们由无数分别制造的零件组合而成，其制造过程与真实马车相仿。第二辆铜马车的制作技术尤为精湛，由总重1,241公斤共3,462个零件组成，以令人惊异的准确度按照二分之一的比例装配出一套完整的车马。[119] 雕塑者使用了一系列极其复杂的铸造技术和各种铸接方式，比如，驭者的身体、头、冠分别铸造，再分别接合在一起。每一匹马的四腿、双耳，以及尾巴也是分别铸造，再接在身体上。为制作车轮，雕塑者首先做出车毂和30根车辐，组合后再将辐的另一端铸接在轮牙上。基本成形之后，驭者的须眉及马身细部再以凿刀刻出。车马的配件中有许多饰以金银甚至整件皆以金银铸造，此车金制零件重达2,033克，银制零件重达43,421克。车厢形似一室，侧壁有可移动的窗户，后方有门。与驭者相同，马及车身原来均施有鲜艳的色彩；马匹通体纯白，仅舌与鼻孔为粉色；车厢绘以几何图形及云纹装饰，车厢内部的纹饰大部分仍鲜艳如新。

由于第二辆车的结构异于寻常而又装饰华丽，许多学者认为它是模拟秦始皇的私人寝车，又称辒辌车，[120] 但令人费解的是这辆车中并没有乘者。这两辆马车有

1—32　**石铠甲**

秦　125×43cm　石　1998年陕西省临潼秦始皇陵石甲坑出土　陕西历史博物馆藏

何种礼仪功能与宗教象征意义？它们为什么安置在秦始皇陵中？它们和陵墓中其他雕塑的关系是什么？这些问题引导我们对秦始皇陵的总体结构作一综合观察。

上文谈到中国墓葬建筑自东周开始趋于雄伟壮观，称作骊山陵的秦始皇陵将这一风尚推向极致。[121] 据司马迁记载，秦始皇自登基之时便开始建造这座陵墓。这项工程动员了至少七十万名囚徒，许多人死于建筑工地。自20世纪70年代中期，骊山陵的考古调查发掘即以全速进行，发掘结果已开始显示出这座墓葬的整体规模，据此我们可以思考它在建筑上的象征意义（图1－30）。[122] 这座皇陵的中央部分位于骊山之北、渭水之南，长方形的陵园围以高墙，外墙南北长2,165米，东西约940米；内墙南北长1,355米，东西约800米。内外墙间隔宽广，整体陵墓因此可以分为三区，包括内墙围成的中央地区，内外墙间的地区，以及陵园以外的地区。

中央地区的南半部有一方底大冢，这座人造山丘下面的墓穴尚未发掘，但据司马迁记载，在这个神秘空间内秦始皇为自己布置了一个微型宇宙："以水银为百川江河大海，机相灌输，上具天文，下具地理。"[123] 墓冢的北面原本有一座大型的建筑，被认为是陈设供品的祭殿。大冢的周围有许多单个的储物坑，有些以地道与墓穴相连。中央地区东北角有一块四周围以墙垣的墓地，那里有成排的中小型墓，可能埋葬着未为始皇生子而被迫殉葬的嫔妃。

考古工作者在内外墙之间的地区发现若干建筑物基址，其中出土的陶器带有"骊山食官"等铭文，表示这些建筑物是礼仪执事与皇室仆役的驻地。冢丘东西两旁地带的考古遗存尤其丰富，西侧两墙之间发现了两组陶俑。第一组出自两座大型地下建筑，其中有几百具马匹遗骸，这两座建筑明显模拟皇宫马厩，而陶俑则模拟管理马厩的官吏和马夫。第二组陶俑出自两列单坑中，两列单坑之间是一排埋有珍禽异兽骨骼的坑，显然，这里是一个地下园囿，而陶俑则模仿囿者。

冢丘东侧的两墙之间所发现的两组雕塑作品亦出自两座大型地下建筑。第一组包括如真人大小的陶俑，但这些俑只穿短裙，呈现做剧烈动作的姿态，发掘者根据这些特征将其定为杂技或"百戏"俑。在这些陶俑以北大约35米处，考古学家获得了又一个惊人的发现，在一座东西长130米，南北宽100米的地下木结构建筑中，埋藏着无数石制的铠甲和盔，以形状不同、打磨光滑的石片连缀而成，此外还发现了石马缰。

综合观察陵园内的发现，我们基本可以得出这样的结论，即内墙之内的地区是秦始皇的私人领域；两墙之间的地区象征他的内廷；[124] 陵园周遭广大地区的地下，则分布着秦皇室禁卫军军阵的模型，以及朝廷官员与奴隶的墓葬。这种配置似乎反映出秦帝国的政治架构。陵园以东大约350米处有17座规模相当大的墓葬，列为一排，墓主为贵族，但从其中若干斩成数块的尸骨来看，他们显然并非自然死亡。根据历史记载，学者推断这些死者可能是公元前210年秦始皇死后处死的一些王公大臣。将他们葬于陵前，似乎表示他们死后仍须继续为臣。这些墓葬略东是另一个地下马厩，再往东则是著名的兵马俑坑。这两处出土的丰富的陶雕塑将在下文中讨论。在陵园西部，与东部贵族墓葬群及地下马厩相对称的位置，是无数刑徒的墓葬，部分刑徒是被处死的，另一些则是被活埋的。

1—33 **跽坐俑**
秦 高65cm 陶
1973年陕西省临潼秦始皇陵冢丘西侧从葬坑出土
陕西历史博物馆藏

对骊山陵的一般结构与布局大致了解之后，我们可以进而观察各雕塑群的分布，并试析其意义。在解释这些雕塑的礼仪内容时，重要的依据是它们在皇陵中的确切方位，如与秦始皇墓室的对应位置，与置于其旁动物或器物间的关系，以及雕塑的材质、尺寸及制作方法。基于这些因素，我们可将目前已出土的骊山陵雕塑分为三大类：(1) 可能是为秦始皇的亡魂出行所设置的铜马车；(2) 石盔和石铠甲；(3) 陶俑。陶俑分别表现以下三种人：(a) 百戏演员；(b) 皇室马厩与御园中的执事与侍从；(c) 秦皇室禁卫军中的将领、官员及士兵。

铜车马与其他两类雕塑不同，葬于陵园的中央地区，其所在的地下库房与墓冢西侧的墓道相连，因此可能与秦始皇墓室相通。论其材质，这两组铜车马不仅不同于地下军团中的木制战车，也与邻近车库中绘饰华丽但仍为木制的马车不同，后者在出土之际已几乎完全腐朽。事实上，这两辆铜制车马与邻室中的木制车马有可能共同组成一特别车队，停驻于始皇陵墓之外。古代礼书记载送葬队列中应有一辆为死者灵魂预备的空车，称为“魂车”。[125] 汉墓中大量表现丧葬仪式的绘画或雕刻中的马车图像与这一记载吻合。另一方面，汉墓中的图像与随葬的真实车马又显示出“魂车”的另一个象征性用途，即在下葬后将死者灵魂载至仙界。[126] 值得注意的是具有这种功能的马车一定面向墓外，好似正要载着灵魂离开墓地。秦铜车马摆放的位置正是这样，面向西，背对墓室。因此这两辆铜车马及其驭者有可能是为丧葬仪式所特制，那辆有盖的箱形车则作为秦始皇的“魂车”。这一假说为这套车马所在的地点、方向及其形制、材质、装饰提供了合理的解释，同时也解答了车中无人乘坐的疑问。最近中国考古学者曾在墓冢北方发现另一组铜车马的遗迹。[127]也许秦始皇陵墓中备有多辆魂车，埋藏在陵墓的四面，以备载着秦始皇的亡魂驶往不同的方向。

第二类雕塑——石盔、石铠甲和石马缰——也是象征性作品（图1－32)。一套石铠甲和头盔的重量超过21公斤，显然不是为真人穿戴而制作的。也许是因为这些用坚实耐久的石料制成物品具有“长久”和“永恒”的象征意义，因此被用来装备一队守护秦始皇墓室的“石侍卫”。读者将在下文中看到，秦代以后不久，具有这种象征意义的石料成为汉代建造墓葬纪念性建筑和雕塑的流行材料。

第三类雕塑中的第一种为如真人大小的“百戏”俑。这些陶俑在1999年的发现是中国美术史中的一件大事，因为它们第一次雄辩地证明了中国古代雕塑家在塑造人体上所取得的令人惊叹的成就，反驳了认为古代中国美术不注重表现真实人体的观点。以这组雕塑中的第5号陶俑为例，它表现了一个雄壮有力的男性，高171厘米，赤膊跣足，巍然独立（图1－31)。这尊塑像不但以其对人体的精确表现见长，更以其高超的艺术概括力令观者惊叹：雕塑家删除了繁缛细节，而着重表现这个健壮男性躯体的内在力量。

第三类雕塑中第二种陶俑为立姿或跪姿的男性赤陶俑。这些陶俑常与真实动物同葬，这些动物或是地下马厩中死去的马匹，或是地下兽苑中的鹿及飞鸟。在冢丘西边、内外墙之间有两座大型马厩及一兽苑，其中一座马厩是一长117米的木制长廊，内有数百匹在埋葬前已经处死的马。马厩中所发现的11件陶俑均为真人大小，高自182到190厘米不等，他们有的手持武器护卫马厩，有的仅是站立观看，表现不同阶位的马厩执事。这座马厩与陵园内墙之间是一座地下兽苑，由三排共51个单坑组成，中排的每个坑洞中有一只动物或飞禽及一个盛放食物饮水的瓦盆。中排的两侧有14尊陶俑，分别葬于2米深的方洞中，它们显然模拟兽苑管理人员或驯兽师，均著轻装，未戴头冠，也没有武器，每尊俑旁埋有一陶罐，供其盛食以喂养动物。

兽苑内的俑为跪姿，与邻近马厩中呈立姿的执事俑不同（图1－33）；兽苑中俑的尺寸也较小，大约65厘米高。与此类似尺寸和姿势的陶俑也曾在陵园外发现，在陵园东边地下马厩中模拟马夫或侍从的陶俑即属此类。这类俑之所以尺寸较小可能因其所表现的是地位较为低下的人物。据估计，这个马厩可能是陵墓中的“官厩”而非“皇厩”，由300至400个单坑洞组成，每坑中或置一匹真马，或置一陶俑，或置一马一俑。马匹以瓦盆和陶罐从葬，侍从则伴以油灯及铁具。从葬的这些动物和陶俑将在另一个世界继续为秦始皇效命，正因如此，所以这些侍从俑具有高度的写实性：每个俑的头、手、身体均先分别制作，再组合起来。表现手法既精练又富有表现力。以致一些现代学者盛赞这些静默的人像“沉着而尊严”。[128]

著名的秦陵地下军阵是我们要讨论的第三类雕塑中的第三种陶俑，与前两种之间存在若干主要差异：它们在皇陵区外围形成相对独立的单位；军阵中人和动物都是陶土制作；军队配备真实的战车与铜制兵器。

这支地下军阵自1974年被当地农民意外发现以来，已成为公认的古代文明第八大奇迹。其令人惊异之处首先是它巨大的规模，四个已发掘的兵马俑坑（包括

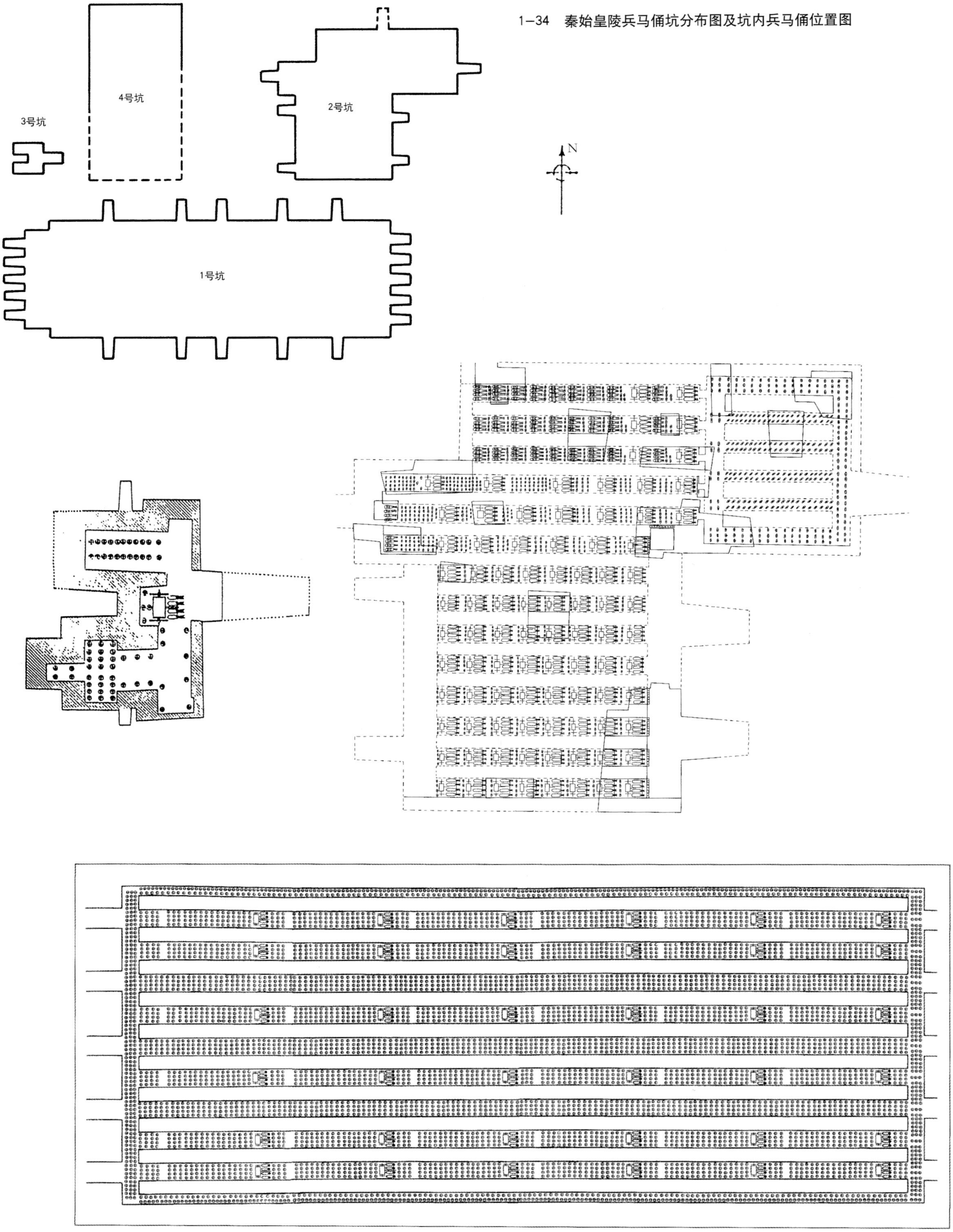

1–34　秦始皇陵兵马俑坑分布图及坑内兵马俑位置图

一个未完成的空坑）共已出土8,000多件与实物大小相仿的人马塑像，每件均施彩，绘制精美。关于这支“军队”及其各部的性质和定名，学者提出不同论断，中国考古学界比较一致的看法是这四个坑内的兵马俑共同组成的军阵，象征秦皇室禁卫军，1、2号坑与未完成的4号坑代表禁卫军的三个分支，称为左军、右军及中军；而较小的3号坑则是全军的指挥中心（图1－34）。[129] 1号坑中的阵容可能模仿右军，规模最为庞大（图1－35）。在东西宽210米、南北长62米的长方形巨坑内，有一系列宽3.5米的东西向长廊，彼此由厚实的夯土墙隔开，形成地道一般的坑室。[130] 室内有砖铺的地面及柱椽支撑的木制屋顶，6,000多个士兵俑及160匹陶马组成的军阵，以立姿整齐地列于坑室内。两列身著甲胄或便衣的步兵俑排列于两侧以保卫军阵。东廊中列有将近200名配备弓箭的弩兵俑，组成全军团的先锋，其后紧随着的是分列于9个廊室中的39列步兵俑。步兵军阵中有规律地安置着由四匹赤陶马并驾的战车，各由一驭夫及一或两名军士驾驭；有些马车上备有钟鼓，像是号令车，车上的军官以击鼓鸣金的方式指挥其部属前进或后退。全军面向东方，整齐划一，蓄势待发，仿佛正要沿着东门甬道向地面进发。

1号坑中安置的主要是步兵军团，而2号坑则以战车及骑兵队伍为主，可能代表秦皇室禁卫军的左军。[131] 此坑位于1号坑北约20米处，平面成L形，坑中的939件士兵俑及472匹陶马又分为四组：东边由呈跪姿的弩兵俑排成方阵，南半部为战车和兵马排成的方阵，中央的方阵由车马及步兵组成，另一骑兵方阵则列于坑中北半部。此坑中马匹与1号坑马匹相同，马尾均结成半尾辫，短而直立的鬃毛竖在项背凸起之处，额毛中分沿两耳披下。马的两耳前倾，显出警觉戒备的神态。此坑中位于阵式后方的一辆战车有可能是军团内军阶最高的军官乘驾的。车后陶俑身材魁梧，高196厘米，穿着双层战袍及饰有穗带的铠甲，手按铜剑，与其他军官不同的双尾鸟形头饰据说象征勇敢与善战。雕塑者不以惯常所用的方式将这名军官塑成耀武扬威的武夫，而是赋予他沉思的神态：略微向下注视的眼神显示出坚定、沉着与智慧（图1－36）。[132]

由于4号坑中的军团尚未配置，将它视为秦皇室禁卫军的中军仍属假设。但四坑中最小的3号坑显然是模仿指挥部，是整个地下军阵的主将所在的位置，[133] 这位主将的并辔四赤陶马战车占据了这个不规则的坑室的中心位置（图1－37）。这辆原来髹有彩漆纹饰的战车有四名异常高大的护卫护侍，两侧再辅以68名身著甲胄的军官。这些军官驻于两旁侧室，以帘幕与指挥官车马所在的中室隔开；他们大部分手执钝锋长矛，兵器功能的仪式性大于实用性。考古学者在此坑中还发现了兽骨和鹿角，可能是举行某种与军事行动有关的宗教或占卜活动时所用。然而坑中并未发现表现主将的陶俑，有些学者曾推测他应是此坑西50米处的一座秦代大墓的墓主，另一种可能则是这位未出现的主将就是秦始皇本人，正如秦始皇墓室旁的铜车马中未出现秦始皇的铜像一样，死后的他只以虚位表示。

这支地下军阵中数以千计的陶俑各有不同的军事功能，包括排开阵式的步兵、引弓待发的弩手、牵着

1–35　秦始皇陵兵马俑1号坑全景 ▶

T2
T3
隔墙

T21
T20

1–36 **将军俑**

秦　高196cm　陶　1976–1977年陕西省临潼秦始皇陵兵马俑2号坑出土

秦始皇兵马俑博物馆藏

1–37　秦始皇陵兵马俑3号坑

1—38 **军吏俑** 秦 高188cm 陶
1974年陕西省临潼秦始皇陵兵马俑坑出土 秦始皇兵马俑博物馆藏

1—39 **秦俑与秦以前墓俑体量比较**

马匹的骑兵、驾驶马车的驭者、执剑谨立的将领。所有的俑都具有坚强刚毅、孔武有力的面孔，果决的神情传达出庄严肃穆的气氛。许多研究者将注意力集中在这些雕塑的制作上，一般而言，每个人像由头、手、躯干三部分接合而成：躯干以手工制作，其他两部分则以模具制造。无论用手工或模具，每一部位的基本形状都是先以砂质粗陶制成粗略的形状，略干后，再敷以多层细陶，然后刻划须发、嘴眼、下巴、肌肉、筋骨、衣领、皱褶、衣带、带钩、绑腿及铠甲。在此精细制作阶段人像的特点与个性逐渐显现，外观上的无数细节也一一得到表现：包括各式发型、铠甲、缨穗及鞋底数以千计的沟纹。雕塑者以无与伦比的摹拟技巧，将各种材质——无论是柔软的衣料或是坚硬的铠甲——均表现得极为逼真（图1－38）。塑造成型后，整个陶俑的初胎置立于基座上入炉烘烤，最后再敷以对比鲜明的红黑蓝白黄色，佩以真实的武器与器具。

以上有关陶俑制作技术的探讨有助于弄清其形象的性质：它们表现的是秦代战士的真实肖像还是模式化的军士？骊山陵出土的其他陶俑如马厩侍从及兽苑管理人员也存在同样的问题。这些俑固然各不相同，给人留下具有个性的印象，然而从上述的制造过程可清楚地看出这些俑并非个人的肖像，而是由使用有限模具所生产的一系列程式化的部件组成的。俑的独特外观则是通过对这些部件的不同组合及在最后阶段的手工修饰而赋予的。这一变化组合与手工成形的过程，使得这些俑不仅再是模式化的塑像。因此，虽然这些泥塑战士可以根据其服饰及配备的武器分为若干类型兵种，然而它们脸部的差异却是千差万别。所以它们“既不是真人肖像，也不是模式化的雕塑”，而是“以创造一种特殊的真实性为宗旨”的产物。[134]

这些俑的性质和材质表明了先秦地方性墓俑传统的影响。如前所述，楚墓中的俑一般与其他随葬品，包括各种材料制成的真实物件一同埋葬，以表现真实的社会生活层面，例如车马厩或厨房。与真实的动物、车马、兵器及实用器物一同埋葬的秦俑，继承了这一传统。事实上，正如某些学者曾指出，秦兵马俑只是骊山陵中若干从葬俑群之一。各类俑在陵区内的用法不同，有真人与真实动物殉葬，亦有陶俑、铜像或马匹从葬。这些真实的或人造的形象共同组成一个“适于始皇长眠的世界”。[135] 值得注意的是，秦始皇死后，与他关系密切的人，如他的嫔妃与王公大臣，均成为人殉；而在政府与军队中品阶低下的臣仆，则以陶像代殉。这个传统可以追溯到前面讨论过的东周墓葬，其中殉人与陶俑同时出现，至于用人殉或是以俑从葬则以社会阶层的高低而定。

由此进而可以看出秦俑与战国时期北方墓俑传统的联系。笔者先前已提到，大部分来自北方的先秦墓俑，包括秦国墓俑，均为陶制的小型人像，这些俑由于尺寸微小（通常只有7－10厘米高）只能粗略地表现面孔与服饰。骊山陵的陶人像在延续传统的同时显示出秦始皇对“巨大”的喜好。这个“巨大”的概念可由两方面来理解：一方面，与先秦陶俑相比，秦俑在尺寸上十分“巨大”（图1－39）；另一方面，秦陵地下军团的阵容也十分“庞大”。关于这第二方面，凡到骊山陵遗址参观过的人都有这样的感受：当置身于成列的兵马俑间，感到军队由四面八方包围而来，仿佛要被其吞噬。这个雕塑群的震撼力首先来自它的巨大与整齐划一，而非来自每个雕像的个性。只有在这个会

1–40 **织女牛郎像**

西汉　织女高228cm　牛郎高258cm　石　陕西省长安出土　织女存长安县斗门镇　牛郎存长安草堂寺

合点上我们才可以将这支地下军队与秦朝政治和秦始皇的政治野心联系起来，也令人联想起秦始皇在东巡途中刻于会稽的铭文：

> 大治濯俗，天下承风，蒙被休经。
>
> 皆遵度轨，和安敦勉，莫不顺令。
>
> 黔首脩絜，人乐同则，嘉保太平。
>
> 后敬奉法，常治无极，舆舟不倾。
>
> 从臣诵烈，请刻此石，光垂休铭。

第五节　西汉雕塑

秦所建立的中央集权王朝并不持久。公元前210年秦始皇死后，爆发了全国性的反秦斗争，以刘邦（公元前256－前195年）、项羽（公元前232－前202年）为首的两股反秦力量势均力敌，为争夺王位，争斗了七年之久。最后，刘邦打败了项羽，建立了延续两个世纪的西汉王朝（公元前206－25年）。

汉朝初年是统合建设的时期，官僚体系得以重建，被破坏的经济得以恢复。首都长安建于渭水之南，与骊山陵相距不远，部分新建宫殿气势不凡用以象征君权神授，但它们的数量或规模皆无法与数十年前秦代所建的奢华建筑相比。[136] 西汉第三代皇帝文帝（公元前179－前157年在位）与其后的景帝（公元前156－前140年在位）严禁以巨资从事宫室建设。他们为政期间轻徭薄赋，精减政府开支，长安的建设在此时也停顿了。这种政策也确实为这两个皇帝赢得节俭爱民的美誉。尤其是文帝，即位以后“宫室园囿狗马服御无所增益，有不便辄弛以利民。”[137] 但在下文中我们将看到这两个皇帝在修建自己的陵寝时却不惜财力。

这一情形在汉武帝即位后产生重大转变。汉武帝（公元前140－前86年在位）共统治了54年。在位时间如此漫长，加上文景两世所积累的财富，为他实现雄图大略提供了充裕的时间和财源。在此期间，中华帝国的繁盛达到只有后来的盛唐才能与之相匹比的顶峰。一种新的动力促使汉朝使臣和军队横越中亚沙漠，与西方世界的外缘接触。类似的成就也体现于文化与艺术方面。果断的汉武帝与他节俭的先君不同，下令建造了许多雄伟的建筑物，在这方面他可与秦始皇相比。但他所建的不是秦朝那种具有政治意味的纪念碑式的雕塑，而大都与汉武帝个人对长生不老和羽化成仙的追求有关。

这些雕塑集中在长安西南著名的御园上林苑内。受到辞赋家司马相如（公元前179－前117年）所作《上林赋》的启发，汉武帝在登基那年便决心重建已经荒废的秦代上林苑。[138] 各类进贡、罚没、或从被征服者那里得来的珍禽异兽、树木花草和器物被置于园中。园

1－41　错金铜博山炉
西汉　高26cm　青铜　1968年河北省满城中山靖王刘胜墓出土
河北省文物研究所藏

1－42　鎏金铜马
西汉　62×76cm　铜鎏金
1981年陕西省兴平茂陵东侧1号无名冢1号从葬坑出土　茂陵博物馆藏

中除了放养禽兽外，还有为想像中的动物所建的馆舍。其中之一是建于元封元年（公元前111年）的飞廉馆。飞廉是一想像的神兽，古代文献中说它鹿身、雀头、蛇尾。一般人认为它是风神，能使天人沟通。[139] 或许因为这个缘故武帝下令将它的雕像置于馆顶。公元前111年武帝在泰山举行了意义重大的封禅仪式。其目的也是为了与上天沟通，以示承受天命，其象征意义与置飞廉像于上林苑是一致的。

武帝还在上林苑内挖凿巨大的昆明湖，将牛郎织女的石雕置于湖两岸，因此湖水也象征银河。[140] 这两座雕像由坚硬的花岗石凿成，牛郎高258厘米，织女高228厘米，均于近年出土（图1－40）。[141] 由于这些雕像属于中国最早的大型石雕，其躯体的雕刻手法仍显得稚拙，头部比例也过大。虽然如此，雕塑者仍能表现出这对夫妇不同的面部表情和某些个性特征：牛郎显得激动而急躁，织女则双手合袖静坐。

汉武帝时期雕塑作品集中的另一中心是位于长安城西的建章宫。建于武帝晚年的建章宫在形制上模仿天上宫殿，因此其正门称作“阊阖”（即天门），正殿称作“玉堂”。阊阖门有三层，据说有60米高，门内有千门万户的迷宫围绕着中央高耸的正殿。玉堂不同于传统的木结构宫殿，而是以纯净的汉白玉石建造的。据史籍记载，从高耸的玉堂上可以俯瞰长安城内的皇宫正殿未央宫。玉堂顶上的一座镀金凤鸟在阳光中闪耀，在风中转动，使玉堂更显高耸。[142]

建章宫是一座巨大的建筑群，其中除了玉堂之外，还有名为“太液”的人工湖，一只巨大的石鲸出没于波浪中。湖中心是一人工堆砌的岛屿，周围环绕着许多海中动物的雕塑。这座岛屿的形状可由出土于武帝庶弟中山王刘胜墓的一尊博山炉一窥大概（图1－41）。错金铜博山炉本身即是一件精致的小型雕塑。炉体由三部分构成，盖上铸有层层峻峭的峰峦，其间雕着鸟兽、猎者的形象。燃香时，烟自藏于山峰间的细孔冉冉上升。博山炉的碗形炉身上饰有金银错波浪形纹饰，以象征海洋。炉座由三条互相纠结的镂空雕龙组成，龙头托住炉身以一根横栓固定。

博山炉与建章宫中的人工岛屿均象征传说中的东海蓬莱仙山。经常出入武帝宫廷的“方士”们为他献策，说他如果能登上蓬莱便可以长生不老。他们形容蓬莱由三座神山组成，岛上所有的鸟兽均为纯白，所有的宫殿门阙均用金银打造；远观这些岛屿似乎浮在云海之中，近看则沉入水下。[143] 这类奇幻的神话为创作生动的仙山雕塑作品提供了想像的空间与灵感的来源。

建章宫内还有一件著名的雕像，即立于46米高的铜柱上的仙人承露像。集于盘中的甘露被用来调和玉粉，制成仙药供武帝服用。秦十二金人像和汉承露仙人铜像虽然都是受君王之命而制，但后者与国家政治的关系不大，而主要是为了满足武帝个人长生不死的欲望。然而这两组作品都未能久存于世。公元3世纪初汉亡之后魏起而代之，据说公元233年魏明帝决定将这尊铜人由长安迁至新都邺城，当宫官拆下铜盘，铜人行将装车时，泪水自眼中涌出。唐朝诗人李贺所作的《金铜仙人辞汉歌》描述了这一令人伤感的场景，以下为其中广为传诵的名句：

衰兰送客咸阳道，

天若有情天亦老。

携盘独出月荒凉，

渭城已远波声小。[144]

当追求长生不老的观念，成为苑园与宫殿设计的指导思想时，社会上流行的小型铜像和玉雕也常以表现仙山、仙人及神兽为题材。造型为仙山的“博山炉”广为流传，在制作上也不断创新。[145] 因此，中国历史上最早的知名雕塑家竟与制造博山炉有关，据记载，长安名匠丁谖设计了“九层博山香炉，镂为奇禽怪兽，穷诸灵异，皆自然运动”。[146] 曾有学者认为以上记述可与中山王刘胜墓出土的博山炉互为印证：刘胜墓出土的博山炉上也雕有九层山峰，围绕炉盖层层递升，是公元前2世纪这类作品中的精美范例。另一个在艺术上可与之媲美的博山炉出土于刘胜王妃窦绾之墓。虽然此炉不如前者华丽，也无金银镶嵌，但制作者以丰富的想像力把基座设计成一个半裸巨人，他骑着神兽并用单手托起山形炉体。博山炉下的铜盘是在香炉点燃时盛水用的，因此，巨人与神兽似自水中浮出。这种表现手法与古代文献记载相合，据记载蓬莱仙岛就是驮在一神龟背上，随着神龟起伏，仙岛或是浮出水面，或是沉入海底。[147]

1-43　**长信宫灯**

西汉　高48cm　铜鎏金　1968年河北省满城窦绾墓出土

河北省博物馆藏

第三类博山炉可以原来摆放在未央宫的一座鎏金香炉为代表。未央宫是汉代的一座重要的宫殿建筑，在汉朝建立不久便取代长乐宫成为皇宫正殿。未央宫的鎏金香炉可能造于公元前136年，炉身为山形，下有一竹竿形的长支柱，其上端转化为三条龙，金色的炉身上环绕着镀银神兽浮雕。这件精美的器物出土于汉武帝茂陵的一座“陪葬墓”附近的殉坑中，与它同时出土的还有一大批王室奢华用品。[148] 出土于同一坑的另一件精美异常的作品是一匹相当大的鎏金铜马（图1-42）。与壮硕的秦陵陶马不同，这匹铜马躯体匀称劲健，四腿修长，强健的肌肉与平顺优雅的外形十分谐调。这匹铜马所体现的不仅是汉代人新的艺术品味，而且表现出自西域大宛所引进的新品种马的特征，这种马也就是武帝所盛赞的“天马”。西汉人将这种外来的新马种视为神异之物，武帝本人就相信天马能帮助他长生不老，因而作赋颂扬：

天马来，开远门，竦予身，逝昆仑。

天马来，龙之媒，游阊阖，观玉台。[149]

由于此殉坑出土的若干铜器上刻有“阳信家”铭文，而且陪葬墓墓主多半为皇室成员，曾有人推断此铜马与未央宫博山炉均为武帝皇姊阳信公主所有。[150] 此说颇可信。由此推知，阳信公主应是在生前受武帝赏赐，死后再以此御赐宝物随葬。类似的情形可用来解

1–44 鎏金铜羽人
西汉 15.5×9.5cm 铜鎏金 1988年河南省洛阳出土
洛阳博物馆藏

释河北满城窦绾墓中所发现的鎏金铜灯（图1－43）。从灯上所刻的六条铭文得知这盏铜灯制于公元前2世纪，原为西汉阳信侯刘揭家中之物。大约公元前151年刘揭被削除封爵，铜灯被没收，以后放入长信宫内。当时，长信宫是极有权势的窦太后的居所，窦太后在景帝时期和武帝初年为太后，她不仅是刘胜的祖母，更与刘胜王妃窦绾同姓。因此，有可能是窦太后将这件珍贵的铜灯赐给本族裔亲窦绾，作为新婚贺礼。[151]

这盏铜灯被视为早期中国雕塑中最精致的作品之一，其造型为一跪坐着的年轻宫女，双手持一柱形灯。其低垂的眼神与修饰整齐的双眉使她显得仪态端庄而恭顺。她的姿势轻松自然，简朴合体的长袍显衬出她浑圆的肩膀和略微扭曲的腰身。这件优美的雕塑作品同时具有实用功能。 她左手所持的灯座上部有一个能够旋转的圆盘，用以控制“灯门”开合，以调节亮度和光线照射的方向。宫女举起的右臂内有排烟的孔道，可将燃烛的烟气导向中空的体内。这件铜像集实用性与观赏性为一体，承继了可上溯至东周甚至更早的一种雕塑传统。另一方面，它也与西汉时期表现侍从、说书人、舞伎、杂耍人及外国人等的小型俑有关。许多这类人像用以装饰实用器物，还有一些则是贵族家中用作娱乐玩赏的，后者中有一对出自刘胜墓的鎏金铜像，表现两个正在说书的男子。其中一个可能是主角，右手高举过头，似乎正在讲述故事；另一个正在低头倾听。两像均有夸张的宽颊、小而尖的下巴、狭长的双眼及猫须一般的髭须。一些学者根据这种特殊的容貌判断他们可能是在汉宫中表演的外国艺人。[152]

西汉最流行的小型雕塑是仙人形象，特别是一种称为“羽人”的精灵。1964年在邻近长乐宫遗址处出土一铜羽人像。[153] 这件小型的有翅赤足铜人像仅有15.5厘米高，身体瘦长，背部及下肢刻满羽毛。超世俗的特色也可见于他独特的面部特征：高挑的眉毛，深陷的眼，鼻尖唇突，一双大耳竖于头顶。在古代中国雕塑人像中从未有过如此瘦骨嶙峋的形象，看去似乎没有血肉。人像的表情也十分怪异：微张着嘴，带着狡黠的微笑。人像的双臂伸展在身前仿佛抱持某物，所抱持的东西现已不存。另一近年在洛阳出土的羽人像与前述铜羽人像几乎相同，但所幸保存完整。此羽人手中握着一侧呈方形，一侧为圆形的一个小型容器，可能是用于盛装道教仙丹或符箓的（图1－44），人像与容器上的鎏金与镶嵌仍清晰可见。虽然这个羽人像出土于东汉墓葬，但是它的装饰风格与前述西汉铜羽人

1—45 **错金云纹犀尊**
战国至西汉间 34.4×57.8cm 青铜 1963年陕西省兴平豆马村出土 中国国家博物馆藏

像相似，其制作年代应定为西汉。

西汉元帝（公元前48－前33年在位）渭陵附近也出土一件精致的玉雕，表现一羽人骑着一匹有翅天马于空中奔腾。[154] 这件作品融合了仙人与动物母题，突出反映出西汉雕塑中真实与想像成分混合的特色。这种"混成"形象中最令人惊异的是一只1963年出土于武帝陵墓附近的犀牛形酒器（图1－45），由于它明显地承继了兽形容器的古老传统，曾被定为东周晚期至秦代的作品，然而，它的纯熟的写实风格和活力充沛的云纹，则显示它的年代可能在公元前2世纪早期。这件作品纤毫毕肖的写实技巧令人惊叹，例如犀牛柔软的上唇与坚硬的前额表现得恰到好处，毫无疑问，雕塑者在制作时必定曾经仔细观察过真实的犀牛。但是，制造这件器物的主要目的又并非纯粹为了表现犀牛的形态，兽身密布的充满活力的卷云纹原镶嵌有贵重金属，现今仅有突起部分尚残存细如毫发的金饰。汉代绘画和雕塑中常可见到云纹与"瑞兽"的组合，这些形象反映出汉代的一种信仰，即认为天降奇禽异兽为祥瑞之兆，而奇禽异兽出现时常有祥云伴随。[155]

上述青铜和玉雕是陈设在皇宫和贵族府邸中供观赏用的。西汉的另一类雕塑是专为墓葬所制的"明器"，这些作品一方面接续了战国时期木俑及秦陶俑的传统，一方面以种种创新为这古老传统注入了新的生命。

长安四周11座西汉皇陵中，有9座位于渭水以北。渭水于是成为天然的生死分界线，将埋葬逝去君王的陵墓区与作为国家行政中心的首都分开。[156] 大部分西汉皇陵以一平顶的金字塔形夯土冢丘为中心，明显地受到秦始皇骊山陵的影响。但汉皇陵周围出现了一系列的陪葬墓，这是不同于骊山陵之处，骊山陵中的王公贵族墓皆是殉葬墓，而汉代则允许皇后、嫔妃、皇室成员、功臣将帅死后将自己的墓置于某皇陵旁侧，以示荣耀。例如，在开国君主汉高祖的长陵东边，大约聚集着63座墓冢；第二位君主惠帝安陵附近有16座陪葬墓；武帝陵墓茂陵周围的陪葬墓多达72座。至目前为止，11座皇陵还没有一座被正式发掘，但是部分祭坑及陪葬墓已经挖掘了，出土了许多墓俑。若干批西汉早期墓俑，包括西安附近杨家湾发掘的一批1,965件步兵俑及583件骑兵俑，延续了秦地下军阵的传统。[157] 这些陶俑埋在排成五行的11个祭祀坑中，与高祖长陵附近的两座陪葬墓相邻。据推定这两座墓的墓主是周勃及其子周亚夫，二者均是西汉早期的名将。这些墓俑的军事题材可能与他们的将领身份有关：11个坑中，4个坑为步兵，6个坑为骑兵，还有一个为战车坑。阵势安排以步兵为前锋，骑兵为后卫。虽然这样的军阵令人想起秦始皇的“地下军队”，但相形之下这些汉代的陶塑兵士要小得多：站立的士兵仅约45厘米高，即使是骑兵，高度也绝不超过68厘米。除了尺寸较小以外，其细节的刻划与个性的塑造也远远不及秦兵马俑。杨家湾出土的汉俑几乎是一个样子：大头、面目呆板、姿势僵直。应是成批生产出来的，表明这种象征性雕塑像应用的普及：原本只为一国之君所造的兵马俑，现在也成为将军的陪葬品。

在这段期间许多墓葬中有大批墓俑随葬，西汉早期因此成为中国历史上墓俑制造数量最多的时期。然而，这些俑的惊人数量往往以牺牲其艺术性为代价，杨家湾出土的俑即为其中一例。这种现象在公元前2世纪早期尤其严重，直到公元前2世纪中期一种新的雕塑风格出现之后，才逐渐改变。

与杨家湾墓俑不同，一些西汉墓俑群混合了士兵、家居人像与动物，犹如将骊山陵中各个独立的群体如战士、随从及奴仆等合而为一。惠帝安陵的16个陪葬墓之一的11号墓就曾出土一批这样的墓俑。此墓的中央墓室四周围绕一方形砖砌深沟，其内有随葬品与明器，仅南沟中就出土有84件陶俑、46头陶牛、125只陶羊、23只陶猪。[158] 在骊山陵中，除了陶战马外，没有任何家畜是用陶制的，所有地下马厩中的马匹也都是真马。因此以陶制作大批牲畜可能是西汉早期的发明，自此墓葬雕塑的主题包括了社会生活的更多层面。

较上述单一组合更具规模的是，出土于景帝阳陵之南至少24个祭祀坑中的各类墓俑与随葬品。[159] 这些祭祀坑是在地下沟槽中建造的木结构建筑，长度由25米至291米不等。这些祭祀坑位置邻近，方位平行一致，表明当初是统一规划的；而各坑内不同的随葬品则反映出西汉王室生活的各个方面。例如17号坑中，南区填满粮食，可视为地下谷仓；北区在两辆车马之后跟随70名士兵俑，可能表现押运粮车的一支部队。21号方坑分为三部分，其中有各类陶塑家畜和家禽，包括牛、狗、羊、猪和鸡，均细心制作上色以求生动逼真；炉灶厨具等也见于此坑，一旁有家仆照管；此坑的第三类雕塑为执长短兵器的卫兵俑，分列于坑的四隅。

这些新的考古发现显示了西汉早期墓俑艺术的若

1–46 舞伎俑
西汉　江苏省徐州出土
美国纽约大都会艺术博物馆藏

干重大变化。第一个变化与结构规模有关。上文提到秦兵马俑的重要特色之一是它们的尺寸，与战国陶俑相比，它们可说是巨像。然而西汉初期的统治者摒弃秦始皇对雄伟壮观的追求，而崇尚大小适中的雕塑。出土于阳陵的墓俑虽然在西汉早期墓俑中属于大型的，但也仅有秦俑的三分之一高。那些出自徐州后楼山及其他地区的墓俑则更小，大约只有秦俑的九分之一。虽然这些汉俑较先秦时期的俑大，但它们仍比真人小许多，因此可称为“微型”俑。这些长安出土的“微型”俑在时间空间上距咸阳秦俑均不甚遥远，西汉初年，对秦代制造数以千计真人大小的兵马俑之举想必依然记忆犹新，因此缩小墓俑尺寸必定是汉人的刻意选择。

为何西汉君主不依循秦代的先例，制造真人大小的墓俑？有些学者认为是出于节俭或其他经济方面的考虑，但这些理由不能说明为什么即使在汉代已积累了大量的财富之后，依然没有哪位帝王试图制造真人大小的墓俑。我们必须了解汉俑与秦俑的区别不仅只是尺寸小和外形简化而已，而是它们的功能截然有别，这些汉俑是用来创造一个微型而非巨型的世界。以阳陵南面祭祀坑出土的随葬陶塑品为例，其中不仅俑及家畜为微型，其他所有陶塑——无论是建筑、马车、兵器、炉灶、壶、杯，还是别的物品，也均是微缩的。看了这些出土文物使我们不禁要想：汉代人费时费力地制作这些微型仿制品究竟目的何在？为寻求答案我们必须从考究“缩微”在艺术表现上所具有的特殊作用入手。曾有学者提出，“缩微”的表现手法能够随心所欲地创造出一个独立于外在世界的时空系统。[160] 真人大小的雕塑试图通过艺术手法再现真实生活的场景；微型雕塑则与之不同，它所构筑的想像中的世界在时间空间上皆可超越真实世界。阳陵与其他汉墓中随葬的小型陶塑不仅“取代”真实世界，其意义更在于创造一个不受真实世界中自然法则约束的世界，因而将生命延续至永恒。

西汉墓俑艺术的第二种重要变化与俑所表现的社会角色有关。骊山陵中目前发现的俑主要是兵士与执事，而汉朝初期在墓葬中重现死者生前家居生活场景之风渐兴，使得随从、仆役、守卫及表演者等这些死者在地下世界中不可缺少的仆役，皆以俑代替。这种现象不仅出现于都会地区，也见于全国各地。在南方，建于公元前168年之前的著名的马王堆1号墓所出土的162件木俑中，有154件表现家居人物。在东方，徐州附近北洞山一个由55米长的甬道及19间墓室组成的石室墓中，配置了422件彩绘陶俑，包括放在墓道旁浅龛中的武装卫兵，各墓室中陪侍的男女随从，以及在“乐舞厅”中表演的舞伎和乐师。[161] 虽然如上文所述曾发掘出一些汉代“地下军队”，但它们的数量较少。随着墓葬雕塑题材的普遍转变，一些特别优美的形象相继出现，成为这个时期新的文化象征。此类形象之一是一种舞姿优雅的舞伎，见于北洞山及其他同期墓葬中。纽约大都会艺术博物馆收藏的一件舞俑颇具代表性，她上身微弯，右袖甩过肩头，而任随左袖下垂。[162] 其婀娜的身姿因配以合体的长袍与极长的水袖而更显飘逸（图1－46）。可以说，最能展现西汉墓葬雕塑成就的是这种“室内”形象，而非杨家湾的微型“地下军队”。

表现家居及私人生活之风的兴起，也与一种新的雕塑风格的出现和俑面部表情的改变有关。汉文帝的皇后窦后（死于公元前135年）墓陪葬坑中出土的12件

1—47 侍立俑

西汉　高33—53cm　陶　1966年陕西省西安任家坡汉陵从葬坑出土　陕西历史博物馆藏

陶俑是这种风格的早期范例。[163] 这批俑多半是女性随从（图1－47），形态优雅娴静，或站或跪，姿势简约而自然，乍看并无特别令人惊异之处。她们的面部几乎不带任何表情，却能表现出其内在的细微心理状态。服饰的细部刻划大都省略以达到视觉上的简约和谐。人像身体每一部分的细微起伏，从鹅蛋形的脸、圆润的双肩和小腿，到平顺的裙摆，都给人柔软温暖的感觉。同样的风格也可见于西汉同一时期都会地区出土的一些俑。[164] 同属这种风格的有汉景帝（死于公元前141年）阳陵所出土的俑。这些汉俑面带微笑、神情如梦似幻，与英气风发的秦始皇陵兵马俑截然不同。它们似乎反映了当时的人对死亡的一种新态度：即对死后永生的追求，视黑暗的地下世界为通往永恒来生的桥梁。

西汉墓俑的第三种变化较为独特，阳陵出土的俑均为裸体（图1－48）。这些裸体俑表现出中国艺术中少有的对人体的浓厚兴趣。每件裸体俑均一丝不苟地以模范制成，表现微微突起的胸肌及锁骨，滚圆的臀部，以及肚脐和性器官等一般并不显露的身体部位。全身平滑，并施染肉色以模仿肤色。这种裸俑多为男性，但也有少数女性。至目前为止这样的俑已自若干皇室墓葬中出土。长安北城墙外300米处的21座官窑遗址中还出土了大量未完成的陶坯。[165] 根据这些墓葬和官窑遗址判断，这类俑大约出现于公元前2世纪，早期作品以出土于阳陵的墓俑为代表。宣帝（公元前74－前49年在位）杜陵附近的1号陪葬墓内也发现有这类俑，说明这种风格的陶俑直到公元前1世纪中叶仍在使用。[166]

所有这些俑均无臂，肩膀两旁各有一个圆形平面，中间有一横贯胸部的孔道。学者们认为这是为装置木制的手臂而设，但由于木质易于腐朽，手臂已不存。另一方面，残留在俑上的布料遗迹证明原本有衣物覆体。为何这些墓俑要先制成裸体，再覆以衣物？既然身体最终皆以衣物覆盖，为何还要大费周章地塑造身体细部并施色装饰？唯一的答案是制造这些俑的艺术家并非只求形似，而是“状物造形”，试图制作仿真的袖珍人形。正因如此，所制的俑像必须同真人一样要有身体，才能著以衣物。回顾前文，我们可以看到秦陵出土的分件组合铜车马已显示出这种独特的写实观念，否则将不必分别制造四匹马，再另套上马具，也不必为了组装一辆安车而制造3,780个零件。许多阳陵出土的小型铜器也因循此法，以其中一件铜弩机为例，其机身仅长3.9厘米，但为使各部位可以活动自如，全部零件包括窥孔、扳机、箭簇等等均分别制造，铭刻序号，再加以组合。[167] 阳陵与骊山陵墓俑的主要差异之一在于前者拥有可穿脱衣服的活动身体。在这个人造的地下世界中，这些微型俑穿着微型服装，配以微型用具，在不同墓室中各司其职。这种“状物造形”的过程使人类的艺术创作行为近于神化。值得注意的是大约在这个时期，中国出现了古代女神女娲造人的神话。成书于公元2世纪的《风俗通》写道：“俗说天地开辟，未有人民。女娲抟黄土作人，剧务，力不暇供。乃引绳于泥中，举以为人。故富贵者，黄土人；贫贱者，引絙人也。”[168] 这个神话显然取材于当时制造陶俑的工艺过程。由此看来，制作墓俑的无名工匠与创造人类的神祇却有某些相似之处。

1–48　裸体男立俑
西汉　高60cm　陶　1992—1993年陕西省高陵阳陵出土
陕西省阳陵考古队藏

在首都长安以外的地区，墓俑制作的情况更加复杂，前代丧葬艺术的地域传统往往在当地仍有影响，而汉代盛行的都会风格又通过各种渠道传入各地。最早接受都会风格墓俑的是当地的统治阶级，特别是西汉初期分封到各地的诸侯王，在封地都邑附近为自己建构了巨大的墓葬。一些这类的墓葬及其附属陪葬坑已经发掘，出土了数量庞大的都会风格的墓俑。例如徐州狮子山楚王墓附属坑中出土的6,000多件兵马俑，与长安杨家湾出土的兵马俑十分相似。[169] 在大约公元前2世纪都会艺术中出现裸体墓俑不久之后，这类墓俑也出现于河南雍城芒山的梁王墓中。

然而在西汉的早期和中期，各地方的雕塑艺术在吸收都会成分充实自己的同时，原有的当地传统仍持续发展，从未被都会风格所完全取代。比如山东济南一西汉早期墓葬中出土的乐舞杂技陶俑群，明显地延续了该地区自战国时期以来墓俑的传统风格。这组西汉作品将一个个俑排列在一方台上，形成了一小型表演场景。在此，乐伎为歌舞者和一班杂耍人伴奏，名流显要组成观众分成两列在一旁观看。[170] 在南方、东南及西南地区，楚木俑在湖南、湖北、安徽、江苏及四川等地仍十分盛行。1972年湖南长沙马王堆墓中就有许多这类墓俑出土。[171] 这座公元前2世纪的汉墓的墓主是长沙国轪侯之妻。[172] 墓葬主要结构是分为五室的木椁，棺室居中，其四周各有一室。所出土的154件墓

1—49 彩绘木乐俑 西汉 32.5×38cm 木 1972年湖南省长沙马王堆1号墓出土 湖南省博物馆藏

俑与一千多件居家用器和食物均置于侧室。这些墓俑大小不同，服装各异，制造方法和风格亦有别。为了解中国雕塑史中这一时期的南方人像雕塑提供了丰富的资料。

四侧室中，北室摹拟轪侯夫人的“居室”，室中墙上挂有丝质帷幔，地上则铺着竹席，餐具陈设于为亡魂所准备的座位前。座位设于屏风前，轪侯夫人的亡魂坐此可观赏北室西侧歌舞俑的表演。此室中的墓俑，如乐师、舞者、歌伎及侍从等，尺寸材质各不相同。五个彩绘跪坐木俑构成一个演奏各式乐器的小型乐团（图1－49）。另外18件穿着丝质服装的俑可按照它们的大小及制作精美程度分为两组，其中较大的10件约高69－78厘米，头发用真人头发制成，它们似乎作为轪侯夫人的贴身女侍，另外8件高约48－49厘米是歌伎和舞者。与置于北室中的俑相比，位于东室、南室的100件俑大部分制作简单，均以一扁平木片雕刻绘制而成。由于这些俑在墓中与食物、家居器具同置一处，可能充当轪侯夫人在地下的奴仆。这些奴仆的两位领班为东室中两件较大的俑，它们的高度几乎是其他奴仆俑的两倍，头戴高帽，身穿丝袍。其中一俑上写有“冠人”字样，表明其摹拟的是轪侯府中的家丞。[173]

虽然马王堆墓俑的多样性在南方前所未见，但每一种均与战国楚俑有深厚渊源。湖北江陵凤凰山167号墓所出土的木俑则受当时都会风格影响更强。这座墓葬建于公元前141年前，墓主同为贵族女性。[174] 所出土的27件墓俑代表不同的家居人物，包括执戟的管事和从事农耕的仆役。与马王堆木俑不同的是，这些木俑的雕塑风格，明显地受到公元前2世纪时长安地区盛行的陶俑的影响，尤其是它们浑圆的外形和高度的立体感。雕塑风格与出土于西安附近任家坡、郎家沟及临潼等地的陶质墓俑十分相近。其他南方地区，例如江苏连云港及四川绵阳，亦曾出土过风格类似的墓俑。[175]

上述例证表明西汉时期不同地域的雕塑艺术的交流。汉代艺术的另一个重要层面是中国与外界艺术间的交流。汉代在扩张疆域的过程中，中外文化得以频繁交流，使汉代艺术中出现了许多新成分；另一方面，汉王朝周边地域的诸部族归附汉帝国以后，也可能因接受了中原地区的文化而失去其原有的文化传统。这类的例子可见于西南的滇国（今云南晋宁一带）。直到公元前109年归属汉王朝之前，滇人一直保持其特有的雕塑传统，所达到的高度成就可以云南中部滇池附近石寨山、李家山和太极山墓葬所出土的铜器为证。[176] 公元前109年汉武帝赐予滇人首领的一方刻有“滇王之印”的金印，曾出土于石寨山滇王墓，从而证实了史书上有关这个地区的记载。出土于上述及其他遗址中的雕塑大部分为公元前2世纪的作品，但有些早至战国时代。许多雕塑形象多见于一种筒形储贝器的顶部，这些象征墓主崇高地位的铜器只出现于陪葬品最丰富的墓葬中，其上的雕塑形象有时多达127个，组成大型的社会活动场景。例如一储贝器上雕有以一柱为中心的礼仪场景，中心柱上雕刻着纹饰，柱身有蛇缠绕，柱顶有一虎，一大群人围绕此柱进行人牲祭典。另一个储贝器上雕有一金制的滇王像，四周雕有公牛、争战及献祭牲畜的活动场面。[177] 这些由生动丰富的人物与动物组成的场景为了解古代滇人社会、宗教状况提供了逼真的形象资料。

1–50 **虎牛祭案** 西汉 43×76cm 青铜 1972年云南省江川李家山古墓群出土 云南省博物馆藏

这些滇墓中还出土了一批以不同写实手法表现的人像与动物形象。以石寨山20号墓出土的一件人像为例，它的独特之处在于人体结构的精确与心理刻划的深刻：人像手持一把仪式用伞，神情复杂而深沉，凝眸注视前方。一出土于李家山长76厘米的铜案，制成一只雄壮的公牛形状（图1－50），以圆雕技法塑造的公牛头部有一对戳向前方的牛角，它的背部平滑凹下而成案面；中空的腹下则站立一只小牛；一只身上刻有线纹的老虎以脚爪箍住牛的后半身，紧咬牛尾不放。虽然我们不甚了解这件器物的用途或这些动物的意义，仍不得不赞叹这些动物形象表现出来的力量与整体作品的巧妙设计。

古滇国的雕塑反映出草原艺术的强烈影响。前文曾提及，这种影响早在汉之前便一直是中国艺术发展的一个重要因素。西汉时期真正属于草原文化的雕塑在现今内蒙古、辽宁等地多有出土，这些作品包括表现狩猎及战争景象的镂刻铜牌、带有立体动物形象的铜饰及顶部饰有鹰鸟形象的金冠。[178] 受草原艺术影响的汉代雕塑则存在于更为广泛的区域。在西安、湖北及湖南发现的草原类型动物形象，证实了中国与外界之间频繁而广泛的艺术交流，说明在汉帝国疆域扩展及中外贸易发展的过程中，草原文化影响随之深入到汉帝国内部。[179] 此外，还有一种外来因素对汉代雕塑艺术产生了巨大的影响，但比较不易察觉，那就是石材被大量用作建筑与雕塑材料。中国大约于公元前2世纪末期开始广泛使用石材，此后的几百年间中国雕塑艺术

1–51 **石刻跃** 西汉 150×240cm 石 陕西省兴平霍去病墓前 茂陵博物馆藏

因此而产生重要变革。

公元前2世纪之前中国人很少使用石材雕刻人和动物形象，[180] 截止目前为止，所发现的用于雕塑的主要材料有陶土、青铜及玉。即使是野心勃勃的秦始皇对于陶兵俑和铜车马似乎也相当满足了。目前在秦陵中所发现的石雕仅是一些铠甲，尚未见到石像。公元前2世纪后期，汉都会地区出现了若干大型石雕群，如前文所述的上林苑和建章宫的石雕，同一时期的雕刻尚有大将军霍去病墓前和墓上的一组石雕。霍去病生前是武帝西征军的统帅，死于公元前117年，当时仅24岁。其墓在武帝茂陵附近，是其陪葬墓之一。据记载，武帝为纪念霍去病在西北祁连山一带大败匈奴的功勋，下令"为冢象祁连山"。[181] 由于霍去病墓的外观在过去两千年中已有相当大的改变，这一记载目前已难于证实，但由现今仍散置于墓冢上的大石块看来，这个土丘原本必定是十分崇伟的。有些石块稍经雕凿后显现出蟾蜍、青蛙、野猪、大象、噬羊怪兽和猿人抱熊等形象。雕刻者基本保存了天然石块的粗糙表面，只以局部刻凿来表现这些形象。这些"经过修饰"的石块现在陈列在霍将军墓旁的博物馆内，而法国汉学家色伽兰于1914年造访此处时，大多数这类石雕仍与墓冢上许多未经雕琢的天然石块混杂放置。

霍去病墓园中另一批雕塑，可能是当时陈列于通往墓冢的神道两旁的。这些相当沉重的立体雕像长约2米，底部平坦以便能平稳地放置站立，所表现的形象包括老虎、卧牛及三匹姿态不同的马。雕刻者根据石材的天然形状，就势造形，毫不费力地将石材转变成生动而充满活力的形象。例如这三匹马的头与肩为圆雕，但身体其他部分则为浮雕。这些马似乎代表赢得胜利的三个阶段：第一匹马尚半卧，它仰起头伸出一足，仿佛要站立起来；第二匹马，可能是整组石雕中最有活力的形象，正欲跃入空中，它的头向前伸，跃起的前腿几乎碰到下巴（图1－51）；第三匹马则是稳健地站立着，将一手执弓的匈奴士兵牢牢地踩在脚下，它以自信与胜利的姿态，完全制服了卧地的敌人。这些石刻不仅使参观墓园者不忘霍去病的战功，也概述了这位年轻将军短暂的一生。从艺术史的观点来看，这些雕像宣告了东汉石制墓葬雕刻的时代即将开始。

第六节　东汉雕塑

公元8年，汉王室的外戚王莽废西汉刘氏皇朝，建立新朝（公元8－25年）。公元25年，西汉王室的远支皇族成员刘秀重建汉朝并称帝，即光武帝（公元25－57年在位）。由于长安在动乱期间多次受到掠夺破坏，刘秀将首都东迁至洛阳，他所建的朝代因而称为东汉。东汉传位十三位皇帝，延续195年。然而，其中即使是最富冒险精神的君主，其历史远见与雄心也无法与秦始皇或汉武帝相比。没有一位东汉皇帝建造过足以在历史上留名的建筑物或雕塑。流传下来的一些大型雕像多与地方性的水利工程有关。其中近3米高的李冰石像于公元168年立于四川灌县都江堰，是当地人民为纪念这位秦代太守及其所建的重要水利工程而立（图1－52）。[182]此外一些表现“蛮夷”形象的大型雕塑竖立于河岸及各地，一般认为这些形象具有安治水患的神力。[183] 所有这些雕像均呈正面端坐或直立姿态，其形象也许符合其仪式功能与神力象征，但并无艺术创新可言。

东汉时期，雕塑艺术最重要的发展表现在丧葬艺术方面。在这个时期石制的墓葬建筑和雕像出现于全国各地，此外，许多新型的小型雕塑也是为墓葬设计制作的。东汉石制墓葬纪念物的快速发展并不是某个统治者的作用，而是这一时期宗教、社会和艺术变革的结果，这些变革均可追溯至西汉甚至更早的时期。受到东汉统治者的鼓励，这些变革与对孝道的提倡结合在一起，使丧葬艺术出现前所未有的繁盛。

这些变革之一是祖先崇拜的中心由属于全宗族的祖庙转移到家庭或个人的墓地。[184] 与社会结构变化关系密切的这种转变始于东周，至秦代向前迈进了关键性的一大步。西汉时期每一帝王陵寝旁均立庙，并特设通道与陵寝相接被称作“衣冠道”。每月，一支礼仪队伍将帝王的冠袍自陵寝移到庙内，以代替帝王的亡魂受祭。东汉时期这类庙祭仪式多已废除，所有重要礼仪均移至皇陵进行。东汉第二位皇帝明帝（公元58－75年在位）首创墓祭大典。其后的东汉皇帝及他们的臣属也都谨守此例。正如清代学者赵翼所说：

> 盖又因上陵之制，士大夫效之皆立祠堂于墓所，庶人之家不能立祠，则祭于墓，相习成俗也。[185]

东汉期间墓葬纪念物盛行的另一个原因在于墓葬结构的变化。所有秦以前的墓葬均为存放木制棺椁的竖穴型土坑，这种设计的主要目的是为了保存尸体及存放随葬品，而不是营造以供亡魂居住的地下建筑。然而自西汉中期以来愈来愈多的墓葬以砖石建造，它们的设计也开始模仿居住环境。此外，墓冢前建有享堂，有时还在墓园中竖立石雕。东汉期间丧葬雕塑的规模渐趋宏大，类型日益复杂，其重要原因之一是当时对孝道的提倡。在“以孝治国”的口号下，东汉以“举孝廉”来奖励杰出的孝子，孝道甚至成为选拔人才的主要考察标准。因此，为祖先建造奢华的墓葬纪念建筑遂成为表达孝道的传统方式。墓葬铭文中经常出现以建造墓葬建筑来表达孝思的叙述。[186]

墓葬纪念建筑如此盛行的第三个原因与石材成为建筑雕塑材料有关。前文曾述及上林苑和霍去病墓园的石雕，认为它们是石雕艺术发展中所见的早期例证。另一早期例证是建于公元前113年的刘胜墓。墓中的“起居部分”，包括马厩、宴饮厅堂及储藏室等，均为木质结构，并配有陶俑，但棺室完全由石材建造，其中墓俑也是石制。[187] 这种安排清楚地显示出石材是具有象征意义的材质，石材坚硬、质朴、耐久，因而被赋予永恒或永生的含义，与之相比，脆弱易损的木材则象征着俗世生命的短暂。由这种对立衍生出两种建筑雕塑类型：为活人建造的木结构，以及为死者、神祇和仙人所建的石制结构。公元前1世纪中期至公元1世纪早期的石棺石墓是这类石制结构的最早例证。它们集中出现于两个地区，一是山东南部和江苏北部，另一个是河南南阳地区。前者是西汉王室的家乡，后者则是东汉皇族的发祥地。据记载汉明帝建于公元71年的陵墓中就建有石享堂。自此以后，建立地上墓葬建筑物成为全国普遍的现象。有关的文字记载、存留的建筑物与雕像等，均证实石材在2世纪墓葬建筑中已普遍运用。

关于东汉墓葬纪念性石雕最有价值的文字记载见于公元5世纪郦道元的《水经注》。身为地理学和自然

1–52 **李冰雕像**
东汉　高约290cm　石　1974年四川省灌县都江堰出土
灌县文管所伏龙观大殿藏

学家的郦道元记载了这些纪念物的地点、保存状况及特征，他对张伯雅墓园的描述可帮助我们了解这些纪念物在其原建筑结构中配置的情形：

> （洧水）东南流，经汉弘农太守张伯雅墓。茔域四周，垒石为垣，隅河相降，列于绥水之阳。庚门表二石阙，夹对石兽于阙下，冢前有石庙，列置二碑。碑云：德，字伯雅，河南密县人也。碑侧树二石人，有数石柱及诸石兽矣。[188]

张伯雅墓园和石兽早已不复存在。事实上，没有一座东汉墓园能完整无损地存留至今。尚有遗物残存的墓园有山东嘉祥武氏墓园及四川雅安高颐墓园。前者为公元147－168年间，由地方士绅武氏家族成员为其已故祖先所建，墓园内尚存的石雕有入口处的一对阙门、其下的两只石狮、若干刻有墓志的石碑，以及已倒塌的祠堂遗留下来的石刻。后者雕刻精美，据知至少有四组。[189] 距武氏墓园千里之外的高颐墓建于公元209年，死于此年的高颐，生前贵为益州太守，是中国西南部的最高官员。他墓园中遗存的石刻有一对阙门、一方石碑，以及两只有翅神兽和上有动物浮雕的圆形基座。[190] 这些残存的建筑和雕塑，再辅以文字记载，展示了东汉墓园的标准形制（图1－53）。[191] 墓园的入口有一对石阙，组成象征性的门，由阙上铭文得知，通过两阙间的道路名为“神道”，亦为墓园的中轴。神道两侧近阙门处立有成对的动物石雕，神道的尽头是墓冢。立于墓冢前的享堂旁有一块或多块石碑，偶尔也有石人石兽。这些墓园中的石制品，如阙门、石人石兽像、享堂、石碑及地下墓室等，均为圆雕或饰有深浮雕、浅浮雕的画像装饰。下文将先集中论述大型雕塑和建筑形式，然后再检视小型雕像与置于墓中的雕塑随葬品。

1–53　东汉墓园平面图

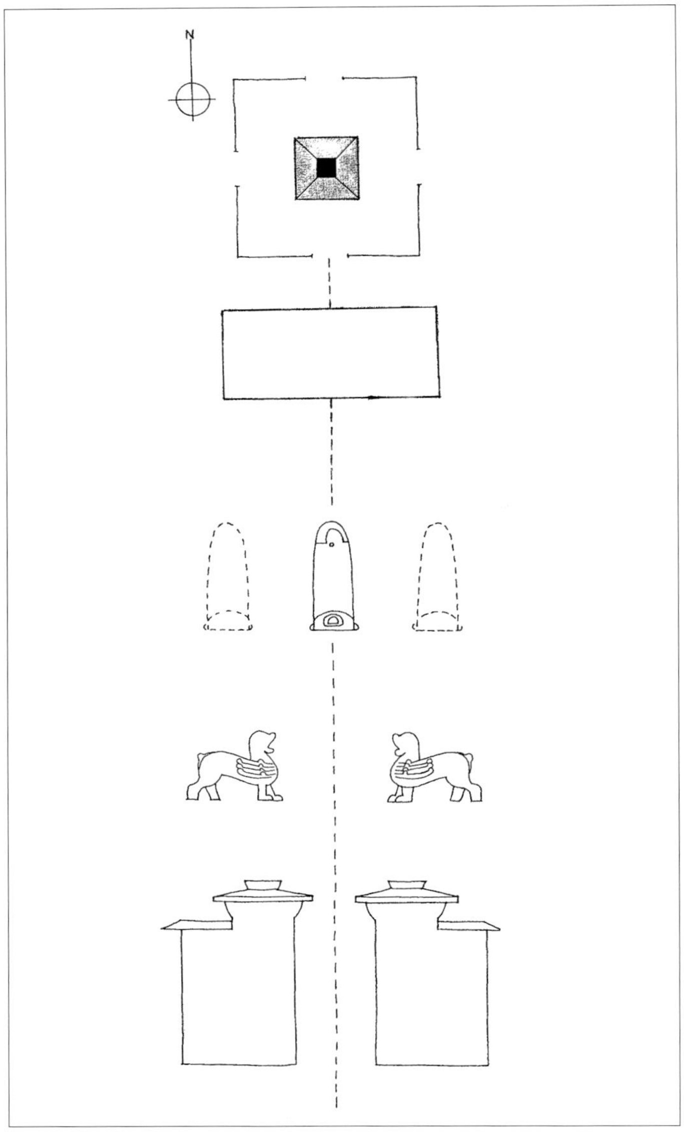

目前已发现29座东汉阙门的残余部分，分布于河南、山东、北京及四川多处。[192] 除了三座外，其余全为墓园的组成部分。但即使是那三座例外的也不是为活人建造的，而是为洛阳南面嵩山上的神祇所建。阙门的双阙一般有4－6米高，是这一时期存留至今的最大纪念性石雕。双阙由大石块组成，再在表面刻出深浅浮雕作为装饰。造型最简单的阙由有波状瓦纹的斜顶和方柱构成；较复杂的阙则有“子阙”或“出”附于

阙身的外侧。根据汉代文献所述，“子阙”的数目表示死者的地位，最高级的“三出”阙只有皇帝才可以使用。现存的26座墓阙皆为地方官员和士绅所建，因此没有一座是三出阙。

这些阙全部位于城外，皆以石材依照当时的宅门仿造。29座阙门按地区大致可分为两种类型，河南、山东地区的阙门外观为较简单的几何形：阙的主体部分状似一规整的矩形石块，上端承接一个刻有波状瓦纹的低矮屋顶。这样的形式可能是仿自砖砌的门楼。第二类型包括位于四川的20座阙门，其外形均模仿木结构建筑。虽然这些阙的外形在制作上繁简差别很大，然而，每座阙均有复杂的斗拱结构，以多层相互叠砌的石板仿造椽、枋和雕刻的檐板。这两类阙门所表现的不同装饰风格应与它们所仿的原型有关。在河南、山东地区的阙上，方柱的表面被划分成平行画面，以浅浮雕装饰，宛似石刻图画。有人认为这种建筑装饰源自陶砖上的模印形象。[193] 而四川的阙的雕刻纹饰则散布在阙身的不同部位，整体而言比较丰富。前一类型的雕刻装饰只限于方柱柱身；而四川的阙则多在檐下和柱头雕刻图案纹饰，雕塑风格也较富于变化，不仅有浅浮雕，也有高浮雕与圆雕。

最精致且保存最完好的四川石阙位于雅安附近的高颐墓园（图1－54)。[194] 现存较完整的一座为右阙；与之相对的左阙虽然尚存，但已严重毁损，大部分雕塑及子阙均已不存。用红砂岩条石砌成的右阙高约6米，由阙顶、阙身与基座三部分组成。阙顶是整体结构中最精美繁复的部分，其高度为280厘米，甚至比阙身高出16厘米。阙顶有八层，全都以石材仿木结构雕刻叠砌，表现枋柱、斗拱、椽、檐、重檐屋顶及其上的鸟形雕塑等。阙顶与阙身还在视觉效果和象征意义上形成对比。阙身平滑的表面上铭刻死者姓名、官衔，以及车马行进队伍的浅浮雕图像；阙顶雕塑形式多变，内容丰富。斗拱之间浮雕历史故事，亡魂升天等图景。

一些刻划于这个阙上的历史故事具有政治意味，例如其中的一个画面雕刻年少的周成王继位之初，其叔父周公辅政的故事。将此类故事刻在墓阙上，可能是借此暗喻死去的太守在政治上的作用与地位。阙西侧有一幅感人的画面，刻的是春秋时期俞伯牙和钟子期的故事（图1－55)：

伯牙鼓琴，钟子期听之。方鼓琴而志在太

1－54 高颐墓阙 东汉 高约600cm 石 四川省雅安姚桥高颐墓

> 山，钟子期曰：善哉乎鼓琴，巍巍乎若太山。少选之间，而志在流水。钟子期又曰：善哉乎鼓琴，汤汤乎若流水。钟子期死，伯牙破琴绝弦，终身不复鼓琴，以为世无足复为鼓琴者。[195]

有意思的是，刻于阙上的画面令这个故事有了新意，画面上鼓琴人与听琴人同时以袖掩面，似乎正在哭泣。加上这个掩面姿势，也许是为了使这个历史故事更适于丧葬场合，也许是高颐的朋友以此表达对他的感念。类似的悼亡题材也出现在阙上的另一画面中，其中哭泣的人物是将剑挂于其友徐君墓旁大树之上的季札，雕刻的是季札谨守诺言，赠剑于亡友的故事。季札赠剑之后，旁人问他为何这样做，季札回答："吾心已许之，岂以死倍吾心哉！"[196]

这些历史故事图像的上下方均是神怪形象。阙顶四角刻有四个传说中的力士形象，与其他浮雕人物不同，这四个力士以近乎圆雕的手法雕成。他们身体半裸而面目威武，弯着腰以强健的身体支撑着阙顶。在历史故事图像上方，即阙顶的最高层，刻有各种神兽和仙人。南面刻有一扇半开的门，门后刻一人探头张望。这一形象经常出现于墓阙、墓室或石棺上，代表"天门"。当时的人认为，死者的灵魂穿过这道门，便可进入永生的天堂。[197]

人与动物雕像构成东汉墓园中的第二类石雕。石雕人像现存较少，截至目前为止只发现不到十件，均是成对的。[198] 保存较好的一对现存于山东曲阜孔庙，其中一石雕正面所刻铭文清楚指出，它们原为乐安太守麃君所刻。[199] 二人像之一标示为"亭长"，另一个人

1–55 **俞伯牙与钟子期雕刻** 东汉 石 四川省雅安高颐墓阙西侧浮雕

像铭刻“府门之卒”字样。汉代时，在乡村每十里设一亭，置有亭长，以掌管治安，接应过往旅客。而在墓葬中，“亭”却象征坟墓——死者去永生之境必经的过渡空间。因此山东苍山的一座东汉墓出土的画像石上刻一列丧葬队伍护送柩车到一亭，亭长出面迎接；其后的石刻则表现墓主在阴间的舒适生活，以及仙人形象。[200] 正因为阳间的亭长负担维持辖区治安的职责，故而墓葬中置“亭长”与守卫，共同保护阴宅。有时亭长的大型石雕人像还置于墓室之内，例如四川芦山石马坝东汉墓中的一对石雕即是。[201]

这些墓葬雕像一般都很大，有时高达2.5米，人像看来十分质朴，雕塑者似乎有意保留传统风格。事实上这些作品并未刻意追求逼真和写实，这些人像受原石材形状的局限，大都直立如柱。亭长与守卫微微低头，双手置于胸前，以僵直的姿势站立；脸部特征、服饰与佩戴的兵器仅以浮雕或线刻的方式简略地加以刻划。然而，我们不能因其风格古拙而断定雕刻者的艺术水准低下，因为这些人像的形状和雕刻手法是因其宗教功能而定的。早在东汉之前，便有一些特制的略具人形的墓俑，以便与同一墓内出土的表现侍女或艺人等的精美墓俑相区别。[202] 这些半人形的木、石墓俑具有辟邪的功能，人们认为它们有保护死者的神力。东汉出现的亭长和护卫的石雕像的功能及粗拙的外形与这些墓俑相似，应视为这类特殊雕塑的传统风格。

与当时动物雕像风格的多样性相比，这些石雕人像所刻意表现的古风显得十分突出。前者留存下来的实物远较后者多，有可能是因为东汉墓园中动物雕像较人像流行的缘故。动物雕像既用于守护墓园，又是死者地位的象征。历史文献中有许多关于这方面的记载，提及的动物题材包括象、马、羊、骆驼、虎、狮，以及想像的神兽。象与马似乎为皇陵所专有。[203] 这个时期存留下来的最大动物雕像是一局部残损的石象，高2.4米、长3.5米，现立于东汉都城洛阳遗址附近。有人认为它是距此 2 公里处皇室墓园入口的地标。虽然专家们对于它的功能尚有异见，不过石象的姿势证实它可能是东汉的作品：它呈行走姿势，不同于后世皇家陵园中的石象，多雕成静止不动的立姿或跪姿。[204]

这头壮硕的石象比例匀称，完全不带想像的成分，反映了东汉墓葬艺术中动物雕像自然写实的趋向。其细部刻划十分逼真，如耳部的褶痕及鼓起的前额，由此看来，雕塑者似乎对大象进行过仔细观察。西汉霍去病墓的石雕是以浅浮雕的技法，在天然石材表面表现动物的肢体；而这头大象的四腿牢牢着地，腹部与地面间的石材被凿透，使得石象的造型更为写实。同样风格可见于东汉墓葬艺术中其他的动物雕像，尤其是大量的神兽。这些带角生翅的神兽作前行姿态，它们对称地陈列于神道的两侧，依其所在的方位各向前迈出左侧或右侧的前腿，威风凛凛，一面仰天长啸，一面向前迈进。

石雕的神兽虽然姿势相似，但是形态各异。有些具有狮虎的特征，有些造型则趋于抽象和概念化，更有一些是奇思妙想的产物。从简单的几何形到精心雕凿成的立体形态，呈现出多元的雕塑风格，反映了不同的艺术目标及区域传统。高颐墓园中的有翅神兽属于较概念化的类型。它们狭窄扁平的身体由结合紧凑的块状组成，其细部如翅膀等仅以浮雕的手法表现，雕塑者强调的是以轮廓表现动物的凶猛姿态。在制作四川芦山杨君墓园中的石狮时，这种意象化风格多半被更写实的手法取代（图1－56)。虽然仍运用大块石材，并且仍不重视细节，然而，雕塑者不再只仰赖轮廓为主要的表现方式，而更着力塑造动物身体表面的凹凸起伏，以逼真地表现隆起的肩部、肌肉发达的背部，以及有力的腿足。唯一的一处细部刻划是表现其大圈的鬃毛，以此表示这是一头狮子。它的形态让人感受到一股内敛的力量：它伸出左足，头向后仰，处于跃跃欲试的状态。

陕西咸阳沈家村出土的一雌一雄石狮具有更写实的风格。在这里雕塑者着重表现的不是动物强健的躯体，而是其机警和灵敏。狮子拉长的躯体呈曲线造型，臀部瘦窄，肌肉发达的腿表现得极为精确，几乎可作为动物解剖模型。这些石兽在行进中将头倾向一边，表明雕塑者试图表现更为复杂的动作。在这些写实的形象上添加上翅、角和胡须，能使之很容易地转变成想像中的神兽。河南伊川出土的一对著名的怪兽就是这种转变的产物（图1－57)。它们的基本形状几乎与沈家村石狮完全相同，也以同样的姿态，倾首吼叫。但它们头上各有一对角，下巴上有极长的胡须，一对翅膀自肩部伸出，浮雕的羽纹覆盖了整个身躯、大腿，甚至尾巴。这些出自想像的特征，将狮子转化成麒麟、辟邪或天禄等神兽。

第三类墓葬雕塑位于一座东汉墓园的中心，墓葬包括墓穴、享堂及石碑。墓穴中埋有墓主的尸体，享堂是献祭之处，多为死者本人或其子孙所建，而石碑则多由与死者有关的人士所立。如同其他石制墓葬建筑一样，石碑的起源可能也模仿木结构，至东汉时期逐渐发展成独立的石雕形式。其基本形状是长方形石板，竖立于方形或龟形基座上，其顶部或为方形，或为弧形，上面多刻有浮雕纹饰。石碑在墓园中的主要功能是在其正面镌刻墓志，其背面通常刻有立碑者的姓名和职衔，这些人一般多是墓主的朋友、同僚及门生。墓园入口处的阙门、享堂与墓室都模仿砖木结构的建筑。阙门只有外部有雕刻装饰；享堂或墓室则内部也加以雕饰，丰富多彩的雕绘图像将其内部空间转化成一象征性的宇宙。将神祇、祥云、瑞兽、日、月、星辰等形象雕绘在墓内穹顶上，以表示天体，在此人造宇宙中，另外两个象征性空间是仙境与人世。虽然各墓与享堂在表现这些象征性空间时所用的图像与雕刻题材不同，但它们大都反映出对死后成仙升入天堂的向往。因此，这些雕刻所呈现的不仅是死者生前世界的延伸，也是幻想中希望得到的理想世界。死亡甚至使得死者能享受到他生前未曾拥有的生活：他能够住在豪华大宅中，由无数奴仆伺候，享受美食珍馐，观赏多彩多姿的表演；他可与古圣贤平起平坐；他可以进入再也没有死亡的仙境。这种象征性宇宙也是石棺雕刻的主题，特别是在公元2世纪的四川石棺上就常出现这类雕刻。阙门总是出现于石棺的前方，天象刻在顶部，象征宇宙的图像刻在后端，两侧则刻有宴饮娱乐场景、仙境及儒家道德故事。[205] 凭藉这些雕刻，一具石棺就具有一座墓园的作用，即引领亡魂通过阙门，进入永恒的仙界。

虽然东汉墓葬雕刻有许多共同的图像，但它们在风格和表现手法上差异很大，因此，不能只笼统地称

1–56 **石狮** 东汉 高167cm 石 四川省芦山杨君墓 芦山姜公祠藏

1—57 异兽 东汉 114×175×45cm 石 1963年河南省伊川出土 洛阳古代艺术馆藏

它们为雕刻而不进一步加以区分。其中一种是在粗糙或平滑的石块表面用阴刻线条刻划出形象，在风格与表现形式上，这些作品较接近于绘画而非雕塑。也曾有学者认为，这种石刻线画实际上仿自砖木结构建筑中的壁画。[206] 另一种风格是近乎立体的形象，仅见于公元2世纪时的几座山东墓葬。大多数的东汉墓葬与享堂雕刻介于这两种手法和风格之间，若进一步细分，可分为六大类型和十二种。[207] 这些类型可归纳为以下三种基本雕刻技法：(1) 在平滑或有线条的表面用阴刻线条刻划图像；(2) 在平滑或有线条的表面刻平面浅浮雕图像；(3) 在平滑或有线条的表面刻弧面浮雕图像。一般而言，著名的山东长清县孝堂山享堂雕刻及武氏祠堂雕刻技法为前两种类型，属于二度空间造型，可视为图像艺术作品。展现三度空间的第三类型与高浮雕及圆雕则可以定为雕塑作品。

建于公元2世纪的山东安丘董家庄大墓的雕刻运用了各种不同的技法，呈现出多种风格。[208] 其中最富有特色的是，沿墓室中轴线竖立的三根石柱上的雕刻，这些高浮雕和透雕的形象表现人物相拥、母子哺乳、龙蛇纠结等，其刻凿技艺虽不十分精细，但自有其吸引人之处（图1－58）。山东平阴的一座同期墓中也出现了类似安丘汉墓的雕刻，其中有更多的相拥人像，甚至有些人露出性器官。学者曾认为这些形象代表一种称为“高禖”或“郊禖”的古代礼仪，在举行“高禖”的礼仪之际男女可任意自由幽会、交合。[209] 在墓中表现这种生殖崇拜场景，旨在将被视为生命终点的死亡，变成人类种族延续中的一个环节。同样的理念似乎也表现在另一处汉代浮雕中，四川彭山一崖墓入口的上方，雕有一对男女拥抱亲吻的浮雕，[210] 这件小型雕刻，将墓门后的黑暗墓穴转变成永恒欢乐之地（图1－59）。

东汉后期，中国西南部的四川成为墓葬雕塑的一个主要中心。前文已述及到一些四川雕塑，如高颐墓的墓阙、动物雕塑、石窟雕刻及彭山浮雕。这些例子证实了地方传统与汉代都会艺术间的密切关系，但也展现出独特的地方雕塑种类与风格。除了只出现于此地的石棺与崖墓之外，还有一种称为“钱树”或“摇钱树”的墓葬器物，也是当地一种独特的雕塑形式。

“钱树”的来源可追溯至商周时期的三星堆文化。一件高152厘米的铜“神树”，为兴盛于晚商时期的四川三星堆文化遗存，可以视为汉代“摇钱树”的原型。[211] 东汉钱树均包括两部分：陶制或石制基座和枝条上缀满铜钱与神兽的铜树。由于铜树镂刻得极为精细，很少能完整地保存下来。[212] 所示的广汉出土铜树不仅是保存最完整的，也是已知的铜树中最华丽的一件。该树树顶雕有一只尾羽华丽的凤鸟。树干上有六层树枝，每层四枝，向四方伸展；每一枝条的基部有一凸榫，可插入树干上的榫眼，能够随意拆装组合（图1－60）。除最上层的枝条以外，其他各层枝条上都饰以镂刻的西王母和铜币。王母坐在龙虎座上，周围环绕着群仙与珍禽异兽，或观看百戏和乐舞，或骑着天马遨游，或博弈。镂刻的五铢钱成串挂在枝条上，似是树上的花果。不难想像，置于墓中的“钱树”和类似器物是用以象征人们所向往的世界—— 一个充满阳光、富裕及没有死亡的世界。

虽然保存完好的铜树十分稀有，但存留下来的钱树基座数量较多，雕塑形式也富有变化。它们大多为赤陶塑制，以与长生不死有关的形象为主，大多制作粗糙，但也有一些设计制作均甚精巧的作品。其中一

1–58 **墓室立柱雕刻**
东汉　石　山东省安丘董家庄出土

件出土于成都近郊的钱树基座，以其巧妙的空间结构表现亡魂升仙的历程（图1－61）。这件陶塑为山形，直立如柱，登山的男女分布于三个层面：第一层的人刚抵达山脚，第三层的男女即将到达山顶，峰顶塑有神祇。这件陶塑将公元2世纪道家著作《淮南子》中的一段文字转换成可视的雕塑形象：

> 昆仑之丘，或上倍之，是谓阆风之山，登之而不死。或上倍之，是谓悬圃，登之乃灵，能使风雨。或上倍之，乃维上天，登之乃神，是谓太帝之居。

这件雕塑的另一个有趣的特点是出现于各个层面的山洞，标志着寻求长生不死历程中的不同阶段。这很有可能是以艺术形式表现道教“洞天”的最早作品。

四川雕塑中其他一些表现山的作品较为写实。例如一件出自芦山罕见的石制“钱树”，其基座以现实的生活场景表现神话故事。[213] 这件作品表现了整座山的全

1–59 **石雕双人像** 东汉 高49cm 石 1942年四川省彭山寨子山崖墓墓室雕刻 北京故宫博物院藏

1—60 **钱树**
东汉 152cm 青铜 四川省广汉出土
广汉市博物馆藏

1—61 **钱树基座**
东汉 60.5× 42cm 陶 1978年四川省成都出土
成都市博物馆藏

景，于重峦之中雕刻出树木、动物及各种姿态的人物，他们或位于石块之后，或藏于山洞之中，其中也出现了西王母的形象。另一件出自成都的画像砖也以山为主体，但其题材不再与宗教有关（图1-62），而是表现汉代制盐业的实况。画像砖对汉代盐井及相关人物活动的刻划，为历史学家了解这一时期四川的地方经济提供了重要的形象资料。然而这件作品的重要性尚不止于此，在艺术表现方法上，它成功地以二度空间的浮雕表达了三度空间的景观。事实上，作品中左下角的制盐场面只是广阔的全景的一部分，画面上层层叠叠高低起伏的山峦，延伸到远方，其间还散布着猎人及各种动物。

在东汉时期，画像砖和墓俑并非四川所特有，但在这个地区这两种艺术形式达到写实与想像巧妙结合的纯熟境界。有一批出土于四川墓葬中的乐舞伎和说唱俑等塑得尤为传神，它们的姿势表情因所从事的表演而有所不同（图1-64）。例如一吹笛俑有一张温柔的脸，其表情犹如身置梦境，他跽坐于地，手执竖笛而并未吹奏，仰头露出恬静的笑容，仿佛刚刚奏完一曲，仍在聆听空中的余音。这令人赞叹的微妙表现手法与击鼓说唱俑所营造的戏剧性气氛形成强烈对比。1963年出土于郫县的击鼓说唱俑体量相当大，有67厘米高，此俑左手持鼓，右手执槌，有着漫画式的滑稽表情（图1-63）。他伸出舌头舔着上唇，扮着令人忍俊不禁的鬼脸，挺腹扭臀，半裸上身，内裤吊在半腰。这样夸张的人物形象犹似宫中的弄臣，专以歌曲、笑话及诙谐滑稽的表演来取悦观众。[214]

在东汉晚期小型雕塑中，大概只有甘肃雷台墓葬出土的公元2世纪晚期的铜雕，可以和这些活泼生动的四川雕塑相媲美。1969年发掘的这座多室砖墓，出土了众多铜俑组成的一支庞大行进队伍，其中有近百件车马、随从及护卫。这组队伍中特别突出的是一匹奔腾的骏马（图1-65）。队列中的其他马匹均呈伫立或慢行状，唯独这匹马在飞奔，马头倾向一侧，三足腾空，只有一蹄轻踏在一只展翅疾飞的燕子身上，表现出制作者超凡的想像力。

雷台出土的墓俑数量庞大，是这一时期少见的。一般而言，无论是铜俑、陶俑或石俑，东汉墓的墓俑数目显著地减少。一座西汉早期墓葬出土一百件以上的墓俑并不稀奇，而一座东汉墓通常不到十件。这个变化的原因之一是墓葬画像砖、画像石与壁画的流行，平面图像取代了早期墓俑为死者构造死后理想世界的

1-62 **盐场画像砖**
东汉 39.5×48cm 陶
1975年四川省成都扬子山1号墓出土 成都市博物馆藏

1–63 **击鼓说唱俑** 东汉 高67cm 陶 1963年四川省郫县宋家林东汉墓出土 四川省博物馆藏

1—64 **说唱俑** 东汉 高50cm 1982年四川省新都马家山23号墓出土 新都文物保管所藏

1–65 **铜奔马**

东汉 34.5×45cm 青铜 1969年甘肃省武威雷台墓出土 甘肃省博物馆藏

功能。另一个原因是墓葬艺术题材的改变。如前所论，大部分西汉墓俑代表家居人物，主要有仆役、守卫及演艺者。然而自西汉晚期开始，表现丰富财物的墓葬雕塑，如土地、建筑、粮食及牲畜等逐渐增加。[215]这些以写实手法表现的墓葬雕塑由众多的人像、动物及建筑雕塑组成大型场景，而单独出现的人像明显减少。在这个发展过程中，表现的重点由人物形象移至建筑场景，由室内移至室外。西汉以墓俑组成歌舞宴饮场面，营造了一种其乐融融的家居生活；而东汉墓葬雕塑则以谷仓、水田、望台及猪圈作为财富的象征。[216]

由此可知，为何东汉时期发轫于河南、河北、陕西等都会中心的建筑模型雕塑，发展成为墓葬雕塑的主要类型。这些作品被大量制作，用以代表亡者在地下所拥有的财产。墓葬中各种各样的望台大量出现，表明墓主对庄园安全的高度重视，这是物欲增加的必然结果。河北阜城桑庄的一座多室砖墓在发掘前曾遭严重的盗毁，但仍出土大批的陶制雕塑，包括家畜、

1–66

陶塑望台

东汉　216×82.8cm　釉陶

1984年河北省阜城出土

河北省文物研究所藏

1–67 坐佛雕像

东汉　高37cm　石　四川省乐山麻浩湾1号崖墓

水井、谷仓、厨房及三座望台。[217] 其中的一座是至今所知这类雕塑中最大最精制的（图1－66）。这件陶塑望台高2米余，共五层，耸立于一窄小的庭院中，院门紧闭。它完全仿木构建筑塑造，其纵横卯榫的斗拱及镂空的窗棂尤为精细。陈列在望台各层的弓箭和盾牌表明了这座建筑物的防卫功能。守卫者自檐下的窗孔向外窥望；一面大锣挂在台顶，两人执槌立于锣下，准备一有险情便鸣锣示警。

这座望台为研究东汉建筑对其后建筑的影响提供了十分重要的实证。由于桑庄望台的式样与后来的佛塔十分相近，有的学者遂将汉望台视为中国佛塔的本土原型。属于宗教建筑的佛塔在佛教传入中国后广泛出现。

本章对于中国早期雕塑的讨论正好将以佛教传入中国作为结语。传统佛学史以一个新的宗教形象的传入，作为佛教自印度传入中国的标志。据大约译于公元67年的中国最早的汉译佛经之一《四十二章经》记载，东汉明帝曾夜梦一神人飞入宫中，此神人通体金色，颈后放射出耀眼的光芒。次日，明帝让群臣圆梦，太史傅毅告知，这是印度一名称为佛陀的圣人，于是汉明帝派遣使者至西方迎请。当使者到达印度时发现佛陀早已涅槃，然而他们找到一尊古老的佛陀雕像，遂将它带回中国。明帝认为和他梦中见到的神祇相似，遂命人复制置于都城和陵墓中。

姑且不论这些记载的可靠程度如何，不过据考古材料证实，佛像传入中国并加以复制的年代绝不晚于公元2世纪。然而在中国，这些形象脱离了原有背景而被注入新的宗教与艺术传统，它们的意义也就产生了极大的改变。中国的墓葬艺术随即便吸收了佛像的造像艺术来丰富自己。佛像或刻于墓中，或用来装饰“钱树”，已不再是仅供奉祀膜拜的对象，而成为中国理想中长生不死的象征。[218] 考古学家已在山东、四川及内蒙古的东汉墓中发现各种以佛教为题材的艺术品和装饰像。[219] 其中两件完全仿自印度佛像的作品均出自四川，其年代已确定为2世纪晚期及3世纪早期。其中一件是乐山麻浩湾一座崖墓中的浮雕（图1－67），浮雕中的坐像左手持衣角，右手上举做施无畏印。人像的脸部不幸已遭毁损，但佛陀头顶的肉髻与光环仍清晰可见。所有这些特征，以及厚重的衣袍皱褶，均可追溯至印度2世纪末的摩陀罗和犍陀罗佛陀形象。[220] 这尊佛像刻于墓道入口上方，处于墓葬中最显要的的位置。与其特征相同的佛像见于彭山崖墓中一钱树基座上，[221] 此像与前者的不同之处是其两侧有立像，有些学者将它们定为菩萨。

在距四川千里之外、位于黄海之滨的连云港，考古学家发现一群刻于山崖上的佛像（图1－68）。佛像或站或坐，均有肉髻与光环。其中一像右手做施无畏印；另一像正在坐禅。然而这些佛像与穿着传统服装、手执礼器的中国人像刻在一起。有的学者认为，后者为东汉时期常与佛陀一同接受祭拜的道教神祇，当地的考古发现和有关的文献记载证实了这一论点。在孔望山山脚下有一巨大石台，上有一石碑基座，石碑现已不知去向，但根据文献记载它是建于公元172年的东海庙碑。许多早期的道教经典都有关于东海庙为重要的道教中心的记载。由此可知，孔望山山崖上的石刻原本是这座庙的一部分。[222]

尽管关于孔望山石刻的题材与年代在学术界还存在不同意见，但这些争议不能否认东汉时期道教或其他本土宗教曾借佛教形象而为己用的事实。有关佛教自印度来到中国的传说也述及这段历史。传说中国东部一群渔夫看到远方海面上立着两尊石像，他们认为是海神或仙人，便要求当地巫师献祭拜迎，但是突然风浪大作，将渔夫们吓走。然后，一些道士说："他们是我们道教的天师。"遂上前以道教礼仪迎请神像，可是风浪仍不平息，又将道士吓走。最后，一些佛教徒来到岸边祈祷，这时风浪才平息下来，那两尊佛像随浪潮漂来，原来他们是佛陀与弟子阿难的塑像。

这虽然只是传说，但却喻示着佛教雕塑融入中国文化的三种不同途径：首先是长生不死祭仪崇拜的偶像，然后成为道教奉祀的神像，最后成为独立的佛教艺术。这一外来艺术在经历了如此漫长而复杂的过程之后，才在这片广大的陌生土地上生根，并逐渐发展成影响久远的艺术传统。

1–68　崖刻佛像
东汉　江苏省连云港市孔望山

杨泓

第二章　陵墓雕塑（上）

——墓内雕塑（魏晋至清代）

中国古代的丧葬制度，是将陵墓的地面建筑（包括陵园、陵寝建筑、墓上封土等和与之有关的雕塑及壁画），墓内葬具（包括石棺床、椁、棺）和随葬遗物（包括实物和明器。明器又称“冥器”，指各种质料的俑群和模型器）视为一个整体，综合在一起才能反映出当时的时代特征。不过因本书是以介绍中国古代雕塑为目的，本章只叙述其中与雕塑有关的艺术品，因而舍弃了其中极具艺术价值的墓室壁画及与壁画性质相同的画像石、画像砖和具有特色的大幅拼嵌砖画，以及墓内的建筑装饰彩绘。同时，中国古代墓葬雕刻自先秦两汉以来有着明显的传承演变关系，也因本书体例的局限，本章只叙述魏晋以后至明清时的陵墓雕塑，有关先秦两汉的陵墓雕塑请读者参阅本书第一章有关内容。

在中国古代历史中，魏晋南北朝时期（公元前220－589年）是由空前兴盛的汉王朝（公元前206－220年）至另一个兴盛的唐王朝（公元618－907年）之间的过渡阶段。公元2世纪末，汉王朝趋于衰微，东汉（公元25－220年）末年席卷中原的农民起义——黄巾起义，动摇了汉王朝统治的基石，酿成全国动乱，皇帝丧失权威，终成群雄割据的纷争格局，最后形成魏、蜀、吴三国鼎立的态势，古代中国由统一转入长期分裂的局面。

公元280年西晋王朝统一全国，但这次统一极为短暂，只维持了短短的36年，西晋就在内争和外患中覆亡。这一时期由于社会经济凋敝等原因，陵墓雕刻失去了东汉时的发展势头，趋于衰微。

西晋灭亡后，从北方和西方进入中原的匈奴、鲜卑等族纷纷建立政权，前后多达十六个以上，史称"十六国"。西晋皇族司马氏逃至江南，再建晋朝，史称"东晋"（公元317－420年），形成南北对峙的格局。此后北方鲜卑拓跋氏建立北魏（公元386－534年），统一北方；南方东晋司马氏政权为刘裕所取代，建立宋朝（公元421－479年）。正式形成大致以长江为界的南北两个政权，史称"南北朝"。其后北魏分裂为东魏（公元534－550年）和西魏（公元535－556年），继而前者为北齐（公元550－577年）所取代，后者被北周（公元557－581年）所取代，而后北齐又为北周所灭，北方重归统一。不久隋文帝杨坚又取代北周建立隋朝（公元581－618年）。南方宋以后又经历齐（公元479－502年）、梁（公元502－557年）、陈（公元557－589年）三朝，公元589年隋军灭陈，古代中国重归一统。

概括来讲，自东汉末至隋统一，历近四个世纪，中国的政治构架一直处于动荡、分化、重组之中，各民族也由矛盾、冲突直到大融合，社会生活、文学艺术也在动荡中不断变化更新，在承袭汉晋文化传统的基础上，不断融入各民族乃至域外文化的新成分，使各个艺术门类，不论是绘画、书法，或是雕塑都呈现出欣欣向荣的新势头，从而孕育出更加兴盛的隋唐文化。这一时期的陵墓雕塑和墓内雕塑，特别是随葬俑群从造型到组合的发展演变，正可视为同时期造型艺术发展演变的缩影。

隋唐时期，从女皇帝武则天（公元624－705年）时开始，雕塑艺术发展到一个新高峰，陵墓神道石雕开始出现具有时代特征的新的组合形式，墓内的随葬俑群同步发生变化，从材质到技法都有创新，制作出特殊的低温釉陶"唐三彩"，其艺术造型至今受人喜爱。

五代（公元907－960年）以后，北宋时期（公元960－1127年）皇帝陵墓前神道石雕，虽然仍有沿袭唐陵石雕传统的因素，但是又出现了新的组合及新的造型。又由于北宋时社会经济发展，都市商业活动繁荣，市民阶层兴起，社会习俗随之变化，杂剧等艺术流行，同样使一般人坟墓中的雕刻作品呈现出新面貌，随葬俑群日趋衰落，内容随墓仪制度的变化而更新。反映生前豪华宅院的墓内雕砖艺术盛行，以杂剧为题材的雕砖和俑不断涌现，甚至出现影作的戏台建筑。以孝子故事为题材的雕砖和石刻，也是这一时期墓内雕塑的重要内容。即使在契丹族建立的辽（公元907－1125年）政权的疆域内，以及后来女真族建立的金（公元1115－1234年）政权的疆域内的墓内雕刻中，也同样盛行。

明清时期，皇帝陵墓前仍设置神道石雕，以显示最高统治者的身份和权威，虽然石材精美和体量硕大，但雕刻造型呆板缺乏神采。这时期除皇陵和皇族墓葬外，墓内雕塑已极罕见，只在一些皇族和身份特殊的大臣墓中才能见到随葬俑群的身影，但其艺术水平低下，无法与北朝、隋唐的俑相比，其衰落是与葬仪制度的变更及纸明器的流行有关。

为了叙述方便，本章分为上下两部分，上部分叙述墓内雕塑，下部分叙述陵墓的神道石刻。

第一节　魏晋南北朝墓内雕塑

三国西晋俑

由于曹魏时期（公元220－265年），提倡薄葬，因此汉代皇室贵胄墓中盛行的玉衣至曹魏时完全废止，豪华的随葬物品也随之绝迹。所以汉墓中常见的塑制精致的随葬俑群，也不再流行。从目前考古发掘中获得的资料看，洛阳地区曹魏时期的墓葬中，随葬明器的数量与质地远远不能与汉墓相比，随葬的俑群中，常常只有少量陶俑和陶家禽、家畜模型。例如洛阳涧西发掘的曹魏正始八年（公元247年）墓中，[1] 只随葬了两件形体矮小的立姿拱手的陶侍仆俑，男、女各一，造型呆滞，已不见东汉时期陶俑造型生动的风姿。另外有两种动物模型，两鸡一犬，也只具形体轮廓，塑制粗糙。

在江南地区孙吴时期（公元222－280年）的墓葬中，随葬的陶俑则富有地区特色。常可以看到中原地区没有看到的裸身跪坐俑，塑制较拙稚，常施有青釉。湖北武昌莲溪寺孙吴永安五年（公元262年）墓随葬有4件这样的坐姿裸身俑，[2] 双眉间额头上塑有凸起的圆形物，类似佛教造像的“白毫相”，很可能与佛教艺术的影响有关。在湖北鄂州市塘角头孙吴墓的甬道内，还在两侧侍立赤足陶俑之间，安放一身佛坐像，更是有关孙吴时期佛教资料的重要发现。[3] 此外，孙吴墓中的陶镇墓俑，常常塑制成奇特的类似鳄鱼形状的四足兽形，背上刻划出朵朵圆斑，也显示出地方特征。[4] 孙吴墓中也有许多釉陶的动物模型，常常形状较小，只具大致轮廓，缺乏细部刻划，有鸡、鸭、羊、犬、猪等，还常伴随有釉陶的鸡舍、鸭舍、羊圈、猪圈等建筑模型，它们与大量出土的陶仓、磨、碓、灶等模型合在一起，可能反映出孙吴时江南农业生产日益繁荣的情景。此外，在孙吴墓的随葬品中，还有一种可以视为雕塑艺术品的遗物，它也是具有地方特色的物品，一

2–1　**魂瓶**　三国·吴　高34.3cm　釉陶
1955年江苏省南京赵士岗出土　南京博物院藏

2–2　**牛形镇墓兽**
西晋　23.6×36cm　陶　1984年河南省偃师出土
北京大学赛克勒考古与艺术博物馆藏

2–3　**甲胄武士俑**　西晋　高57cm　陶
1984年河南省偃师出土　北京大学赛克勒考古与艺术博物馆藏

般被称为谷仓罐（或称“魂瓶”），是自孙吴时期开始出现于江南地区的陶质或青瓷质地的明器，由东汉时期江南汉墓随葬的五口罐（或五口瓶）发展而来。其基本造型是在一件鼓腹的大罐口的四侧再各置一小罐，在五个罐口周围及上部堆塑出楼阁建筑和许多小的人物、鸟兽形象，在罐腹的表面也常贴塑出各种仙人、神兽乃至鱼、鳖的模塑形象，结构复杂。所塑出的人兽虽然只具外部轮廓，除面部五官外缺乏细部刻划，手法拙稚，但形态却颇生动，富有古拙的美感。由于有的谷仓罐上还堆塑或贴塑有小型的模塑出的佛坐像，更引起人们的注意，被视为江南早期的佛教艺术品（图2–1）。

地处今四川省境内的蜀汉（公元221–263年）的墓葬中，随葬的陶俑从造型到塑制工艺，都大致沿袭着那一地区东汉陶俑的传统，所塑造的人物以家庭内的婢仆为主，例如捧执各种物品的男仆女侍，坐在俎后操作的厨师，吹奏乐器的乐工和头簪花朵的舞伎等等。但与汉俑相比形体塑制过分臃肿，姿态颇显呆板，缺乏汉俑的生动和风韵，典型作品可以四川忠县涂井蜀汉崖墓的出土品为代表。[5] 除单体的陶俑以外，也有上面置有各种姿态的小型陶俑的陶屋模型，那是汉墓中罕见的雕塑艺术品。

西晋王朝（公元265–316年）建立以后，全国统一，虽然仍然沿袭曹魏薄葬的规制，但随着灭吴后王朝统治的巩固，社会经济也有一定程度的恢复，所以重新规定葬仪制度也就提到日程上来，终于随葬俑群也有了新的规范。依据20世纪50年代以来，在西晋都城所在地河南洛阳地区的西晋墓发掘材料，[6] 可以清楚地观察到西晋时期的随葬俑群包括以下四项基本内容：

第一组是镇墓俑，一般包括两种，一种为四足行走姿态的牛形镇墓兽（图2－2），它低头昂角，背脊上鬃毛成撮前伸；另一种是全装甲胄的武士形貌，头戴竖有高缨的兜鍪，身穿筒袖铠，左手持盾，右手上举，但原来执的兵器都没有保存下来，推测是环首长刀（图2－3）。第二组是出行仪仗，出现了牛车和鞍马，反映出当时西晋社会上层喜乘牛车的风习。第三组是侍仆舞乐，有男仆女婢，象征死者家居生活中役使的奴仆，通常每座墓中只放置一件男仆俑和一件女婢俑，不似汉墓中有那样多数量的庞大俑群，只具象征意义而已。第四组是庖厨操作，通常庖厨明器有灶、井、磨、碓等陶模型，还有与之有关的家畜家禽陶模型，包括猪、犬、鸡等。但是从艺术造型上看，西晋的陶俑比汉俑退步，人物造型由姿态生动转向呆板生硬，陶马体短腿粗，已无东汉时陶马骏健的风姿，家畜家禽只具轮廓，外形简单呆板。总起来看西晋陶俑造型拙稚，姿态呆板生硬，形成时代风格。西晋随葬俑群出现的上述基本内容，一直为后来南北朝（公元421－589年）时俑群所沿用，只是具体形貌、数量等不断随社会习俗等的演变而变化。

在以都城洛阳为中心的北方广大地区，西晋墓中的随葬俑群都遵照着前述同样的规范，造型特征相同，是当时政治统一局面形成后，中央政权控制力增强在丧葬制度方面的体现。但是在原属孙吴的江南，还可以看到沿袭孙吴时陶俑造型的作品，人物裸身赤足，有的额头也贴塑类似“白毫相”的圆形凸状物。最引人注目的是湖南长沙发掘的一组西晋墓，[7] 其中一座的墓砖上有永宁二年（公元302年）纪年铭文，墓中出土各类俑近30件，除裸身赤足、执盾持刀的武士外，还有高冠执版的骑吏、乘马演奏的乐队、捧持各种什物的侍仆等等，应当是当地豪族显贵拥有的属吏和武装部曲的真实写照，也表明西晋灭吴后时间还短暂，统一的丧葬制度并未能完全贯彻于江南。在长沙晋墓的釉陶俑中，有两点最值得注意，其一是有一件两个文吏对坐，一手执简，一手执笔书写，十分生动地表明汉晋时人们书写竹（或木）简的真实情状，生动有趣，又具史料价值（图2－4）。其二是在一些骑俑的乘马所备马鞍桥的左侧，垂有一个小的三角形状的马镫，这是目前在中国考古发现中获得的纪年明确、时间最早的马镫，表明当时只佩单镫，用于蹬它上马，跨上马背后就不用了，表现出马镫最初出现时的形态，更具颇高的史料价值。这些事例再一次表明陶俑是颇为如实模拟现实事物的造型艺术品。

东晋南朝俑

东晋时期的埋葬习俗和葬仪制度也同样沿袭着西晋旧制。但因易地江南，所以也与孙吴以来江南原有习俗有所结合，特别是墓葬内随葬的青瓷制品明显占据主要位置，但随葬的俑，依然沿袭西晋遗风。在南京市象山，1970年以来陆续发掘了东晋时著名大族琅琊王氏的一处族葬墓地，其中的第7号墓出土的随葬陶俑群，可以视为东晋时期墓内随葬俑群的代表作品。[8] 在那座墓的甬道里，放置着由14件陶俑和牛车、鞍马陶模型组成的俑群。牛车朝向墓门摆放，牛旁有一戴尖顶帽的牵牛俑。牛车的右侧放置着鞍鞯辔缰齐备的骏马，马旁也有一牵马的陶俑。在牛车前侧还有一戴尖顶帽跪地迎奉的陶俑，其余陶俑均为立姿， 除两人侍立在甬道里侧门旁外，都分别侍立在牛车两旁，头戴

2–4　对坐书写俑

西晋　高17.3cm　青瓷　1958年湖南省长沙出土　湖南省博物馆藏

前低后高的平顶冠或梁冠，穿长衣，或双手捧简，或双手持物，正是与洛阳晋俑群相同的以牛车、鞍马为中心的出行场景。与洛阳西晋墓相比，这座墓中缺少镇墓俑及家居庖厨俑等。陶俑雕塑技法，也是承袭着西晋俑的技法，颇显拙稚，系捏塑成形，再加刻划加工，有的陶俑表面遗留着明显的刀削痕迹，有些俑是双腿分裆制作，更多的立俑只是将下部制成喇叭筒形，缺乏细部描绘。陶俑都系灰陶，只在表面敷涂白粉，没有施彩。在南京地区另外的东晋时期的墓葬中，所出陶俑也大多以灰陶制成，但多为模制，基本造型也与象山东晋墓出土陶俑相近，立俑多是下部呈喇叭筒形，女俑尤其如此，都是直立拱手的姿态，只是头上发髻有些变化，有的呈扇形，有的盘成垂鬟花形。在西晋墓中常见的持盾俑，东晋墓中也时有发现，但与西晋俑不同处是都不披铠甲，也不戴兜鍪，而常是头戴小冠而身著袴褶。南京石门坎红毛山东晋墓出土的持盾俑，头结椎髻而微仰，左手高举盾牌，右手上扬，状态较为生动。[9] 东晋墓随葬的陶俑，一般体高20－30厘米，不超过40厘米，唯一的例外是南京市富贵山大墓出土的4件持盾立俑，体高达52.8厘米，塑制亦较精细，左手及所持盾牌与身躯分制，然后插合成整体，口唇涂朱红，盾面亦涂红彩。[10] 这几件体高而且塑制精致的陶俑，据说是东晋帝陵的随葬遗物，因在距富贵山大墓约400米处，曾发现过南朝时刘宋永初二年（公元421年）所立晋恭帝玄宫石碣。[11] 表明那一地区曾是晋皇陵的所在，所以超出一般陶俑高度且制工精致的大陶俑有可能是东晋帝陵的遗物，代表了东晋陶俑最高的艺术水平（图2－5）。

东晋以后，南朝——宋、齐、梁、陈四代的随葬俑群，仍然承继着东晋遗风，但面部造型随着社会上审美观念而转变，当刘宋明帝（公元465－472年在位）时期画家陆探微“秀骨清相”造型特征流行时，陶俑的面相也日渐趋向清瘦。南京西善桥刘宋晚期墓里出土的双鬟髻女俑可以代表这种风格的陶俑造型，[12] 头部与身躯的比例似略小，颧骨凸出，下颏削尖，嘴角微翘，形成神秘的微笑状，一副秀骨清相。但到公元6世纪初，梁天监年间（公元502－519年）画家张僧繇的画风流行，一改原来面如恨削的消瘦造型，趋于圆润，画史上称“张得其肉，陆得其骨”。[13] 于是俑的造型也随之改变，面相同样由过分消瘦改向“面短而艳”，即“张家样”

2–5 执盾俑
东晋　高52.8cm　陶　1956年江苏省南京出土　南京博物院藏

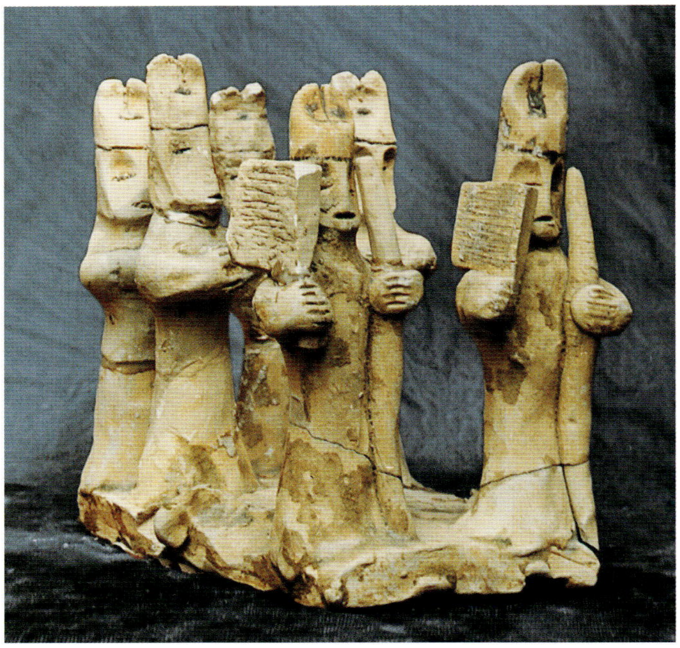

2–6 **武士侍从俑**
南朝　高13.5cm　瓷
1981年广西壮族自治区永福出土
永福县文物保管所藏

2–7 **甲骑具装俑**　十六国　37.5×35cm　陶
1953年陕西省西安出土　陕西历史博物馆藏

的造型样式。南京尧化门梁墓随葬的陶俑，面相已改圆润。[14] 燕子矶梁普通二年（公元521年）随葬的石俑，面相更显圆润。[15]

值得注意的是，自孙吴至西晋以来，在江南出现的具有地方特征的拙稚的陶俑造型，南朝时期仍有遗留，但其流行的地区已从武昌、长沙等地退至更为遥远的广西境内，以苍梧倒水和永福寿城清理的两座南朝墓的出土俑群最具特色，[16] 俑有陶质的也有青瓷质的，塑像的形象有下附托板的成队列持戟佩刀或击鼓的武士、骑马的高冠人物、坐在由两人杠抬的步辇上的人物、牛车模型等，组成以牛车、步辇为中心的行进行列。还有驱牛犁田的模型和作坊模型。这些俑的雕塑工艺虽显拙稚，却是反映南朝边远地区民族风习的雕塑作品（图2－6）。

十六国北朝俑

当东晋政权偏安江左时，长江以北的广大地区战乱不断，匈奴、鲜卑等族陆续进入中原一带，政权不断更变，形成“十六国”纷争的混乱局面。[17] 地方政权的割据，以及不同民族习俗的传入，严重地冲击汉晋以来的旧传统和礼俗，致使西晋王朝形成的规范的埋葬制度再度崩溃，各地各族的墓葬各具特色，西晋兴起的随葬俑群的规制又趋衰落，在东北、中原和西北等地区发掘的十六国时期的坟墓中，一般寻不到随葬俑群的踪影。[18] 只是在关中地区发掘的这一时期的坟墓中，仍然存在有随葬俑群，但其内容和造型特征都有新的变化。最典型的作品出土于陕西西安草厂坡1号墓中，那座墓内出土陶俑多达120件，与西晋时相比，只是缺少镇墓俑，其余三组内容都有保留，但是具体内

2–8 **镇墓俑**
北魏 高39.5cm 陶
1975年内蒙古自治区呼和浩特出土
内蒙古自治区博物馆藏

容和俑的形貌已有很大变化。[19] 在出行仪卫一组中，虽仍以牛车和鞍马为中心，但除一般的鞍马以外，还增添了一匹马身披“具装铠”（马铠）的战马，具装铠结构完整，包括保护马头部的“马面帘”、保护马颈的“鸡颈”、保护马胸的“当胸”、保护马躯体的“马身甲”和保护臀部的“搭后”，只是缺少竖在尻上的“寄生”，大约是另插上的附件，出土前已朽毁，因此除了马的耳、目、口、鼻和四肢外，全身都用铠甲防护。同时还有许多甲骑具装俑，模拟着人马都披铠甲的重装骑兵的形貌，以及骑马的军乐队——“鼓吹”，其中两人击鼓，两人吹长角。除骑兵外，还有许多模拟步兵的陶俑，有的佩带弓矢，有的披铠甲手执长柄兵器（可能是长矛，但均缺失，只在手部留有插兵器的孔），步兵也有步行的军乐队。全副武装的骑兵和步兵围护着为死者出行而备的牛车和鞍马，军事气氛浓厚，反映出十六国时战乱频繁的时代风貌。在侍仆舞俑中，增加了端坐弹琴与拍手高歌的女乐俑，盛装的侍女头上梳的垂鬟花形发髻与东晋墓中女俑相同，看来是当时南北各地都流行的时尚妆。表现庖厨的一组模型器，仍然沿袭西晋旧制，有陶猪、犬、鸡和井、灶等。陶俑的造型大致沿袭西晋，但更粗疏，马的四足只塑成直柱形，没有如实塑出马腿的膝关节和蹄足。人物形态也颇显呆板。但是自这时出现的军事气氛浓厚的甲骑具装俑造型，则是开风气之先，以后一直是北朝陶俑的特色之一（图2－7）。

当鲜卑族拓跋氏强盛，建立北魏王朝，终于统一

了北方以后，墓葬中的随葬俑群随之进入另一个发展的高潮。原本鲜卑族俗中是没有随葬俑群的传统的，只是随着拓跋氏政权的日益兴盛，统治区域日趋扩大，本民族的原有习俗和传统与汉晋礼制日渐结合，同时为了维护统治广大中国北方地区的需要，必然走向改变原有习俗的改革之路，于是出现了历史上著名的北魏孝文帝的迁都和改制。在孝文帝太和年间（公元477－499年）以前，北魏的葬俗已经在与汉晋传统礼制结合过程中不断变化，随葬俑群的出现也是这种变化之一。现在可以看到的北魏早期的陶俑，是在内蒙古自治区呼和浩特市的北魏墓中出土的，应是公元5世纪前半叶的作品。[20] 那座墓中随葬的陶俑共15件，还有牛车、鞍马和家畜家禽与庖厨用具模型。其中的镇墓俑体高比其余陶俑高约一倍，作甲胄武士形貌。出行仪仗虽仍以牛车和鞍马为中心，随侍有头戴风帽的侍从，但出现了骆驼和牵驼俑，它们是北魏时俑群增添的新内容。侍仆舞乐俑中，除男女侍仆以外，有一组由七人组成的坐姿乐队，可惜所持乐器都已缺失，在他们伴奏下一舞蹈者平展双袖，翩翩起舞。家畜有羊、猪和犬，家禽有鸡，庖厨用具模型有灶、磨、井、仓和碓。这些陶俑制作粗率，造型颇为拙稚，仅塑出人和动物的大轮廓，缺乏细部刻划。人像比例不调，有的头大而身躯矮小，特别是镇墓俑尤其如此，头长几乎占全高的三分之一，腿过短但手过大（图2－8）。一些陶塑动物，同样塑制得四肢粗大，与身躯不成比例，

2–9　甲胄装镇墓俑

北魏　高30.8cm　陶

1965年河南省洛阳元邵墓出土

洛阳博物馆藏

表明北魏陶俑初期形成时塑制工艺极不成熟。陶俑的服饰则显露出浓厚的鲜卑族风习，舞乐俑均高髻包巾，穿窄袖衣；牵马驼俑和侍从俑，多戴风帽或圆形小帽。这些都是北魏早期陶俑的造型特征。

随着鲜卑族的风习逐步汉化，孝文帝太和初年墓葬中随葬俑群的面貌已经有所改变，人物的形体各部位的比例关系已较准确，塑制工艺逐渐成熟，在山西大同石家寨，先后于延兴四年（公元474年）和太和八年（公元484年）入葬的司马金龙夫妇合葬墓出土的陶俑，可以作为代表作品。[21] 墓中随葬的墓俑总数超过360件，其中半数模拟的是披铠甲的步兵、不披铠甲的轻骑和人马披铠甲的甲骑具装，军事色彩颇显浓厚，它们和鞍马及牵马的马夫，还有驮负各种物品的马匹和骆驼，合组成盛大的出行行列。还有蹲坐姿态的人面兽体的镇墓兽，以及家内役使的侍仆、伎乐俑。家畜家禽模型除马和骆驼以外，有牛、羊、猪、犬和鸡。司马金龙是投向北魏的东晋皇族，[22] 他的家族深受北魏皇帝宠信，他生前袭爵琅琊王，死于太和八年，赠使持节侍中、镇西大将军、吏部尚书、羽真司空、翼州刺史，谥康王，是当时鲜卑族上层与汉族豪族互相结合的象征性人物。司马金龙墓中的随葬品同样显示着汉晋传统文化与鲜卑文化的结合，随葬俑群亦不例外。可以看出俑群总的组合与内容还是间接受到西晋俑制的影响。但是许多俑像的服饰和面相，又反映出鲜卑风习，如高鼻多须的面貌特征，以及衣服多窄袖，腰系带，又多戴风帽，妇女在高髻外再包巾类等等。还有俑群中大量甲骑具装俑和驮载重物的马、驼畜群，正显示着以重装骑兵——甲骑具装为主力兵种的鲜卑军队真实面貌，以及军队中辎重运输的特色，它们是一些模拟真实的写实雕塑作品。

当北魏迁都洛阳以后，孝文帝逐渐完成了汉化改革，埋葬制度也有了新的规范，墓内随葬俑群也随之改变面貌，以西晋时的四组内容为基础，将新出现的甲骑具装俑、骆驼模型等纳入规范，在俑的造型、服饰等方面也都呈现出新的面貌。此后，北魏墓葬随葬俑群的内容和造型大致如下：第一组镇墓俑，由兽形和人形各一对构成。兽形的一对，造型是昂首蹲坐的姿态，一件是人首兽体，另一件是狮首兽体，前肢肩后有火焰形状羽翼，背脊竖立三撮鬃毛。人形的一对，是甲胄武士形貌，头戴兜鍪，披两当铠，下著长裤，在膝下缚裤，左手按一长盾，右手执兵器，但因是后插上的，出土时都已朽毁，仅留手上的小孔，形貌威

2–10 **抱头童子坐俑** 北魏 高9.6cm 陶
1965年河南省洛阳元邵墓出土 洛阳博物馆藏

2–11 **侍卫俑**
北齐 高28.1cm 陶 1987年河北省磁县湾漳大墓出土
北京大学赛克勒考古与艺术博物馆藏

2–12 **甲骑具装俑**
北齐 高33cm 陶 1987年河北省磁县湾漳大墓出土
北京大学赛克勒考古与艺术博物馆藏

猛（图2–9）。这组镇墓俑的形体比墓中其余陶俑都高大，而且塑制得比其余陶俑精致。第二组是出行的仪卫，以牛车和鞍马为中心，围绕着数量庞大的步骑仪卫卤簿行列，包括骑马的鼓吹俑和甲骑具装俑，有步行的乐队和持盾、身背箭箙的步兵，戴笼冠或小冠的文吏，披风衣按剑的武士等等。其服饰除戎装甲胄外，既有笼冠褒衣博带的汉式官吏服色，也有袴褶胡服，以及鲜卑装的小帽风衣，融汇成一体，正如史书所记孝文帝改制后北魏是"胡风国俗，亲相糅乱"[23] 的真实反映。在仪卫行列最后还有随行负物的驴和骆驼。第三组为男女侍仆和乐舞俑，在仆俑中有卷发多须，深目高鼻的胡人面貌。第四组有坐地操作的女仆俑，手执箕、捧盆或抱婴儿。还有家畜家禽和井、灶等庖厨模型，与其他陶俑相比，这组俑和模型形体小而且制作颇粗劣。北魏的陶俑质地多为灰陶，以合模塑制，烧成后或施涂白粉，然后敷彩，不过出土时彩色保存完好的不多。

北魏晚期，陶俑的造型风格有了新变化，同样是因为受到南朝画坛新风的影响，人物面相由消瘦转向丰腴。最明显地表现出北魏洛阳接受南朝新风的雕塑作品，首推永宁寺塔基出土的泥塑。[24] 永宁寺是一座皇家修建的寺院，熙平元年（公元516年）魏孝明帝之母灵太后胡氏所立，在寺内筑九层木塔，其中的佛像雕塑大约塑于神龟二年（公元519年）八月以后不久。[25]

2–13　**舞蹈老人俑**
东魏　高29.8cm　陶　1979年河北省磁县茹茹公主墓出土
河北省邯郸地区文化馆藏

后来木塔于永熙三年（公元534年）二月因雷电引起大火被焚毁。现在从发掘该塔废墟中获得许多彩塑品的残件，多达1,560件，但无完整者。其中有许多原贴于壁面的影塑中的人物，因形体较小故保存稍好，有较完整的头像和几近完好的躯体部分。虽原为敷彩泥塑，但因经大火焚烧，现已坚固如陶质，但原妆銮色彩已严重褪变。这些人像已经脱去面如恨削的陆探微风格的造型，面相圆润，丰腴适度，眉目娇美，轮廓简洁，明显是接受南朝“张家样”新风后的塑像精品。[26] 以后洛阳北魏墓随葬俑群的造型均依永宁寺塑像仿南朝“张家样”风格，面相圆润适度，形体简洁丰壮。洛阳盘龙冢村建义元年（公元528年）葬常山文恭王元邵墓出土的陶俑群可视为代表，[27] 该墓虽早年遭盗掘，但清理时仍存百余件陶俑，为泥质灰陶，合模分制头和身躯后，插合成整体，再略加修整，烧成后先表施白粉，再敷朱彩以表现服饰、甲胄等细部。除甲胄装镇墓俑体高30.8厘米外，其余陶俑一般高16－23厘米之间。虽以立姿为主，但体态富有变化，衣纹简洁，线条明快流畅，面相圆润适度，仪态端庄。一些武士瞪目多须，

2–14　**按盾甲胄武士俑**
北齐　高63.5cm　陶
1980年山西省太原娄叡墓出土　山西省考古研究所藏

与永宁寺塔基出土影塑品造型极近似，只是塑工略逊于皇家寺院中的泥塑精品。出土的陶马、驴、骆驼形象写实，体态生动，与西晋及十六国时陶马造型拙稚粗劣极不相同，艺术水平有很大的提高。俑群中也有卷发虬髯，深目高鼻的胡人俑，特别是一件蹲坐的童子，身穿红色长袍，腰束带，下穿红裤，足蹬长筒靴，他右手抱头，左臂横置膝上，将头埋于两臂间，只露出满头卷发，姿态生动，是北魏俑中少见的作品（图2－10）。

当北魏分裂为东魏和西魏以后，东魏将都城由洛阳迁到邺（今河北省临漳县西南），[28] 原北魏的工匠画师也多由洛阳迁到邺，所以东魏的绘画雕塑艺术承袭着北魏晚期的传统，墓葬中随葬俑群的塑制同样沿袭着北魏晚期的样式，工艺精致，人物面相丰腴适度，身体各部位比例匀称，姿态亦较生动，衣纹流畅而简洁。同时俑的数量日渐膨胀，随着墓内死者身份的高下而增减，有的超过千件。[29]

2–15 **舞蹈老人俑**
北齐　高25.3cm　陶　1973年山西省寿阳厍狄洛墓出土
山西省考古研究所藏

2–16 **甲胄武士俑**
北周　18.2－19.2cm　陶　1983年宁夏回族自治区固原李贤墓出土
宁夏固原博物馆藏

2–17 **甲骑具装俑**
北周　17.5×17cm　陶
1983年宁夏回族自治区固原李贤墓出土　宁夏固原博物馆藏

北齐取代东魏以后，邺城一带北齐墓中随葬的陶俑，也仍然沿袭东魏的传统未变，著名的湾漳大墓出土的陶俑是最突出的代表，[30] 那座墓中出土的陶俑总数超过1,500件（图2－11、2－12），其中在墓葬的石门外两侧各置有一件形体高大的文吏俑，体高达1.42米，是目前在考古发掘中获得的身躯最高的北朝陶俑。在东魏至北齐陶俑中造型最生动的属一些表演舞蹈的俑，在东魏武定八年（公元550年）茹茹公主闾叱地连墓中有舞蹈女俑，高髻长裙，提左膝抬足起舞。湾漳大墓的舞蹈女俑，出土数量多达13件，多戴笼冠，面相娇好，穿交领广袖朱红衫，腰系朱红色长裙，轻舒广袖，翩然起舞，姿态优美。在茹茹公主闾叱地连墓中，还出土有头戴高帽的长须老人舞蹈俑，长衣垂地，姿态颇显生动，他的形貌恰与河南邓县南朝墓所出画像砖中的舞蹈老人相同。画像砖上老人身后随有一伴奏的乐队，演奏的乐器有腰鼓、钹和笙，或许表演的是梁代的上云乐舞。[31] 茹茹公主墓中的舞蹈老人俑，是该墓出土千余陶俑中造型最为生动的作品（图2－13）。

此外，在陶俑造型的细部描绘方面，这时也与北魏晚期有所不同，例如甲胄武士装镇墓俑所著铠甲，已由两当铠改为当时盛行的明光铠，所按长盾也由素面改为有中脊贴附狮子面图案的“金花狮子盾”（图2－14）。

在东魏—北齐时期，另一个政治中心地区是晋阳（今山西太原），那里是掌握东魏军政大权而后取代东魏建立北齐的高欢家族的根据地，晋阳一带墓葬内的随葬陶俑，虽然基本内容和造型与邺城地区相同，但是在细部造型方面仍有地方特色。陶俑面相更趋浑圆，下颚过于丰满，体型略显臃肿，腹胯圆鼓，下肢过短且细瘦，以致全身总体轮廓成中腰部凸出，近似直立的菱形。衣饰等细部装饰略显粗放而简略。最典型的作品是山西寿阳河清元年（公元562年）厍狄洛墓[32] 和太原武平元年（公元570年）娄叡墓[33] 的陶俑。在厍狄洛墓中也有舞姿生动的高帽老人俑，面相塑得更为传神，深目高鼻，嘴含笑意，颇具风采（图2－15）。

与东魏相对峙的西魏，都城在长安（今陕西西安），实际军政大权掌握在宇文氏家族手中，后来宇文氏取代了西魏而建立北周政权。西魏—北周墓葬随葬的陶俑，虽然也承袭着北魏晚期的传统，但是又有浓厚的地方色彩。在北周墓中，近年发掘了北周武帝宇文邕孝陵，[34] 这座陵墓坐落在陕西咸阳底张镇陈马村东南，陵墓曾遭严重盗扰，仅清理出残存的陶俑150余件，但已能通过它们了解北周陶俑制作工艺特点，以及其与东魏—北齐陶俑的不同之处。这些陶俑也是泥制灰陶质地，模塑而成，但除陶马等外，俑像很少合模塑制，立俑和骑在马上的骑俑都是以半模塑制，所以俑的背部都是扁平而无细部刻划，而且俑体都是实心。这种半模塑制的扁体陶俑，在东魏—北齐墓中是很难见到的。陶俑烧制成型后，同样是先涂白色，然后再敷彩。在具体造型方面，北周的镇墓兽虽也是一人面兽体一狮面兽体，但不是蹲坐姿态，而是四肢伏地的伏卧姿态。甲胄装的人形镇墓俑，也并不都是手按长盾的姿势，而都挺着凸出的大腹。陶马不论是鞍马还是甲骑，都塑得马头颇小，与身体比例不协调，而四腿极粗大，简直是四根柱子形态，造型手法拙稚而且缺乏神韵。通体来看，西魏—北周的陶俑艺术造型逊于东魏—北齐陶俑，工艺拙稚粗放，从中还可看到它们与原来关中十六国陶俑造型的承继关系（图2－16、2－17）。

北朝墓室石雕和石棺线刻

北朝的墓葬，早期主要由长斜坡土墓道、砖砌甬道和砖砌墓室构成，晚期在墓道和甬道间增设若干天井和过洞，而在壁面施绘彩色壁画，石雕作品罕见。考古发掘中获得的唯一的墓内有石雕的大型墓葬是山西大同方山北魏文明太皇太后冯氏的永固陵，[35] 始建于孝文帝太和五年（公元481年），太和十四年（公元490年）文明太皇太后入葬。永固陵前建有佛塔，将墓地和佛寺结合在一起，墓园布局富有佛教色彩。在墓内过道石门的门框浮雕下具龛柱的莲瓣形券面（图2－18）。两侧龛柱的雕饰精美，各浮雕一个手捧莲蕾面带笑容的赤足童子，体态丰腴，衣带飘飞，造型生动传神（图2－19）。童子下方，又各雕一口衔宝珠的长尾孔雀。石门墩雕成虎头状，造型浑厚有力。这组雕刻中的人物形象，可与同时期的云冈石窟中雕像相比，造型风格相同，虽也明显受到佛教艺术的影响，但仍是罕见的北魏时非佛教雕塑品，值得特别注意。

北朝墓中的另一些石雕艺术品，是墓内石棺床雕刻和石棺上的线雕画像。在大同司马金龙墓的后室西侧横置有一具石棺床，全长2.41米、宽1.33米、高0.51

2–18　永固陵墓门雕刻
北魏　182×159cm　石
1976年山西省大同方山出土　中国国家博物馆藏

2–19　永固陵墓门浮雕童子像
北魏　高37cm　石
1976年山西省大同方山出土　中国国家博物馆藏

2–20

孝子石棺线刻

北魏 62.5×223.5cm 石

河南省洛阳出土

美国堪萨斯市

纳尔逊·阿特金斯

美术馆藏

2–21 **宁懋石室** 北魏 石 河南省洛阳出土 美国波士顿美术博物馆藏

米。以六块浅灰色细砂岩石组成，前、后、左、右各一块，上面两块。前面即正面的一块下部雕出三个床足，上雕高浮雕托床力士，中间两身，左右两侧足上各雕一身。在三足之间雕水波纹壶门，其上以缠枝忍冬纹作边和地，中央空间雕伎乐及龙、虎、凤凰、金翅鸟、人头鸟等形象。其中乐伎共13人，中央一人是舞蹈者，两侧大致对称地排列着伴奏的乐队，所持乐器分别是琵琶、曲颈琵琶、排箫、箫、横笛、钹、鼓、细腰鼓等。雕刻精细，线条流畅，造型亦较生动。[36] 人物造型特征与同时期云冈石窟人物雕刻近似。在石棺床后侧原立有彩绘孝子烈女等故事的漆屏风，屏风下承以四件石雕屏础，因遭盗扰，四件石础一件残留在石棺床上，另三件散落在前后室间的甬道中，髹漆木屏板也散落其旁。石础也是以浅灰色细砂岩雕琢而成，下为方座，浮雕忍冬及伎乐童子，座上覆盆四周高浮雕蟠龙和山形，顶部雕宝装覆莲，莲心设洞以承插屏柱。其中两件在方座四角各雕立体伎乐童子像，分别演奏箪篥、鼓、琵琶等乐器和表演舞蹈。[37] 童子面容和造型都与方山永固陵石门龛柱浮雕童子相似，显示出北魏太和初年石刻艺术的时代风貌。

当北魏迁都洛阳以后，王公贵胄的坟墓多在邙山，历史上屡遭盗掘，曾出土过石雕的棺床，有的流于国外，现存洛阳的几件石棺床均不完整，但可看出其基本结构仍与司马金龙墓石棺床相同。近年在河南沁阳曾出土过一具较完整的北朝石棺床，长2.23米，宽1.12米，高0.51米，连尺寸也与司马金龙墓石棺床大致相同。床足雕刻则有些变化，中间足上多刻铺首，左右床足多刻神兽、力士或护法形象，足上横梁多刻龟背状菱形纹或壶门，饰以莲花、忍冬图案，其内分刻各种神禽异兽，以莲瓣、联珠等纹为边饰。[38] 类似的北朝石雕棺床，在美国波士顿美术馆也有收藏。

同时，在洛阳地区的北朝墓中，还有以石棺作为葬具的习俗，例如在南平王元暐墓中，曾清理出一具由六块磨光石板组成的石棺。[39] 据传过去在洛阳被盗掘出土的石棺不下十具，[40] 有的有精致的线雕画，其中现藏于美国堪萨斯市纳尔逊·阿特金斯美术馆的一具，在石棺两侧壁精雕孝子故事，每侧三组，各有榜题，一侧是“子舜”、“子郭巨”和“孝孙原穀”，另一侧是“子董永”、“子蔡顺”和“尉”（图2－20）。每组由一至三个画面绘出故事情节，中间隔以树木山石，隔而不断，构图又显生动，人物身体修长，面相秀俊，明显是接受南朝绘画风格影响的作品。此外洛阳古代石刻艺术馆存有一些带画像的石棺和石棺残件，特别是石棺盖保留较多，在盖的前额和后尾多雕正面的兽面图像，口中常横衔两端饰莲花的横杆。棺盖内侧所刻画像象征天空，常见日、月图像，银河和星座，还有蛇体的伏羲、女娲，或以手托日、月，或持规矩。

20世纪70年代又在洛阳市郊上窑村出土一具石棺，[41] 结构较完整，以青色石灰岩雕成，由盖、底、前挡、后挡和左右两侧壁以榫卯装配成棺，雕刻技法较特殊，先减地使形象浮出，再以阴线刻划细部。前挡左右雕戴小冠著两当铠按仪刀的门吏，上为一只朱雀。后挡雕三幅故事画，左右两幅不完整，中央一幅为孝孙原穀故事，因与全棺其余画像风格不同，看来系使用其他石棺所改制。左右两侧壁雕出飞仙引道的大龙大虎，龙虎身上亦有仙人乘骑。棺底雕人状怪兽及龙、虎、珍禽。石棺两侧的大龙大虎的造型风格，可以明显看出模仿南朝大墓中大虎大龙拼镶砖画，[42] 或许承继汉代

2–22　安伽墓棺床屏风石雕细部

北周　石　2000年陕西省西安安伽墓出土　陕西省考古研究所藏

龙虎仙人引领死者升仙之余脉。

最后还应提起一件石雕精品，就是现藏于美国波士顿美术馆的宁懋石室雕刻，据传说是自墓中出土的，但从形式上看，与石祠相同，推测应该是北魏时的石祠，所以很可能不是墓葬内的雕塑品（图2－21）。

在北齐和北周的坟墓中，也发现有石棺线雕画和棺床石屏雕刻。北齐的石棺线雕画，在山东青州市（原益都县）发现过，线雕内容有乘马出行、牛车、驮载物品的骆驼，还有向主人奉献宝物的画面，可惜墓葬早遭破坏，石棺已零散，经收集已不完整。[43]

北周墓中的石屏雕刻，发现于陕西省西安市炕底寨村，墓内死者是安伽，应为中亚“昭武九姓”中的安国人，曾担任管理旅居中国的胡商及袄教事务的萨保等官职，死于大象元年（公元579年）。[44] 在墓门的石刻门额上雕有袄教的火坛，两侧各有一只人身鹰足神鸟。墓室内安放石棺床，在床后和左右围有由11块青石组成的石屏风，每扇石屏上都浮雕图像，作上下两栏，内容有车马出行、狩猎、宴饮、乐舞等，图像上贴金敷彩，出土时金色鲜明，色彩仍极艳丽，是过去没有发现过的北周艺术精品（图2－22）。床沿和床足也都有雕像，图案显示出明显的西亚风格。

第二节　隋唐五代墓内雕塑

隋俑

公元581年，杨坚取代北周，建立隋朝。又过八年，隋军南渡长江灭陈。从西晋覆亡后长达272年的南北分裂局面结束，古代中国重归一统。于是全国各地的画师技工云集都城大兴城（唐改称长安，今陕西西安），不同地区不同风格的画家得以互相接触，有了交流技艺的机会，开始自是相互看不起对方，但经过不断接触就逐渐认识了对方的优点，能汲取对方的长处，[45] 促使画坛日趋繁荣。但是因为统一的隋朝只维持短暂的三十余年就在大业十四年（公元618年）覆亡，所以在绘画艺术上还来不及将各地区各种风格融汇出具有时代特征的画艺新风。与之相同，雕塑艺术也是如此，这清楚地表现于墓葬陶俑的艺术造型方面。

通过20世纪50年代以来在陕西、山西、河南等省发掘的隋墓资料，可以清晰地反映出隋王朝的统一过于短暂，新的礼仪制度尚欠稳定和完善，墓葬制度亦

2–23　骑马武士俑
隋　高29.5cm　陶　1980 年山西省太原斛律彻墓出土
陕西省考古研究所藏

2–24 侍吏俑

隋　高70cm　白瓷　1959年河南省安阳张盛墓出土
河南博物院藏

如此，汇合于不同地区的传统的随葬墓俑造型风格，还来不及融为一体，所以地域特色十分明显。在原北周疆域内的隋墓，随葬俑群的面貌一如北周，典型的作品是河南三门峡刘家渠隋开皇三年（公元583年）刘伟墓出土陶俑，[46] 其中两对镇墓俑造型与北周墓陶俑完全相同，兽形的一对是四肢匍匐于地的伏卧姿态，头稍上昂，背无鬃毛。骑俑所乘马四肢粗大如立柱形状，骑士身躯为半模塑，故后背平齐。而在原北齐疆域内的隋墓，随葬俑群又显示出浓厚的北齐风格。在河南安阳发掘的隋墓中，出土随葬陶俑明显承袭着北齐时期以邺城为中心的陶俑造型，例如小屯南地第103号仁寿三年（公元603年）墓出土陶俑，[47] 镇墓俑中的一对甲胄武士形貌是直立按盾身披明光铠的造型，兽形的一对是蹲坐而背竖鬃毛的造型，均是北齐的典型造型。同墓所出仪仗俑中，小冠袴褶及风帽披衣等俑的造型也如北齐。陶马、陶驼形态写实，四足膝关节及蹄、足均刻划精细，亦为北齐俑风格。至于太原地区的隋墓出土陶俑，则仍旧保持着原北齐以晋阳为中心的陶俑造型，典型的作品是太原沙沟村隋开皇十七年（公元597年）斛律彻墓出土的陶俑，[48] 那组随葬陶俑中的镇墓俑，甲胄武士形貌的仍是直立左手按金花狮子长盾，兽形的是背竖戟鬃形的蹲坐姿态。陶马四肢匀称写实，与北周陶马四肢粗大而比例不调的风格绝然不同。在北齐晋阳地区常见一种戴扁状卷沿平顶帽、衣上雕有尖叶状饰的骑士俑，如北齐娄叡墓曾出土过两件这样的陶骑俑，衣帽涂黑色，白裤、乌靴，骑红马。[49] 斛律彻墓陶俑中有造型完全相同的骑俑，只是衣帽的颜色改涂朱红而已（图2－23）。

2—25　僧人俑

隋　左高16.5cm　右高24cm　陶　1959年河南省安阳张盛墓出土　河南博物院藏

在隋朝都城大兴城附近发掘的隋墓中，人们可以看到更为有趣的现象，在那些墓葬中，随葬俑群的造型明显地带有北周和北齐两种风格生硬地混合在一起的痕迹。陕西省三原县双盛村隋开皇二年（公元582年）李和墓出土的随葬陶俑之中，镇墓俑中甲胄武士形貌的一对是身披明光铠手按狮子长盾，明显是北齐风格；仪卫俑中的甲骑具装俑，人体背后扁平，显然系半模塑制，马的四肢过粗而马头颇小，比例不调，又完全是北周风格；而骑俑中又可见到北齐晋阳地区特殊的戴扁状卷沿平顶帽、衣上雕有尖叶状饰的骑士俑。[50]上列陶俑造型雄辩地表明北周灭北齐到被隋朝取代，在政治、军事方面虽已归一统，但物质文化特别是雕塑造型等方面，还没有来得及融为新的具有时代特征的造型风格，而只是简单地汇聚在一起。

在论述隋墓随葬俑群造型时，特别应注意河南安阳发掘出土的隋开皇十五年（公元595年）张盛墓的随葬俑群。[51] 墓中出土有95件俑，除陶质外，还有罕见的瓷俑，特别是四件高度超过60厘米的瓷俑，都立于覆莲座上，两件文吏，两件武士，面相衣饰刻划细致，仪态端庄，是隋俑之精品（图2－24）。陶俑中虽有以牛车为中心的仪仗行列，但是北朝盛行的甲骑具装及持盾或背负矢箙的步兵等俑已消失，而表现室内生活的盛装女性俑和持物侍女俑的比重大增，数量超过俑群总数的五分之二。还出现两件一高一矮的僧人俑，一僧手中持有柄香炉，它们与瓷俑所踏覆莲座，都表露出浓厚的佛教色彩，更是其他隋墓俑群中罕见的例子

2–26 甲骑具装俑 唐 高24.9cm 青瓷
1978年四川省万县出土 四川省博物馆藏

2–27 千秋万岁俑 唐 高8cm 青瓷
1978年四川省万县出土 四川省博物馆藏

(图2－25)。另外一些值得注意的隋俑中新出现的造型，是在湖北、安徽、江苏等地隋墓随葬俑群中发现的人首鸟躯的“千秋万岁”俑，[52] 以及兽首袍服端坐的十二辰俑，[53] 但是在北方广大地区的隋墓中还寻不到它们的踪影。

唐俑

唐朝初年，墓葬制度仍然沿袭着隋朝旧制，墓内随葬的陶俑依然沿袭隋俑旧貌。在西安地区发掘的唐太宗贞观年间（公元627－649年）的墓葬中，出土的镇墓俑中，甲胄武士形貌的依然是直立左手按长盾的造型，甲骑具装俑尚时有出现，骑马鼓吹俑、女骑俑和仆侍仪仗等俑也维持隋俑原有造型。陕西三原焦村贞观五年（公元631年）淮安靖王李寿墓、[54] 礼泉陵光村贞观十七年（公元643年）长乐公主墓[55] 等出土陶俑，是这时期陶俑造型的代表作品。四川万县唐贞观年间墓中随葬的青瓷俑，[56] 则是代表当时具有地方特色的随葬俑群，以甲骑具装和骑马鼓吹为主体的出行队列，军事气息和传统气息都颇浓厚（图2－26)。骆驼造型奇特，可能是南方缺乏那种牲畜，所以匠师无法塑出写实的作品。南方隋墓中出现的“千秋万岁”俑和坐姿的兽首人体十二辰俑，在这组青瓷俑中也有，或许反映出当时四川地区与长江下游地区密切的物质文化联系（图2－27)。唐俑到唐高宗在位时期（公元650－683年）开始呈现出新的时代风貌，在艺术造型方面有了迅速地改变，隋俑旧风不复存在。现在以镇墓俑为例观察唐俑造型演变的轨迹。从北朝到隋，乃至到唐初，一直流行的甲胄武士直立左手按长盾的造型，至迟到公元664年被新的造型所取代，陕西礼泉马寨村麟德元年（公元664年）郑仁泰墓中的镇墓俑，[57] 已改为身披明光铠但不再手按长盾，虽然还是端立的姿态，但双足踏在山石座上。接着这样的造型又为更新的造型所取代，镇墓俑从普通的人间甲胄武士形貌，改变为类似佛教艺术中身披铠甲的天王形貌，足下踏一伏卧的兽，常常是一头卧牛。西安羊头镇总章元年（公元668年）李爽墓出土的镇墓俑已是这样的造型。[58] 随后天王状镇墓俑的体态从呆板的端立形状，改为一臂抬举另一臂叉腰，一腿曲膝一腿挺直地踏于小鬼身上，曲起的足常放在小鬼的肩膀上，姿态生动。足下蹬踏的小鬼，也塑出各种姿态，与负载的天王状镇墓俑相呼应，整体造型更显气韵生动。乾陵陪葬墓章怀太子李贤墓中出土的镇墓俑，已是这样的新的造型，那座墓埋葬的时间在公元706－711年。[59] 镇墓俑中兽形的一对，也同步发生着变化，郑仁泰墓的镇墓兽虽然还是背竖戟鬃的蹲坐姿态，但前肢两肩已经伸出火焰状的羽翼。到李爽墓时，镇墓兽的戟鬃消失，两肩羽翼外张，足踏山石座。李贤墓的镇墓兽头侧双耳翼张上翘，长角朝天伸展，人面的独角，兽面的双角，两肩羽翼增大似火焰状向两侧伸张，立于山石座上，其形貌已与北朝至隋朝时有明显的差异。同时俑群中出现了体高与天王状镇墓俑近同的盛装文官和武官俑，文官戴介帻，武官戴鹖冠。而在出行的行列之中，西晋以来一直是中心的牛车，这时已失去原享有的主要位置，而马具鲜明的骏马则成为人们注意的焦点，其造型也

2–28 骑马狩猎俑
唐　30.5×21cm　陶
1960年陕西省乾县永泰公主墓出土
陕西历史博物馆藏

2–29 甲骑具装俑
唐 高34cm 陶
1971年陕西省乾县懿德太子墓出土
陕西历史博物馆藏

日趋写实且姿态生动，摆脱了自西晋以来呆板的四足直立的姿态。大量出现的臂鹰携猎犬的出猎行列，反映出当时贵族的时尚（图2－28）。盛装的骑马的鼓吹乐队，头戴幞头、小冠、帷帽的骑从大量涌现，使出行的行列的气氛更为庄重而欢快。北朝时出行的队列中浓厚的军事色彩已经减退，只有部分卫士，也是身穿色彩鲜明的衣甲，应是模拟仪仗用的以绢锦制作的衣甲，而非实战的铠甲。只有懿德太子墓中还有甲骑具装俑，但模拟的是身著华丽彩绢甲、马面帘贴金的太子卤簿中的仪仗，并不是实战的重装骑兵（图2－29）。[60]所有这些变化，都开启了具有时代特征的唐俑新篇章，引导着这些专为随葬的雕塑品走向盛唐阶段将显示的艺术高峰。

显示唐俑将步入艺术高峰的另一个标志，是具有特色的三彩俑的出现。在章怀太子和懿德太子墓中已经出现了三彩的男、女立俑，还有三彩的镇墓俑，三彩马和牵马的马夫（图2－30）。说明高宗时期出现的这种烧制陶俑的新工艺，经武则天当政时的发展，这时

2–30 三彩马

唐 高79.5cm 陶彩釉 1971年陕西省乾县懿德太子墓出土 陕西历史博物馆藏

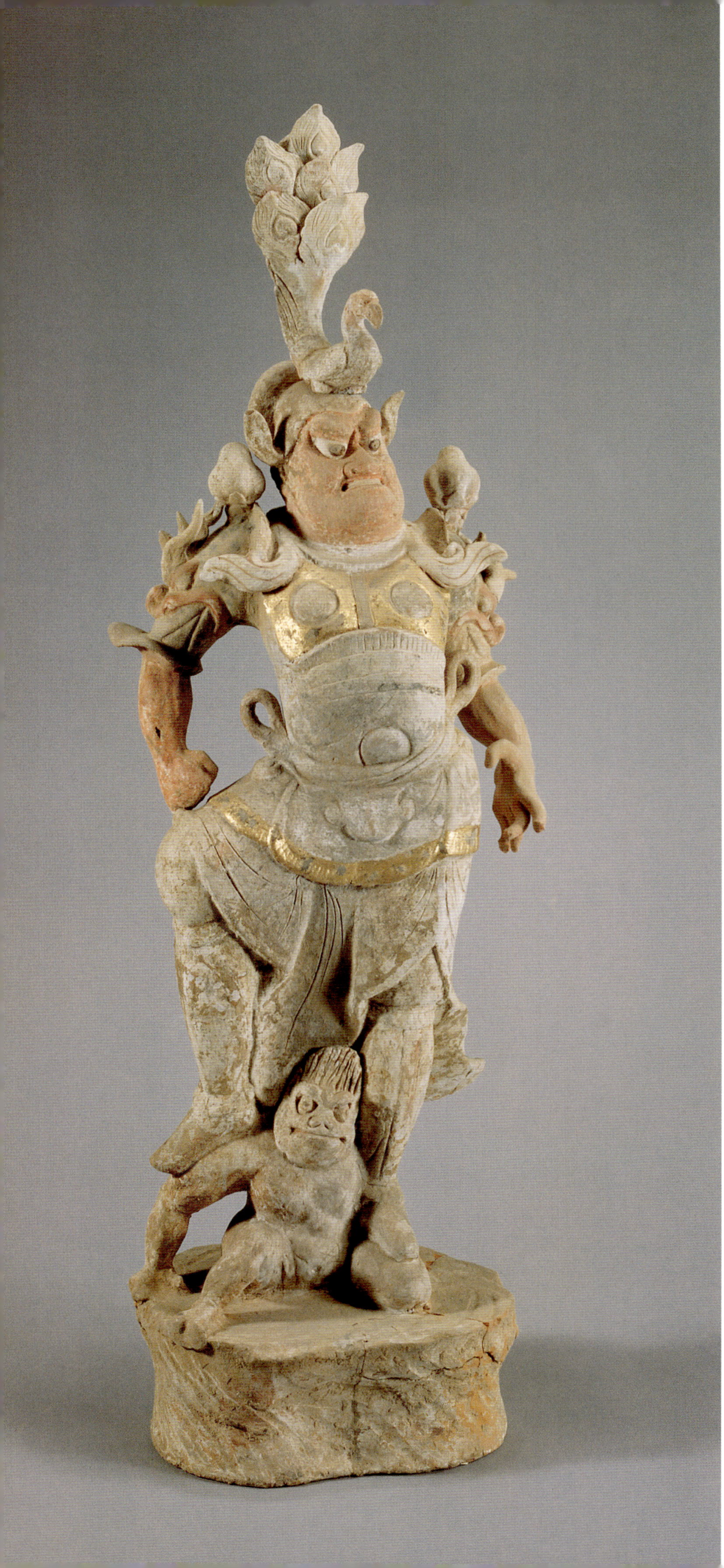

2–31　天王状镇墓俑

唐　高92cm　陶

1996年陕西省西安西郊出土

陕西省考古研究所藏

2–32 **三彩马和牵马俑**
唐　马高54.6cm　俑高39.8cm　陶彩釉　1957年陕西省西安鲜于庭诲墓出土　中国国家博物馆藏

已趋成熟。所谓“唐三彩”，[61] 系指利用低温烧成的一种釉彩多变化的特殊釉陶。它的胎土除了少数仍用普通陶土，烧成后胎呈红色外，大部分改用烧制瓷器的瓷土——高岭土，因此胎质较普通釉陶洁白细腻，其烧成温度比瓷器低，约在摄氏800－1100度，而瓷器的烧造则需摄氏1300度以上。与瓷器不同之处还在于它的釉色鲜艳但不透明，色彩以黄、绿、赭三色为主，这也是被俗称为“三彩”或“唐三彩”的原因。实际它的釉色并不止三种色彩，还有蓝、黑等色，这些色彩是利用不同金属呈色剂的特点及控制同一金属呈色剂的不同含量而获得的。

唐玄宗开元、天宝年间（公元713－756年），唐俑艺术达到高峰。俑像形体的塑造，追随当时社会风尚和审美情趣，日趋肥硕丰腴，特别是女俑，高髻长裙，体态肥硕，面容丰腴，显得雍容大度，显示出当时社会崇尚的贵妃杨玉环式的美感。人像造型写实，比例适度，轮廓曲线准确又富于变化，气韵生动，代表了唐代人物圆雕取得的成就。由于社会经济繁荣，王公百官崇尚厚葬之风，不断扩大俑群的规模和尺寸，相互攀比，愈演愈烈，客观上促进了唐俑艺术的发展，

2–33 **三彩骆驼载乐俑** 唐 驼高58.4cm 俑高25.1cm 陶彩釉
1957年陕西省西安鲜于庭诲墓出土 中国国家博物馆藏

2–34 **三彩骆驼载乐俑** 唐 56.2×41cm 陶彩釉
1959年陕西省西安中堡村出土 陕西历史博物馆藏

2—35　三彩马

唐　36×32.5cm　陶彩釉　1965年河南省洛阳关林出土　洛阳市文物工作队藏

2–36 **武士俑**

唐　高40.1cm　石　1958年陕西省西安　杨思勗墓出土　中国国家博物馆藏

在造型和工艺等方面都达到唐俑制作的最高峰。俑群的内容也比以前有了新的变化。形体硕大的一对镇墓俑和一对镇墓兽，装饰日趋华丽，姿态更加生动，镇墓兽已由蹲坐改为张牙舞爪的灵动形态，天王状的镇墓俑常在兜鍪上加增孔雀或凤凰等华饰，肩上还常塑出华美的兽首状披膊和肩头托出火焰宝珠（图2－31）。其中艺术造型最为生动的一组出土于西安韩森寨天宝四年（公元745年）雷君妻宋氏墓中，是体高1.1－1.42米的彩绘陶俑。[62] 从有关文献中也准确地知道它们的名字分别为当圹、当野、祖明、地轴，[63] 或认定其中天王状的一对是当圹和当野，兽形的一对是祖明和地轴。[64] 除镇墓俑以外，还有与它形体同样高大的文官武官俑。盛大的出行仪仗已经消失，这时俑群主要由盛装的侍女、声乐队、装饰华丽的骏马及马夫、载物的骆驼和牵驼人所组成，有时还有击马球的骑俑和表演杂技的俑，以及庭院建筑组合模型。这些俑以三彩制作为风尚，西安南河村开元十一年（公元723年）鲜于庭诲墓出土的一组三彩俑是典型代表（图2－32），[65] 其中还有一件罕见的骆驼载乐俑，骆驼驮载的舞台上坐着四个奏乐的乐工和一个绿衣长髯的胡人舞蹈者，构成气氛热烈的舞乐场景，曾被誉为“雕塑艺术和陶瓷技术相配合所产生的结晶”（图2－33）。[66] 类似的作品还曾在西安中堡村唐墓出土一件，[67] 它的形体比前一件略矮些，但所负载的舞乐人数反增至七人，六人奏乐，舞蹈者是一位头梳高髻的妙龄少女，也是极富想像力的陶塑佳作（图2－34）。

唐代的三彩俑除都城长安极为流行以外，东都洛阳也同样流行，虽艺术造型和烧造技术都略逊于长安，但也有许多长安三彩俑不见的创新之处，特别在釉色处理上更大胆，敢于突破原有模式。以骏马为例，长安三彩马都是写实的毛色，以黄、白等毛色为主。但洛阳出土的三彩马，除黄、白等通常毛色外，还有通体墨黑的黑马，更显神骏。不仅如此，甚至采用了自然界真马不曾有的毛色，出现过通体施蓝彩上加色斑的骏马，[68] 使观者耳目一新（图2－35）。公元755年安史之乱以后，两京地区工艺衰落，但是，江南一带如江苏扬州等地的唐墓中，反而流行随葬三彩俑。此外，甘肃、山西、辽宁、安徽、湖北、湖南等地唐墓中，也偶有三彩俑随葬，但其数量及制作技艺都远远无法与两京地区相比。

唐俑以陶俑（包括三彩俑）为主，但也有少量石雕俑，其中雕琢最为精美的两件戴幞头携兵器的士兵俑，出土于西安等驾坡村开元二十八年（公元740年）杨思勗墓中（图2－36）。[69] 安史之乱后，唐俑日趋衰落，后来还流行以陶质胸像，下接木体，外披绢衣的俑，更显华美，但木、绢易朽，留存的只剩半身胸像而已。同样的俑在新疆地区阿斯塔那墓群中也曾发现，那里也流行木雕的俑，上施彩绘，也颇精美，具有地域特色（图2－37）。

隋唐石棺椁线雕

隋唐时期墓室内的雕塑作品，除大量随葬的俑以外，还有墓室石门上的线雕画和石制棺椁的线雕。这些石刻作品多出土于皇室王族或高官的坟墓之中，又以都城长

2–37 天王状镇墓俑
唐　高86cm　木
1973年新疆维吾尔自治区吐鲁番阿斯塔那出土
新疆维吾尔自治区博物馆藏

安附近特别是各皇陵的陪葬墓中发现最多。

隋墓中的石棺，已发现两种不同的造型，一种是承继着北朝石棺的传统，在由六块石板组成的石棺表面用减地法和线刻各种图案，典型作品是陕西三原双盛村开皇二年（公元582年）李和墓中石棺，[70] 与北朝墓一样石棺安放在墓室西侧。石棺前挡刻出带锁的门扉，两侧各有一甲胄武士守卫，门上刻一只朱雀；后挡刻云气中的玄武；左右两侧壁分刻青龙和白虎，它们身上有仙人跨乘，龙虎之前各有四个手握仪刀的仪卫；棺盖刻纹极引人注意，居中纵列两行圆环，外围连珠纹内刻人面纹，每行各19个，其两侧分别刻人首鸟身像，似为“千秋万岁”，手托圆轮，它们下面各有衣带飘飞的飞天，各像周围满刻莲花、忍冬、流云等纹样为衬地。在盖的四侧又刻由外围连珠的圆环组成的边饰，各圆环内刻纹多样，以人面纹为多，间有象、虎、马等动物图像。棺盖外围的连珠圆环图案令人联想起波斯萨珊织锦的类似图案，表明它们应是受到西亚艺术影响的产物。此外，墓室石门扉及门框等都有线雕，在每扇门扉上刻出上下四列、每列五枚石门钉，以及一位守门的甲胄武士。门框下两侧各有蹲狮状石门墩。

2—38 **虞弘墓石椁内壁浮雕** 隋 96×66cm 石
1999年山西省太原虞弘墓出土
山西省考古研究所藏

另一种隋代石棺，以西安梁家庄隋大业四年（公元608年）李静训（李小孩）墓出土的为典型。[71] 这座墓的墓主虽是一年仅九岁的少女，但她是隋文帝长女杨丽华（北周宣帝皇后）的外孙女，所以墓室内立有青灰色岩石制成的石椁，椁内放置形制独特的殿堂形状石棺，由底部、四壁和顶盖组成，顶盖雕成歇山式屋顶，正脊两端雕出鸱尾，中央处雕宝珠，正壁雕出四柱三开间，柱头有斗拱，铺间用人字拱。中心间雕石门，每扇各刻上下五列、每列五枚门钉及一圆形铺首；两次间各雕出直棂窗。在门的两侧各线刻一女侍。梁、枋、立柱、斗拱均精雕线刻卷草花纹，窗下壁面雕青龙、朱雀等图像。原来石棺内壁有彩绘壁画，但已漫漶，仅见残痕，似有女侍、房屋、禽鸟、树木等图像，已无法复原。

在山西省太原市还发现过一件特殊的隋代殿堂形状的石棺（也有人称它为“石椁”），棺内所葬死者不是皇族或高官，而是一个侨居中国的中亚“鱼国”（目前学者还没有考证出鱼国的具体地址）人虞弘，他曾

2–39 李寿墓石椁

唐 220×355×185cm 石 1973年陕西省三原李寿墓出土 西安碑林博物馆藏

在北周时担任过管理外籍居民的“检校萨保府”的官职，葬于隋开皇十二年（公元592年）。[72] 石椁的形貌虽然是模拟中国三开间歇山顶殿堂建筑样式，然而棺壁内外浮雕的图像，则从构图到人物体貌都呈现出浓郁的异域风采，特别是许多图像都具有波斯萨珊艺术的特征（图2－38）。正壁宴饮图像中，男主人身著萨珊服饰。两侧为狩猎图像，狩猎者跨骑在单峰驼上射猎狮子，画面生动。在门下棺座上还雕出了两只人面神鸟夹侍的火坛，更是拜火的祆教象征。将虞弘石棺图像和前述北周安伽墓棺床石屏风画像联系起来观察，可以看到北朝至隋中亚诸国人来华居住生活和祆教在华流传的情况，是研究中外文化交流的重要实物史料。虞弘墓石棺浮雕图像上，原敷彩色和贴金都保存完好，更是罕见的隋代敷彩贴金石雕艺术精品。

西安地区的唐代皇室王族或高官的墓葬中，也有带线雕的石门和石椁不断被发掘出土。其中年代最早的作品是唐太宗贞观五年（公元631年）淮安靖王李寿墓，墓中石门的门楣浮雕大兽面，并贴金绘彩；两颊柱及门槛刻蔓草纹，石门墩雕成蹲狮。石门扉外侧浮雕朱雀，并贴金绘彩；内侧为阴线刻出的天王像。在墓室中沿东壁顺置歇山顶石椁，面阔三间，中心间装有可以开合的两扇石门，全椁以28块青石组成，全高2.2米。[73] 石棺外表浅浮雕并贴金绘彩，图像有四神、武卫、文武侍从、骑龙驾凤的仙人等（图2－39）。石椁内壁是精细的线雕图像，以阴线刻出，椁内西壁北部刻双环发髻舞伎三列六人（图2－40）。北壁坐姿女乐12

2–40 李寿墓石椁内壁乐舞图线雕（局部）
唐 石 1973年陕西省三原李寿墓出土
西安碑林博物馆藏

2–41 永泰公主墓石椁女侍图线雕
唐 石 1960年陕西省乾县永泰公主墓出土
乾陵博物馆藏

人，分为上下三列，演奏的乐器包括竖箜篌、五弦、琵琶、筝、笙、横笛、排箫、筚篥、钹、答腊鼓、腰鼓和贝。东壁刻立姿女乐12人，亦分三列，演奏的乐器包括排箫、大筚篥、钹、横笛、小筚篥、尺八（二件）、琵琶（二件）、五弦琵琶和竖箜篌。此外，椁内壁还刻有两幅手持各种生活用具的立姿侍女图，都各排成上下三列，一幅共18人，另一幅为20人，举凡游戏之弹弓、棋局、双陆局，坐卧的茵褥、隐囊、胡床、筌蹄、隐几，饮食用钵、杯、罐、瓶、碗、盘、炉等等。[74] 许多用具刻划精细，可以看出是来自异域的物品，如可能源于波斯萨珊、粟特、拜占庭等地的高足杯、兽角形杯、多曲长杯等等，极令人感兴趣。在石椁顶刻星相，石椁底周边刻十二时及十二生肖图像。从李寿墓石椁雕像上可以明显地看到北朝至隋的影响，它还是唐初新的墓葬制度未形成时的作品。

唐高宗以后唐代墓葬制度形成规范，使用石椁严格按死者身份而定，因此，只有身份特殊的懿德太子李重润、永泰公主李仙蕙和章怀太子李贤墓中，设有庑殿顶的石椁，其中懿德太子和永泰公主两墓都有“号墓为陵”的记载，表明他们的身份都在一般王爵之上。[75] 这三座墓中的石椁也是四柱三开间，中心间设门，两次间雕直棂窗，石椁上都有线刻人物图像，都是宫内的男女侍从，还有柱枋等处线雕华美的装饰图案。章怀太子石椁门楣刻莲纹和双朱雀，门扉刻门钉和内臣、侍女像各一身。[76] 懿德太子石椁门楣刻双凤鸟，门扉上所刻门钉，已成装饰性的六瓣花形，并刻有花形座铺首；左右门扉各刻一盛装女官，头上高冠左右各伸出凤钗，长衣束带，前胸显露，带侧垂饰玉佩，仪态端庄，服饰华美，在以前的唐代人物画像中没见过相同服式的作品。[77] 在三具石椁中，人像刻划得最为传神生动的是永泰公主石椁所刻女侍图像，椁室内外共刻有15幅，[78] 每幅一人或二人，共21人，多梳高髻，长裙大履，间有戴幞头著男装者，有的手执凤首壶、果盘、如意等用具，特别是刻于椁内壁西面北次间和北面东间的两像最为传神，前一女侍手持花束，低头嗅香，后一女侍双臂微扬手执披帛正欲披于肩上，动态自然，极富生活情趣，是唐代妇女肖像画的佳作（图2－41）。此外，还在陕西长安南里王村淮阳郡王韦泂墓[79] 和西安等驾坡村开元二年（公元740年）骠骑大将军虢国公杨思勗墓中，出土有庑殿顶的石椁，都属于受特殊恩宠的特例。[80] 韦泂因是唐中宗韦后的弟弟，所以破例用庑殿顶的石椁，椁上线雕内臣及女侍图像，均颇精美，近似永泰公主石椁线雕人像之气韵。杨思勗是唐玄宗时受宠信的宦官，曾屡总兵权，所以死后得以破例葬用石椁，但椁上线刻不如前述几件精美，直棂窗下刻的石狮图像，姿态还算生动。另一些战功卓著的唐代开国功臣的墓中也出土有石椁，但规制均低于前述永泰公主等石椁，一般为拱形顶，雕饰也较简单，如礼泉县马寨村麟德元年（公元664年）左武卫大将军郑仁泰墓石椁。[81] 在西安地区以外，只在山西省万荣县皇甫村发掘的薛儆墓中葬有石椁。薛儆葬于开元九年（公元721年），为唐睿宗鄎国长公主驸马，石椁亦四柱三开间，中心间门上雕二女侍，两次间雕直棂窗。椁室内外壁面亦线雕立姿女侍，共17人，其中有些女侍著男装，线条流畅，人物造型明显仿效都城长安风貌。[82]

在唐代，一般太子、公主墓中没有石椁，仅在墓门处设带有线雕的石门，门扉常刻文臣、武臣、内官等人像，门楣常雕朱雀、双龙等，颊柱等满刻缠枝花、云纹等，例如陕西蒲城县桥陵村开元二年（公元714年）惠庄太子墓[83] 和西安王家坟兴元元年（公元784年）唐安公主墓。[84] 而一般的正三品以上官员的坟墓中也常设有石门，其上的线雕图案主要也是文臣、武臣和男女侍，技法和造型都与太子、公主墓近似，但刻工技艺则略逊于前者，可以举出的作品很多，这里仅举三例：陕西礼泉马寨村显庆二年（公元657年）张士贵墓[85]石门东侧雕男侍，西侧雕女侍从。礼泉烟霞新村显庆四年（公元659年）尉迟敬德墓[86] 石门，一侧是正面端立双手握仪刀的文官像，头戴介帻，另一侧所雕人像却不是正面像而是侧立像，亦握仪刀。西安东郊天宝四年（公元745年）苏思勖墓[87] 石门，一侧雕执笏戴介帻文臣，另一侧为鹖冠握仪刀的武臣，形貌与同时期的文臣与武臣俑相同；门楣半圆形，线刻精美的双凤卷草纹。除都城长安以外，其他地区的唐代墓葬中也有线雕石门出土，例如宁夏固原地区唐墓曾多次发现刻有线雕的石门，如麟德元年（公元664年）史索岩夫妇墓和咸亨元年（公元670年）史诃耽夫妇墓。[88] 特别是在盐池发掘的一座唐墓中，在石门上雕出两个在圆毯上表演胡旋舞的胡装男子，[89] 使人们得以窥知当时胡旋舞的真实面貌。

五代墓内雕刻

公元907年唐朝覆亡，中国古代又重陷于分裂的局面，相继建立了许多割据一方的小朝廷，史称五代十国时期。[90] 20世纪40年代以来，五代十国时期十国中诸小朝廷的陵墓，已有不少被发掘，例如南唐李昪、李璟的两座陵墓，[91] 吴越钱元瓘及其家族的陵墓，[92] 前蜀王建的陵墓，[93] 后蜀孟知祥的陵墓，[94] 以及闽国王延钧夫人刘华墓。[95] 由于地域不同、制度各异，这些陵墓各带有地方色彩，但是由于时代相同，并且又都大致承继着唐代的传统，所以它们也有共同的特征，其形制与随葬俑群都既有共同之处又有相异之处。

在墓室结构方面，都承袭着唐陵多室结构的特点，一般是前、中、后三室，都由石材构筑。王建墓以红砂岩构筑全墓，孟知祥墓全用青石构筑，刘华墓用花岗石，南唐二陵为砖石结构，其中李昪墓后室也全用青色石灰岩造成。吴越钱元瓘墓用红色砂砾岩建石椁，其外再筑拱顶砖室。墓内雕刻情况则有所不同，但主要的题材还是一致的，有守卫墓门的甲胄武士、四神、十二时和天象图，还有一些仿木结构建筑的构件和石门等。南唐二陵中的浮雕，主要是李昪陵中室北壁门侧的两个甲胄武士和横额火焰宝珠两侧行龙图像（图2－42）。

2－42 **钦陵墓门石雕** 南唐 宽445cm 石
1950年江苏省南京牛首山李昪钦陵出土 南京市南唐二陵保管所藏

2–44　王建坐像

前蜀　高86cm　石
1943年四川省成都王建永陵出土
成都市王建墓博物馆藏

2–43　永陵棺床石雕

前蜀　84×745×335cm　石　1943年四川省成都王建永陵出土
成都市王建墓博物馆藏

武士为立像，戴兜鍪，披铠甲，铠甲边缘精细地刻出梅花纹，以模拟包甲缘的梅花纹锦，手按长剑，足踏云朵，体上尚存贴金和敷朱彩残痕，原来应是色彩鲜明的。雕刻虽然精细，但整体造型呆板，缺乏生气，无法与唐代雕塑的生动气韵相比。吴越钱氏家族诸墓中，石椁内壁上沿雕宽带牡丹花图案；中部雕青龙、白虎、朱雀、玄武等四神图像；下部雕十二时，是人形两手拱捧表示该时的动物形象，外刻尖楣龛形。在钱元瓘墓后室顶刻天象图，尚存贴金残迹，表明当年天象图贴金装饰。其夫人吴汉月墓室顶亦刻天象图，这些天象图虽然艺术性不强，但却是目前所知最具科学价值的中国古天文图之一。[96] 闽国刘华墓没有雕刻图像，石壁平素。前蜀王建和后蜀孟知祥墓中，石雕作品艺术水平最高的是石棺床的雕刻。

王建墓的石棺床长达7.45米、宽3.35米、高0.84米，位于中室正中偏后处，以红砂岩构筑，须弥座式，床面满铺一层珉玉板（图2－43）。须弥座上层方涩，东、南、西三面雕火焰宝珠、行龙和云气纹，北面仅刻云气。床身四面均刻出内有人物的壶门，其上有仰莲托方涩，其下是宝装覆莲，床脚刻莲花，最下是牙脚刻宝装覆莲。床身两侧各有壶门十个，前后两端各四个，共28个，每个壶门内均有雕刻，除后端四个壶门内为莲花外，其余均雕女伎，前端正中为二舞伎，其右为击拍板的女伎，左为弹琵琶的女伎，均坐姿。左侧十

2－45 王处直墓散乐图浮雕
五代·后唐 82×136×17－23cm 石 1995年河北省曲阳王处直墓出土 河北省文物研究所藏

个壶门内是坐姿奏乐的女伎，所奏乐器是篪、排箫、筝、筚篥、竖箜篌、吹叶、笙，贝、钹、羯鼓。右侧也是十个女伎，所奏乐器包括正鼓、齐鼓、和鼓、笛、筚篥、拍板、羯鼓、鞉牢、鸡娄鼓、答腊鼓、毛员鼓。这些舞乐伎面容圆润仍存唐塑余韵，发髻多变，姿态端庄而略有变化，原来雕像普遍敷彩，尚可看出皆红衣杏黄裙，衣领有红、绿、黄三色，十分艳美。这组有伴舞的庞大乐队，为我们展示出当时舞乐的真实风采。更为特殊的是围绕着棺床左右两侧有12尊半身神像圆雕，好像由地下探出半身于两侧扛抬棺床，个个雕得雄健威猛，身穿铠甲，一半束发，另一半戴兜鍪，样式各有变化，据考证是陵中的十二神，分别是腾蛇、朱雀、六合、勾陈、青龙、天后、太阴、玄武、太常、白虎、天空和天一。这种由十二神扛抬棺床的生动群雕，目前只在王建墓中发现，可视为当时前蜀独特的墓内雕塑作品。

王建墓中还有一处独特的地方，就是在后室安置有一尊全高86厘米的石雕王建像，面相写实，浓眉深目，隆鼻高颧，薄唇大耳，与文献中所记王建面容相近似。头戴幞头，展角特长，长袍，双手合于袖内，腰束大带，其形制与墓中出土玉质大带相同，足著靴，坐于半月形四足凳上。像上亦敷彩，黑幞头赤袍，带和靴为红色（图2－44）。像前原放置内藏白玉谥宝的漆木宝盝。这尊王建石造像，弥足珍贵，因为中国古代与西方各古代国家习俗不同，没有当年为帝王雕造纪念像并公开展示的做法，而王建墓中出土的王建石像，是前蜀时雕造，是目前发现的当年雕造的帝王像的唯一作品。

在后蜀孟知祥墓中，也有雕刻较精美的须弥座式样的大型石棺床，长5.1米，较王建墓棺床短，雕刻也不如前者华美，没有伎乐浮雕，也没有扛抬棺床的半身十二神像，只是在底座雕有裸身的力士，跪地以肩扛负棺床，其下承以覆莲座。在孟知祥墓的墓门两侧，与南唐李昪墓相同，各有一甲胄武士雕像。

不仅小朝廷的帝王墓中设雕饰精美的石棺床，其重要官吏的墓中也有设石棺床的。如后蜀乐安郡王孙汉韶、[97] 太子太师张虔钊的墓[98] 中都有石棺床，也作须弥座式样，角柱雕如孟知祥墓的跪地扛负状裸身力士，壶门中则雕各种神兽和动物图像，如麒麟、獬豸、狮、鹿、马、羊等，多是奔跑姿态，颇显生动。此外，在后蜀宋琳墓[99] 和高晖墓[100] 中，都葬有雕出四神图像的石棺，宋琳石棺棺床前端壶门中还雕出三个舞乐女伎，令人联想到王建墓棺床石雕。前蜀、后蜀时期墓中的精美石雕，可以反映出当时四川地区石雕艺术的水平。

五代时期墓葬雕刻中最值得注意的作品，还应属河北曲阳发掘的后唐同光二年（公元924年）北平王王处直墓中的两方汉白玉石奉侍、伎乐敷彩浮雕，[101] 它们嵌砌在后室东、西两壁前侧下方，由整块汉白玉石雕成，画面136×82厘米。西壁雕出女乐伎15人，为使乐伎面向墓内，故在画面上均向右方站立，最前为一著男装者引道，其前有两个舞蹈的小童，后面女乐分前后两列站立，均著长裙，有披帛，面相丰腴圆润，仍存唐代杨玉环类型美人之余韵，皆高髻簪花。两列乐伎所奏乐器，前列自前至后依次为竖箜篌、筝、曲颈琵琶、拍板、大鼓，竖箜篌及筝，都置于几案上，大鼓承以鼓架；后列为笙、方响、答腊鼓各一，筚篥、横笛各二，答腊鼓亦置于几案上，方响也有几案承托。

2–46 男舞俑 南唐 高46cm 陶
1950年江苏省南京牛首山李昪钦陵出土
北京故宫博物院藏

此图雕工精细，女乐像姿态生动，似按同一节奏动作，极具韵律感，使人观之如闻其声（图2－45）。东壁是奉侍的女侍，共14人，发髻服饰与西壁女乐近似，手中各持物品，如壶、托盏、方盒、羽扇等，也作前后两列，在最前面下方是一个小童，头梳双髻，双手捧盘口细颈瓶。综观两幅浮雕女像的形貌，颇似传世称为唐周昉作品的《簪花仕女图》中人物，具有颇高的艺术水平。王处直墓所在地曲阳，素以雕造汉白玉像著名，这两幅敷彩浮雕，以及该墓前室的嵌十二时神敷彩浮雕，当为当地所新创，它们也是后来北宋墓室壁面嵌着色雕砖人物的先声。[102]

五代十国俑

五代十国时墓葬中随葬俑群，各地情况不同。以江苏江宁牛首山南唐二陵中陶俑数量最多，虽遭盗扰严重，尚存陶俑和动物模型等超过200件。其中男女立俑共达190件，都是以含有砂质的黏土制胎，土中并掺有细草，头与身躯分别模制然后插合，再用刀修刻衣纹，入窑烧成后先涂白粉，然后敷彩。一般面部涂红粉，女俑唇上点朱，衣裙红色，上面有白色花朵遗痕，还在髻上绘有金属饰物，亦仅有遗痕。发现的男、女俑都是模拟宫内男女侍从、内官、卫士和舞伎的形貌，衣冠华美。内官和侍从多捧物，卫士著甲胄持小型的步盾，舞伎男女都有，还有舞蹈姿态的长须老人。形体颇丰腴，面容圆润，仍遵循盛唐陶俑造型之余韵，但又缺乏盛唐雄健生动的气势，也缺乏多变的造型风格，但形体轮廓曲线尚流畅自然，尤其是一些盛装的舞蹈女俑，颇显纤巧秀丽，但总感失之于柔弱（图2－46、2－47）。出土的陶动物，残存有马、骆驼、狮、狗、鸡和蛙，陶马和陶驼都是四肢蜷伏的卧姿，无复唐俑雄健之态。陶俑和马、驼显示出的这种时代风格，也应是南唐小朝廷政治军事柔弱在造型艺术方面的反映。除此之外，一些用以镇墓压邪的神怪俑也出现在南唐二陵中，如人首鱼身、人首蛇身、双人首蛇身等形体怪异的俑。这类俑虽然在山东的北朝墓中曾出现过，[103] 但中原及关中一带的北朝墓中却寻不到它们的踪迹。隋唐

2–47 女舞俑 南唐 高49cm 陶 1950年江苏省南京牛首山李昪钦陵出土 中国国家博物馆藏

2–48 **“开芳宴”砖雕壁画**
北宋　高约100cm　砖
1951年河南省禹县白沙1号宋墓出土

时两京地区也不见这类俑，只是山西唐墓中偶有出现，现在则出现在帝王陵墓中。在南唐二陵中人首鱼身俑共发现13件之多，有的戴道冠状帽。身躯两端各伸出一人首的俑，二陵中都有出土，应为“墓龙”。[104] 神怪俑的流行，表明十国时期政治形势动乱不定，阴阳堪舆之术随之日益风行，俑群内容由显示权贵身份为主，转而更重趋吉避凶，压邪镇墓。

除南唐二陵外，浙江的杭州、临安地区的吴越王陵墓，因盗扰严重，出土物极少，未见俑出土。只是苏州七子山发现的吴越广陵王钱元璙家族墓中，出土有陶俑和铜俑，表明吴越也还用俑随葬，都为男女侍仆俑，铜俑制工粗糙，陶俑塑制较精细，都是叉手或拱手端立姿态，面相亦显圆润，仍是唐俑遗风。在江苏邗江蔡庄发掘出据认为是十国中吴国的寻阳公主墓，[105] 出土木俑一组，除男女俑外，还有生肖及人首鱼身、人首蛇身等各种神怪俑，显然与南唐二陵近同。出土的有些木制女俑四肢可以活动，原穿有衣服。还有的高髻女俑脑后插有银饰，极为华美。濒于东南沿海的闽国陵墓中也随葬陶俑，福建福州莲花峰闽国第三主王延钧妻刘华墓中，残存陶俑超过40件，大多是直立姿态的男女侍从俑，有几件身躯高大的盛装女俑应为宫中女官。另外有一些神怪俑，有的人首龙身、有的人首鱼身，应为“墓龙”和“仪鱼”，还有戴风帽的扶杖老人，应为“蒿里老公”。[106] 另有四神俑，存龙、虎和朱雀，玄武只有龟头和蛇头残存下来。也有十二时俑，它们也是头和身躯分别模制后插合成整体，烧成后先施白粉后敷彩贴金，与南唐二陵出土陶俑相比，从塑工到造型都略逊。

在四川成都地区前蜀和后蜀的陵墓中，可能因盗掘缘故，没有发现以俑随葬，只是在前蜀王建墓的中室放置有铁铸的牛和猪，铁牛重达60公斤，应是沿袭晚唐时已出现的墓中放“金牛铁猪”以厌胜的习俗。但是在四川彭山后蜀宋琳墓和成都西村后蜀孙汉韶墓中都有俑随葬，两墓都葬于广政十八年（公元955年），表明五代十国时四川地区仍有以俑随葬的习俗。孙汉韶墓除男、女侍从俑及甲胄武士俑等外，还出土有一组陶塑建筑模型，包括照壁、阁、过厅、亭、假山、素面墙、假山形墙等，是颇罕见的十国时期陶塑艺术品。

第三节　宋至清代墓内雕塑

宋、金墓内砖雕和石雕

北宋的墓室砖雕，从北宋初就开始出现，先是只有简单的仿木建筑，例如，河北石家庄柏林庄宋墓已用砖砌出立柱和板门。[107] 大约公元11世纪初，墓室内的仿木砖雕就较为成熟，在河南郑州南关外，北宋至和三年（公元1056年）墓中，[108] 四壁已用砖砌出角柱，上托横枋，有柱头和补间斗拱，后壁砌出板门，门楣上还嵌有砖雕的十字花形门簪，门两侧砌出四斜球纹假窗。在左右两壁都砌出凸出壁面的砖雕家具，右壁为两张椅子中放一张桌子，桌面上还有砖雕的注碗等酒食器皿，右边椅后有高檠灯；左壁正中设衣架，架下嵌砖雕剪刀、尺、熨斗等物，衣架左有带锁小橱，上有砖雕笔架和砚台，衣架右是镜台，上放一长柄镜。前壁墓门两侧，砌出盆架和一个衣架的一端，墓门也有砖砌仿木结构。原来全墓先涂白色，然后施彩绘，柱、斗拱等仿木构处先施砖红地色，然后在斗拱及拱掩壁再用黑、红、绿、黄四色绘花卉图案。甬道两侧壁上还有人物马匹壁画，已漫漶不清。

更为成熟的作品，是河南禹县白沙北宋元符二年（公元1099年）赵大翁墓，[109] 那座墓有前后两座墓室，前室方形作宝盖式盝顶藻井，后室六角形作宝盖式截头八瓣攒尖顶，皆为砖雕仿木结构，斗拱已发展到五铺作重拱，彩绘精细艳丽。壁面彩绘壁画，是死者生前家居场景，前室墓主人夫妇对坐“开芳宴”画面中，椅、桌及桌上器皿是砖雕浮出壁画，与彩绘壁画结合在一起，使作品更具想像力，别有风趣（图2－48）。

在白沙的另一座仿木建筑砖雕墓中，还嵌有表演杂剧的砖雕，[110] 有两组，一组四人为杂剧，另一组七人为散乐，分别嵌在两壁之上。此外还有三块人物砖雕，一为牵马人和马，一为捧盒自板门走出的侍童，另一为手捧铜镜自板门走出的侍女。这组砖雕人物造型呆板，艺术水平不高。

在偃师酒流沟的另一座仿木建筑砖雕墓中，[111] 左右两壁是砖雕板门，后壁则嵌砌一列雕砖，共六块。右侧三块雕出的三位侍女，高髻长裙，一人拱手立，另两人在操作，其中一人正挽袖准备烹调桌上放的鲜鱼，桌前有上放着锅的火炉，造型生动，生活气息浓郁。左侧三块共雕出五人，其中一块雕有一人戴幞头，穿圆领长袍，双手展开一幅小立轴画，他应是正在表演正杂剧前的“艳段”，或“引首”。另一块上雕出两人，一人戴展角幞头，身穿圆领大袖袍，左手持笏，右手抚笏，正低头听另一戴东坡巾的人讲话；那人也穿圆领大袍，但将前襟掖起，右手捧一包袱，另一手指着后面那人，回首讲话；两人的神情、姿态都极生动，这应是“正杂剧”演出的场景，但不清楚演出的是什么剧目。第三块也雕出两个人，一个头戴软巾，穿长衫，敞怀露腹，下穿裤，裹腿穿袜，立着丁字步，左手托一鸟笼，笼内有鸟，他右手指鸟笼，向面前的另一人讲话；前面的人动作滑稽，他软巾诨裹，穿长衫，腰扎布带，口中含着右手的拇指和食指，正在吹口哨，双足也迈着丁字步，好像两人正按同一节拍扭动表演，姿态极为生动，据研究这是表演杂剧中的后散段——“杂扮”。[112] 这组砖雕不论是杂剧还是庖厨操作，都是宋代砖雕中艺术水平最高的作品。

在四川地区发现的宋墓中，有许多是带雕刻的石室墓，室内石雕仿木结构，又常在门旁刻武士，四壁刻四神，后壁刻妇人半启门，其主题雕刻仍是墓主人家居欢宴“开芳宴”的情景，也出现了孝子故事石刻。[113]

目前所知，四川华蓥南宋嘉定十四年（公元1221年）安丙家族墓雕刻最为精致，这组墓共有五座，都是券顶石室墓。[114] 墓内雕出仿木结构柱枋斗拱，守门甲胄武士、四神、伎乐，还有大量花卉图案。在安丙墓后壁正龛中刻安丙和其夫人的雕像，两侧壁则刻出执笏端立的属吏。

另一座石雕精美的是四川彭山的南宋宝庆二年（公元1226年）虞公著夫妇合葬墓，[115] 是一座同坟异穴墓，有两个并列的石墓室，西墓室中除甲胄执刀佩弓箭的守门武士和捧物女侍外，在左右两壁有两幅大型浮雕，一侧是备轿仪仗出行，另一侧是备酒备茶的画面，人物众多，场面颇大，是较成功的作品（图2－49、2－50）。在墓后壁龛中还有一幅少见的石刻，是山景图，崇山峻岭中有亭阁建筑，还有仙鹤和母子鹿出没其间。东室后壁也雕有类似的仙山图，山顶茂林中刻一洞室，室门顶上刻铭“蓬莱”二字，还有一长服长髯老人，面朝登山小路欲登山。整幅画向我们勾画出南宋人想

2–49 “备轿仪仗图”浮雕
南宋　108×97cm　石　1982年四川省彭山虞公著墓出土

2–50 “备茶酒图”浮雕
南宋　108×97cm　石　1982年四川省彭山虞公著墓出土

2–51 **砖雕戏台及杂剧俑**

金　戏台高101cm　砖

1959年山西省侯马

董氏兄弟墓出土

山西省考古研究所侯马工作站藏

像中的仙山胜景，也反映出当时人们企望死后升仙的憧憬。

中原地区北宋仿木建筑雕砖壁画墓的传统，为山西侯马、新绛、孝义等地的金墓所承袭，而且将壁画内容皆以砖雕形式表现，精细的砖雕布满全墓，令人目不暇接。[116] 最引人注目的是侯马大安二年（公元1210年）董氏兄弟墓。[117] 董玘坚傣墓是方形平面的单室八角形藻井墓，四壁砌满雕砖，显得繁缛华丽。后壁砖雕三间堂屋，中心间放置大曲足花桌，上面放置一大盆盛开的牡丹花。花桌两侧各摆桌椅，桌上放置盘果、瓶花、香炉，炉中香烟上飘。墓主人夫妇分坐桌后椅上。两次间各立屏风，并立有侍奉主人的小童小婢。东西侧壁均雕格子门，每壁六扇，障水板雕花卉人物，有的是孝子故事图像。前壁墓门两侧各雕一“镇宅狮子”。四壁上部皆砌垂花廊，廊上列斗拱。最引人感兴趣的是后壁正中两朵斗拱之间，砌出一座山花向前的小戏台，还在台上放置五个涂彩的杂剧砖俑，排成一列，正在作场。据研究，五个砖俑实为金院本中的五个角色，[118]对研究中国古代戏剧发展史提供了重要的形象史料，使人们得以看到金代戏剧演员化妆后走上舞台表演的真实情景（图2－51）。

宋至清代俑

五代以后，俑走向衰落，目前在中原地区发掘的北宋墓葬中，几乎不再以俑随葬，这大约是由于丧葬习俗改变所引致，当时以纸制作冥器最后焚烧的新习俗兴起，导致陶质冥器的使用日趋萎缩，墓中随葬的俑随之日益减少。但是也有一些特殊的例子。在河南方城发现两座北宋墓，分别坐落在毗邻的盐店庄[119]和金汤寨，[120]据墓内砖铭，它们是范致虚父母的坟墓，金汤寨墓是绍圣年间（公元1094－1098年）范父的墓，盐店庄墓是宣和年间（公元1119－1125年）范母彊氏的墓，埋葬时间大约相差四分之一个世纪。

两墓中都随葬有石雕俑和石雕家具模型，但金汤寨墓被盗扰较甚，只残存俑12件，有盛装女俑和双髻女侍俑，均立姿，足下还雕出方形台座。另外是8件仪卫俑，均男子，双手执伞等物品，在俑足下方座上还刻有"有宋范府君之导卫"、"有宋范府君之驭士"等铭文。石俑雕工精细，但姿态呆板。除俑外还有石龙、石鸡、石马残座，以及屏风、椅等家具模型。彊氏墓石俑保存较多，共30余件，也都是男女侍仆，以及持伞、杖等仪卫，均立姿，刻工不如金汤寨墓石俑，俑的姿态更呆板而缺乏生趣。此外，还有石麒麟和兽状十二时俑，以及石雕的轿和桌椅家具和香炉、砚、碗、壶等用具模型。

宋代的石雕俑，在东南沿海的福建省也多有发现。那里所以流行石雕俑，是因为福建生产寿山石，易于就地取材的缘故，与前述河南地区的石雕俑没有任何关系。在福州北郊胭脂山曾发现规模颇大的宋代石室墓，[121]墓内残存石俑34件，都是寿山石雕，石质多灰色，少数呈紫色，刻工颇精细。除了执笏的文吏、披甲胄的武士、持捧物品的仆从和舞伎以外，还有伏地卧拜的"伏听"和长须驼背的"蒿里老公"，以及"四神"中残存的白虎。闽侯怀安村的宋墓中，[122]也残存石俑46件，除文吏、武士、仆从外，还有人首蛇身的"墓龙"。福州猫头山发现的南宋朱著的异穴同坟墓中，[123]两个墓室内都随葬有石雕俑，除文吏、武士、仆从外，也有"蒿里老公"、伏听、四神（仅存玄武）等。福建宋墓除石雕俑外，也用大量的陶俑随葬。连江虎头山的两座墓中都随葬有陶俑，[124]共约40余件，有文吏、仆从，并有额头印有"王"字的十二时俑，袍服人形，拱手执笏，将代表龙虎动物的标记塑在冠顶。还有双头的"墓龙"、"蒿里老公"等俑。上述资料表明，宋时福建地区流行石雕俑，也使用陶俑，内容除文吏、武士、侍仆外，以四神、十二时俑和神煞俑为主。

同样流行四神、十二时俑和神煞俑的地区还有江西。在彭泽曹家垅庆历七年（公元1047年）刘宗墓中的壁龛和墓室内出土21件陶俑，[125]其中有双手抱动物的十二时俑、人首鱼身的"仪鱼"等，这些俑是用瓷土烧成的，所以胎质较一般陶俑细腻。江西地区流行瓷俑，这自然与当地盛产瓷器有关，特别在瓷都景德镇郊区的宋墓中不断发现瓷俑。舒家庄治平二年（公元1065年）史琳妻舒氏墓[126]中，出土素胎俑和影青釉俑，四神俑中除玄武为素胎外，朱雀、青龙、白虎均为影青瓷。墓中出土的十二时俑额刻"王"字，手捧各种象征性

2–52 **女俑**
南宋　高14cm　白瓷
1973年江西省景德镇查曾九墓出土　江西景德镇陶瓷展览馆藏

2–53 **髡发女俑**
辽　高51.5cm　陶　1986年北京市昌平出土
北京市昌平区文物管理所藏

的动物，“伏听”额上也刻“王”字，与甲胄武士状的“当圹”、“当野”，都是素胎烧成。此外墓中还出土有瓷轿模型，以及一件端坐在圈椅中的瓷俑，都是别处罕见的。

在景德镇市郊毛蓬店的另一座宋墓中，出土的俑是影青釉或影青釉下加酱彩釉，除四神十二时俑等外，还有“仪鱼”、“墓龙”等神煞俑，以及由四件男俑抬的瓷轿和由正厅、仓库等八件屋宇组成的建筑模型。

更值得注意的是江西发现的宋代瓷俑中，还有些可能与表演戏剧有关。在江西鄱阳南宋景定五年（公元1264年）洪子成夫妇合葬墓中，[127] 出土21件俑，服饰不同，形态各异，表情极为生动，有的欣喜，有的忧伤，有的抬头仰望，有的低首俯视，似在表演，但所表演的内容尚需探讨，因此被认为可能是模拟戏剧演员形态的作品。[128] 类似的俑在景德镇一带也曾出土过（图2－52）。

在北方，由契丹族建立的辽王朝统治区域的墓葬中，由于民族习俗不同，很少能够看到随葬的陶俑。只有北京昌平陈庄发现的一座辽墓中，[129] 在后壁放火葬后骨灰的龛旁，放置有两件高约0.5米的灰陶立俑，一男一女，作契丹装。最典型的是两人均髡发；女像髡发是保留着额发、鬓发、颅侧发和顶发，剃去颅顶四

2–54　女侍俑
元　高30.5cm　陶
1978年陕西省户县贺氏墓出土　陕西省户县文化馆藏

周和颅后部分头发，然后将顶发扭梳成蛇形髻，额发中分汇合鬓发分成左右两绺垂于耳侧（图2－53）；男像则髡去顶发，只保留鬓发分左右垂于耳后侧。过去有关契丹人髡发的形象材料，均来自绘画和壁画，这次获得的契丹髡发陶俑，是立体的圆雕作品，可以从各种视角看清契丹髡发，特别是妇女髡发的原貌，对了解契丹民族习俗提供了重要资料。

到了元朝，在陕西地区的元墓中又有陶俑随葬，但是，自五代至宋流行的神煞俑这时消失了，仍然恢复了传统的以车马出行和男女侍仆为主的造型，也有陶仓和家畜、家禽等模型。比较重要的发现，有陕西户县贺氏家族墓，[130]包括至大元年（公元1308年）贺仁杰墓和泰定四年（公元1327年）重葬的贺胜墓，还有西安曲江池西村至元二年（公元1265年）段继荣墓，[131]以及宝鸡的一座元墓。[132]陶俑的造型特点，是衣饰发式都改为元朝流行的式样，陶马也由唐代模拟的高大的中亚良马，改为体形低矮，短腿长鬃的蒙古马，鞍镫马具也改为蒙古样式。俑像造型颇呆板，无复唐俑那样富有生机，特别是宝鸡元墓的出土品，立姿最为呆板，比例亦不准确，显得头小颈细，但服饰发式刻划得颇为细致，可以看清当时武士、妇女发式的具体情况。但真实模写并不是艺术品，所以引出元俑的艺术水平不高的结论（图2－54)。不过陕西这些元墓的墓主，都是当时在元朝任高级官吏的汉族，贺胜官到左丞相，贺仁杰死时任光禄大夫、平章政事，商议陕西等处行中书省事，是重要的地方长官，段继荣官至京兆总管府奏差提领经历，所以他们的墓中都随葬陶俑。但是当时的统治民族蒙古族的墓中并不以俑随葬。而且目前只有陕西地区元朝汉人墓中出土有陶俑，其余地区的元墓中罕有发现。因此表明自汉唐以来大规模以俑随葬的习俗，这时已经衰落。

到明代，俑这种中国古代独特的用于随葬的造型艺术品，进一步走向衰微，但它还是帝王、皇族和高官显示身份地位的象征物。在明神宗朱翊钧的定陵中，[133] 玄宫后殿宝床的南北二端，有四个满装着木俑的木箱。后殿南端东壁下也放置有三个装着木俑的木箱，还另有一个木箱内装有木马，木马配有皮制鞍和有铜饰的马辔等。木俑所用木料有杨木、云杉、落叶松等，高度大约20厘米左右，均直立拱手姿态，原可能多达千件以上，发掘时尚完整的只有248件，据推测模拟的是宫廷内府当差的宦官和皂隶及内臣。皇帝陵墓中随葬的木俑制作如此草率，造型又呆板，也正标志着中国随葬用俑的制度的衰落。

明朝诸王的陵墓中，如山东邹县九龙山鲁荒王朱檀（死于洪武二十二年，公元1389年）墓[134] 和四川成

2–55 仪仗俑 明 高29cm 木
1970年山东省邹县朱檀墓出土 山东省博物馆藏

都永乐八年（公元1410年）蜀王世子朱悦燫墓皆出土陶俑，[135] 展示了明初诸王陵墓的用俑制度。

在鲁荒王朱檀墓中出土的木俑完整的共406件，还有24件木马和两辆木车。除两件守门的执金瓜甲胄武士外，主要是侍从和执各种仪仗什物的仪卫，以及乐队。多以松木雕成，所敷彩发掘时均已脱落，但还可看出帽、腰带、靴多涂黑色，它们雕刻精细，姿态亦显生动，连所执的兵器仪仗等都刻得精致如实（图2－55）。此外，还有各种家具及用具的木模型。

成都蜀王世子朱悦燫墓随葬的是釉陶俑，除少数遭移动破坏，绝大部分俑的位置并未移动，保存完整（图2－56）。釉陶俑的总数超过500件，在大门内前庭左右两厢，各站两个武士和三匹陶马（右厢缺一马）；正庭的左右两厢各排列三排仪仗俑，第一排是牵马俑，第二排是击锣鼓、捧画角和手执各种仪仗的俑，第三排是执弓盾和弓箭的武士；正庭的正殿门前是两列武士俑；中庭左右两厢排列的是各达150余件围绕陶象辂的仪仗俑（图2－57）；中庭正殿后，有四件俑抬着大鼓，另一俑执桴击鼓；中庭后殿台基上，又有四俑拱手侍立；后殿中室还有48件侍从俑。这组釉陶俑造型亦较呆板，姿态并不生动，但能如实地反映明朝初年亲王的仪仗制度，所以颇具史料价值。明代中叶以后，亲王用俑制度日渐变化，数量也日趋萎缩。江西南城嘉靖十九年（公元1540年）益端王朱祐槟墓[136] 和嘉靖三十六年（公元1557年）益庄王朱厚烨墓[137] 中，出土陶俑数量大减，前一墓中出土110件，后一墓中出土202件。陶俑造型也趋呆板。

一般明代官吏墓中，不再以俑随葬，但有一些特例，如河北阜城嘉靖十三年（公元1534年）廖纪墓，[138] 是由皇帝特命工部所营造，石棺的前方砌有明器随葬

2–56 朱悦燫墓出土现场 明 四川省成都凤凰山

2-57　象辂和仪仗俑

明　象辂70×78×34cm　俑高31cm　釉陶　1970年四川省成都凤凰山朱悦燫墓出土　四川省博物馆藏

坑，坑的前部纵列有两组以轿为中心的仪仗俑，分部表明为“兵部”和“吏部”。中室和后室放置有厅堂、卧室、厨房和各类生活用具模型，以及女侍俑等。廖纪墓陶俑造型也颇呆板而缺乏生动的气韵。这也预示着以俑随葬的习俗历经千余年后日渐衰微，这时已经接近其尽头。但也有一些例外的作品，例如上海市卢湾区发掘的大族潘氏墓群中，[139]就发现过雕工精巧的木家具模型和木俑。在万历十七年（公元1589年）潘允征墓中，其棺椁之间放置有45件木俑和大量家具模型，还有两顶木轿模型，其中一顶是暖轿，另一顶是显轿，都如实地模拟着实物，轿杠还包有铜包首。木俑中有两件分执“肃静”及“回避”文字牌，还有两件执伞盖。其余为乐队、隶役、侍吏、侍童和轿夫等。潘允征官阶很低，墓内却有精致的木俑，很可能带有地方色彩。

到清代已不再以俑随葬。目前考古发掘所获年代最迟的数量庞大的俑群，出土于广东大埔湖寮圩清初吴六奇墓中，[140]放于墓圹前端方箱内，分三格贮陶俑及家具模型等137件，制作于康熙（公元1662－1722年在位）初年，塑工拙劣，缺乏美感，只能充当研究当时社会风习的参考资料。

第二章　陵墓雕塑（下）
——神道雕塑（魏晋至清代）

第一节　魏晋南北朝陵墓神道石刻

曹魏时期，提倡薄葬，一反汉王朝厚葬之风，一切从简。究其原因，一方面是由于汉末动乱以来，战火不断，社会经济凋敝，无力大办丧事。另一方面是在战乱中为了获取军资，曾大规模掘开前代墓葬以获取随葬的金宝。以曹操军队为例，当时军中竟设置专门负责掘墓取财的“发丘中郎将”和“摸金校尉”等官员，连曹操本人也曾亲临掘坟，破棺裸尸，掠取金宝。[141] 所以曹氏父子当政后以此为鉴，认为汉世诸陵所以惨遭发掘，概由厚葬封树所致。因此曹操和曹丕死前都一再规定要薄葬，不封不树，使得改易朝代之后不知其处。曹操在公元205年下令禁厚葬，并禁立碑。到公元218年他又为自己后事预作安排，规定死后陵墓“不封不树”。[142] 曹丕称帝以后，仍遵循曹操薄葬主张，临死前规定他的陵墓不封不树，不造园邑，不立寝殿，不设神道。[143] 由于皇帝严令禁止，而且自己带头实行，所以禁令执行得相当彻底，于是东汉末年盛行的大修墓园、建神道雕刻、树碑立阙之风，到曹魏时皆遭禁绝。到目前为止，在田野考古调查和发掘中，确实没有发现过曹魏时曾存在神道雕刻的任何痕迹，而且没有探查到曹魏帝陵，特别是武帝曹操的“高陵”和文帝曹丕的“首阳陵”的具体位置，不但成为考古之谜，而且关于“曹操疑冢”的传说，成为历代小说家乐于铺衍的话题。[144]

2–58　韩寿墓表石柱残段
西晋　高113cm　洛阳古代艺术馆藏

建立西晋政权的司马氏家族，仍旧沿袭曹魏的薄葬传统，西晋帝陵仍是不封不树、墓而不坟，又无碑兽石刻等物，所以后世难知其具体位置，也成为今日考古学的难题。[145] 晋武帝还在公元276年再次下禁止建石兽碑表的诏令，规定凡没有遵守禁令私建者，皆当毁坏。[146]

到晋惠帝（公元290－306年在位）当政时，朝政

2–59　宋武帝刘裕初宁陵神兽

南朝·宋　256×318cm　石　江苏省南京江宁区

2–60　**萧宏墓神道石刻**
南朝 · 梁　石　江苏省南京尧化镇

2–61　**萧宏墓神道碑碑侧浮雕**
南朝 · 梁　石　江苏省南京尧化镇

腐败，禁立碑表的禁令有所松动，权臣贾充女婿韩寿墓前曾立有墓表石柱，现其残段存洛阳古代艺术馆（图2－58）。[147] 墓表石柱残段高113厘米，是石柱偏顶端的一段，上端还保留着安接柱顶盖的石榫，石柱体刻有纵凹楞纹，石表近方形，两侧均残，表上及表下石柱体上均刻出两周绳索纹。表文隶书，原为四行二十字，现存居中二行，原文应为“〔晋〕〔故〕〔散〕〔骑〕〔常〕侍骠骑将军南阳堵阳韩〔府〕〔君〕〔之〕〔神〕〔道〕”。柱体和方形墓表与北京市石景山上庄村发现的汉幽州书佐秦君神道石柱[148] 近似，可以看出韩寿墓表石柱的造型，仍沿袭着汉代墓表石柱的传统。除了韩寿墓表石柱残段外，还曾于1987年在河南省博爱县发现一件柱盖已失的西晋墓表神道石柱，[149] 现存方形柱座、柱体和方形石表，表文四行十二字，为“晋故乐安相河内口府君神道”。目前没有再发现过其他西晋的陵墓石刻，或许表明那两件石刻仅是违反禁令的特例。

公元311年，匈奴族刘曜的军队攻陷西晋都城洛阳，皇太子司马邺逃到长安即皇帝位，是为愍帝，公元316年刘曜又攻占长安，西晋王朝灭亡。西晋的琅琊王司马睿当时为镇东大将军，都督湘交广五州诸军事，镇建业（今江苏省南京市），是江南地区的最高军事长官，西晋王朝覆亡后，他就依靠南逃的世家大族结合原来江南的世家大族建立政权，史称东晋。东晋是沿袭西晋的政权，文物制度皆遵守西晋旧制，埋葬习俗和葬仪制度也同样沿袭着西晋旧制，仍循薄葬遗风，不设碑柱石兽。但是禁令渐渐松弛，在元帝大兴元年（公元318年）已有特准立碑的事。[150]

等到刘裕取代东晋建立宋朝后，设立神道石刻的制度重又恢复，但是从曹操建安十年（公元205年）到刘宋建国，不但相距已逾两个世纪，而且政权控制主要地域又由北方转移到江南，所以东汉旧制早已被人们所遗忘，再立神道石刻，特别是其艺术造型，只是凭回忆旧制而进行的重新创造。目前保留至今的刘宋时雕造的陵墓前神道石刻，只有石兽。在江宁县（今为南京市江宁区）麒麟镇麒麟铺宋武帝刘裕初宁陵和南京甘家巷南狮子冲宋文帝刘义隆长宁陵前，各有一对石兽（图2－59）。南齐时期，陵墓神道石刻趋于繁荣，主要集中在丹阳县境内，现存石雕仍以石兽为主。到梁朝时期，设立神道石刻之风更盛，除了帝陵外王侯墓前也盛行设置神道石刻，而且有的墓前至今保存由墓碑、墓表石柱和石兽的完整组合（图2－60、2－61、2－62）。到陈时南朝国势衰微，陵墓石刻也随之衰落，至今只在江宁上方镇陈武帝陈霸先万安陵和南京栖霞镇陈文帝陈蒨永宁陵前保留有一对石兽。

总计南京地区（包括江宁、句容、丹阳）现尚保存南朝陵墓前神道石刻31处，其中属于帝王陵墓的12处，属于王侯墓的19处，但是其中墓碑、墓表石柱和石兽组合均保存完好的并不多，有梁文帝萧顺之建陵（位于丹阳城东三城巷）、安成康王萧秀墓（位于南京尧化门甘家巷）和临川靖惠王萧宏墓（位于南京尧化镇）等三处，而且建陵石碑仅存碑座，萧宏墓一对石碑仅存一件，只有萧秀墓三组六件石刻组合保存完好（图2－63）。[151]

南朝陵墓石刻通常是在神道两侧对称依次安置石碑、墓表石柱和石兽，体量巨大，以石兽为例，体长和体高一般都近300厘米，极显雄伟壮观（图2－64、2－65、2－66）。石刻的艺术造型极具中国特色，石碑圆首并有圆穿，安放在巨大的龟趺背上，石龟四足伏地，伸颈昂首，双目圆睁而向外凸出，似在负载重碑

2–62 萧宏墓神兽 南朝·梁 284×320cm 石 江苏省南京尧化镇

后奋力抬身前行，沉稳中蕴藏着无穷潜力。墓表石柱源于中国古代标示道路的表柱，是墓前神道的标志，它与其他国家为了支撑建筑物的石柱从功能到艺术造型均无相同之处。柱面纵棱是模拟中国固有的积竹柱，因此上下都刻出束缚积竹的绳索纹。墓表仍沿袭汉代传统，大致呈方形，铭文竖行横列，多一侧表文正书，另一侧反书，内容标明朝代及死者官职姓名，铭文阴刻，字体为规范的楷书。柱顶托覆莲纹圆盖，盖顶心立一小石兽，其外貌和姿态全与神道石刻中大型石兽相同（图2－67）。柱下的石柱础，下为方座，上由双龙左右环转呈圆形，中央形成插立石柱的圆孔。墓表石柱整体造型稳定，雕饰精美，充分显示出陵墓庄重肃穆的氛围。

南朝陵墓神道石刻中目前保存数量最多的是石兽，宋、齐、梁、陈四朝均有实物保存至今，可以观察出它们的造型变化的规律。这些体量巨大的石兽，体积近9立方米，肩生羽翼，是一种人们想像出来的神兽，有人认为帝后陵前的神兽头上生角，应称天禄（鹿）和麒麟；王侯墓前的无角，可叫辟邪。由于它们前肢肩部雕有双翼，故此实是沿袭着战国、汉魏以来有翼

2–63 **萧秀墓神道石刻** 南朝·梁 石 江苏省南京甘家巷

2–64 陈文帝陈蒨永宁陵双角神兽 南朝 · 陈 313×319cm 石 江苏省南京栖霞镇

2–65 **陈文帝陈蒨永宁陵独角神兽** 南朝·陈 300×311cm 石 江苏省南京栖霞镇

2–66　萧景墓神兽　南朝·梁　350×380cm　石　江苏省南京栖霞镇

2–67　萧景墓神道柱

南朝·梁　柱围245cm　石　江苏省南京栖霞镇

神兽的传统。只要先去看一下战国时期中山王陵出土的错金银有翼神兽，就可以看出南朝陵墓石兽姿态的渊源，四肢微曲，四爪按地，挺胸昂首的态势，神韵一般无二，两者只是质料有不同，体量有大小，时代风格有所变化而已。以南朝石兽与两汉石兽相比，前者比西汉霍去病墓冢石雕的雕刻技法特别是镂雕技法，有极为明显的进步，与东汉时四川或河南发现的石雕神兽相比，也有相当大的突破，表明南朝时期大型立体雕像的技法已相当纯熟。这些体量巨大的神兽，伏在绿野中，昂首直对苍穹，更加令人感到它正在积聚全身力量即将腾飞，具有非凡气势。又由于雕造的时间先后不同，作品表现的气势随之变化。刘宋时期的神兽稍感简朴，更显浑厚自然；齐、梁的作品态势更为生动，而王侯墓前的神兽因兽体雕饰较少，故更觉简洁而蕴藏着无穷的潜力。到了陈代，国势日微，衰败之气自然反映到艺术作品上，所雕石兽的头颅颇大而向后仰，显得缩颈拱肩，无复过去那挺胸傲视的雄姿。而且神兽的四肢矮短无力，四足的趾爪上翘，不再具有原来按地而欲腾身飞跃的态势。它已经无法腾飞了，因为双肩刻出的翅膀过小，退化成一种附加的装饰品。如此疲弱乏力的巨兽，只得把那颇为硕大的趾爪翘起来，借以吓人，实足一副色厉内荏的姿态，似乎预示着王朝衰微乃至覆亡的恶运。

在大江以北，陵墓前的神道石刻则是另外一番景象。十六国时期，各个分立的政权的君主的陵墓，目前还没有经过认真的考古勘查，在西安碑林博物馆中，收藏的一件大夏时的石马（图2－68），可能是目前所知那一时期的石雕作品的代表，它的造型仍和西汉霍去病墓前足踏匈奴的立马近似，两前足和两后足之间没有镂雕。当北魏统一北方以后，逐渐注意皇帝陵园的建设，在都城平城（今山西省大同市）附近的方山，孝文帝为他的祖母文明太皇太后冯氏修建了陵墓——永固陵。据记载陵前曾建有永固堂，其前雕石为碑、兽，并建有“思远灵图”塔和二石阙。[152] 但现在除思远灵图塔基及一些建筑基址外，均已无存，因此不知当时石刻碑、兽等造型如何。

北魏迁都洛阳以后的皇帝陵墓，修建在城北邙山之上，目前经过考古发掘的只有宣武帝元恪（公元500－515年在位）景陵，[153] 1991年发掘时，在北距墓冢约10米的神道西侧，发现一件已伏倒的石雕像，可惜头已残失（现头部为后来补加的）。像为端立姿态，身穿广袖袍服，双手平举胸前拄剑，现连座残高289厘米（图2－69）。东侧相对位置原应也有同样的一件，但没有能保存下来。

此前在调查孝庄帝元子攸（公元528－530年在位）的静陵时，发现一件身高314厘米的石雕人像，笼冠袍服，双手于胸前握长剑，仪态端庄（图2－70）。[154] 但是都没有发现其他如石兽、石柱等石雕。

在河北省磁县湾漳发掘的北朝晚期大墓，应是北齐时的帝陵，在墓冢南也保留有一件石雕人像，[155] 但是也没有发现其他石刻。因此可以说明，北朝陵墓前神道石刻应以石人像为主，这与南朝陵墓神道石刻缺乏人像有明显区别。

第二节　唐朝陵墓神道石刻

公元618年李渊建立唐朝，中国历史翻到新的一页，迎来了文化艺术空前繁荣的新时期。在此以前隋朝取代北周，又南下灭陈，古代中国重归统一。但是隋朝的统治十分短暂，灭陈后不足30年就在各地人民起义中覆亡，目前没有遗留下隋朝帝陵神道石刻的资料。

与隋朝统治时间短暂不同，唐朝统治的时间长达289年，曾为各位皇帝都修建过豪华的陵墓，目前在陕西省的乾县、礼泉、泾阳、三原、富平和蒲城六县，由西向东分布有18座唐代陵墓，习惯称为“关中唐十八陵”。按时间先后它们是高祖李渊的献陵、太宗李世民的昭陵、高宗李治和女皇武则天合葬的乾陵、中宗李显的定陵、睿宗李旦的桥陵、玄宗李隆基的泰陵、肃宗李亨的建陵、代宗李豫的元陵、德宗李适的崇陵、顺宗李诵的丰陵、宪宗李纯的景陵、穆宗李恒的光陵、敬宗李湛的庄陵、文宗李昂的章陵、武宗李炎的端陵、宣宗李忱的贞陵、懿宗李漼的简陵和僖宗李儇的靖陵，每个陵前的神道石刻大部分保存完好。[156] 此外在咸阳陈家村，还有武则天为她母亲杨氏修筑的顺陵，也保存有陵前的石刻。[157] 除陕西省外，在河南省偃师县缑氏镇保存有死后谥为孝敬帝的李弘的恭陵，陵前石刻也大致保存完好。[158] 这些气势磅礴、规模宏大的陵墓，除少数构筑巨大的覆斗形封土墓冢外，其余的都是依山为陵，它们都构筑有宏大的陵园，并且有成组合的陵墓石刻。石刻主要布置在神道两旁，数量大而且题材多样，还在四神门外设狮子等石刻，形成庄严、威猛的氛围，是唐代的纪念性大型组合石雕艺术的代表作品。此外，陪葬在这些帝陵附近的皇族和大臣的墓葬前面也有神道石刻，但规制远比帝陵为低，数量少而且雕造也不如帝陵精美。例如陪葬乾陵的永泰公主李仙蕙墓前原存有二件石狮、四件武臣、二件石柱，基本造型近于乾陵石刻。[159]

唐陵石刻经历了初创、成熟、延续和衰微四个阶段。其艺术造型也由雄浑，转向庄重，接着陷入呆滞的程式化，终至粗疏委顿，失去艺术光彩。这也正反映着公元7世纪初叶唐王朝从战火中诞生，发展成长，终成当时世界东方最兴盛的帝国，安史之乱（公元755－763年）后每况愈下，终至衰微、覆亡的历史进程。

唐朝陵墓石刻的初创阶段，艺术造型呈现出一往无前的雄浑气势，代表作品是唐太宗李世民的昭陵的石刻群，主要是由他生前指示雕刻的“昭陵六骏”。那六匹意态雄杰的战马，将人们带回隋末唐初历次重大战斗的战场，当时主帅李世民跨骑着它们冒着敌方的矢石，冲锋陷阵，谱写了一首首英雄的诗篇。“昭陵六骏”是六块巨大的矩形画面的浮雕作品，每块雕出一匹战马，或行走，或奔驰，姿态各异，形貌写实，连马的装饰和马具也刻划得细致准确，有的马身上还带着箭伤。这六匹骏马的名字分别是飒露紫、拳毛䯄、白蹄乌、特勒骠、青骓和什伐赤，仅只飒露紫雕作中箭受伤后静止伫立的姿态，前面雕有人像，是一位身披铠甲、战袍的将军邱行恭正在为它拔箭，表现征讨王世充时会战邙山的情景（图2－71）。[160] “昭陵六骏”是一组成功的纪念性或纪功性的石雕作品，用以纪念和颂扬唐太宗李世民的丰功伟绩。但是与西方艺术中称颂英雄的纪念雕塑作品不同，英雄本人的形象并没有出现，不过从他所骑乘的战马的雄姿，人们时时都感到英雄的存在，这也正是东方艺术强调含蓄和象征手法的成功杰作，毫无夸张及霸气之感。也可以认为这还是承袭着西汉霍去病墓冢上石雕的传统，以战马

2–68 马
十六国 · 夏　225 × 220cm　石　陕西省长安查家寨出土　西安碑林博物馆藏

雄姿象征英雄伟业。最令人遗憾的是，在20世纪初，这组石雕被从昭陵原址盗劫，并为了得以盗运出国而均被砸成数段，虽经国人努力，终有四件被截回，现经修复陈列于西安的碑林博物馆，但是二件最精美的作品，包括邱行恭为飒露紫拔箭的雕像仍被劫出国外，[161] 至今昭陵前原陈六骏石刻处仅存部分残石座。

比"昭陵六骏"雕造时间更早的唐陵石刻作品，还有唐高祖李渊的献陵的石刻，以及李渊于武德元年将他祖父李虎墓改称永康陵后，所建的石刻。永康陵前的石狮——呈蹲坐姿态，它的外貌还明显具有北朝石刻遗风。[162] 唐高祖李渊的献陵陵园四门原各放置有一对石虎，南面神道又安放有一对石犀牛和一对石柱。石虎和石犀牛都是立姿，外轮廓简洁概括，略觉拙朴，但气势雄浑（图2－72）。[163] 石柱为八棱柱体，上托圆盖，盖顶心立一蹲狮。可以看出立姿石兽和有蹲狮圆盖的多棱石柱，都似与南朝陵墓石雕有渊源关系，但虎与犀牛都是写实的动物，又与南朝神兽有别。表明唐初陵墓石刻在较多地接受南北朝以来传统的基础上，

2–69 **宣武帝元恪景陵侍臣像**
北魏　残高289cm　石
河南省洛阳邙山出土

2–70 **孝庄帝元子攸静陵侍臣像**
北魏　高314cm　石
河南省洛阳邙山出土　洛阳古代艺术馆藏

2–71 **太宗李世民昭陵六骏之一飒露紫**
唐　176×207cm　石　陕西省礼泉九峻山　美国费城宾夕法尼亚大学艺术馆藏

2-72 高祖李渊献陵犀牛
唐　230×300cm　石　陕西省三原　西安碑林博物馆藏

有新的突破，但还没有创立出新的制度和时代风格。所以献陵和昭陵以后诸唐陵，再也没有“昭陵六骏”那样的巨型浮雕，也没有献陵那样风格浑朴的虎和犀牛，门旁的石虎都由石狮所取代。至于负责设计和营建献陵和昭陵的官员，据《旧唐书·阎立德传》记载，正是阎立德这位著名画家，他曾因修建唐高祖李渊的陵墓有功，被任命为“将作大匠”，贞观十年（公元636年），他又受命去营建昭陵。所以唐陵石刻初创期呈现的雄浑气势，应与这位艺术家的艺术风格和创作思想密不可分。

代表唐朝陵墓石雕的成熟阶段的作品，是乾陵的石刻群，那座依山构建的陵墓内，埋葬的是高宗李治和曾改国号为周的女皇帝武则天。在陵园的四门各立一对石狮，还在北门安放有六匹石马。主要的石刻在神道的两侧夹道排列，面朝神道，左右对称（图2-73）。自双阙以后，依次排列着石柱、翼马和鸵鸟各一对，仗马和控马者五对（图2-74），石人十对（图2-75）和石碑二通（无字碑和述圣记碑）。除此以外，还安置有“蕃臣曾侍轩禁者”石像61尊（图2-76）。

如将乾陵石刻与献陵、昭陵相比，已经看不到像昭陵六骏那样既形貌写实，而又体态灵动变化自如的造型手法，更无献陵石刻的拙朴雄浑的造型特色。开始采用统一规范的手法，对同类题材的石刻造型，选取最显端庄严肃的形态，如以石马造型为例，鞍辔齐备的仗马，四肢端直地俯首伫立，驯顺安详。再配上肃立的控马者，更显端庄。五对同样姿态的仗马和控马者依次排列，制造出更为规整严肃的氛围。十对石人像，更是冠袍整齐，双手拱于腹前下拄长剑，端然肃立。至于那61尊蕃臣像，同样是端然肃立地分为左右两组行列齐整。将这些石人马，以及矗立的石柱和巨碑组合在一起，显得庄严、肃穆、冷峻、威猛，呈现出稳定、永恒的美感，汇聚成为一曲对兴盛的唐王朝皇帝的颂歌。

虽然乾陵石刻与昭陵石刻相比，缺乏昭陵六骏生动的造型，以及所显示的创业者的战斗精神，但是具有稳定而严整的造型，着重细部刻划，更能反映出皇权的尊严，也还显示着王朝兴盛时的风貌。特别是那一对肩生双翼的神马，昂首伫立，仰视天穹，似将振羽奋飞，更具有腾跃云天的气势（图2－77）。

上元二年（公元675年）修建的恭陵，神道石刻约略与乾陵同时或略早，造型风格近似乾陵石刻，但规制较小且姿态略显呆滞，翼马和狮子更缺乏动感。石柱的形制已与献陵石柱不同，去掉类似南朝石柱的立狮圆盖，改为宝珠状莲蕾，显得雍容华美，乾陵的石柱也是同样的形制，此后成为唐陵石柱的定制。乾陵石刻的规制，为后来唐陵石刻所仿效，特别是中宗李显的定陵和睿宗李旦的桥陵，陵墓石刻大致保持着和乾陵石刻近同的风采，同属唐陵石刻成熟阶段的作品（图2－78）。按照规制组合的石刻，与陵园建筑群，以及宏大的山陵相呼应，共同形成肃穆、庄严、神圣的气氛。

唐玄宗天宝（公元742－756年）末年发生了“安史之乱”，此后唐陵石刻进入延续阶段。因为唐王朝政治、经济日趋衰落，虽然还有能力继续维持皇陵的修筑，但是已无法与修筑乾陵时相比，整个社会丧失了蓬勃向上的气势，陵墓石刻随之渐失风采，但尚能延续成熟阶段形成的规制。玄宗李隆基的泰陵、肃宗李亨的建陵、代宗李豫的元陵、德宗李适的崇陵、顺宗李诵的丰陵、宪宗李纯的景陵、穆宗李恒的光陵和敬宗李湛的庄陵等八陵的石刻，都是延续阶段的作品。一般说来，随着时间的推移，这一阶段陵墓石刻的制作日趋粗疏，石刻造型日显体态无力，雕刻线条松散，渐失唐陵石刻原有的雄伟风格。

晚唐的五座陵墓，即文宗李昂的章陵、武宗李炎的端陵、宣宗李忱的贞陵、懿宗李漼的简陵和僖宗李儇的靖陵，虽然仍保持着陵前石刻群的设置，但体姿已瘦小，雕工更粗率，显示出衰微破败的气氛，可算是唐陵石刻的衰微阶段，尽失原来的艺术风采。

当我们回顾了唐朝陵墓石刻的发展历程和艺术特色以后，自然想知道这些成组的石刻是由哪些人雕刻的。因为古代中国负责具体雕刻的人，是当时身份低下的匠人，所以没有人会将他们的名字记入史书之中，以致他们的名字在今天多不可考。通过对唐朝陵墓石刻实物的细致观察，终于在唐高祖李渊的献陵的一件石虎上，发现留有题铭，为“武德拾年九月十一日石匠小汤二记”。这位“小汤二”，是唯一留下名字的唐陵石刻艺术的作者。[164]

最后还应说明，唐代的大型成组雕塑品除唐陵石刻外，只有1988－1991年在山西省永济县唐蒲津渡遗址黄河滩涂中出土的铁人和铁牛，从气势和作品体量上

2–73 **乾陵神道石刻** 乾陵位于陕西省乾县梁山，为唐高宗李治及皇后武则天的合葬墓。

2–74 **乾陵石刻仗马与控马官** 唐 马高190cm 控马官残高133cm 石 陕西省乾县梁山

2—75 **乾陵侍臣像** 唐 通坐高410cm 石 陕西省乾县梁山

2–76　**乾陵蕃使像**　唐　残高142–160cm　石　陕西省乾县梁山

2–77　**乾陵翼马**　唐　345×350cm　石　陕西省乾县梁山

2–78　睿宗李旦桥陵石刻鸵鸟
唐　232×198cm　石　陕西省蒲城金炽山

可以与唐陵石刻相媲美。这组铁人和铁牛，[165] 原用于固定浮桥，铸造于开元十二年（公元724年）。铁牛出土四件，分前后两排，面西朝河而立，铁牛旁各有一件牵牛的铁人，还有二座铁山和星状铁柱等。铁牛体态庞大沉重，体长约3米、高1.8米，各重55－75吨，铸工精湛，造型浑厚雄健，气魄宏伟，是罕见的唐代大型金属造型艺术珍品（图2－79）。

在边疆地区由古代少数民族建立的政权的统治者死后修筑的陵墓，也常仿效唐陵安置石刻。例如在吉林省敦化县六顶山发掘的渤海国王族墓地中，曾在渤海王大钦茂第二女贞惠公主墓的墓道中，出土一对高度超过50厘米的石狮。[166] 石狮雕刻精美，它的外貌和蹲坐的姿态，全与唐陵石刻蹲狮的艺术造型相同，明显是接受唐文化而雕造的陵墓艺术品。再如西藏自治区穷结县藏王墓石刻，经20世纪50年代末的考古勘察，现存公元7－9世纪吐蕃时期王墓八座。[167] 1号墓，坟土高阔，顶部有后来围筑的方形土垒，垒下夯筑土台前左右两侧各存一件石狮，蹲坐的形貌与唐陵石刻蹲狮近同。6号墓坟丘高8米，左方树石碑一座，碑身正面存古藏文铭刻25行，是吐蕃王赤德松赞（公元793-815年在位）纪功碑。碑身上部有收分，碑侧浮雕云龙纹，碑顶覆四角攒尖顶石，顶石上部正中置石宝珠，下部四周雕流云飞天，碑下设龟趺，石碑的形制和纹饰都一如唐制。这种情况给文献中关于吐蕃当时大量输入汉族文化的记载，增添了实物证据。

2－79 **铁牛** 唐 180×300cm 铁 1989年山西省永济唐蒲津渡遗址

第三节　宋朝陵墓神道石刻

唐朝覆亡后，古代中国再次出现分裂局面，史称“五代十国”时期。“五代”指继唐朝以后接续成立的五个王朝：朱温建立的后梁（公元907－923年），李存勖建立的后唐（公元923－936年），石敬瑭建立的后晋（公元936－947年），刘暠建立的后汉(公元947－950年)，郭威建立的后周（公元951－960年）。在此同时，在中国东南、西南等地还建立过十个割据一方的小政权，故称为“十国”。当公元960年赵匡胤在兵变中取代后周建立宋朝以后，终于消灭各地的割据政权使古代中国重归一个王朝统治。

五代十国时期各地小王朝的君主死亡后，都曾修建过颇为豪华的陵墓。20世纪40年代以来，在四川、江苏、浙江、福建、广东等省陆续发掘过前蜀、后蜀、南唐、吴越、南汉、闽等小王朝的陵墓，但是地面陵园建筑多已无迹可寻，不清楚有没有陵墓石刻。不过在四川省成都市前蜀主王建的永陵以南300米处，曾发现一件石雕人像，著袍服，肃然端立，仍保持着唐朝陵墓石刻中文官雕像的形貌，应是王建永陵前原立的石刻。或许表明五代十国时如有陵墓石刻，仍然沿袭着唐朝旧制。

宋朝建立以后，首先是为宋太祖赵匡胤的父亲赵弘殷建造陵墓，开始选址在都城东京（今河南省开封市）附近，到乾德二年（公元964年）改到河南府巩县（今河南省巩义市），称为永安陵。自此开始直到金人攻陷宋朝都城东京，宋高宗赵构在江南再建宋朝（历史上习称此前的宋朝为“北宋”，再建的宋朝为“南宋”），在巩县建有七个皇帝的陵墓，有宋太祖赵匡胤的永昌陵、宋太宗赵光义的永熙陵、宋真宗赵恒的永定陵、宋仁宗赵祯的永昭陵、宋英宗赵曙的永厚陵、宋神宗赵顼的永裕陵和宋哲宗赵煦的永泰陵，加上赵弘殷的永安陵，当地民众习惯称为“七帝八陵”。在一个半世纪的漫长岁月里，北宋王朝在巩县构筑成规模庞大的陵墓群，除了八座皇陵外，还葬有二十二个皇后，以及陪葬于皇陵的皇族和大臣们的坟墓，总数达千座之多。但是在金人灭北宋时，宋陵墓室多被盗掘，陵园亦遭到极大破坏，皆沦为废墟，只有神道石刻较多保存下来。近年来经考古勘查，可以看出北宋皇帝陵墓的陵园的建制统一，平面布局相同，都是坐北朝南，方向185－190度。分别由上宫、下宫及皇后陵、陪葬墓组成。上宫是陵园的主体，从南至北依次建有鹊台、乳台、神道石刻、陵台和围绕陵台的宫城。下宫位于上宫的西北部，在南门放置一对石狮。皇后陵的陵园布局与皇帝陵大致相同，位于帝陵上宫的西北隅，只是规模相对较小，石刻数量也相应减少。皇后陵墓后面，分布着陪葬墓群，在一些勋戚大臣墓前也按等级立有一定数量的石刻。据统计，目前诸帝陵尚存石刻总数达407件（内残缺不全的33件），诸后陵存石刻336件（内残缺不全的51件），陪葬墓存石刻69件（内残缺不全的19件），总数超过800件。[168] 如此数量巨大的北宋大型纪念性石刻群被保存下来，使我们得以了解北宋陵墓石刻的艺术成就。

北宋皇帝的陵墓石刻，与唐朝的陵墓石刻不同，没有经过如唐高祖献陵和唐太宗昭陵所代表的初创阶段，而是一开始就制定了陵园的制度和神道石刻的规制，以及皇后陵园及勋戚大臣按等级区分的墓园制度，并规定了神道石刻的内容和数量。这充分表现出到北宋时中国中央集权的官僚机构已臻于完备，各种规章和礼仪制度更趋成熟。所以北宋一代的陵墓都是按照同样的规范营建的，神道石刻也是如此，有着同样的内容和数量，按规定位置陈放，仅只是随着雕造时间的先后不同，它们的细部刻划和装饰纹样有些差异而已。

概括来看，北宋皇帝陵墓石刻集中在上宫，按规定有60件，除陈放在东、西、北神门的门狮以外，多集中放置在乳台以北、宫城以南的神道两侧，石刻面向内朝向神道，两两对称，由外向内（由南向北）依次排列（图2－80）。顺序是望柱一对，象与驯象人各一对，瑞禽石屏一对，神兽一对，马二对，每马各有二控马官，虎二对，羊二对，蕃使三对，武官二对，文官二对（图2－81）。南门狮一对，武士一对，上马石一对。神门内及陵台前宫人二对。皇后陵的石刻减至30件，除四座神门各有一对门狮外，神道两侧排列着望柱一对，马一对，每马各有二控马官，虎二对，羊二对，武官一对，文官一对，宫人一对。至于陪葬的勋戚大臣，墓前石刻一般是六件，望柱、虎、羊各一对，三品以上加石人一对。从现存北宋陵墓石刻遗物来看，当时修建各陵墓时都严格遵守着有关规定，并无例外，也显示着北宋时封建等级制度极为森严，凡人均不可逾越，陵墓石刻的内容和数量，充分显示着死者生前的地位和权势，其象征意义较唐朝更为明显。

以北宋皇帝陵墓石刻与唐朝皇帝陵墓石刻相比，其间的承继关系是十分明显的，但是具体内容和艺术造型存在颇多不同之处。在具体内容方面，宋陵石刻增加了象和驯象人、全装甲胄的武士和宫人，还增加了具有独角的神兽，将仗马增加到二对，并将每匹马的控马者增加为两个人。还将蕃使、羊、虎、瑞禽改为每陵必有的规定内容，因此神道石刻的行列增加了许多新内容，更具威仪。

在艺术造型方面最大的不同处在于宋陵石刻造型更加规范，或者说已陷入程式化，再也见不到唐陵石刻初创阶段雄浑的风貌，更没有“昭陵六骏”那样传神写实的作品，以及它们显示的一往无前的战斗精神。也没有唐陵石刻成熟阶段如乾陵翼马昂首伫立、傲视苍穹的盛唐气势。宋陵石刻所有人像都是谦卑端立的态势，尤其是南神门内的宫人更是叉手恭立，分外谦卑。连动物的姿态也整齐划一，或四足伫立，或蹲、卧，姿态呆板。南神门两侧的门狮虽呈走姿，但仅迈出半步，还套着系有长锁链的项圈，虽张着嘴，并无英武之气。汇聚在一起，只是一曲称颂皇帝权威的低吟。但是在细部描绘方面，宋陵石刻则较唐陵石刻精细得多，举凡人物的衣冠服制、武士的兜鍪铠甲、仗马的辔镫鞍韂，无不刻划精细，其上的装饰纹样也都用浅浮雕或线刻仔细雕刻出来，确是精工细作。

根据宋陵石雕本身的造型风格和细部装饰方面的细微不同，还可以看出依据时代早晚出现的发展演变，大致可以分为前、中、后三个阶段：前段约当公元10世纪末至11世纪初，包括宣祖赵弘殷的永安陵、太祖赵匡胤的永昌陵、太宗赵光义的永熙陵、真宗赵恒的永定陵四陵的石刻；中段约当公元11世纪前半叶，包括仁宗赵祯的永昭陵、英宗赵曙的永厚陵二陵的石刻；后段约当公元11世纪后半叶至12世纪初，包括神宗赵顼的永裕陵、哲宗赵煦的永泰陵二陵的石刻。

宋陵石刻前段作品中的人物造型，体态较为粗壮，带有唐陵石刻的遗风。但是人物端立的姿态呆板而恭

2–80　**永泰陵神道石刻**

永泰陵位于河南省巩县八陵村，为宋哲宗赵煦的陵墓。

2–81　宋神宗赵顼永裕陵文臣像
宋　306×84cm　石　河南省巩县八陵村

2–82　永裕陵武士像
宋　434×144cm　石　河南省巩县八陵村

顺，特别是全装甲胄的武士，雕成拱肩、低头的姿势，体态臃肿，手持短柄钺斧，钺体仅及拳头大小，并非实战兵器，系象征性的仪仗，毫无雄武之姿，因此有人认为宋陵武将雕像的姿态反映着宋代朝廷中轻视武人的现实情况（图2－82）。只有蕃使像的造型与众不同，雕造时为了表现其民族与国别，突出刻划他们的面貌特征，以及冠帽服饰的不同，所以雕成的人像虽然也是端立的姿态，但排列在一起时能显示出每个人像的个性特征，艺术造型富有变化，比文臣、武臣等人像更具观赏性（图2－83）。同样的情况也见于控马官和驯象人，控马官服制姿态划一（图2－84），驯象人则姿态略显生动，一头卷发，束以发带，或佩耳环、臂钏等饰物，与装饰华丽的大象显示着浓郁的异国情调。此外，望柱和瑞禽也在继承着唐陵石刻造型的基础上有所变化。唐陵的神道石柱已经取消了柱上刻铭的方形石表，并缩小了柱顶圆盖，把圆盖上的神兽改雕为宝珠，柱体改为棱面并线雕纹饰。宋陵望柱的柱头已看不出圆盖，它已成为托承宝珠的边饰，柱体棱面线雕的缠枝花卉图案更加细密精致，虽华美有加，但缺乏唐陵神道石柱的豪壮气势。在宋陵石刻中，只有瑞禽采用浮雕技法表现，它承袭自唐陵石刻中的驼鸟，但是唐陵石刻中的驼鸟是写实的作品，是回首反顾姿态，背景平素，仅足下踏山石。宋陵石刻则改为兽首禽体尾羽华美的怪异形状，展翅欲飞，背景则满雕层峦重

2–83　永裕陵蕃使像

宋　220×87cm　石　河南省巩县八陵村

2–84　**永泰陵石刻仗马与控马官**

宋　马204×260cm　控马官高268—305cm　石　河南省巩县八陵村

叠的山石，减除了淳朴写实的造型手法，增添了神异华美的氛围（图2－85）。与瑞禽相邻增设了一对昂首站立姿态的独角神兽，长唇向上翻卷，獠牙外呲，肩附羽翼，有人称它为“獬豸”，也有人称它为“角端”。它与瑞禽可能都是象征祥瑞的雕刻品，置于皇陵石刻群中，象征皇权永祚之意。这阶段的作品刻纹繁缛，永熙陵和永定陵石刻的底座四侧都刻有精细的纹饰。

宋陵石刻中段作品中人物造型已脱离了唐陵石刻遗风，由体态较为粗壮转向修长，面相长方，颈部加长，头与体高的比例比较匀称，衣冠刻划更趋写实，雕像底座不再刻划花纹。

宋陵石刻后段的作品，已看不到唐陵石刻遗风，人物形体普遍修长，面相也趋向瘦长，但五官和表情的刻划较前略显生动，特别是蕃使的面部，不仅较好地表现出人物的种族特征，而且刻划出人物的个性，表明宋陵石刻技法已趋向成熟，但随着北宋的灭亡，北宋皇陵的修建终止，已趋成熟的石刻技法也至此中断。

2－85 **永泰陵石刻瑞禽**
宋 227×165cm 石 河南省巩县八陵村

南宋建立以后，皇帝仍梦想恢复对北方的统治，死后也想日后能归葬在河南的宋陵，所以仅在都城附近营建临时性质的陵墓。这时的陵墓虽建有上下宫，但将棺椁藏于上宫献殿后的“攒宫”内，并不设置陵墓石刻，[169] 因此北宋时发展成熟的陵墓石刻制度中断后未能恢复。

虽然南宋皇帝陵墓未设置神道石刻，但是一些官员的墓前仍有的设置石刻，并有些石刻保留至今，主要是文武臣和羊、虎等雕像，造型一般仍遵守北宋以来的规制，但是也偶有创新的内容。在浙江省宁波市东钱湖建炎四年（公元1130年）史诏墓前的神道石刻，依次排列有羊、虎、马、文臣、武臣，最后还有相对而立的石雕椅子，这是在其他地方神道石刻中没有见过的新造型。按照南宋时木制“灯挂椅”原大雕成的石椅，座屉和椅披也刻划细致，还雕出椅前附设的承足的脚踏，对研究宋代家具史提供了珍贵资料。[170]

在福建省云霄县将军山东麓唐陈政墓前，保留有南宋嘉熙四年（公元1240年）设立的神道石刻，有石人、仗马、卧羊、门狮、望柱各一对，共十件。[171] 其中两件石马造型不同，一件石马与通常的石马造型相同，装佩鞍辔马具；另一件造型较为罕见，马身披挂“具装铠”，马头套戴“马面帘”，保护马颈的“鸡颈”雕成巨形虎头形状，张口吞含马颈，马体所披“马身甲”长垂至腹下，鞍鞯上的纹饰雕刻精细，鞯上浮雕有少见的飞凤逐鹿图案。这种身披具装铠的战马造型，在

2–86 明皇陵神道石刻

明皇陵位于安徽省凤阳太平乡，为明代开国皇帝朱元璋父母的陵墓。

北宋陵墓石刻中没有出现过，不合宋朝礼制，看来是地处边远地区墓前石刻所特有的。

在宋朝的北方和西北，还存在有一些由古代少数民族建立的政权，例如党项族建立的西夏王朝，契丹族建立的辽朝，以及时代稍迟的由女真族建立的金朝。这些政权的帝王的陵墓，虽然呈现出本民族的特色，但是在陵园制度方面，明显受到唐宋帝陵的影响，也有陵墓石刻的设置。

西夏帝王的陵墓，坐落在宁夏回族自治区银川市西贺兰山下，保存有9座帝陵和207座陪葬墓。[172] 陵墓石刻置于月城之内，但因西夏被成吉思汗统率的蒙古军队灭亡后，西夏王陵惨遭蒙古军队大规模破坏，石碑均被砸为碎块，陵墓石刻也没有能保存下来，目前只能发现一些残存的石刻座址，有人推测每座王陵大约有石刻30件左右。[173] 至于石刻的内容，目前已无法弄清楚了，只是在1号陵和6号陵发现一些石雕人头和躯体残件，或许是陵墓石刻中石人像的残件。此外，通过陵区和陪葬墓出土的一些石雕作品，还可以对当时石刻的雕刻技法有所了解。在编号为177的陪葬墓甬道中出土有一件体长130厘米的石雕卧马，姿态呆板，除口、鼻、双目及耳下中分的两撮鬃毛外，没有细部刻划，技法拙稚粗犷，推测墓前神道石刻中的动物造型特征和雕刻技法，有可能与这件石卧马近似。此外，在西夏王陵的3号、6号和8号陵的碑亭遗址，都出土过硕大的砂岩雕成的人像石座。整体呈正方体形状，顶部平整，人像雕成跪且负重的姿态，全身赤裸，只有手臂上套有臂钏或手镯，垂乳硕腹，扁鼻圆目，口中獠牙外呲，雕刻技法同样拙稚粗犷，显示着几分神秘色彩。

辽、金时期的陵墓石刻，也和西夏的陵墓石刻一样，大都没有能保存至今，只是在内蒙古原昭乌达盟调查辽祖陵（辽太祖耶律阿保机的陵墓）时，在陵园

2-87 **明皇陵石刻仗马与控马官**
明　石　安徽省凤阳

2-88 **明祖陵神道石刻** 明祖陵位于江苏省盱眙仁集乡明陵村，是明太祖朱元璋为其高祖、曾祖和祖父修建的陵墓。

2—89　**明孝陵神道石刻**　明孝陵位于江苏省南京钟山，是明太祖朱元璋的陵墓。

2－90　北京市昌平天寿山明十三陵神道石刻

范围内发现过一件头部已残缺的石人像，身穿窄袖袍服，腰间系带，背脊拖出一条长发辫，叉手站立。[174] 这件辫发石人像，可能是辽祖陵神道石刻中的人像。辽、金时期官员墓前有的也设置有神道石刻。吉林省舒兰县保存有金代左丞相完颜希尹及其家族墓群，还存在七组石刻，由神道石柱、虎、羊、文臣和武臣组合而成。石虎呈蹲坐姿态，羊为卧姿，文臣与武臣相对而立，文东武西。石刻造型仿效北宋陵墓石刻，但姿态更觉呆板，雕刻技法亦显拙稚。[175]

第四节　明清陵墓神道石刻

南宋被元朝灭亡后，元朝皇帝的陵墓并不沿袭宋制，不设陵墓石刻。当朱元璋建立明朝以后，在洪武二年（公元1369年）开始为他父母修建陵墓即明皇陵，位于今安徽省凤阳县城西南，北距明中都城约5公里，设立了神道石刻，但是与唐宋皇帝陵墓不同，将石刻移入皇陵内城，由北向南依次排列（明皇陵正门为了朝向明中都城，故以北门为正门，与通常陵墓以南门为正门不同，极为特殊），共有石兽、马与控马者、文臣、武臣、内侍共32对（图2－86、2－87）。[176] 其后又于洪武十八年（公元1385年），在凤阳府泗州城北门外杨家墩（今江苏省盱眙县仁集乡明陵村）为他的高祖、曾祖和祖父修建祖陵，洪武二十年（公元1387年）又建享殿、配殿、石像生。清康熙十九年（公元1680年），明祖陵遭洪水淹没，沉于洪泽湖中约三个世纪之久，直至20世纪60年代因湖水干枯，明祖陵重现，但陵园建筑已仅余残基，神道石刻虽多倾倒，但基本保存完好，现经维修已被扶正。[177] 明祖陵的石刻有望柱、蹲狮、马和控马官、文臣、武臣等，望柱和蹲狮的造型，仍和宋陵石刻近似，石马左右各置控马官也是宋陵石刻旧制，表明在北宋灭亡后，沉寂了近两个半世纪以后，帝王陵墓前的神道石刻重又复兴（图2－88）。同时说明在明初洪武年间，各种制度还处于初创阶段，帝陵神道石刻虽然恢复，但艺术造型还只是设法仿效多年以前的北宋陵墓石刻的形貌，尚没有形成新的规制和新的内容组合及艺术造型。

明朝帝陵石刻新规制的建立，始于为明太祖朱元璋建造的孝陵，位于今南京市东郊的钟山（紫金山）南麓独龙阜。[178] 虽然陵园建筑于清末被太平天国军队野蛮毁坏，幸而陵墓石刻被保存下来。明孝陵石刻有狮、獬豸、骆驼、象、麒麟和马六种石兽各二对，造型是一对站立姿态，另一对蹲卧姿态；石望柱一对，文臣、武臣各二对（图2－89）。可以看出这时已取消了宋陵石刻中的蕃使和瑞禽，将朝服的武臣和甲胄装武将合为一体，成为全装甲胄手执金瓜的新造型，同时废除了明初祖陵尚保留着的控马官，石马失去原来具有的仪仗功能和其他石兽放置在一起。孝陵石刻中的人像仍为传统的端立姿态，形体粗壮，细部描绘精细写实，武臣所戴盔和身披的铠甲刻划细致。但石兽造型不注重写实生动，而追求程式化，姿态呆板划一，一般只刻出躯体，除头部外不作细部刻划，耳鼻鬃毛的刻划趋于图案化。总之整个石刻群缺乏生趣，这些形态刻板的石雕排列在神道两旁，造成陵墓的庄重沉

2－91　明十三陵文臣像
明　高320cm
石　北京市昌平天寿山

2－92　明十三陵武臣像
明　高320cm
石　北京市昌平天寿山

2－93　明十三陵勋臣像
明　石　北京市昌平天寿山

2–94 **福陵神道石刻**
福陵位于辽宁省沈阳市，为清太祖努尔哈赤的陵墓。

2–95 **裕陵神道石刻**
裕陵位于河北省遵化昌瑞山清东陵内，为清高宗弘历的陵墓。

2—96 **裕陵石兽**

清　石　河北省遵化昌瑞山清东陵内

2—97 **裕陵石兽**

清　石　河北省遵化昌瑞山清东陵内

2—98 **裕陵石兽**

清　石　河北省遵化昌瑞山清东陵内

2–99 清世宗泰陵华表
清 石 河北省易县永宁山清西陵内

2–100 泰陵望柱
清 石 河北省易县永宁山清西陵内

寂氛围，或许也反映出明朝时中央集权的统治更加严酷的时代特征。

永乐十九年（公元1421年）明成祖朱棣将都城由南京迁往北京，此后明朝皇帝的陵墓随之葬到北京城西北郊的昌平区天寿山下。从明成祖以后共有十三个皇帝埋葬在这里，所以习惯称之为“明十三陵”。[179] 明陵和北宋皇陵不同，陵区周围40公里，四周因山设有围墙，有共同的陵园大门，门前有石牌坊、下马碑，门内有神路通各陵。各陵虽各设陵园宝城，但只有明成祖长陵前神道设有石刻，其余十二陵均不设石刻，所以那组石刻也可视为明十三陵共用的石刻。长陵神道中央有“大明长陵神功圣德碑”，碑周围有四个石华表。神道两侧的石刻沿袭着南京孝陵的规制，也是狮、獬豸、骆驼、象、麒麟和马六种石兽，每种二对，立姿和蹲卧姿的各一对，共计12对24件，造型特征完全和孝陵石刻相同。石兽以后，设置六对石人像，武臣、文臣、勋臣各二对，端然站立，服饰甲胄特征也和孝陵石刻相同，表现出相同的时代风貌（图2－90、2－91、2－92、2－93）。

明初曾分封皇子到各地，因此许多王陵前也保留有神道石刻，如广西桂林市尧山西南麓明靖江王墓前保存有神道石刻，其规制低于帝陵石刻，雕刻造型也有地方特色。

在南京地区还安葬有许多明朝开国名臣，例如开平王常遇春、宁河王邓愈、岐阳王李文忠、中山王徐达等，他们的坟墓前都安置有神道碑和神道石刻。[180] 目前保存较好的有徐达墓、李文忠墓、邓愈墓等墓前的神道石刻。由于这些石刻雕刻的时间大都在洪武年间，比明孝陵石刻为早，所以它们的造型风格与明祖陵接近，内容多有鞍辔齐备的石马和控马官，至于石刻的内容和数量都比帝陵石刻为少，一般有石望柱、文臣、武臣、马和控马官、羊、虎各一对。其中以徐达墓石刻形体较大，刻工也较精细，文臣袍服纹饰云鹤、变体如意和寿字，都雕刻得清晰细致。

清朝皇帝陵墓石刻仍然沿袭着明陵石刻的内容和造型。未入主中原之前，清代帝王和祖先的陵墓都建于今辽宁省境内，有清太祖努尔哈赤的福陵、清太宗皇太极的昭陵、清帝远祖的永陵，以及埋葬清皇族的东京陵，称作“关外四陵”或“清初四陵”。自1644年定都北京至1911年覆亡，清代共有十帝，除末代宣统皇帝以外，其余九帝及其后妃，分葬于东、西各距北京一百余公里的河北省遵化和易县，称为清东陵和清西陵。关外的清福陵（图2－94）、关内的清东陵（图2－95、2－96、2－97、2－98）和清西陵都有神道石刻（图2－99、2－100），内容大致仍为文臣、武臣、马、麒麟、象、骆驼、狻猊、狮子等，其中文臣服制发式均改为清代的顶戴朝服辫发的造型。

清朝覆亡后，中国帝制历史终结，但是在民国初年袁世凯曾梦想当皇帝，结果演出了一出洪宪复辟的闹剧，最终以失败告终。不过他死后葬于河南省安阳市，在他的墓前也安置了一组神道石刻，石人像身著当时的军装，体姿矮胖，形象丑陋，为中国陵墓石刻留下了极不光彩的尾巴。

下编　宗教雕塑

第三章　宗教雕塑（上）

当我在著述自汉代至宋朝的佛教雕塑时，尽量利用最近五十年来中国出土的丰富的资料。由于这批令人兴奋的文物的发现，我们必须修正过去的理论，建立不同的分类系统，并开创全新的研究领域，例如汉朝末期中国西南和沿海地区的佛教雕刻艺术，以及历经唐、五代、宋六百年间开凿的四川摩崖雕刻。

在论述艺术发展的过程中，我尽可能避免使用广为人知的作品，而讨论新近出土，仍在原址的雕塑。当然，我也没有忽视日本及西方美术馆的珍藏。

同样的，在研究石窟雕刻时，除了云冈，龙门等主要石窟，我也讨论了一些鲜为人知的石窟，例如建于敦煌石窟之前，位于甘肃张掖的金塔寺石雕，此外还有甘肃庆阳附近的北石窟。这些石窟显示出独特的地方风格，与都会雕塑的艺术风格大异其趣。

在研究方法上，我尽可能结合艺术作品及其创造背景来重组当时的历史社会背景，例如独特的政治情形，著名高僧弘法的活动，广泛流传的教义的发展，以及出资造像的施主。同时，我也详细分析作品风格的演化，包括创作语言的延续及变更。

除了讨论唐朝时中国北部的艺术之外，我还探研了中国西南的四川和云南在唐宋时期造像艺术的成就。首先，这些地区存有许多技艺高超的作品。其次此地的艺术成果证明了王朝艺术并非绝对优于地方艺术。

我着重论述了相对于“中央”的“边陲”艺术。以远离唐宋都城据于西南一隅的南诏国而论，它接受与其邻近的东南亚及喜马拉雅山地区诸国文化影响的程度超过了域内文化。

最后，近五十年来，对于从汉到宋的佛教艺术的研究有了相当的进展，极具吸引力及挑战性。本章的重点即在于从崭新的角度来探讨此一时期的艺术成果。

第一节　中国佛教雕塑艺术发展的初期阶段

本节主要讨论东汉时期（公元25－220年）佛教传入中国之初，在四川地区、长江流域及沿海地区传播的情形。在此期间，佛教的图像并不符合佛经的教义，而是受流行于当时的道教的影响，此时的佛教艺术我们称之为“雏形期佛教艺术”。当时中国人尚未完全接受佛教思想，所以佛教图像主要见于丧葬艺术，多为置于墓冢内的陪葬品，如摇钱树、铜镜和魂瓶上的雕饰。在讨论这些主题之前，有必要简略地介绍一下佛教的基础知识及其传入中国的过程。

佛教基本教义认为，要成为佛或“觉者”，须明辨“四谛”，即认为：人世间一切，本性皆“苦”，想要断灭诸苦必须先找出“苦”的原因，而要想断灭世俗诸苦，须依照八正道所规定的静思与精神修炼的方法而修行。到了公元前3世纪中叶孔雀王朝的阿育王统治时期，佛教已从恒河流域传播至印度其他地区，这个时期的佛教属于部派佛教阶段，其教义的重心在神化了的佛祖生平及原始教义。

大约到公元前2世纪时，佛教发展进入第二个阶段，大乘佛教形成。大乘佛教认为一切众生皆有佛性，修行者可得到菩萨的救济。大乘信徒确信菩萨具有非凡的能力，已修行到可“即身成佛”的境界，但发愿放弃成佛以普渡众生。因此，修道证果不再是只为个人的追求。到了公元1至2世纪的贵霜王朝时期，大乘佛教传播到印度以外的中亚地区，并进一步向东方传播。

大乘佛教还相信多尊佛的存在，释迦牟尼佛只是其中的一尊，过去世有许多佛，未来世也会有佛出世。积聚了善根福德的信徒能够出离六界，不再轮回，而居于净土，等待机缘成熟再入涅槃。[1]

佛像制作始于大乘佛教时期，制作佛像能积功德并可供奉礼拜，这种需求开启了中国的造像艺术，孕育出中国雕塑艺术的伟大传统。外来宗教的弘扬促进了中国立体艺术的持久发展。

两个历史因素奠定了佛教传入中国的基础：西汉王朝（公元前206－公元25年）的对外扩张政策和东汉（公元25－220年）政权及传统儒家思想的衰微。公元前2世纪，西汉帝国在开疆辟土的过程中，开拓了中外交流的通道。陆上丝绸之路穿过中亚往西到达地中海沿岸；海上航道连接中国西南沿海与印度及中南半岛；南部丝绸之路经由云南和缅甸连接四川和印度。通过这些渠道佛教得以传入中国。[2]

另一方面，东汉后期政权衰微也促使了佛教在中国的弘传，政治和经济的动荡使人们对当政者和他们所宣扬的儒家思想失去信心。

在汉代，儒和道是两大传统哲学。儒家学说中的道德伦理准则，具有宗教的功能。儒家重视实用主义，以维护当政者的统治地位，虽然强调贤者须祭神敬祖，但并不关心来世。孔子在《论语》中认为智乃是“务民之义，敬鬼神而远之”；[3]对于死亡，孔子认为“未知生，焉知死”。[4]而道家则提倡个人修行与避世，必要时寻求宇宙万物的根本，即道。道家虽然热衷于通过炼丹、服食、吐纳、采阴补阳等以求长生不老，但缺乏完整的天神体系和灵魂拯救的理论。[5]佛教的传入正好填补了这一空白。与儒、道不同，佛教理论提供了追求来生及信奉诸神的具体概念。

可能由于对东汉王朝和信奉儒学的官员失去了信心，中国百姓因而转向道教，以寻求慰藉。佛教正是在这时传入中国的。佛教初传入时被看作是道教的一支，人们并非因为了解佛教教义而信佛，而是把它看成道教的支系，与当时盛行于民间的西王母崇拜混为一体。早期道教派别之一的五斗米道在东汉末年活跃于四川地区，[6]佛教亦在同时传入四川。这两种宗教所奉的神像不可避免地互相混合。

在佛教传入中国之始，是一种混合的宗教，既不依照经典修行，也没有僧团组织。这与印度佛教形成鲜明对比，当时的印度佛教已经有大量经典，有众多的僧侣团体，并有众多神祇为中心的复杂的崇拜修行仪规。

从一些文献资料记载可以知道，东汉宫廷与皇室信奉佛教的同时也崇奉黄老之术。《后汉书》和若干汉以后的文献都记载汉明帝（公元58－75年在位）因梦见金身印度神祇而遣史寻佛。《后汉书》还记载了汉明帝的异母兄弟楚王刘英曾于公元65年，在彭城王宫里办素宴招待僧俗佛教徒之事。说他“晚节更喜黄老，学为浮屠斋戒祭祀”。[7]同样，汉桓帝（公元147－167年在位）也在洛阳濯龙宫“设华盖以祠浮图老子”，同时祭祀佛与老子。[8]

与这种“宫廷”宗教同时发展的是民间的佛教。片断的佛教概念与前面提到过的五斗米道，特别是盛行于世的西王母崇拜互相结合，产生了一些混合的宗教图像。

公元1世纪，西王母的崇拜已经盛行于中国，特别是西南部地区今四川省一带。[9]传说西王母是一位女神，住在中国西部的昆仑山上，西王母能够救度众生，是长生不老的象征。

西王母是中国人表现的第一尊神，她的形象出现在画像石和画像砖上，描画在富贵人家墓室的穹顶上，表示她居于天界。四川省博物馆收藏的一块画像砖（40厘米高，46.5厘米长）上，西王母正面端坐在宝座上，上有华盖，头戴宝冠，身穿长袍，奇禽异兽侍立两边，青龙白虎侍卫左右（图3－1）。

与西王母崇拜风行的同时，佛的观念和对佛的描述也在中国流传开来。据一些传说故事描述，佛来自西方，金身，具有长生不老的仙术，能穿行虚空，变化身形，特别重要的是佛能救人于危难。对于中国人来说，这位外来神的某些特点与西王母十分相似，于是佛被误认为与西王母同属一系的神而加以崇拜。

3–1 **西王母浮雕**
东汉
40×46.5cm
砖刻
四川省博物馆藏

3–2 **坐佛雕像**
东汉
高37.3cm　石
四川省乐山
麻浩湾1号崖墓

四川墓葬中出土了很多雏形期佛像，最著名的是岷江东岸乐山麻浩崖崖墓的浮雕佛像（37.3厘米高）（图3－2），属公元2世纪晚期的作品。类似的刻像还出现在乐山柿子湾崖墓。[10] 麻浩崖崖墓雕像出现在通常雕刻西王母像的墓室门楣上，是按印度贵霜时期（公元1世纪后期到3世纪）巴克特里亚－犍陀罗地区（今巴基斯坦）的模式制作的。麻浩崖佛像为正面，头顶有肉髻，[11] 身披袈裟，右手施无畏印，左手牵衣角。[12]

四川麻浩崖和柿子湾崖墓佛像在文献中找不到相关的文字记载，很可能是仿照外国传入的作品刻成的。换言之，那时的佛教作品多仿制于外来作品，而不是应佛教传播之需而出现的。而且佛教初传入时，供奉的佛像通常不合佛教仪规，致使本该供奉在寺庙和家中的佛像与其他非佛教形象同时出现于墓室内，在信佛的人看来，这是对佛的亵渎和不敬。

鎏金铜摇钱树的出现也与五斗米道活动有关，这表明西王母崇拜的进一步发展，也反映了佛教传入中国初期依附于本土宗教而传播的情形。四川绵阳、彭山、广汉、忠县及西昌等地区出土的摇钱树，证明了西王母崇拜曾风行于四川和长江流域。这些摇钱树制作于2世纪后期至3世纪初，时值东汉末年至三国蜀汉时期（图3－3）。[13] 绵阳何家山2号墓出土的摇钱树（高1.98米），其底座、树干和树冠由29个部分组成，是已知摇钱树中最大的。摇钱树的树枝伸向四面，铸有鸟、鹿、大象和驯象人，还有五铢钱和仙人，最重要的是坐在宝座上的西王母。树顶上有一只大鸟，可能是太阳的象征。这株摇钱树表现了一个神秘的世界。[14]

这一时期西王母崇拜还与土地神崇拜相联系，摇钱树上出现的钱币似乎表示信徒们对财富的祈求，又

3－3 **钱树**

东汉　青铜　1972年四川省彭山出土

彭山县文物管理所藏

3－4 **四川省彭山东汉墓出土钱树树干所附佛像线描图**

像是暗示崇拜者的慷慨奉献。四川发现的一些摇钱树上还有另一个特征，一株发现于绵阳的摇钱树树干上的佛像多达5尊，形象与麻浩崖崖墓雕刻十分相似。这里佛与西王母的形象一同出现，前者位于树干上，后者在树枝上。

更值得注意的是，佛与西王母的形象常可交互出现。摇钱树的陶塑底座常常塑成西王母居住的仙山造型，西王母一般居于山顶，但偶尔也能见到佛像占据西王母的位置的特例，如彭山东汉墓出土的摇钱树陶座上刻一坐佛，佛两侧还立有两尊面貌为外域人的像，其中一人像是僧侣（图3－4)。

从汉代后期到三国早期，各种各样佛教题材的图像被用来装饰四川地区的墓穴。如广汉什邡一座墓中的一块砖上刻有菩提树围绕舍利塔的图案;[15] 忠县涂井墓葬的陶俑手施无畏印，头顶肉髻上饰有莲花图样，眉间有白毫光。这些图像说明死者或其后人对佛教及其象征图形有相当的了解。但造墓者把佛教图像置于非佛教环境中以祈求来世的安宁，却是扭曲它们的原意。[16]

最后一件有趣的作品是四川忠县涂井5号墓发现的陶屋（高61厘米，长68厘米)。陶屋一套五件，这是其中一件(图3－5)。屋顶与四角柱子上装饰着莲花纹，更有趣的是屋里奏乐的乐师塑像具有异域人的面貌特征。有一人在吹奏笛子，其他人物仿佛在为一个平卧着的人(大约是死者)祈祷。这些陶屋的确切含义还不知道，似乎是用来保佑亡灵的，也可能反映了正在兴起的对佛教净土的信仰。可以说，佛教开始在中国传播时，并不是靠深刻的教义，而是凭借充满异国情调的仪式和新奇的图像吸引信徒。这陶屋里的人像可能是在举行法事，祈祷死者来世平安。由此也可以发现佛教与道教仪式时常同时出现。

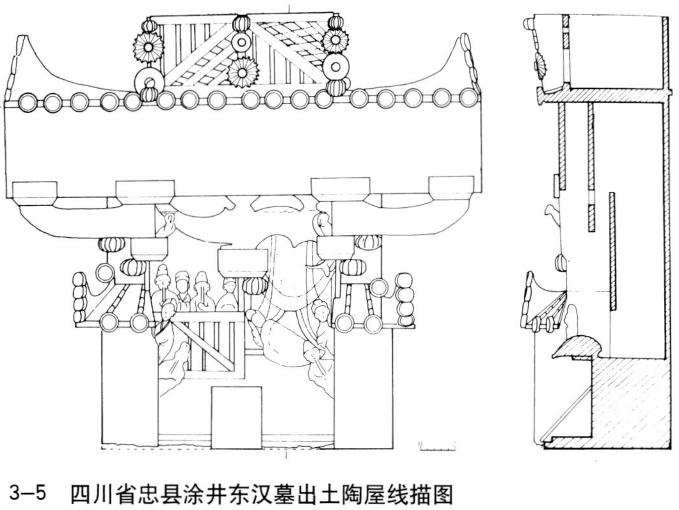

3–5　四川省忠县涂井东汉墓出土陶屋线描图

在四川墓葬中发现佛教象征和异域人形象的事实，引发人们重提佛教传入途径的问题，即佛教主要经过哪一条通道传入中国。很可能是由四川经云南、缅甸抵达印度的南部通道，但云南尚无考古发现可以证实这一点。学者历来认为佛教是经过中亚通道，即丝绸之路，传入四川的。近来中国学者吴焯提出另一种看法，他认为，经中亚而来的旅客并非沿甘肃的河西走廊进入中国，而是绕道青海，向东进入现在的四川阿坝地区，再向南沿岷江进入长江。在岷江沿岸墓葬中出土的大量雏形期佛教艺术品可为此说的佐证。[17] 而且，根据《三国志》及《三国演义》等得知当时正是诸葛亮主政、蜀魏争战时期，河西走廊为曹魏占领，因此不可能由此进入蜀国。[18]

在中国东部沿海的山东省沂南墓葬中也发现了西王母与佛像并存的现象。这座墓约建于公元2世纪后半叶，墓中一根八角形石柱表面雕有各种图像（图3－6)，包括西王母及其配偶东王公，以及一形貌颇似佛陀的人物。[19] 这里源于中国本土的道教题材与域外传入的佛教图像同时出现。

三国（公元220－265年）至西晋（公元265－316年）时期，神佛交替出现的现象也出现在铜镜上，这类铜镜主要发现于今江苏、浙江两省。镜背纹饰雕东王公、西王母和神兽的，称神兽镜；饰有佛像和鸟兽纹的叫作“佛兽镜”。在日本也发现了几件4世纪的铜镜，估计是由中国传入的，也可能是照中国样式仿制的。[20]

发现于浙江和江苏省的陶瓷魂瓶（图3－7），也充分说明中国传统丧葬观念与佛教行为理念结合的情形。这些绿釉魂瓶制于公元250－300年间。1955年出土于南京郊区的魂瓶（高47.5厘米）制作于三国时代，瓶的上部塑有亭榭，鼓腹圆口，飞禽栖于瓶口作饮水状，小型坐佛出现于瓶腹及腹部上方，表现的可能是天国景象。有些魂瓶上，成列的佛像占据了通常为天国景致所在的瓶顶位置。[21]

这些魂瓶的出现可以追溯到战国时期，可能源于中国南方楚地的巫术信仰。人们相信死者的灵魂可以用法术招回，并以陶瓶上的迷人景象吸引亡魂入住瓶中。魂瓶可能还有特别的丧葬用途，当死者遗体失落（如战死异乡的士兵），家人就制作魂瓶放在坟墓中，作为亡魂归来时的栖息之处。[22]

佛教徒用于盛放骨灰的圣骨箱与魂瓶的用途颇为相似。在白沙瓦附近的一座舍利塔中发现的贵霜国王迦腻色迦（约公元2世纪）的圣骨箱上的佛像就与魂瓶上的佛像颇为相似。[23] 此外，瓶上塑有人物和有草木、鸟兽、楼阁的仙境图景，可能是早期表现佛教净土或天堂的尝试。这种说法的依据是，早期描写极乐世界的经典《无量寿经》由三国时的居士支谦于公元223－253年间译为汉文。支谦居住在吴国，而魂瓶也是在吴国境内制作和发现的。[24]

3–6　山东省沂南东汉墓出土石柱雕刻线描图

有时魂瓶上题刻的铭文也进一步证明其与佛教的联系。上海博物馆藏的一件魂瓶的铭文大意是：希望此冥器能荫福子孙，使之福寿绵长，累积功德。这段文字综合了中国传统的保佑死者、造福后代的愿望与大乘佛教积功德的教义。

江苏连云港附近的孔望山摩崖造像依山石的自然形态刻成，约有105尊浮雕，是迄今所知最后一批佛道融合，亦即雏形期佛教艺术的例证。一般认为这些雕像完成于3世纪初，因为所用手法与汉代雕像相同，但对其确切制作年代没有一致看法。[25] 雕像的姿态各不相同，其中有僧人，坐像中有西王母，还有大涅槃会，看来与佛像形貌相似。但是这些雕像也可能是道教神祇，因为道教在这一带影响很大。依道教的说法，佛是道教教主老子的化现，因此佛像也可能出现于道教雕刻中。这些作品究竟是表现佛陀说法，或是道家宣教，至今仍无定论，但由孔望山石刻可以看出汉末道教与佛教之间尚无明确界限，这是佛教传入中国初期的重要特点。

据史书零星记载，“宫廷佛教”曾在社会上层流行，但没有留下任何相关的文物。另据史书记载曾有不少外国商人和僧人到过洛阳，如安息国僧人安世高于公元148年到达东汉首都教授非大乘佛法与禅定法，月氏国人支娄迦谶于167年到洛阳传授大乘法，尤其是关于“空”的教义。

虽然旅行者曾沿着丝绸之路到达过北部各都市，

3–7 **魂瓶**

三国　釉陶　浙江省衢州市博物馆藏

但是，令人费解的是在曾是汉朝的都城西安和洛阳附近，却没有发现东汉时期制作的雏形期佛教艺术品。外国僧俗旅客应该会携带佛像供自己礼拜之用，另外，当地应该也制造佛像。可以推断这类佛像不是佛教观念与中国本土宗教，以及地方信仰融合的产品，而是供奉在寺庙或家中供礼拜用的“正统”佛像。因此，较易受到破坏，不像墓葬中的佛像能存留至今。或许这是中国北部没有发现正宗佛教艺术品的原因。

雏形期佛教作品是在继承此前的艺术创作的基础上而形成的。本书考察的造像只是供信徒礼拜用的偶像，制作相当粗糙，仅仅是模仿印度的原型，技法和风格则继承了汉代墓葬艺术。就连如麻浩崖佛像等几件石雕，也沿用了汉代造型艺术的手法，就未具有立体感这一点而言，这些作品还不能算真正的雕塑。

雏形期佛教艺术的创新主要在于其题材，所制作的神像，成为新兴宗教中信徒们关注的焦点。汉代后期少数的佛教浮雕，尽管只是尝试性的开端，却是三维艺术的重要基础，以后数世纪的发展使之渐臻复杂精致。发现了佛像在佛教信仰中的重要性之后，中国人开始制作丧葬活动之外的雕塑，并逐渐摒弃青铜时代为主流的抽象表现形式，转向具象的表现方法。在中国，佛教造像艺术奠定了石雕艺术的基础，中国工匠逐步掌握石雕佛像的技艺，石头终于成为佛教造像的主要材料，如同佛教进入中国以前用来制作礼器的玉石和青铜一样。

第二节　凉秦时期的甘肃石窟造像

公元4世纪初期，西晋王朝濒于崩溃，几个世纪来在中国北方和西北部逐水草而居的游牧民族乘机大举进入中原，公元311年攻陷了洛阳，六年后又占据了长安。对久居中原的汉人而言，中原王朝似乎从此进入了黑暗时期，然而，正是在这一时期，佛教应时而兴。在公元4世纪，中国西北甘肃一带的佛教艺术发展成熟。

与上一节所讨论的西南部和南方的艺术不同，甘肃的佛教艺术既不属于雏形期佛教艺术，受道教的影响也不大。这种艺术一般见于石窟之中，也就是开凿于岩石上的佛龛，这是外来僧侣在中国土地上进行传教活动的结果。从外形上看，这些石窟中的佛像面貌不太像中国人。无疑，印度佛像艺术的题材、结构及风格是通过丝绸之路，经中亚、新疆传入中原的。

新疆地区是中国的一部分，是个地形与环境均极为独特的地区，这里大部分是沙漠和山地。然而根据最新的考古发现，从新石器时代起人类就曾旅行穿越过新疆。到了公元前2世纪，特别是汉武帝（公元前140−前86年在位）统治时期，已有一条繁荣的商贸通道贯穿这片荒芜之地，连接都城长安与地中海沿岸地区。这条通道西出玉门关后分为南北两路，然后在喀什会合，再穿越海拔20000英尺的帕米尔高原，到达今天的阿富汗。因为丝绸是中国输出的主要贸易品，这条通路遂称为”丝绸之路”。[26]

频繁的商贸活动，繁荣了丝路南北道沿线绿洲上的小国家。塔里木河及其支流，以及引周围高山积雪融水而建的地下水道提供了这些小国赖以生存的水源。因为水源充足，这些绿洲遂发展成自给自足的农业区。沿着丝路北道往西，依次经过吐鲁番、商队集散中心焉耆和库尔勒，以及龟兹王国，而后到达喀什。沿南道，重要的驿站有尼雅、楼兰、若羌、莎车、和田和喀什。

这些小国和商旅中心有各自独立的文化和民族特征，但都崇奉佛教。当公元1世纪佛教在这一地区传播的时候，僧侣们携带着宗教典籍和圣像来到这里。他们也像其他旅行者一样在这些沙漠绿洲上停留，并开始弘扬佛法。当地上层社会人士纷纷皈依佛教，加速了佛教的传播。高僧们根据印度的传统成立了僧侣团体，在各山麓，特别是丝路北道沿线，建立起宗教场所。有势力的虔诚信徒慷慨捐资，大力赞

丝绸之路示意图

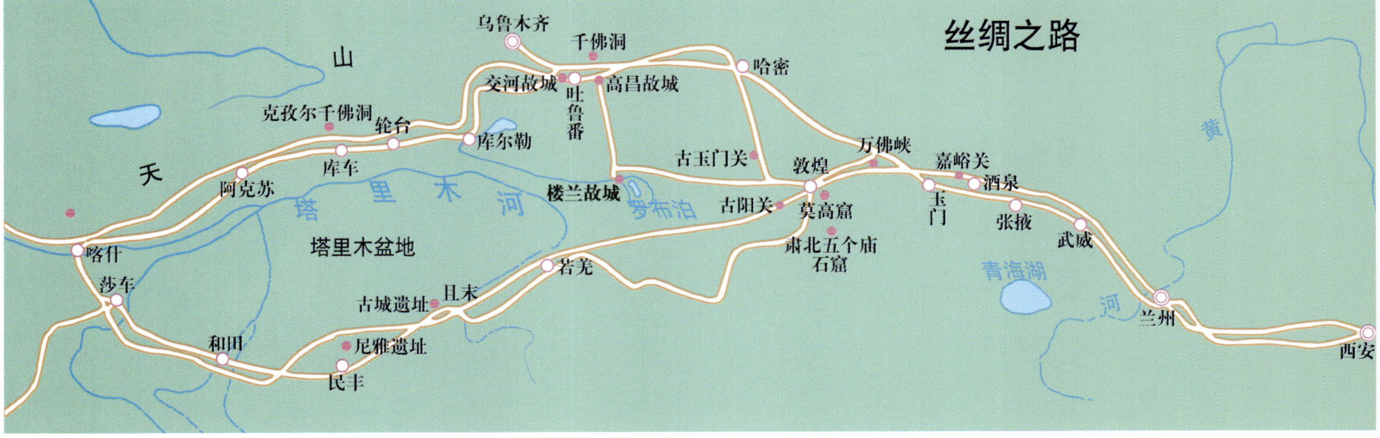

3–8　克孜尔石窟第38窟中央石柱细部
约4世纪　新疆维吾尔自治区拜城克孜尔石窟

3–9　克孜尔石窟第38窟入口石刻细部
约4世纪　新疆维吾尔自治区拜城克孜尔石窟

助宗教艺术，以美化寺庙僧院。当地艺术的创造性也不可忽视，他们的创新激发了宗教与艺术热情，影响及于中原地区，以及亚洲主要地区。

一些学者认为，在印度贵霜王国僧侣的影响下，3世纪中叶，制度化的佛教得以于丝路南道沿线立足，其时间略早于北道。北道沿线佛教的传布则得益于安息和粟特僧人，大致说来，似乎北道主要流传佛教上座部教义，南道则侧重大乘佛教。若果真如此，那么公元2世纪后期到达东汉都城洛阳的外国僧侣只是路经丝绸之路，并未在那里传播佛教。[27]

汉朝之后，传教之风盛行，促成了有组织的佛教活动，富有的施主赞助的僧团不断增多。到了4世纪中期，著名高僧鸠摩罗什（公元344－413年）开始在他的出生地龟兹传道时，佛教已进入鼎盛时期。[28]

丝绸之路北道的佛教艺术主要发现于依山崖开凿的洞窟中。石窟类型多种多样，以供僧侣举行典礼、集会或作为居所等不同需要，并有阐释佛教教义的泥塑和壁画装饰这些神圣的场所。因为丝绸之路沿线居民直接或间接地接触到多种文化，如罗马、希腊的古典文明，印度文化、萨桑王朝（约公元226–651年）时期的波斯文化，所以这种艺术兼收并蓄，风格多样。

在丝绸之路北道沿线的佛教遗址中，龟兹王国的克孜尔石窟（位于今新疆拜城城东克孜尔镇东南）对甘肃的佛教艺术，包括洞窟的结构及泥塑与壁画的制作技巧、造型、风格等方面，有特别的影响，因此有必要简要说明克孜尔石窟的年代和主要艺术特色。过去二十年间，中国对克孜尔石窟的研究取得了一些突破，最突出的学术成果是根据有机物样品（壁画下的草泥层）的放射性碳元素测定，确定石窟的凿造年代在公元300年甚至更早，证实了甘肃佛教艺术的形成得益于新疆佛教艺术的创作经验和宗教影响。[29]

我们以第38窟为例来说明初期克孜尔石窟佛教艺术的典型特征。此窟结构采用塔柱式布局，一巨大的原石柱占据洞穴后部空间（图3－8）。克孜尔石窟的塔柱的形态偏离了印度的传统，而具有当地的特色。在印度，佛塔是独立的，建在依石壁开凿的大教堂式的石窟中央，而且顶部是穹形的，我们假定（尚无文字证据）这种结构是为了便于僧徒绕行礼拜。

第38窟佛龛内原有的泥塑像已损毁，所以研究对象主要集中于窟内留存的部分壁画。根据中国石窟如敦煌石窟的格局推断，画中人物形象应该与雕塑相同，因此通过壁画上的形象或许能推想出原有塑像的形貌。壁画布满四壁和穹顶，多是上座部，即非大乘佛教的题材，如释迦牟尼最后世及本生故事，以及被光轮环绕的释迦牟尼，菩萨、僧尼等分侍左右。

佛本生故事和表现对释迦牟尼与弥勒佛的崇拜，是克孜尔石窟艺术中最成熟的题材。窟内彩绘的诸菩萨中，弥勒菩萨居重要位置。弥勒盘腿端坐于兜率天，等待将来下生到娑婆世界成佛。此像绘于洞窟门顶的拱形壁龛内，因此礼佛者临出石窟时，最后看到的就是弥勒（图3－9）。其左右两侧壁上部绘有伎乐天。

38窟壁画明显受波斯萨桑王朝绘画风格的影响。这种画风是克孜尔石窟中同时存在的几种风格之一，特点是色彩鲜明而对比强烈，多用深蓝与绿色；平面的总体效果是平扁的人像衬以曾是色彩斑斓的背景，形象缺乏实体感，勾线坚挺，填以明亮的色块；缺乏空间感，因为所有人物都排列在一个单一的平面上；画法简约，几乎是抽象的色块，躯体没有立体感。类似的形象后来也在甘肃石窟中出现，显然是继承了克孜尔壁画所代表的风格。

现在，我们再回顾一下进入分裂时期的中国北方的政局。公元317年，北部和西北部地区游牧民族占据了黄河以北所有的地区，晋朝统治者南迁至长江流域一带，建立起“正统”的汉族王朝，定都建康（今南京），史称东晋。从此，开始了“五胡十六国”的动乱时期，十六国指的是由不同民族所建立的十六个短暂的政治实体，它们于304年至439年间统治着中国北方。

佛教传入图

3–10 **金塔寺西窟**
北凉　甘肃省张掖金塔寺

因十六国政权大多是匈奴、鲜卑、羯、羌、氐五个少数民族所建，所以历史上称这一时期为五胡十六国时期。这些少数民族定居后与汉族通婚，在相当程度上吸纳了汉族习俗。这一时期佛教信仰得到进一步传播，是佛教中国化的第一个阶段。[30]

十六国时期，甘肃是石窟建造与佛教艺术发展的关键地区。甘肃当地的统治者在僧人的协助下，开始改造外来的佛教模式。在此期间，凉与秦分别统治着今甘肃与陕西的一部分地区。如同丝绸之路沿线小国的国君一样，凉与秦的统治者崇信外来僧侣传授的佛教教义，并且资助僧侣团体的建立。

横贯甘肃的河西走廊，长约1000公里，是中原通往西方的交通干线。外国商贾、僧侣沿着这条通道不断来到中国的都市地区。他们在敦煌、嘉峪关、酒泉、张掖、武威、兰州、天水等地停留，这些地方在西汉时即已设置都司卫所，是繁华的交易中心。由于当地

3–11　**金塔寺东窟**
北凉 甘肃省张掖金塔寺

3–12　**金塔寺东窟中央石柱雕塑线图**
北凉　甘肃省张掖金塔寺

3–13 **金塔寺东窟中央石柱** 北凉 甘肃省张掖金塔寺

施主的赞助，4世纪下半叶这些城镇附近建立起了重要的佛教场所。

在前凉(公元314－376年)、后凉(公元386－403年)、南凉(公元397－414年)、西凉(公元400－421年)和北凉(公元401－439年)“五凉”中，甘肃西部的前凉尤为重要，前凉统治着敦煌和酒泉之间的地区，敦煌被建成为佛教中心。北凉对佛教的发展有决定性作用。北凉为匈奴族沮渠蒙逊所建，他在位时间长达三十年(公元401－433年)，颇有建树，威名远扬。他主持凿建了许多北凉石窟。[31] 道宣（公元596－667年）所辑的《集神州三宝感通录》记载了凉州（今武威）天梯山石窟凿建的情形并肯定了沮渠蒙逊的功绩：“凉州石崖瑞相者，昔沮渠蒙逊……于州南百里，连崖绵亘，东西不测，就而斫窟，安设尊仪，或石或塑，千变万化，有礼敬者，惊眩心目。”[32]

我在另文中曾对整个河西走廊的佛教艺术都完成于北凉的说法表示怀疑，我认为，前凉和西凉对此也有过不小的贡献，也有可能是由历代凉朝相继完成的。所以，不应该称河西走廊的北凉艺术，而应该称作“凉朝艺术”。[33] 所有石窟都是在祁连山脉的红砂岩上开凿的，分布于河西走廊的几个重镇附近，如酒泉以南的文殊山、张掖以南的金塔寺和马蹄寺，以及武威附近的天梯山。虽然受到自然和人为的损坏，但是，文殊山、马蹄寺和金塔寺的石窟艺术仍足以展现凉代艺术风貌。天梯山石窟在1927年地震中严重损坏，其存留部分于1959年被移至设立于兰州的甘肃省博物馆。[34]

美术史家宿白在他的著述中曾用“凉州艺术”一词来说明北凉艺术的风格与内容。“凉州”是沮渠蒙逊所建北凉初期统治的地区（在今武威、张掖一带）。[35]我则扩大了宿白用词的范围，涵盖北凉之前的凉代艺术。“凉州艺术”或者“凉朝艺术”的主要特点应包括早期仿自克孜尔艺术中通用的塔柱式布局、人物形象，以及石窟内的壁画和泥塑等等。虽然克孜尔石窟塑像已不存，然而依据其他石窟造像和壁画的形象、题材大都相同的惯例，可以推测凉州雕塑与克孜尔石窟中早已损毁的雕像的风格应是相似的。

金塔寺的艺术显示凉州风格在沿袭克孜尔艺术的风格和题材的同时，也保持了自身固有的特点。金塔寺现存西窟和东窟（图3-10、3－11），两窟非常相似，但东窟略大，宽9.7米，深7.65米，高6.05米。窟内巨大的中心柱略呈正方形，边长为4.5米，塑满各式各样的神仙和天人。其制作手法繁复：木制骨干，外敷泥塑，再加彩绘。石柱在洞窟中心，与洞壁完全分离，此窟或许并不只是为绕佛礼拜而建的。金塔寺沿袭新疆石窟雕塑的造像题材，特别尊崇释迦牟尼及其继承者未来佛弥勒。佛化现各种佛身出现——释迦牟尼、菩萨、弥勒，以及弥勒菩萨。菩萨、僧侣、精灵、鬼神和天人等分三层上下排列，有些位于神龛内(图3－12)。奇怪的是，完全没有本生故事，或许是将其描绘于壁画上了。图像的题材大致与克孜尔石窟一致。

工匠依据佛像在石柱上的位置来调整尺寸的大小，反映了他们高超的技艺。第一层的坐佛高1.60米，第二层减至1.25米。同样，站立的菩萨在1.85米到1.60米之间；最上层的则减至0.50米。尺寸的变化加强了空间感，拉开上下层之间的距离。逐层安置的手法也反映了佛、菩萨、天人之间不同的等级：主要佛像在最下层，次一等的依次远离观者（图3－13）。

窟中的塑像各不相同，佛的手印、表情各异，菩萨的服饰、珠佩也不相同。菩萨身躯壮硕，袍服或披覆全身，或裸露半身，粗重的饰物使其身体更显健壮。其服饰尤其是菩萨头上的三叠冠，源于克孜尔壁画。造像的面部刻划多具有中亚人或西北诸游牧民族的特征，都是宽大的圆脸庞配以高鼻、小嘴（图3－14）。天神和伎乐天虽然塑造手法简略，却表现得非常生动：

3–14　**金塔寺东窟菩萨造像**　北凉　甘肃省张掖金塔寺

3–15 石经塔
北凉 高44.6cm 石
甘肃省酒泉出土
甘肃省博物馆藏

天神姿势豪迈，凌空欲飞；伎乐天只见腰部以上，因为他们正倚在山头上俯望下界。此种布局和装饰为标准的凉代模式，天梯山、马蹄寺和文殊山石窟也属于这种模式。

金塔寺和其他凉州石窟表现的题材，多以涅槃和弥勒为主，这是由于受到活跃在甘肃的高僧们宣扬的教义的影响。北凉之前，敦煌人竺法护（活跃在公元266—308年间）经常穿过河西走廊到长安，大力宣扬弥勒崇拜。竺法护翻译过至少三种不同版本的《弥勒下生经》，描述弥勒于未来从兜率天降生人间成佛、说法等。[36]

昙摩谶（公元385－433年）是沮渠蒙逊宫廷内的高僧，也是政治顾问，他的贡献在于传布《大般涅槃经》。据《魏书》载："有罽宾沙门昙摩谶习诸经论。于姑臧与沙门智嵩等，译涅槃诸经十余部……蒙逊每以国事谘之。"[37] 一般认为正是由于高僧昙摩谶对涅槃经的极力推崇，才使河西走廊的艺术特别重视舍利塔的兴建。[38]在甘肃除了在石窟中出现的塔柱外，还有小型的石柱，习惯上称为石经塔，全是北凉时期所造。但这些石经塔的造型与舍利塔相异。

这些用于还愿的祭献品目前已知的有十二件，都是黑花岗岩雕成，这种石材很少用于雕塑。这十二件作品都出自甘肃敦煌与酒泉之间的地区（其中两件发现于吐鲁番，大约也是从甘肃带去的）。这些作品结构与装饰都颇相似，连铭文也有某种程度的雷同。[39]

酒泉发现的石经塔（高44.6厘米）捐造于公元428年，是迄今发现的北凉石经塔中保存最好和最重要的（图3－15）。由五部分组成：刻有图像的八角形底座；刻有汉字铭文的圆形塔身；第三层刻有七佛及弥勒菩萨的浮雕；上层形似锥形，雕有七层相轮，上覆扁平球形刹顶；刹顶上阴刻北斗七星图案。

酒泉石经塔融合了来自不同地域的建筑和雕塑风格。它选用垂直构造，改造了印度佛塔的式样而融入了中国汉式的传统。从风格上看，浮雕佛像类似印度秣菟罗艺术，而底座凿刻的形象及环绕人像飘动的帛巾，则显然受西来特别是克孜尔壁画的影响。

石经塔上所刻经文出于《增一阿含经》中佛陀对十二因缘的解释。此经是上座部经典，由高僧昙摩难提于公元384年译出。特别罕见的是底座上人像旁刻有《易经》中的八卦图形。此为道教特有的图形，由此，显示出释道交融的特点，但是又与四川见到的早期佛道混合不同，在甘肃的石经塔上，两种教义都得以正

3–16 **弥勒坐像** 北凉 彩塑 甘肃省敦煌莫高窟第272窟后龛

3–17　**交脚弥勒像**

北凉　高335cm　彩塑　甘肃省敦煌莫高窟275窟

3–19　**坐佛像**

西秦　高110cm　彩塑　甘肃省永靖炳灵寺169窟23龛

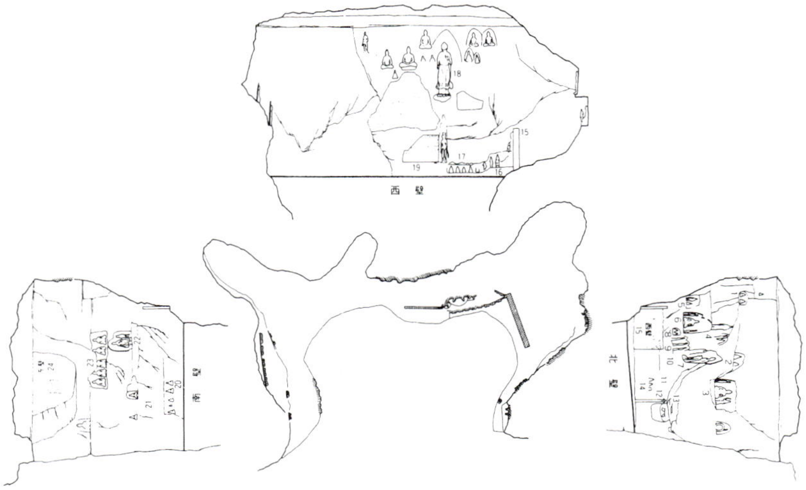

3–18　**炳灵寺169窟平面图**

确体现，并且是供精通中国哲学和宗教传统、有学问的高僧所使用。石经塔上出现的道教题材反映当地中国传统已与佛教信仰相融合，也是玄学风行的具体表现，证明4世纪时甘肃流行多种高深的学说，也可看出佛道交流的过程。

敦煌莫高窟是中国最重要的佛教艺术遗址，现存有近500座洞窟，纪录了历经千年的风格、题材的演变，一般认为最早的石窟是前凉时期公元366年由沙门乐僔主持开凿的，但这些石窟如今已不复存在。现在可以见到最早的石窟是268、272和275窟，中国和西方学者都认为它们是北凉时期的作品，建造于421年北凉占据敦煌之后。[40]

268窟在侧壁上开凿有四个小室，每侧二室，这种情况颇为罕见，可能原来是供坐禅用的。主尊为弥勒菩萨，盘膝而坐，表现其在兜率天等待降生人间成佛的姿容。

272窟呈方形，后壁东龛中的坐佛几乎与真人一样大(头部是后加的)，可能是表现降生人间后的弥勒佛(图3－16)。此处的雕塑必须与其周围的壁画一起欣赏，佛身后绘有多层头部有祥光的化身佛，左右各有一姿态优雅的菩萨，还有众多小像，可能是观者，包括极乐至颠的尊者和僧人。其质朴清新的风格颇似金塔寺塔柱上众多的泥塑。墙与窟顶交界处绘有看台，看台上的乐师只露出腰以上部位，亦与克孜尔石窟的壁画相似。

长方形的275窟是三个石窟中规模最大、艺术成就最高的一窟，其主题依然是弥勒崇拜。弥勒菩萨（图3－17），两足交叉，两膝分开，显然是以克孜尔224窟门顶拱形壁龛中的弥勒(今在柏林美术馆)为原型，尤其值得注意的是二者的衣冠亦相似。塑像面部宽阔，不像中国人，塑造手法和风格与金塔寺相似。壁画内容表现的是佛本生故事和释迦牟尼的生平事迹。这些故事宣扬因果业报，劝导信徒努力修行，以便能进入弥勒的净土。

这三个石窟中弥勒的塑造手法和形似露台的佛龛似乎都取自克孜尔石窟，但是石窟内没有凉代洞窟艺术中所特有的中心塔柱。当然，这也可能是因为洞窟较小，只能采用长方形无障碍物的空间。对弥勒崇拜的重视，也与前文所述盛行于河西走廊的佛教教义相吻合。

凉朝的当政者对佛教艺术的提倡和高僧们的传布，促进了当地佛教雕塑与新疆佛教艺术的交流。最值得注意的是龟兹王室后代、著名僧人鸠摩罗什，公元384年他被前秦将领吕光俘虏后在凉州住了十七年，至401年才被后秦文桓帝姚兴（公元394－416年在位）迎请到长安，并居于后秦宫中。他必定通晓佛教教义和仪规。在鸠摩罗什前后，还有许多域外及甘肃本地的高僧，维系了两地的交流。

在论及龟兹对河西走廊凉代艺术的作用时，也不能忽略于阗的影响。可惜于阗佛教艺术遭到了彻底的摧毁，因此难以确定其间的关系。据记载有数位凉州本地僧人曾至于阗收集经典见闻，其中最著名的是沮渠蒙逊的从弟京声王子。凉州在4世纪时是一声名显赫的佛教中心，这一点由道安374年编辑的《综理众经目录》可以证实，该书收录了凉州地区翻译的佛经计八十卷五十九目。由此可知凉州对中国西北部佛教传播及宗教艺术的发展所做的贡献。[41]

前秦、后秦、西秦等三个政权与凉朝同时并存于甘肃地区，分别由氐族、羌族和鲜卑族的贵族所建。诸秦的领土并不限于甘肃地区，前秦（公元350－394年）苻坚实际上已统一了中国北方；在后秦（公元384－417年）姚氏政权统治之下，长安成为凉州之外的佛教中心。三秦互相争夺势力范围，有时也与凉朝发生武装冲突。三秦都对佛教的发展有贡献，但本节将着重论述西秦（公元385－431年）乞伏氏统治时期对佛教和佛教艺术的倡导，因为乞伏氏资助凿建了甘肃最重要的两大石窟寺庙群——炳灵寺和麦积山石窟。

炳灵寺石窟位于甘肃永靖附近，约开凿于4世纪末期，但最早的题记保存在建于公元420年的169窟内。[42]这个自然形成的洞区在山崖顶上，距地面60米，宽27米，

3–20 立佛像
西秦　高245cm　彩塑
甘肃省永靖炳灵寺169窟7龛

3–21 **无量寿佛与二菩萨像** 西秦 佛高123cm 彩塑 甘肃省永靖炳灵寺169窟6龛

高14米，深19米；洞内泥塑与壁画混合的情形，显示制作时没有整体的规划（图3－18）。中国学者把洞内作品依龛号（1至24号）分类，其实洞内已不存在神龛。有些泥塑像体内有支架，有少数作品是在石雕像上敷泥。

169窟最重要、最新颖的两个特点是，部分塑像与丝绸之路南道重镇于阗的艺术风格近似，多处题记说明塑像与画像的身份。洞南侧23号龛内五坐佛即与于阗的泥塑十分相似(图3－19)。佛像身披袈裟，施禅定手印，背光颇大。洞内北侧7号龛原有三尊佛像，现仅存一立佛，高2.45米，颇有气势，全身披通肩式袈裟，手施与愿印和无畏印，背光很大（图3－20)。此窟中还可以见到其他的创作模式。洞内北侧6号龛内一坐佛两侍立菩萨与凉州艺术风格更相似，因而较接近龟兹风格。此窟内，尤其是6号龛内有许多铭文。龛侧有建弘元年（公元420年）墨书题记，是洞内现存最早的记录。三尊佛像题名分别为无量寿佛、观音菩萨和大势至菩萨（图3－21)。6号龛中壁画上的人物也有铭文确认其身份：十方佛、供养人、乞伏氏家族成员和西秦宫廷

3–22 **炳灵寺** 169窟北侧6龛造像线描图

3–23 **炳灵寺** 169窟北侧10－13龛造像线描图

的高僧（图3－22）。这些历史人物中有国师昙摩毗，他是曾在凉州、平城弘禅的大禅师玄高的弟子。玄高倡导在僻静处，如麦积山，修行禅坐。据记载昙摩毗曾至西秦，“领徒立众，训以禅道”。[43] 由此可以推断，这些僧侣可能参与了169窟的建造，至少参与了部分佛像的塑制。

石窟北侧10–13号龛内一组相当粗糙的诸神画像也有说明性题记（图3－23）。在左上方的一组画像中除了释迦牟尼佛和二菩萨外，还有一个外国僧人带领着两个西秦的贵妇人礼拜。下面和旁边另绘有一些十分有趣的场面，都有题记一一说明。其中两个突出的例子是文殊与维摩诘问答，释迦牟尼与多宝佛并列。

这些题材分别出自《维摩诘经》和《妙法莲华经》，这两部佛经于400－410年间由鸠摩罗什在长安译为汉文。6号龛的无量寿佛的塑造也是受了鸠摩罗什于同一时期译的《无量寿经》的启发。[44] 这是第一次以形象的手法表现最有影响的大乘教义，它们是北魏时期云冈和龙门雕塑的先驱。炳灵寺第169窟的凿建是佛教艺术形成时期，佛教支持者与僧侣相互合作取得的辉煌成果。

天水附近的麦积山石窟与炳灵寺石窟建造时间十分接近，也是用于静修的，在此修行过的禅师中最有名的是玄高（公元402－444年）。[45] 关于麦积山的建造年代至今仍有争议，有的学者认为建造于后秦姚兴统治时期。其依据是76窟的一条题记，依其纪年可推算为407年建造。另外一些学者认为是西秦时期，因为玄高住在这里的时间不会早于420年。持后一说法者认定此地因玄高而兴建，但玄高的传记并没有记载他开凿麦积山石窟之事。无论麦积山石窟是西秦还是后秦时兴建，所差不过十几年，比较重要的是，有一小部分石窟兴建于439年北魏占据之前。[46]

总的说来，麦积山石窟的结构与甘肃境内其他石窟都不相同。麦积山石窟很小，没有采用中心柱式结构，而且石窟的壁画和彩塑营造出一种较亲切的氛围，这不只是因为石窟的面积较小，也归因于塑造技巧的改进及造像生动柔和的脸部表情，洞内彩绘剥蚀严重，但塑像保存得较完好。74窟和78窟是最早的两个石窟，第78窟宽4.7米，深3米，高4.5米，沿墙列有三尊大坐佛，约高2.5米，靠西壁的一尊已佚失（图3－24）；主尊施无畏印，两侧侍立菩萨（一尊为原塑，另一尊塑造时间较晚，是从别的石窟移来的）；右墙坐佛无侍者。这三尊佛像可能是表现佛的前世、现世和来世。后墙的两个小龛内是作沉思状的弥勒菩萨和释迦牟尼佛。

现存的两尊佛像占据了洞内有限空间的大部分，佛像躯体由平滑块面组成，看来不甚自然，两腿交叠形成宽大的底部，富有稳重感。神情庄重凝静，高鼻、深目，具有西方人的面貌特征，与炳灵寺所见相似。

74窟的两尊立姿菩萨，约高2.20米，矫健、浑圆的身躯扭向佛像一侧，富有动感，头戴宝冠，身上帔帛飘动，与克孜尔石窟中的塑像颇相似。同河西走廊的所有佛教艺术一样，麦积山的雕塑依循甘肃地区所采用的新疆佛教艺术的模式，但可能为了适应施主的审美趣味，而具有当地的特色。麦积山的菩萨像以80窟的为代表，造型颇为吸引人。像的头部比常见的小，面部表情优雅，身体轻盈袅娜，披着轻薄的袈裟（图3－25）。

总之，在北魏（公元386－534年）兴起之前，公元4世纪时甘肃艺术的重要性是不可否认的。沿河西走

3–24 **坐佛像** 西秦 高约250cm 彩塑 甘肃省天水麦积山石窟第78窟

3–25 **胁侍菩萨立像** 北魏 高128cm 彩塑 甘肃省天水麦积山石窟第80窟

廊开凿的石窟艺术显示了西来之风的演变，也阐释了蕴含于凉秦宫廷高僧所翻译的经典中的艺术主题。另外，河西走廊石窟艺术也具有各自不同的地域特征。甘肃地区创造出一种适合当地佛教的艺术语言，因而产生了凉州艺术，要了解后来的北魏佛教艺术，就不能不研究凉州艺术。后文将要论及的北魏佛教艺术不是中国佛教艺术的开始，而是承继凉州艺术而发展形成的。

除了艺术上的成就外，甘肃地区那些频繁更迭的王朝在世俗权力与精神力量之间，以及制度化的佛教与朝廷支持者之间，建立起特殊的关系。当时许多僧侣成了统治者的幕僚（如昙摩谶之于北凉沮渠蒙逊，鸠摩罗什之于后秦姚兴），统治者也利用佛教加强他们的政治权威。北魏统治者沿袭这一做法，而且更进一步加以运用。总之，无论在政治还是艺术上，北魏都受惠于十六国时期的凉秦诸国。

第三节　早期鎏金铜佛

本节研究的鎏金铜像，是最早的金属佛像，制作于公元4世纪到5世纪初叶，有几件甚至早于前文研究过的甘肃泥塑造像。其制作大约始于公元300年，主要

3–26　**弥勒菩萨立像**
西晋　高33.1cm　铜鎏金　陕西省西安三原出土
日本京都藤井有邻馆藏

3–27　**坐佛像**
西晋　高31.8cm　铜鎏金
美国马萨诸塞州剑桥赛克勒博物馆藏

3–28 **坐佛像**
后赵　高39.7cm　铜鎏金　美国旧金山亚洲艺术博物馆藏

制作于今中国河北一带。这些鎏金铜佛呈现“正统”佛像的风貌，正确表现了自印度传入的宗教精神，而不是从中国的雏形期佛教艺术演化而来，与本土宗教神祇毫无关系。

根据现有资料推断，青铜很可能是中国最早用于制作佛像的材料。这一推断的佐证是，此前两千年间中国工匠是用塑模的方法，用陶或金属来制作立体作品，而不是用斫刻的办法制作雕像（如石雕）。到了公元300年，中国工匠才利用这一传统技艺来制作佛像。

早期鎏金铜制品留存至今的数量极少，形制也不一致。有一些相当独特，因为工匠还在探求如何满足僧侣和施主的需要。这些早期铜像可能是依照外来模式制作，以供外域人士礼拜用的。其中只有一尊铜像刻有铭文，据推算应是公元338年制作的。根据这件作品的风格特点，其余的铜像可以推定为公元300年或更早。[47]

这些铜像尽管类型有差别，但有共同特点：它们都是中空的，大多数是整体铸成的，并有背光或头光用榫与头部或背部连接；这些佛像（只有一尊是菩萨像）或坐或立，保留着印度原型的面貌，看来完全不像汉人，都是高鼻子，尖下巴，圆睁双眼直视前方。下面举两个例子说明。

出土于陕西省西安附近三原县，现藏于日本京都藤井有邻馆的弥勒菩萨立像（高33.1厘米）具有鲜明的外域人的相貌特征，充满异国情调（图3–26）。这尊菩萨像身穿王室服装，半袒露身躯，戴着硕大夺目的珠宝；脚穿草鞋；头发呈条纹状（初期铜像普遍为这种形状），发髻盘于头顶；右手有蹼（三十二相之一），施无畏印，左手持一水瓶；所有细节都反映了犍陀罗艺术的特点。这尊像雄壮刚健：坚实的立体造型，大而有力的手掌，稳固站立的双脚，深刻的衣纹尾端呈兽耳形。如果此像确实制作于公元300年，则应属于西晋晚期作品。

高31.8厘米的坐佛可能出自河北省，是与弥勒菩萨立像同时期的作品（图3－27）。原藏于温思罗普博物馆，现收藏在马萨诸塞州剑桥赛克勒博物馆。这件杰出的作品结构复杂，保存完好，至今表面的鎏金层依然留存。

3–29 **坐佛像** 南朝·宋 铜鎏金 日本东京永青文库藏

佛像结跏趺坐，手心向上双掌交叠，作禅定姿势；身躯微向前倾，似在沉思默想；脸庞略宽，螺纹状头发上有肉髻（佛三十二相之一）；宝座是印度式的狮子座，两侧分侍一僧一尼，分别持净瓶和莲花，制作得小巧精致。莲花图案还重复出现于可装拆的背光中。这件坐像一般认为是3世纪末4世纪初的作品。

上述坐佛与弥勒立像皆严格遵照犍陀罗风格创作，如其五官特征都是浓眉深目、眼珠突出、高鼻、蓄须，身后有背光，自肩部以上雕出四射的火焰纹（类似贵霜王室成员肖像）；身披犍陀罗式通肩长袍，衣纹呈斜曲线；胸、腹部丰满，衣袍覆盖下的臂、腿隐约突显，结实而有力；精心塑造的手指富有立体感，十分逼真。总之，这两尊佛像都是中国匠师仿照外国佛像的模式制作的，技巧高超，对原型无明显改动。

这批铜像中唯一一尊有纪年的坐佛高39.7厘米，造于后赵建武四年（公元338年），出自河北省，这尊像仍保留着犍陀罗风格的特点，但已明确显露出向中国模式演变的趋向（图3－28）。此像现在收藏在美国旧金山亚洲艺术博物馆。底座上装饰有两只狮子，中间有一个花瓶，也可能是香炉。身后背光亦已损毁。

这尊鎏金铜像的历史价值在于像上铭文记录了制作年代和制作经过。铭文已部分残缺，唯可辨认“建武四年岁次戊子八月十三日僧……羯摩像”之字样。在当时南北动乱的时期，这类铜像颇受欢迎，此后约一百年中，这种身披袈裟入定的坐佛铜像在中国南北方广泛流行。也有以石材雕刻的，前文提到过的凉州石经柱上也刻有此类像。同时也十分醒目地频频出现于壁画（如炳灵寺169窟壁画）上。这类造像多为沉思的神态。有些形态稍稍偏离了造像的仪规，例如手放在腹前，而不是手心向上放在膝上，佛头上的肉髻以线条表现。

这尊铜像脸部的五官和服饰都显现出艺术手法中国化的倾向，面貌虽不完全像中国人，但与前两尊相比已有变化，显得柔和圆润，眼形细长，嘴角含笑，但鼻子仍明显具有外域人的特点。在衣纹处理上，中国特色更为明显，制作者不再追求形似，转而重视衣纹线条的效果。传统中国艺术偏重风格化表面装饰的倾向在此表现得尤为突出。同心圆式的纹样及侧面直线衣纹相配合，产生了赏心悦目的效果，这确实是中国人的创新。

这尊鎏金铜像成了中国佛像的原型，它的影响超越当政者的政治范围。其铸造地后赵（公元319－351年），只是十六国时期的一个小国，但它控制下的河北地区有许多技艺高超的工匠，以制造佛像闻名。在随后的几百年里，一直是鎏金铜像的制作中心。河北成为铜像制作中心，还得益于一位深受后赵国君敬重的外国高僧佛图澄。与河西走廊地区当政者支持佛教的情形类似，著名僧侣在传道的同时也辅佐当地统治者。佛图澄（公元232－348年）据说是龟兹人，而另一说法认为他来自克什米尔。[48] 佛图澄宣扬上座部佛教，恪守戒律，于公元311年到洛阳，当时西晋政权正濒临崩溃，据说当他定居后赵时，已近八十岁。他与后赵的建立者、目不识丁的石勒及其侄子石虎结交，石勒和石虎出于自身利益而皈依佛教，他们相信佛图澄法力无边，可以帮助他们在战场上取胜。果真，后赵建立之初，疆土只包括今河南，河北的一部分和山东，后来扩展到了山西和陕西。佛图澄在充当石氏幕僚的同时，广建寺庙，派遣弟子到中国其他地区（今山东、广东、四川）传播佛法。公元338年铸造的鎏金佛像或许正是受了佛图澄在后赵弘法的影响而造的。

相比之下，中国南方制作的鎏金像非常稀少，至今还没有发现4世纪时的作品，只有公元400－450年间铸造的两件存世，都与公元338年铸造的那尊坐佛同一类型。由此可知这种造型模式流布之广。一件纪年元嘉十四年（公元437年）刘宋时期（公元421－479年）的铜像现在收藏在日本东京永青文库，制作精细，保存完好（图3－29）。佛像和背光分开铸造，与河北铜像相同，佛像现入定坐姿，手部位置正确，衣纹的线条也是汉式风格。

不同于早先的圣像，这尊南朝佛像坐于须弥座上，像的面貌特征更加中国化，面相瘦削，眉清目秀，鼻梁和下巴不很突出。背光很大，四周装饰的火焰纹十分出色。这件铜像的工艺水平超过了北方，这无疑得益于以建康为中心的南朝文化和艺术水准。

5世纪初叶，随着拓跋部落的崛起，中国北方的政治形势产生变化。拓跋部落是匈奴的一支，原来活动于今内蒙古盛乐一带。公元396年，拓跋珪率部进军中原，于399年称帝并定都平城（今山西大同）。此后的半个世纪中，逐步统一了中国北方：于公元439年占领甘肃地区；469年吞并了中国东北部的一部分，以及今山东、安徽、江苏部分地区。

制作于5世纪上半叶的鎏金铜像与4世纪时的作品明显不同，出现了新型的佛像：身披袈裟，双手置于胸前的立佛。这种圣像与铸于公元338年的佛像一样广为流行，在石窟寺的造像和壁画中均可见到。佛像的服饰和脸部表情虽然仍保留犍陀罗艺术的特点，但已显现中国化的迹象。现存作品大小不一，有些尺寸极大。更重要的是大都有纪年，并有题记说明佛像身份。但是，制作者往往不加区分地使用释迦牟尼和弥勒佛

3–30 **弥勒佛像**

北魏　高140.3cm　铜鎏金

山西省五台山出土

美国纽约大都会艺术博物馆藏

3－31　**云冈20窟造像**　北魏　佛高1400cm　石　山西省大同云冈石窟

的称号，表明当时二者之间的界线还未划定，二者的形象也没有定型。

一尊近似真人大小的佛像（140.3厘米高），据说出自山西五台山，现在收藏在纽约大都会艺术博物馆，是件杰出的作品（图3－30）。像上题记说明是弥勒佛，造于北魏太和元年（公元477年）。但一般认为题记是后来加上的，年代也不正确，较正确的制作时间应是公元420－443年间，其根据是这尊佛像与前文讨论过的炳灵寺169窟泥塑佛像和另一尊公元443年造于河北的小鎏金铜弥勒像（高53.3厘米，现在日本大阪为私人收藏）风格颇为相近。[49]

大都会艺术博物馆所藏的鎏金铜像完全依循佛教仪规制作，其面部表情亦具有犍陀罗风格。所表现出的佛三十二相包括螺旋状头发上结肉髻，眉间有白毫光，长耳、缦手。佛像著合于仪规的三件僧衣，即腰布、内袍和外袍。袍服披在身上隐隐显出衣袍下匀称的肢体。

佛像中国化的趋向可以从衣纹的样式和佛手的位置看出来。袍服的褶纹以佛像身体为中轴线形成水纹般的同心圆式纹样，而在两侧则是垂直的深褶；这种注重线条美及抽象纹饰的表现方法反映了中国的审美标准。按照仪轨，三尊佛像都应是右手施无畏印，左手为与愿印，但这尊佛像左手抬至胸部，以求与另一只手平衡，这可能是由于中国人偏好对称而造出了这尊慈悲、友善的佛像，伸出的双臂像是在迎接信徒。比起犍陀罗艺术中的原型，这尊沉静而面带笑意的佛令人感到亲切，易于接近。

第四节　北魏石窟艺术(一)

在中国北方，大型石窟的开凿得力于北魏王室的支持。本节介绍北魏王室营建的第一个大型石窟云冈石窟。这个气势非凡的石窟是参照中国北方的甘肃凉州、陕西长安和河北地区三个佛教中心的艺术风格和规制建造的。云冈石窟更深入地处理了佛经、礼佛者和艺术之间的关系。佛教的经典借助雕塑而得以传达给信众，因此，形象的塑造必须迎合中国信徒的品味。云冈石窟的凿建得益于高僧和王室之间的相互依存的关系。在这种情形下，佛教的传播与王室的倡导密切相关。

云冈石窟是北魏王朝所兴建的三大名窟中最早凿建的，另外两处位于龙门和巩县。作为最早开凿的石窟，云冈石窟反映了拓跋部通过接受汉族文化风俗和积极倡导佛教，而逐步从游牧文化过渡到定居文化的过程。云冈石窟艺术必须与它周围的环境一起讨论，因为这两者实为一体。同时，我们也不能忽略当时的历史与政治背景。

中国历史上第一次大规模的废佛事件发生于公元446年。公元452年，文成帝拓跋濬（公元440－465年）继位后，下令恢复佛教，开始在云冈建造五个石窟并在窟内雕造巨型佛像，以此为灭佛赎罪。中国学者统称此五窟为“昙曜五窟”，并认为它们建成于公元465年文成帝去世之前。日本和西方的学者则把建窟年代定为公元460年至470年。[50] 公元439年北魏吞并北凉之后曾掳掠大量凉州的工匠和学者，用以建设首都平城。毫无疑问，甘肃工匠亦参与了昙曜五窟的建设，因此石窟在题材、建筑风格和艺术特色上都不可避免地受到凉州模式的影响。

尽管这项浩大的工程十分重要，但却找不到当时关于开凿石窟的起因和建造时间的题记。不过魏收所著《魏书》中的资料有助于我们了解修建石窟的历史背景。有两件突出的事件，一是公元454年诏令铸造五尊大佛像（今已不存），纪念文成帝及其之前的四位北魏帝王；二是沙门昙曜（于460年被任命为沙门统掌管佛寺事）在武州山麓主持开凿五座石窟寺庙。武州也就是现在云冈所在的地方。

这些石窟无疑包括云冈“昙曜五窟”，每一石窟有一尊佛像纪念拓跋氏皇帝，与此前不久所铸五尊铜像相对应。这表示北魏政权对前代灭佛行为的忏悔，并希望以崇佛来证明北魏皇权正统，祈佑国运绵长。北魏统治者希图以佛教为工具来加强控制已经统一的中国北方，为了这一目的，把皇帝作为佛来敬拜，使政治与宗教的势力密切结合，建立神权政治。

初期建造的五座石窟编号为16至20窟，特点是造像巨大，平均高约14－16.5米。巨像依坚硬的砂岩山崖凿造，四面凿建墙及屋顶以保护佛像。每座石窟都像一个坐北朝南的椭圆形的巨大佛龛。五座高大的雕像分别放置在面积狭小的洞窟中央，充分体现了精神权力与世俗权力的结合。这些北魏佛像继承已经确立的佛教艺术传统，如阿富汗最早的巴米羊佛像（近55米高）或者克孜尔石窟里某些高达10米的泥塑作品（今均已不存）。

云冈巨大石窟的建造也与祖先崇拜有联系。[51] 拓跋氏为鲜卑族，他们相信鲜卑族的祖先出现于“圣洞”，并且于此圣穴进行祖先崇拜。最近中国学者在内蒙古兴安岭地区发现一处圣穴。那里有铭文记载，公元443年北魏皇帝曾派官员至此参拜。北魏王朝大量建造佛教石窟寺庙，或许也与此习俗有关。

中国西北部石窟造像的造型和风格对昙曜五窟中的主佛甚有影响，五窟中20窟和19窟皆为坐佛，18窟为立佛，17窟为弥勒坐佛，16窟为(重刻的)立佛。18、19和20窟可能为三世佛，即过去、未来、现在佛，这是中国西北地区造像常用的组合形式。

20窟前部已经坍塌，佛像暴露在外（图3－31）。原来

坐佛身边还有二立佛（大小为坐佛的一半）和二菩萨（大小为立佛的一半），凭借身形的大小表明各自的阶位。现在坐佛左侧立佛尚存。昙曜五窟主佛的面相都具有外域人的特征，同甘肃麦积山78窟的佛像相似。

20窟虽然受甘肃佛教艺术的影响，但在表达佛法即皇权方面却具有开创性。佛像强有力的身躯用整块巨石雕成，表面刻划以简略、抽象的线条。雕刻者力求以巨大的躯体来体现佛力和皇权的气势。依我看，这种表现形式是刻意的选择，而不是因为技巧稚拙。其实北魏艺人的雕塑技艺已经达到相当高的水平，他们所雕的灵光接近当时的金属工艺，灵光上的天人和跪着的礼佛者刻划得细致入微。

18窟的结构很巧妙，此窟保留着原来的结构，洞壁和洞顶依然完好，而且洞口上方有一个窗，恰与立

3—33　云冈10窟内景
北魏　石
山西省大同云冈石窟

3—32　云冈18窟立佛像
北魏　高1550cm 石
山西省大同云冈石窟

3–34　云冈5窟造像
北魏　佛高790cm　石　山西省大同云冈石窟

3–35　云冈6窟内景
北魏　石　山西省大同云冈石窟

佛头部等高，光线透过窗口照亮了昏暗的洞窟，而且，当人们走向石窟时，从远处就可以透过窗口看见大佛威严的头部。18窟高而狭窄，佛像周围空间很小，但却突出了佛像的高耸威严（图3－32）。18窟的主题不太寻常。立佛两旁有两佛侍立，另有两尊小一点的菩萨，面带微笑，看来十分友善。还有十个弟子，表情丰富，生动逼真。[52] 最突出的地方是主佛上身放射出无数的化身佛。这不仅没有出现在其他窟主佛身上，也从未在中国其他佛像上看到。我认为此一主题反映佛经中所授的“观”法。

总之，昙曜五窟的特点是突出主像，不注重室内的结构和装饰效果。北魏采用这种简朴的手法，是为了强调佛像的庄严肃穆以表现各窟主像既是佛又是皇帝的地位，如果周围雕饰繁复，只会削弱佛像的威严，分散信徒的注意力。

第二阶段的石窟注重建筑空间的规划。这些洞窟大约始建于公元470年，完成于公元494年北魏迁都洛阳以前。难以理解的是，这一组紧接着昙曜五窟建造的石窟，虽与前者一样规模宏大，但遵循的制作原则却迥然不同。

与第一期石窟不同，第二期石窟大部分是为纪念皇室成员而造的双窟。共有四组双窟，包括1、2窟，5、6窟，7、8窟，9、10窟。最早的双窟是7、8窟；而最富丽堂皇的是5、6窟，开凿于公元480至490年间；1、2窟可能是最晚建造的。单窟中最重要的是3（未完成）、11、12和13窟。

第二阶段石窟的内部结构较为复杂，犹如结构精巧的建筑物。这些洞窟内常常分为前室和后室，前室的门廊由石柱支撑。石窟内部，如第10窟，有富丽的大门、明窗和藻井。洞壁则别出心裁地划分为许多层，每层有一些排列有序的神龛，龛内有神像（图3－33）。石窟的营造为塑像配置了极为华丽的场景，尽管它们并非真实的建筑空间。

云冈石窟的雕刻家和建造者可能借鉴了敦煌壁画的表现方法而将雕像安置在建筑环境中，但也有可能他们是仿自外国的蓝本。在建筑环境中陈列人像雕塑是罗马和古希腊建筑中广泛采用的方法，但在中国却从来没有见到过，因此这种欧洲古典传统的表现方法很可能通过丝绸之路而传到了中国。[53]

但部分建筑结构则沿用中国传统的形式，如瓦屋顶和壁龛雕像底座便是取自当时中国南方城市的房屋

3–36　**云冈6窟中央石柱**　北魏　石　山西省大同云冈石窟

建筑，幔帐重叠的神龛很像富家舒适的牙床，装饰豪华的门楣则仿自宫殿大门。这些石窟中有些建筑结构与中国民宅相仿。北魏于公元466年到469年间占领了原属刘宋的山东、安徽和江苏的一部分，这些地区的艺匠和学者来到首都平城，必然会加快该地的汉化过程。

第二期兴建的石窟中，5、6窟是最华丽的，也最具有代表性。这两个石窟的建造极富有创造性，建筑形式构思奇特，洞壁上的彩绘形象极其丰富，布局严谨，产生了和谐的整体效果。6号窟雕塑所体现的北魏风格尤为突出。

有人认为，这两窟是文明太后为她自己及其亡父修建的，文明太后在公元479年到490年间，曾执掌北魏大权。[54] 太后的欣赏趣味和个性都具有十分强烈的汉化倾向，这可能是5、6窟装饰富丽堂皇的缘故。窟中雕像表面敷色饰金，富有喜庆气氛。

虽然5、6窟为成对的双窟，但二者格局不同。5号窟是梯形的，一尊巨佛和两侧胁侍占据了主要空间，但人尚可环绕其行走（图3－34）。6号窟则近似正方形，窟中心有粗大的塔柱，柱子上部与洞顶相连接，四面装饰着众多雕像。6号窟的中心柱也可供僧众环绕行走，是这片洞窟区最引人入胜的创造，它新颖独特，构造大胆，显然不是仿甘肃凉州模式的塔柱，可能是仿照某一处佛教建筑结构而建的（图3－35）。石柱建在平台上，共两层，底层四面凿有梁柱式神龛，神龛上有方柱支撑的仿瓦屋顶。柱顶四角各雕一象背驮九层宝塔，设计新颖（图3－36）。顶层背靠背立有四尊佛像，分别面向东南西北四个方向。石柱不是象征佛塔的中心塔柱，而很可能是模仿佛诞节上展示佛像的象辂。这个宗教节日起源于印度，僧人法显在日记中（约公元415年）记录了他在印度华氏城和西域的于阗亲睹这欢乐的节庆的情形。

3–37　云冈6窟后室东壁立佛及供养群像
北魏　佛高305cm　石　山西省大同云冈石窟

《魏书》也有关于在北魏第二个国都洛阳庆祝这个节日的类似记载，并讲到当彩车来到皇宫附近时，皇帝要献花进香，表示迎接。[55]

6号窟另一个重要的创新是形成了完全中国化的北魏风格。佛、菩萨，皆身著朝臣的官服，而不是犍陀罗式的袈裟（图3－37）。塑像宽袍大袖，露出内层服饰的衣领，袍服褶纹演变为断面阶梯式，下摆两侧坚挺地突出。

塑匠师无须着力表现塑像的躯体，因为它们被布满重重厚褶的袍服所覆盖。因此，头和手便成为表现的重点，如同在拜占庭艺术中一样，头和手是用来强调人物身份的。头部有佛的标记，手则表达特定的教义。

6号窟的菩萨也显示出新的样式：身体修长，系有腰布，披宽阔帔帛，帔帛的末稍在胸前交叉成环，两侧如彩带般下垂，十分优美。面部也不再是犍陀罗式的，而是中国式的，雕工深刻而尖锐，慈祥的笑容使棱角分明的脸庞变得十分柔和。

虽然风格形成的原因还有待进一步研究，但是文明太后及其孙孝文帝（公元467－499年）所推行的汉化政策无疑起了促进作用。从472年到499年间，发布了多项革新的政令，试图彻底改革鲜卑族的风俗文化，完全效法汉人的生活方式。这些政令中最主要的有：禁行巫术（公元472年），要求朝臣穿汉服（公元486年），祭祀传说中的中国君王（公元492年），在宫廷中禁止使用汉语以外的其他语言（公元495年）。[56] 在5世纪的最后二十五年间，北魏的大部分官员(但并非所有的鲜卑族人）自觉地放弃了他们原有的民族习俗，而接受了汉族文化。

在研究云冈第二期石窟的风格创新时，还应该考虑到吞并刘宋疆土带来的文化影响。亚历山大·索珀(AlexanderC · Soper)认为，南方的神像（这些作品体现了较高的艺术和工艺水平）传到北方是云冈石窟风格变化的决定性因素。他认为南方已经形成了纯粹中国式的佛像和菩萨像的制作程式。[57]

但是北魏风格的形成具有多种因素，如北魏艺人技艺的改进，施主审美趣味的改变，政治形势的影响。另外，甘肃河西走廊的艺术成就为其奠定了基础，当然，南朝的影响也不可否认。最后，北魏匠师在吸收各种不同的艺术创立独特风格的过程中，所展现的创造力亦应予以肯定。

公元494年北魏迁都洛阳后，云冈石窟的凿建工程虽然继续进行，但是不再受到皇室的赞助。昙曜五窟西边山崖上的石窟规模缩小了许多，佛龛内大小不一的神像多为私人捐造，采用了新颖的手法，但更加强调线条的表现力，这种风格在6世纪十分流行。

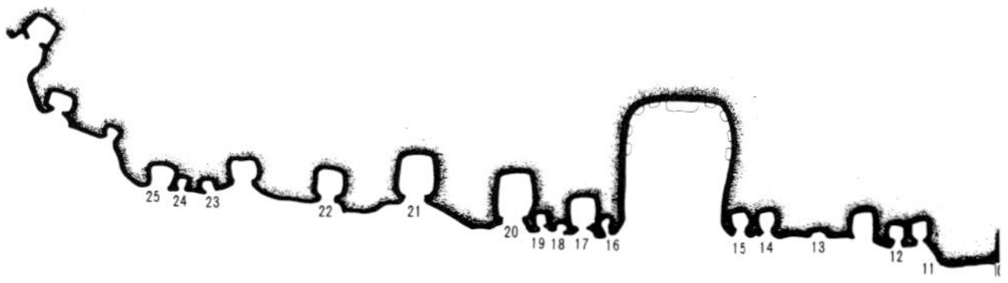

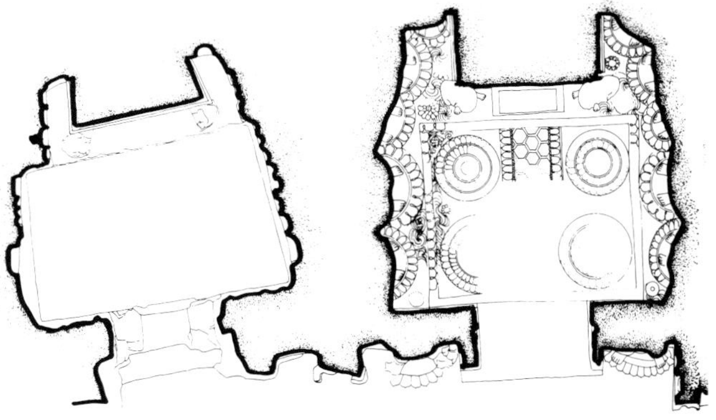

3－38　龙门石窟宾阳中洞平面图

3–39　**宾阳中洞北壁造像**　北魏　高842cm　石　河南省洛阳龙门石窟

3–40　**宾阳中洞侧壁造像**
北魏　高615cm　石　河南省洛阳龙门石窟

第五节　北魏石窟艺术（二）

公元494年，北魏孝文帝迁都洛阳。他的决定遭到拓跋部一些守旧贵族的反对，这些守旧派反对朝廷的汉化政策，并煽动皇太子元恂发动叛乱。后被孝文帝觉察，皇太子于497年被逼自杀。选择新都自有经济和战略上的考虑，但洛阳的历史和文化背景是决定性因素。新都洛阳曾是周朝和东汉的都城所在地，建都于此表明拓跋氏政权与汉族建立的政权同属正统的王朝。同时建都于中原地区，也便于加强对中国北部地区的统治。

孝文帝几乎花了二十年时间兴建起一座长16公里、宽11.2公里，拥有60万人口的新都。直到都城连同其内的官署王宫就绪后，朝廷才有余力开始建造寺院。这些盛事载于杨衒之所著《洛阳伽蓝记》中。[58] 当初兴建平城和云冈石窟时，在建城与凿窟之间未曾有过财力上的冲突，但在洛阳，代表不同利益的势力同时存在，对于魏孝文帝来说，营建新都百事待兴，不能倾举国财力来兴建寺庙。结果北魏时期在洛阳只建成为数不多的几处石窟，龙门石窟大部分是在唐代完成的。

宾阳中洞是公元508年开凿的三窟中唯一完成的洞窟，大约完成于公元523年。在龙门石窟中，占据中心位置，其中的造像反映了北魏造像鼎盛时期的风格，是这一时期的代表作品。宾阳中洞造像的风格特征表现为身形修长，装饰纹样以线条和抽象图样为主。

3–41　宾阳中洞藻井
北魏　石　河南省洛阳龙门石窟

这个洞是宣武帝（公元499－515年在位）为纪念其父孝文帝和其母文昭皇太后开凿的。由擅权一时并崇信佛教的胡太后监造。此外，胡太后还在洛阳兴建了豪华的寺院。其中的永宁寺，以建有壮观的木雕宝塔闻名。未完成的两个石窟有为太后兴建的宾阳北洞和为宣武帝建造的宾阳南洞。

与云冈石窟相比，龙门石窟的布局，佛像的造型和风格都有一些变化。宾阳中洞高9.3米，宽11.4米，深9.85米，与云冈石窟不同的是，这个洞内没有中心塔柱（图3－38）。且分隔为三区——沿着后墙排列的五圣像，以及两侧的三圣像。五圣像中央是结跏趺坐于狮子座上的佛陀，两侧立有两尊菩萨，以及佛陀最年轻和最年长的弟子：阿难和迦叶（图3－39）。两侧的三圣像则各由一立佛及二菩萨组成（图3－40）。

中国学者一般认为宾阳中洞的三佛是释迦牟尼。但是他们的手印是与愿印（左手向下伸出指向地面）的一种变形，由此表明他们可能是弥勒佛。这种手印在公元483年造的南齐石碑（将在第七节讨论）上出现过，而那座碑上刻的就是弥勒佛。道安(公元312-385年)和他的弟子法护，都虔诚地信仰弥勒。他们的译经弘法之举对北魏以前甘肃地区盛行的弥勒崇拜影响很大，因此宾阳中洞的三尊佛像很有可能是佛经中所说的弥勒三会。

从造像的衣袍及其与人体的关系处理上，可以看出洛阳雕塑家在艺术形式上的创新。这种精巧的手法，是北魏雕塑风格的特色。宾阳洞佛像不再身著官服，而是适体的袈裟，当佛像呈坐姿时，衣服便压在身体下面或垂覆在宝座上，层层叠叠下垂的衣褶，形成多层圆弧状的曲线。这优美的线条和抽象的图样，是成熟的北魏风格的主要特点之一。

佛和菩萨的身躯扁平、修长，衣纹流畅而飘逸，使神像具有飘然若仙之感；脸庞瘦长方正，面带微笑。

3–42 **宾阳中洞皇帝礼佛图浮雕** 北魏 石 美国纽约大都会艺术博物馆藏

3–43 **宾阳中洞皇后礼佛图浮雕** 北魏 石 美国堪萨斯市纳尔逊·阿特金斯艺术博物馆藏

菩萨头戴花鬘宝冠，服饰表现手法工细。帔帛绕身在胸前交叉，在交叉处穿璧并装饰瓔珞。

龙门一带坚硬而呈深灰色的石灰岩，十分宜于精雕细刻。造像身后有凿刻精细的背光或头光，主要佛像的头光甚至直达洞顶，与雕刻在洞顶的重瓣大莲花融合。侧壁和洞顶上凿刻大量的装饰图样和浅浮雕。洞壁上雕有天神像和本生故事，背景则是珠宝点缀的帷幔。洞顶棱角分明的天人手托花果盘，环绕在重瓣大莲花的四周，飘向四方的彩带生动地表现出他们飞行的速度（图3－41）。这个华丽的洞窟布满了雕饰，就连通往主佛基座的地面上也雕刻着莲花。

宾阳中洞代表了两种风格的融合：佛、菩萨形象与北魏新形成的风格相近，而生动多变的装饰图样则完全取自中国传统。表面原先曾涂以鲜亮的蓝、红、赭石等颜色并勾描金线，体现了与雕塑不同的艺术观念。表面装饰的流动感和空间中不断变化的图形，是动乱时期充满活力的创新精神的特色，在宾阳中洞，艺匠巧妙地融合了对立的艺术理念。

宾阳中洞入口两侧的浮雕是这一时期最成功的作品。从位置上看，它们可能是最后完成的。这些浮雕自上至下分为三层，分别是文殊与维摩诘问答，舍身饲虎本生故事和《皇帝礼佛图》、《皇后礼佛图》。

帝、后礼佛图反映了北魏王朝曾经拥有的辉煌。两件浮雕都已不在原址，现分别收藏在纽约大都会艺

古陽洞

3—45 **中心柱雕刻** 北魏 石 河南省巩县石窟寺1号窟

3—44 **古阳洞内景** 北魏 石 河南省洛阳龙门石窟

3–46 **藻井细部** 北魏 石 河南省巩县石窟寺4号窟

术博物馆和堪萨斯市纳尔逊·阿特金斯艺术博物馆(图3－42、3－43)。这两件作品所表现的可能是真实的历史事件，即公元517年皇太后巡幸该洞和公元523年皇帝亲临宾阳中洞参加开光仪式。皇帝、皇后、大臣和妃嫔都典雅庄重，他们身著汉式朝服，是典型的汉人面貌。这两件浮雕反映了当时皇室及贵族竞相效法汉人的现象，以及拓跋氏汉化政策的具体成效。礼佛图可能是受了东晋画家，如著名画家顾恺之（公元345－406年）等所作世俗题材作品的启发，可以想像，当这些浮雕原先所施的艳丽色彩尚未褪去时，看来应与绘画十分相似。

宾阳洞严谨的结构是同时开凿的石窟(如古阳洞、莲花洞、魏字洞等)中所罕有的。古阳洞虽然很宽大（高11.10米，宽6.9米，深13.55米），窟中佛像也很雄伟，

3—47 **帝后礼佛图浮雕** 北魏 石 河南省巩县石窟寺1号窟

3—48 **神王**
北魏 石
河南省巩县石窟寺4号窟中心柱

但不全是皇室资助建造的，只有几个皇室施主和高官赞助凿刻了洞壁神龛内几个大小不一的佛像（图3－44）。古阳洞还有一个特点，就是几处题记证明早在公元495年到498年间，即迁都到洛阳后不久，一些施主（士大夫、僧侣和佛教团体）就慷慨解囊，捐资建窟了。[59]

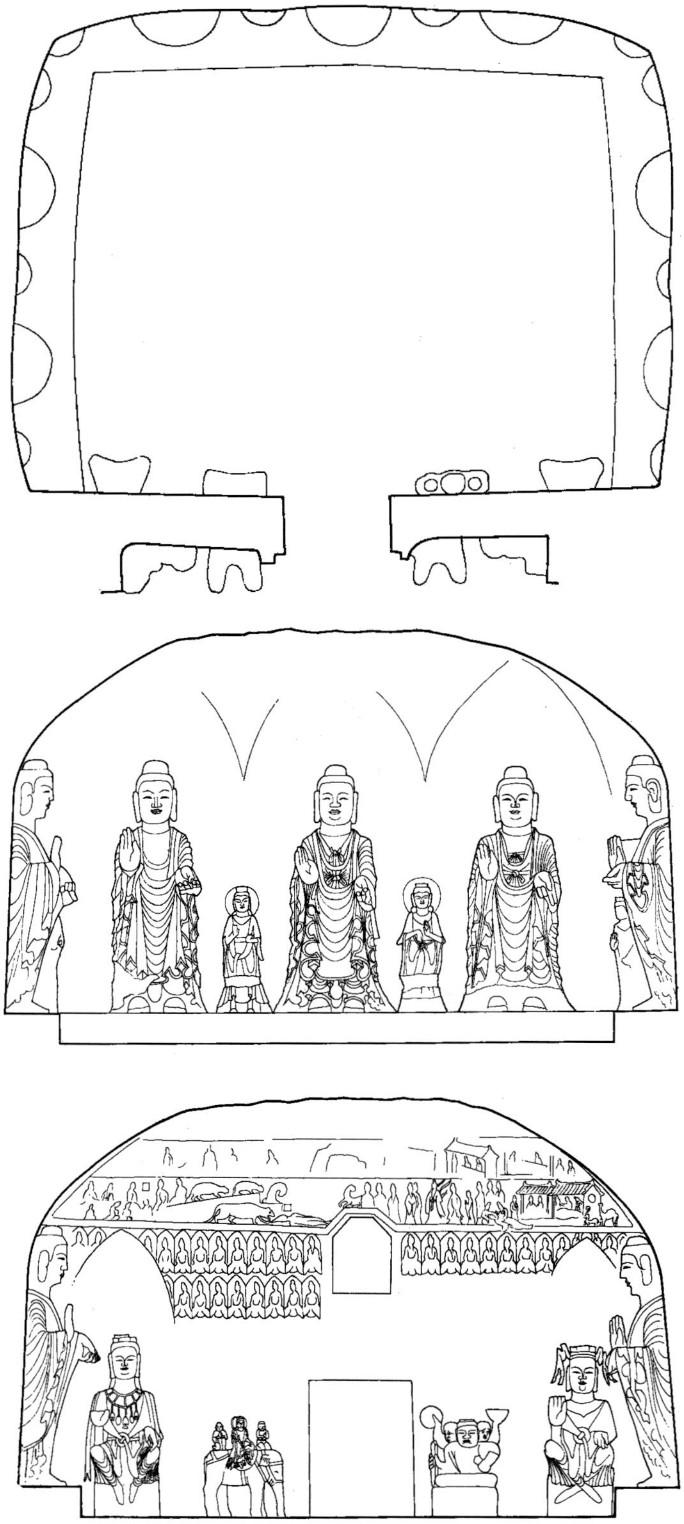

3–49　甘肃庆阳北石窟寺165窟平面图及造像配置示意图

宾阳洞造像主要是释迦牟尼和弥勒佛，以成熟的北魏程式化手法表现早期佛教的主要崇拜对象。他们身躯颀长、扁平，面形清瘦，衣纹飘动，线条富有韵律感。雕刻者充分利用龙门深灰色石灰岩的硬度，把神像的背光、头光和佛龛边缘的花纹凿刻得精致入微，富有创造性的表现手法和充满动感与张力的装饰图样，可与同时期的鎏金铜像媲美。

河南巩县距龙门约60公里，因地处通往山西太原（北魏的另一个军事与政治中心）的要道，在北魏王朝末期成为战略要地。根据立于公元662年的石碑记载，北魏孝文帝（公元471—499年在位）曾在一个风雨之夜，驻足此处，欣赏伊水、洛水之间的风景。因此地景色壮丽，随后就在这里兴建了希玄寺。[60] 希玄寺的建造年代大约与宾阳洞相同，早于石窟。巩县石窟肯定在公元528年拓跋部内的尔朱荣派系屠杀皇室家族前即已完成。

巩县石窟群反映了北魏政权的衰落，石窟群的规模和洞窟数量都大不如云冈石窟，石窟的形制和结构虽然相当成熟，但若与龙门石窟相比则大为逊色。巩县石窟代表政治和艺术过渡时期的开始。

除了1号窟外的五尊摩崖造像（一主佛、两菩萨和两个护法神）外，巩县石窟群还有五个洞窟。1号和2号窟可能是由启造宾阳洞的宣武皇帝和胡太后主持兴建的，3号和4号窟可能是孝明帝（公元515－528年在位）和皇后主持兴建的。5号窟大约建成于公元538年，其时北魏已灭亡。5号窟的结构与其他洞窟都不同。洞室为

3–50 **北石窟寺165窟后壁造像** 北魏 高800cm 石 甘肃省庆阳西峰镇寺沟

方形，三面墙上各有一个大佛龛。而其余洞窟都为中心塔柱式结构，这种结构是凉代在甘肃首创，后为北魏袭用，并在云冈石窟和巩县石窟中不断加以改进（图3－45）。3号窟中柱为两层，其余窟内仅为一层。中柱的四面都有大神龛。巩县洞窟的洞顶为藻井式，装饰有雕刻精细的莲花、天人和新生的灵魂，仍有残留的颜色痕迹（图3－46）。

宣武皇帝和胡太后所建的1号窟最大（高6米，宽5米，深6.5米），洞内造像题材与宾阳中洞相同，如表现文殊和维摩诘问答，根据《妙法莲华经》描绘的多宝佛和释迦牟尼现身，还有佛圆寂的片断，这些都是三大皇家石窟群造像最流行的题材。1号窟南壁门内两侧浮雕帝后礼佛图（图3－47），整体结构与龙门宾阳中洞的礼佛图相近，但从总体效果来看，巩县的礼佛图不求浮华，较为雅静，人性色彩浓厚。雕刻在中心柱基座和洞壁上的神王（图3－48）仿宾阳中洞的样式。[61]这些神秘的兽神通常有十个，表现自然的力量，取自汉代以前的著作《山海经》。神王身躯壮实硕大，是作建筑支撑物的理想形象。它们所显现的体积感和幽默的表情动作，已不再具有北魏风格的重要特征（讲求线条形式美和喜用抽象图形）。在北魏以后，神王像出现得极为普遍。

巩县石窟雕塑体现了北魏最后发展阶段的风格。佛像和菩萨像雕刻得十分完美，造型柔和，肩部轮廓圆顺，没有龙门石窟雕塑所特有的棱角分明的线条。石窟造像面部淡淡的微笑，显得温和而亲切。巩县石窟寺的洞窟规模较龙门石窟小，雕像也不如龙门石窟的壮观，缺乏龙门石窟雕像所具有的强烈的风格，但感觉上较容易亲近。巩县石窟雕像是佛教艺术转型期的开始。

由胡太后主持建于公元519年的洛阳永宁寺，是北魏最为壮观的寺庙。永宁寺佛塔塔基中出土的彩塑，如菩萨的头和躯干、供养人和僧尼像，虽然少有保存完整的，却展现出比巩县石窟雕塑更为圆润、温和的风格。这些塑像有着甜美的面容，椭圆形的脸庞，细腰，修长的身材，看来婀娜多姿。它们开启了后来的北齐风格，影响了北齐的审美标准。

在四分之三世纪的时间里，北魏三大皇家石窟寺庙的风格与内涵，是依照拓跋氏统治阶层信仰需求及

3–51　普贤菩萨及随侍像
北魏　高310cm　石
甘肃省庆阳北石窟寺
165窟南壁西部

审美偏好发展形成的。在这个过程中，北魏造像风格从成型期进化到成熟期，从转型期而过渡到终结期。这种“皇家艺术”具有相当的权威性，为各地所仿效。当中国各地建造寺庙时，一定会以云冈和龙门的石窟寺为蓝本。位于甘肃东北部庆阳地区西峰镇寺沟的北石窟寺即是其一。[62]

北石窟寺的建造年代是根据南石窟寺中的题记推知的，南石窟寺距此50公里，在甘肃泾川泾河北岸。据南石窟寺的一块碑上的铭文得知，寺内的东大洞是北魏时华、泾二州刺史奚康生在公元510年建造的。而北石窟寺建于北魏时期的石窟与南石窟寺的洞窟很相似，可以断定它们是同时兴建的。南北石窟寺的开凿年代晚于云冈石窟而与龙门石窟相同，具有两处皇家石窟的特点，同时也有自己独特的风格，后者来自中国西北部形成已久的佛教传统。本土独有的特色与皇家风格同时发展，造就出一种活泼生动的艺术。其影响所及不仅见于石窟的结构，也见于铜制品、泥塑及石雕。

3–52 阿修罗像
北魏 高370cm 石 甘肃省庆阳北石窟寺165窟南壁西部

北石窟寺165窟是窟群中保存最完整的，此窟规模宏大，高14米，宽21.7米，深15.7米，窟内的雕像也极为可观。在布局和表现手法上与云冈的昙曜五窟相近(图3－50)。长方形的洞内没有中心塔柱，而是沿三面洞壁（除洞口外）设高台(据说建于宋代)，台上置高8米的七尊立佛和十尊高约4米的侍立菩萨；这十七尊雕像呈半圆形排列于后壁和侧壁前（图3－49)。洞口两侧壁前侍立四尊高度为3至4米的雕像，每侧两尊。东面两尊同为弥勒菩萨，只是所佩璎珞和腿的姿势略有不同；西面一尊为骑在象背上的普贤菩萨，两侧随侍较小的雕像（图3－51)，另一尊为三头四臂的阿修罗（图3－52)。佛像背后雕饰着巨大、质朴的头光。洞壁的上部内倾，上雕有佛本生故事和千佛，都损坏严重，几乎无法辨认。

该窟雕像的配置很独特，也不易解释。虽然七佛与弥勒在凉代甘肃的石经柱上已经出现，也见于云冈第13窟南壁，但出现两尊不同的弥勒，以及普贤和阿修罗却是很特别的。后两个神祇是唐代佛教造像中的重要题材，普贤常与文殊成对出现，而阿修罗则被列入“天龙八部”的护法神中。

从风格上看，北石窟寺与洛阳皇家石窟有共同特点，但是其雕像简约、素朴乃至近于抽象的手法和面部表情，又显示出西北部的影响。如北石窟寺的七佛，在造型与服饰上均与宾阳中洞的佛像很相似，但不如后者精细。两处佛像的手势相同，衣纹相似，但佛像头部的风格不同，北石窟寺的佛头更方、表情更严肃，这是西北部风格的特点。

北石窟寺和洛阳宾阳中洞的菩萨像的服饰都符合北魏的时尚，但身躯的雕刻和头部的形状不同。北石窟寺菩萨的身躯厚实，头略方（与佛像相似），表面处理简约，头上未戴宝冠，仅著简单的莲花头饰。总之，北石窟寺的雕刻家的表现手法更简洁，更强调厚实的体积，极少繁缛花哨的表面装饰。这些西北雕塑的基本特征，在北魏灭亡后再度出现，形成了北周风格。

甘肃南北石窟寺的雕塑是中国佛教艺术史上最早具有地方色彩的艺术之一，从这些作品中，可以看到皇家风格与本土审美品味的交流。西北部（尤其是陕西）的雕刻家们在雕刻北石窟寺造像时，这种独特的风格已经形成，例如造像的头部与身躯具有方、厚、笨的特征，衣袍纹样以有规律的线条凿刻而成（这将

3–53 **释迦牟尼立像** 北魏 高35.2cm 铜鎏金 河北省博物馆藏

在碑刻部分讨论）。但是这种风格在165窟中并没有完全采用，这反映出皇家石窟强烈的影响力。

第六节　北魏鎏金铜佛

在北魏孝文帝太和年间（公元477－499年），鎏金铜像的制作数量极丰，作品也达到了极高的水准。主要铸造中心在河北定州，可称之为“河北流派”。

公元450－500年间出现了三种主要类型的佛像，包括“佛说法”像，释迦、多宝双佛像和观音菩萨像。这三种新造像模式成为此后一百多年间的造像蓝本。[63]

佛说法像有坐姿和立姿两种，规范的姿势是佛手结说法印，右手与肩同高，掌心向前，左手轻握衣袍。由底座题名可知，主尊佛（无论坐立）不是释迦牟尼佛，就是弥勒佛。一尊制于公元475年的释迦牟尼佛像（高35.2厘米），是立姿佛说法的杰作，现收藏在石家庄河北

3–54　释迦牟尼坐像　北魏　高40.3cm　铜鎏金　台北故宫博物院藏

3–55　**释迦牟尼与多宝佛像**　北魏　高23.5cm　铜鎏金　日本东京根津美术馆藏

省博物馆(图3－53)。坐姿的佛说法像一般是坐于高台上，后有大片背光，佛像和背光分件铸造。佛身著僧服，袒露右肩。藏于台北故宫博物院的鎏金铜制释迦牟尼坐像是坐姿佛说法像的代表作品（图3－54)。这座高40.3厘米，公元477年造于河北的佛像，具有这类造像的全部特征。同时，底座为须弥座，中间部分雕有两头狮子，前面刻有两个跪拜的礼佛者。佛像背光正反两面都有繁复的纹饰，正面内圈饰有七个小佛像围绕主佛，外圈为火焰纹；背面图形分层排列，最上层为释迦与多宝二佛并坐于宝塔之上；之下刻维摩诘与文殊菩萨辩难的情景，其下层佛身祥光四射，菩萨、供养人、僧侣、飞天等或立或跪环绕周围，最下层刻佛本生故事、佛诞及浴佛等场景。

3–56　**莲花观音像**
北魏　高23.1cm　铜鎏金　美国华盛顿弗利尔美术博物馆藏

3-57 **弥勒圣坛像** 北魏 高78.2cm 铜鎏金 美国纽约大都会艺术博物馆藏

这尊铜像承继了麦积山78窟的泥塑佛像和云冈20窟大佛的传统，但是，艺术水平却高于后两者。表面抽象的纹饰、自然的体态和面部刻划配合得十分和谐，造像因综合了甘肃河西走廊的大乘教义与残存的上座部教义，而具有丰富的内涵。

造型主题方面的又一个创新是双佛并坐。双佛像是中国的独创，在三处皇家洞窟区普遍出现。一般来说，这类造像的背光巨大且背面有图像，高底座上阴刻铭文。

东京根津美术馆所藏的释迦牟尼与多宝佛鎏金铜像，高23.5厘米，公元489年造于河北，是双佛坐像中的精品（图3－55）。这件作品的造型与构思都很独特。高底座上，嵌一莲瓣形的浅浮雕，而不是圆雕。正面两佛并坐于尖拱门下，衣著不同，手势也不同(一为禅定印，一为无畏印)。佛像下方有男女供养人各一，身著胡服，奇怪的是这件作品铸造于朝廷禁著胡服之后。两供养人手持莲花，正欲供祭佛前，神态笨拙，但感觉自然而清新。

在背光的背面雕有宝盖，其下为一佛二菩萨，背光的制作水准超过正面佛像。正面佛像貌似拙朴，但

3–58　释迦牟尼与多宝佛像
北魏　高26cm　铜鎏金
法国巴黎吉美博物馆藏

3—59 **魏文朗碑** 北魏 124×70cm 石 陕西省耀县博物馆藏

极为吸引人。这并不一定是因为匠师技艺拙劣，很可能是为了制造不同的效果，或是顺应顾主的要求。

5世纪后叶出现的第三种造像模式，是观音菩萨立像。这类观音像一般都是右手持莲花，左手托净瓶或执帛巾。观音崇拜的佛典依据出自《法华经 · 观音普门品》，该经称颂观音法力无边，能化三十三种身形，救众生于困厄，解除火灾、杀身之祸、劫盗、沉船，乃至蛇毒等灾祸。

手持莲花的观音像大约源自印度，在中国流行很久，直到唐代才为另一种类型取代。甘肃河西走廊地区在普及观音信仰方面起了极大作用。北凉王沮渠蒙逊久病不愈，因诵读《法华经》而得以痊愈，因此成为最早最有影响的观音信徒之一。观音鎏金铜像与麦积山早期石窟造像有密切关联。

现收藏在美国华盛顿市弗利尔美术馆的持莲观音，高23.1厘米（图3－56），公元453年造于河北地区，是现存最早的观音铜像之一。像为整体铸造，背部另有可拆装的火焰纹饰的背光。观音身饰珠宝，两腿分开站在莲花座上。身著北魏流行的、自腰部垂到膝盖的裙裾，肩披斗篷束带在胸前挽结。长长的帔帛环体，似随风飘起。这种飘动的长带在甘肃地区的彩塑和绘画中常见。观音头戴宝冠，手持莲花和净瓶。

6世纪最初二十五年间制作的金铜佛像，其内容和风格继续不断地发展，制作中心除河北外，还有宁夏、陕西和山东等地。以下选取两件河北制造的佳作加以说明，[64] 其中一尊金铜像的结构华丽繁复，代表了北魏覆灭前金属佛像的最高水平，另一件则充分发挥了北魏抒情手法的潜力。

公元524年造于今河北正定附近的弥勒圣坛像（图3－57），高78.2厘米，现藏于美国纽约大都会艺术博物馆。弥勒立像背后有一硕大火焰纹的背光。像高高耸立于排列有序的群像之上，两侧各站立一菩萨，另有两菩萨作沉思状，坐于脚下。四个身著胡服的供养人手持钵盂，圣坛角落有两尊护法神。佛像下中央为香炉，两侧有卧狮。十尊天人(原来有十一个)手持乐器，自空中飞落到佛光边缘。

此铜像的布局别具匠心，自下而上，层层递减。最顶层为一串火焰从一条蟠龙身上袅袅升起。所有圣像都似乎被框在一个想像的三角形里，以象征天国。这件生动、活泼、充满张力的作品，是一位虔诚的母亲为亡儿祈祷冥福而还愿的供品，可能是仿照当时都城内某个寺庙的祭坛制作的。[65]

另一尊风格、形式出众的释迦牟尼、多宝佛金铜坐像藏于巴黎吉美博物馆，像高26厘米，公元518年制于河北（图3－58）。二佛并排坐在高高的底座上，各自皆有背光，身体微侧，表示二佛正在交谈。

成熟的北魏风格，主要追求作品表面的美化而不注重立体感，这种忽视具象的风格，更加强了佛像出世的效果。佛像极为引人注目，瘦削、修长的身躯仿佛消失于飘动的衣袍下；浅浅的微笑使清瘦的面容变得十分柔和；长袍的衣褶刻划得很精细，重叠的衣纹

3–60 老子造像碑
北魏　高43.5cm　石　日本大阪市艺术博物馆藏

形成了层层尖角，在身侧露出来。这件作品尖锐的棱角及繁复的表面线条或许反映了紧张的时势。当时的冲突主要来自当权者，推行汉化的拓跋氏和固守传统的贵族之间矛盾一触即发。这尊双佛铜像正透露了北魏政权所面临的危机。

公元528年，北魏大将尔朱荣以恢复鲜卑传统，反对汉化为号召，发动了一场叛乱。失势多时，被迫留在北方的拓跋部人南下攻入洛阳，杀害了胡太后，擅立新帝，北魏的政局陷于混乱之中。公元534年，北魏分裂为东魏（公元534－550年）和西魏（公元535－556年），东魏定都邺（今河北邯郸），西魏定都长安。洛阳的幸存者于是在这两个地方重新聚集起来。

3–61 **王阿善造像碑**

南朝·齐 27.8×27.5cm 石

中国国家博物馆藏

第七节　北魏造像碑

在南北分裂时期，特别是北魏统治的一个半世纪内，兴起了一种新型的佛教石刻造像，即造像碑。造像碑大小不一，使用的石料因地区而异，碑上除了图像，往往刻有铭文说明制造年代、供养人姓名和制造目的。造像碑虽然是佛教艺术中新的形式，但类似的碑刻形式早在东汉时期就为儒家和道家所用，用以记叙亡者平生功业或颁布国家法令。此外，在穷乡僻壤往往也树立大石碑作为礼拜活动的中心，用以代替造价昂贵的寺庙。所以，造像碑的出现可以说是佛教艺术本土化的结果。

公元400年至600年的二百年间是造像碑制作的鼎盛时期，不算流失国外的作品，仅中国保存至今的就有200余件。因此造像碑是佛教艺术品中数量较多，颇为重要的一类。

就造像碑的制作而言，陕西省（陕西同时也是道教艺术的发源地之一）特别是西安北面的耀县和富县成就最突出，创造了独特的碑刻风格。造于公元424年，收藏在陕西耀县博物馆的魏文朗造像碑（高124厘米，宽约70厘米）是中国北方最早的造像碑（图3－59）。这块石灰岩碑虽然制作粗糙，却反映了当时道教和佛教同时存在并互相影响的情形，这种情形最早出现于4世纪时的甘肃河西走廊地区。碑上的铭文称此碑为佛道

3–62　**皇兴造像碑**　北魏　86.9×54.5cm　石　1949年前陕西省兴平出土　西安碑林博物馆藏

3–63 **景明造像碑** 北魏 58×58×50cm 石 1953年陕西省长安查家寨出土 西安碑林博物馆藏

碑，前龛内的两尊雕像可能是道家神祇老子和释迦牟尼，但因头饰破损，难以准确辨认其身份。碑背面现沉思状态的神像不是释迦牟尼就是弥勒菩萨；碑的侧面刻着其他佛教题材；碑的正面有牛车、骑马人和骆驼，再下面是供养人礼佛图。这块碑展示了“陕西风格”的初期特征，这将在下文讨论。

另一件砂岩道教造像碑（43.5厘米高），现存于日本大阪市艺术博物馆，制作于公元515年北魏时期，乍

3–64 **麦积山133窟造像碑** 北魏 155×76cm 石 甘肃省天水麦积山石窟研究所藏

看很像佛教碑刻（图3－60）。其实正如佛教在传播初期吸收了道教概念一样，道教不仅借用了佛教教规的观念，而且仿照佛教的造型艺术创造了道教神像。碑上正中为端坐的太上老君像，两旁侍立真人尹喜和张良正，如同佛像两旁的随侍一般。底座上还有供养人焚香礼拜。道教造像碑中老子的面容很像佛陀，宝座有时也是狮子座。但是正如这件作品一样，总有些与佛教造像不同之处，如像身著道袍，手持羽扇或拂尘，蓄须，戴道冠。为了表现道教的特点，这块碑上加上了苍龙、日和月等。毫无疑问，耀县道教造像碑上的道教神仙是仿照佛教神像塑造的，同时也采用了下面将要讨论的形式。

最后要讨论的是一件制于公元527年的道教造像碑。碑上刻有道教创始人老子和玉皇大帝坐像(有铭文标明二者名号)，他们身后侍立三侍者。这件作品高27.8厘米，宽27.5厘米，据作品风格判定为陕西出品，现收藏在北京中国国家博物馆。据碑背的铭文记载主要施主是站在牛车旁的王阿善。这块碑不会被误认为佛教碑刻，因为道教众神的形貌特征在这块碑上表现得非常明确（图3－61）。

以下两个例子具体说明陕西佛道雕刻的风格。陕西兴平出土的北魏弥勒菩萨砂石造像碑高86.9厘米，制作于皇兴五年（公元471年），又称皇兴造像碑，现藏于陕西省西安碑林博物馆，代表了中国北方造像碑最初的形制。正面为一尊坐姿主佛，背面为叙事场景，均以陕西当地惯用的手法刻划（图3－62）。碑上的弥勒坐像，面容丰腴，双手握着圆形宝饰交叠于胸前，交脚盘坐在狮子座上（形似敦煌北凉时期的275窟坐像），印度地神布弭天托着弥勒双脚。佛像下双层宝台上刻着

3–65 **佛造像碑** 北魏 高183cm 石 美国波士顿美术博物馆藏

3–66　田延和造像碑　北魏　96×43.5cm　石
1974年河南省淇县出土　河南博物院藏

或坐或立的供养人像，现在已漫漶难辨。佛像身后巨大的背光雕满火焰纹和小型坐佛，头光则饰以草木图案。这些题材与手法都与同时代的鎏金佛像相同。造像碑的背面刻释迦牟尼佛本生及最后生故事(受孕、出生、浴佛、转轮圣王的七宝、燃灯古佛等)，共七层，上下排列有序。也有可能描绘的是弥勒最后一次投生的故事。宝台背面刻有很长的铭文但已残缺。从铭文得知，此碑是为故去的双亲所造。

佛教传入中国初期，释迦牟尼佛和弥勒菩萨像往往同时出现，是沿袭凉州艺术也是早期佛教的传统，所以这种造型是典型的中国西北地区的风格。而同样题材的中原造像碑，往往正面是释迦牟尼像，背面的佛本生故事要少一些。

从疏密均匀的阴刻衣纹上，可以看出陕西风格初始时的形态，此后这种手法不断精细化，成为陕西石刻造像碑的地区特征。6世纪前，如上述皇兴造像碑所见，仍是线刻与立体圆雕相配合；6世纪以后，则完全放弃了立体圆雕手法，而全部用图案化的线刻。

最典型的陕西风格造像碑为西安出土、现收藏在西安碑林博物馆的北魏景明四方造像碑，制于公元501年，高58厘米，宽58厘米，厚50厘米（图3－63)。造像碑分四面，每面设一龛，龛内各有一坐佛，佛的手势、姿态、服饰及胁侍各不相同。可能由于此碑制作于长安，其精细程度和创新的手法更高一筹，它不仅代表陕西风格，也展示了当时最高的工艺水平。这件作品以线刻为主，重点在服饰表面，流畅的细线勾勒出变化无穷的几何形图案，但其表现效果却很稳重，与北魏洛阳龙门石窟造像的风格不同。

成熟阶段的北魏风格，也可见于西北碑刻中，麦积山133窟的石碑即是其中杰出的例子。此碑高155厘米，宽76厘米（图3－64)，虽然没有题记注明年代，但风格与形象都显示出是6世纪最初二十五年间的作品。这块碑的题材与云冈和龙门石窟相同，但侧面活泼生动的装饰图样，无疑与麦积山石窟的艺术风格一致。这种风格多用立体雕刻，轮廓线较柔和，与陕西完全以平面线条为主的表现手法恰成对比。

麦积山133窟造像碑的构图与布局与皇兴造像碑颇

3–67　佛与菩萨造像碑

东魏　石　1996年山东省青州龙兴寺出土

青州市博物馆藏

3–68　青州龙兴寺碑线图

相似，碑面仍留有原来鎏金和涂彩的痕迹。碑正面刻有图形，采用分格布局的方法，表现大乘佛法的内容，也是北魏佛教艺术中常见的主题：中轴线上部是释迦、多宝双佛；弥勒菩萨占据中央；最下边为释迦牟尼讲道，二菩萨和四天王侍立两旁。除了右侧自下而上第二格是维摩诘与文殊论道外，其他格内都刻佛传故事，如燃灯古佛预言释迦牟尼出世，以及佛诞、降魔、王舍城说法、涅槃等。总之，综合了北魏时期在中国西北部形成、发展，并在中原地区传播的造像内容和风格。在麦积山石窟中出现这样内容和构图的佛教造像碑，表明这种形式可能源自于石窟造型，是微缩的石窟造像。

在北魏都城洛阳及今河南、山西南部、河北、山东一带，造像碑在艺术手法和形象处理上与西北地区有明显不同，主要有两种模式：一种是长方形高石碑，碑额饰有蟠龙纹（至多可到三对），正面刻有层次分明的浮雕图案，背面刻一排排供养人像；另一种背面有三圣像的组合，形态庄严，正面是精细的装饰图案。这两种类型都属于龙门石窟的皇家风格。

现藏于美国波士顿美术博物馆，造于公元529年的大型北魏青石灰岩造像碑（高183厘米），是第一种模式的佳作（图3－65）。碑上雕像体形修长，浅浮雕细部线条分明，表面装饰充满生气，无疑是洛阳地区成熟的北魏风格。[66]

此碑碑额有三对蟠龙纹，形成优美的曲线图样，恰好构成龛楣，龛内是佛陀诞生、九头龙浴太子的画面。碑的中心部分是叶状图案围成的边框，内凿刻主尊佛释迦牟尼，周围侍立菩萨、弟子、护法、天人，慷慨的供养人被置于左右角的小阁中。主龛顶端装饰两列小坐佛，主龛下端中为香炉，两旁各立一个僧人，边缘呈带状图形，刻着供养人（或骑马，或乘车），最下层为铭文。碑的背面和侧面主要雕刻供养人像，背面六列共五十人，与碑文所列数目相同。这些供养人的服饰严格依照铭文所标记的人物职衔的等级尊卑刻划。碑侧刻有如踩高跷、翻跟头等场面。

田延和造像碑（高96厘米，宽43.5厘米）是第二种模式的代表作（图3－66）。此碑出自河南，体现了龙门石窟特别是宾阳中洞造像优雅的风格。碑正面刻三圣像，一佛在中央二菩萨随侍两旁，为立体圆雕，从体量上突出了佛与侍立菩萨的不同等级。树叶状背光的构图手法很有创意。事实上，这件作品最巧妙的地方在于不同雕刻手法的并用，神像为圆雕，扁平的背光上面刻满莲花和抽象的旋转火焰，线条极纯熟纤细。为了使背光与头光有所区别，灵活的雕刻艺匠用稍深的刀法刻出头光上的莲花纹和宝相花纹。

1996年在山东青州原龙兴寺遗址发现了近三百件佛教浮雕，其中一件三圣像的造像碑，表面尚有涂绘和鎏金的痕迹，为东魏（公元534－550年）时的作品（图3－67）。[67] 这件技艺高超的作品虽然背光和底座已大部分残缺，仍能充分代表山东地区造型特点和审美趣味（图3－68）。碑的底座由两条蟠龙口衔许多含苞欲放和盛开的莲花构成，是极新颖的构思；碑顶部是两个托塔飞天，手法颇为独特。飞天所托之塔为阿育王塔，据说起源于阿育王统治时（公元前3世纪）的印度，阿育王曾在一夜之间建起84,000座这种塔，后来它们奇迹般地在佛教国家广泛传播开来，在笃信佛教的梁武帝（公元502－549年在位）当政时传入今浙江和江苏地区。阿育王塔为一层方形建筑，通常为平顶。但在这块碑上，圆形塔顶上有三串珠饰，造型新颖，具有南朝装饰特色。碑的整体结构别具匠心，龙口衔莲喷水，飞天在空中顾盼而舞，这一切皆用深刀凿刻，娴熟自如，使形象跃然石上。

第八节　南朝佛教雕塑

公元317年后的二百多年间，中国北方由更迭频繁的少数民族政权所控制，南方在汉人统治下则相对稳定，先后历经东晋（公元317－420年）、刘宋（公元421－479年）、南齐（公元479－502年）、南梁（公元502－557年）、南陈（公元557－589年），均建都于建康（今南京）。

南方与北方在社会文化和经济上的差异，导致两地佛教教义及艺术的不同。南方的社会文化孕育了风格独特的佛教艺术，尤其是在笃信佛教的梁武帝统治时期，南方佛教达到极盛。梁武帝因崇信佛教而被称为“菩萨皇帝”，他兴建寺庙、开坛讲法、注疏佛经，以致因热衷于佛事而忽视了朝政。

南朝的显贵多为长江下游和沿海地区的世家望族，他们受儒家传统教育，并熟知道家哲学，他们崇信佛教，资助佛教工程，往往推崇长于妙解哲理和思辨的僧尼，而这些僧尼所建立的崇拜形式和圣像往往异于北方。

慧远（公元334－416年）是南方杰出的僧侣之一。他隐居江西庐山三十年，结交当时的高僧和文士，讲经授法，开启佛教净土法门，庐山因此成为当时的佛教中心之一。[68]

中国南方的地理环境与北方差别很大，这对佛教艺术的发展也有较大的影响。长江流域和南海、印度洋诸国之间商旅往来频繁，这些国家常向中国南方的朝廷进贡，贡品中包括佛像。早在公元405年，狮子国（今斯里兰卡）使者就向东晋王朝献过珍贵的玉佛。史书曾记载如下：

> 晋义熙初，始遣使献玉像，经十载乃至。像高四尺二寸，玉色洁润，形制殊特，殆非人工。此像历晋、宋在瓦棺寺。[69]

扶南（柬埔寨）和马来西亚也敬献过精美的檀木佛像。东南亚文化对南朝的影响颇大，印度原型佛教艺术经东南亚人改造之后传入了南朝，因此中国南方的佛教雕塑形式不同于北方。

关于南方佛教艺术的文献记载颇多，但现存的作品极为稀少。文学和历史著作留下许多关于建康和其他城市佛教艺术的资料，记载了供养人、寺庙，以及著名艺术家所创造的雕刻、绘画。由这些材料得知，佛教艺术的作者不是无名的工匠（与北方不同），而是具有一定社会地位的知名艺术家，而且这些艺术家大都极受尊崇。

当时著名的艺术家戴逵（公元326－396年），雕刻了建康最有名的瓦棺寺佛像，可惜无一存世。戴逵，字安道，谯郡铚（今安徽宿县）人。唐代张彦远《历代名画记》中说他：“善铸佛像及雕刻，曾造无量寿木像高丈六，并菩萨。”[70] 据文献记载，他还是大型夹纻像的创始人。他因高超的写实技巧受世人称赞，这种写实技巧我们将在四川佛教雕塑部分研究。

南朝大量佛教艺术品中，如今只有少数铜像留存（见第四节）。因为南方少石山，无法建造大量的石窟寺庙，佛像多用木、泥或夹纻髹漆等易损材料制成，难以久存。

南齐时期建造的石窟，只有两处，都开凿于5世纪后期。其中一处为始凿于公元489年的南京摄山栖霞寺千佛崖，初由临沂令明仲璋出资建造。最重要的一组佛像是9米高的阿弥陀佛和两旁的观音、大势至菩萨。在19世纪中期太平天国农民起义军占据南京期间，这组雕像遭到严重损坏，随后的修复又毁掉了原来的风格。另一处南齐石窟是浙江省新昌附近高14米的弥勒坐像，也遭到了严重损坏，其艺术与历史价值已不复存在。宿白推测这两处石雕或许受到云冈石窟造像风格的影响，因为此时北方在建造石窟寺方面已经积累了丰富的经验。[71]

因为南朝都城和南朝统治下的沿海省份制作的佛教艺术品极少存世，我们不妨将视线转向四川，那里保存着这一时期的遗存。四川于公元347年被东晋吞并，成为东晋的一部分，因此借助于四川艺术遗存或者可以了解已经失传的南朝艺术。然而，四川的佛教艺术受南朝艺术的影响究竟至何种程度，抑或是只反映了当地人的偏好，这一点还有待考究。

四川造像艺术源远流长，可以追溯到商代而延续到汉代。如第一节所讨论的，最早的雏形期佛教艺术起源于此，但经历了公元2至3世纪的初期繁荣之后，佛教神像突然消失，直到5世纪后半叶才又复兴。至于为何中断，我们尚未探得其中的原因。

广布的贸易通道将四川和许多经济、文化中心相连通，经由这些贸易通道，僧侣们得以出入四川。从公元300年到550年间，至少有二十位僧侣，经由四川东行或西行，其中有四川人，但大部分是外国人。长江航道连接四川首府成都和繁华的湖北荆州，乃至南朝的都城建康。从成都往南，可以通过云南、缅甸到达印度，也可以经云南、贵州、广西直到南海。在西北方面，四川也能通往今甘肃、新疆，与中亚进行贸易往来和文化交流。

不同的风格流派从各地传入四川，其中经由东南亚传来的印度风格影响最为显著。

南齐茂汶造像碑造于公元483年，在风格和造型上都有创新。碑高171厘米，宽73厘米，厚21厘米，原出自四川西北部茂县。20世纪30年代，此碑正反两面的中心图像被切割下来，企图出卖，为当地政府所阻止，并把石碑剩余部分和碎块移往成都四川省博物馆收藏（图3－69）。[72]

碑上刻有两尊主像，据碑文得知正面坐姿的为弥勒佛，背面立姿的为无量寿佛即阿弥陀佛（图3－70）；根据考证，四面龛内各有小塑像(佛、菩萨，以及禅师像)。碑左侧的主要题记记载立碑的年月，大施主西凉方丈玄嵩及随缘捐赠的信众姓名。题记表达了参与龙

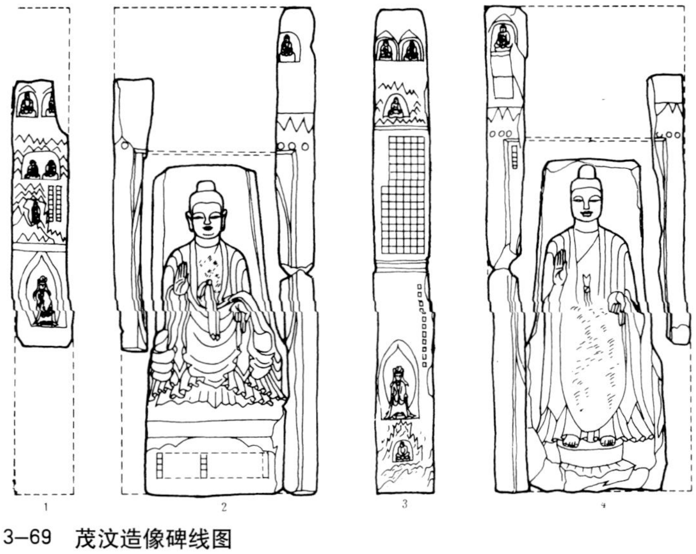

3–69　茂汶造像碑线图

华三会的愿望，但没有提到无量寿佛。碑上佛像所使用的浅浮雕手法，继承了汉代墓葬艺术中流行的线条表现方法，风格却很新颖，很可能影响了后来北方程式化的佛教艺术。例如，宝座上袍褶重重叠叠呈多层弧形的线纹，优美的飘带，神像的偶像化特征，都是龙门宾阳中洞主佛像的重要特点。由此推断，宾阳中洞继承了这里的风格，至少是受了南方的影响。学者们推测这种造像手法可能首先出现并发展于四川，肇始于革新僧人的推动，或意在摹仿南朝宫廷的官服样式。该碑和宾阳中洞佛像的手势也有相似之处，两指伸出，为与愿印的一种。

无量寿佛和弥勒佛同时出现的题材非常新颖，这

3–70 **弥勒佛与无量寿佛造像碑** 南朝·齐 坐佛118×50cm 碑171×73×21cm 石 四川省茂汶出土 四川省博物馆藏

3–72　观音菩萨造像碑
南朝 · 梁　44 × 37 × 15.5cm　石　四川省成都万佛寺出土
四川省博物馆藏

3–71　释迦牟尼造像碑（正面、背面）
南朝 · 梁　37 × 30 × 12.5cm　有色砂石
四川省成都万佛寺出土　四川省博物馆藏

显示在南方这两尊佛一起受到崇拜，这是北方所未见的。弥勒崇拜在佛教传入早期即已流行，而阿弥陀佛至唐代（公元618－907年）才成为主要的崇拜对象。阿弥陀佛出现在茂汶造像碑上说明四川地区对该佛的崇拜早于北方，始于5世纪后期。这块碑显示了四川佛教造像在风格和题材方面的创新，这也可以从万佛寺雕塑中得到证明。

万佛寺位于四川成都城郊，最早建于东汉，以后历经各朝修缮，寺庙名称亦多次更易。寺内造像甚多，自1882年，先后四次(其余三次分别为1937年、1945-1946年、1953-1954年)挖掘出单体雕像和石碑共200多件。有几件保存完好，但大部分残损。迄今只发表了一部分出土的文物。有几件在四川省博物馆展出，大部分保存在不同的贮藏室里。这些造像内容丰富，形式多变，而且作品跨越年代从南朝直到唐代，极有研究价值。1995年5月，成都西安路地下发现九通梁代造像碑，它们的造型和风格都与万佛寺雕刻相同，这证明一个统一完整的风格曾盛行于四川。[73]

梁代造像碑的形式是南方，尤其是四川所特有的，从底座直到佛像部分为长方形，上部顺着背光轮廓逐渐转为圆形。碑文称这些碑为“龛相”，意味这些碑原来置于龛中。造像碑的雕刻手法一致，显示独特“四川流派”的存在，但是，究竟有多少体现了都城建康的风格仍待研究，因为后者留存的作品太少。不过可以肯定四川造像艺术主要接近南方的审美趣味而不是北方风格，可以说，四川的作品揭示了一个被遗忘的传统。

万佛寺释迦牟尼造像碑（高37厘米，宽30厘米，厚12.5厘米）用深灰色砂岩雕成，从碑上题记得知造于梁代普通四年（公元523年）（图3－71）。碑面上有许多图像集中于相当狭小的空间，正面最高处刻有释迦牟尼像，其脚下伏卧两只狮子，两旁分立四尊菩萨，后部刻有四僧人。两天王足踏着各类伏卧的猛兽。最前方有一群生动的艺师表演乐舞。残缺的佛光正面描绘释迦牟尼本生故事。背面分为三层，最底层刻有铭文；中层是以自然山水为背景的礼佛图浮雕；最上层有一群贵族列队从一凹壁(内有一人在床上)走向一身材修长的人，这一画面的寓意不详。

万佛寺的观音菩萨造像碑高44厘米，宽37厘米，厚15.5厘米，是公元548年梁朝的一位僧人捐造的（图3－72）。碑上雕刻一组群像，视觉效果十分丰富，细节刻划尤为有趣。主像为观音，四周围绕四尊观音的化身，五尊塑像都头戴宝冠。前有两只狮子守护，并有驯狮人。在下层可以看到四个身形较小的僧人及两个护法神，

3－73 **双佛造像碑** 南朝·梁 43×29.5cm 石
1995年四川省成都西安路出土 成都市文物考古研究所藏

3－74 **阿育王造像碑** 南朝·梁 高48cm 铜
1995年四川省成都西安路出土 成都市文物考古研究所藏

3–75 **释迦牟尼立像** 南朝·梁 高158cm 石 四川省成都万佛寺出土 四川省博物馆藏

3–76 **释迦牟尼立像** 南朝·梁 高127cm 石 四川省成都万佛寺出土 四川省博物馆藏

3—77　二菩萨造像碑残段

南朝·梁　119×64.5×24.8cm　石

四川省成都万佛寺出土　四川省博物馆藏

站立在象背上，旁边站着驯象师。灵光已残破，正面是一些故事的片断，后面除题记外还有以山水为背景的礼佛图。

西安路发现的梁代造像碑高43厘米，宽29.5厘米，造于公元545年，是僧长元为其死去的双亲捐造的（图3－73）。这通碑保存得非常好，表面仍有大量鎏金痕迹，碑上雕有多宝和释迦牟尼佛，以及五菩萨、两弟子、两天王。二佛坐于双莲花座上，座下有两只狮子守护。佛的金身圆浑，脸部生动温柔，与万佛寺的雕像相似。巨大的背光自下而上依次为坐佛、净土诸佛、飞天，最上边的两个飞天托着一座阿育王塔。塔的造型与前文提到的青州造像碑上的塔相同。显然，两地创作题材、造型和风格皆是梁代都城建康所流行的。碑的背面除题记外尚有以山水作背景的佛说法图，佛两边各站立八个男女供养人。

最后要讨论的是发现于西安路的鎏金阿育王立式铜像，高48厘米，造于公元551年（图3－74）。雕像的双手和大部分灵光已残缺。前文曾述及在南北朝动乱期间，阿育王的遗迹，奇迹般地出现于梁朝的境内，尤其是浙江和江苏。四川作品中阿育王塔和像的出现，更确切地肯定了四川与南朝都城建康在佛教艺术上的关连。

上述所有作品的风格皆为四川所特有，如写实、丰盈的身躯，优雅、自然的姿态，多以山水图景为背景。四川风格还表现于图中人物生动和善的表情，充盈于作品中的温情，以及异国情调的场景，如面貌具有外域人特征的乐师，大象和驯象人等。这些作品的表现方式也是四川特有的，如礼佛场面置于自然环境之中，故事情节以写实的手法铺陈，背景则是当地风景的再现：小山连绵，其间的树木清晰可辨。北方造像碑的雕刻家则完全忽略这些细节，偏好严肃刻板的氛围及远离世俗的效果。此外，四川出现以观音菩萨代替释迦牟尼为主像的造像碑，说明当地观音的地位与释迦牟尼相当，观音信仰已经风行。中国北方也盛行观音崇拜，但那里还没有出现过五观音像的作品，也没有把观音当作佛供奉。

万佛寺文物中有十六尊比真人大的独立圆雕佛像，刻工极精细，大部分约完成于梁代，即6世纪上半叶。这些雕像显示出多种印度风格，从犍陀罗、笈多、秣菟罗到南笈多都有。这说明四川雕刻家对这些风格都很熟悉，并能按照施主的要求运用自如。

高1.58米的深灰色砂岩释迦牟尼立像造于公元529年，属于梁朝作品，是按笈多风格制作的（图3－75）。其衣纹线条分明，透过袍服显现出富有立体感的身躯。但长袍下摆右侧为弧线，左侧垂直的衣纹如一条条沟槽，类似阿马拉瓦蒂城的南印度笈多风格。两种手法混用的情况首见于印度尼西亚和越南，而后出现在中国南方。据碑文记载这座佛像的施主是梁武帝的侄子鄱阳王萧范，他曾出任益州（今成都）太守，这尊释迦牟尼像造于萧范任益州太守之时。

造于公元537年的万佛寺梁朝无头灰砂岩释迦牟尼佛像高1.27米，仿效犍陀罗的造像风格（图3－76）。这件作品与前述529年造的释迦牟尼像手法迥异，雕刻者不重躯体，而着力表现长袍厚重的质感，其飘带和袍褶与成熟期的北魏佛像风格相近。

四川佛教造像最突出的贡献是以形象的图像表现了西方极乐净土，在这方面，四川领先中国其他省份，也有别于外国模式。在一通万佛寺碑的背面即刻有这样的场景，该碑高119厘米，宽64.5厘米，厚24.8厘米，正面两像头部残缺，旁边侍立四菩萨（图3－77）。两尊主像可能是阿弥陀佛的胁侍观音和大势至，站立于莲花座上，碑底部刻着一排欢快的舞者。此碑虽然已经残缺不全，依然可以从中看出四川艺术家表现柔媚动人的人体和生意盎然的草木的独特技艺。

碑的背面及边缘刻满了图像。背面雕刻了一座错落有致的花园，象征西方净土。净土信仰起源于南方，早在公元402年，庐山东林寺住持慧远就带领僧众共同祈求阿弥陀佛，发愿往生净土，阿弥陀佛崇拜遂已形成。慧远倡导的念佛以修道，至唐朝时，发展成为念佛往生西方极乐世界的净土法门，并且盛行于世。

四川净土图像并非出自某位法师的教化，而源自于佛经。有关净土的经典主要有三部，即《无量寿经》（约于252年由僧伽跋摩翻译），《阿弥陀经》（约于402年由鸠摩罗什翻译）和《观无量寿经》（5世纪早期由畺良耶舍翻译）。《无量寿经》强调个人修行的功德，而不完全仰赖阿弥陀佛的愿力；《阿弥陀经》描述净土的福乐，仰仗念佛信愿以求生净土；《观无量寿经》解释九品化生，即不同的修行功德得到不同的品位，此经亦强调禅坐观想的作用（观无量寿经是佛为韦提希所说，经中解释了一系列的禅坐方法）。在前两部经文中，净土被描述成一座美丽的花园，园里绿树成荫，楼阁高耸，香风吹拂，妙音四起，令居住者心旷神怡。这大约是万佛寺造像碑上的净土图景的依据。万佛寺造像碑的背面刻阿弥陀佛的胁侍观音和大势至菩萨，正面为阿弥陀佛接引发愿往生净土的众生。修行未达到品位的众生，必须在化生池莲花中等到修行圆满之后才能化生于净土。四川雕刻家具有捕捉细节的敏锐眼光和高超的构图技巧，他们所表现的阿弥陀佛净土的图景堪为首创，北方雕刻家大约四十年后，即到公元570年才开始创作这类题材的作品。[74]

通过万佛寺和成都西安路发现的梁代文物，我们可以大致看出南方艺术风貌。南方与北方的不同之处在于前者注重写实，强调神像的立体感和人性化。这一时期的四川佛教雕塑把神像置于自然环境中，这可以看作是用雕塑表现自然风景的肇始。在造像题材方面，梁代四川佛教艺术有许多有趣的创新，如阿弥陀佛和弥勒佛双佛的出现，用表现释迦牟尼佛的手法刻划观音，以及开创雕刻净土图景之先河，这些发展虽局限于四川，但对四川以外地区也产生了影响。

第九节　北齐、北周造像艺术的新风格及隋代造像

6世纪中叶，北魏其后的东、西魏王朝被北齐、北周取代，中国北方仍分裂为两部分：东部，包括河北、山东、河南，还有安徽和山西部分地区，由北齐（公元550－577年）控制；西部，陕西、宁夏、甘肃、山西部分地区，以及四川与湖南(曾经隶属于南方政权，但在553年被西魏吞并)，成为北周（公元557－581年）的领土。北周于577年吞并北齐，公元581年又被隋朝取代，589年隋消灭南方最后一个王朝陈，统一了中国。这一系列的政权更替，对当时的佛教艺术活动产生了相应的影响。

北齐的造像艺术摒弃了北魏风格而另辟蹊径。其造像喜用细密的线条，显然受印度笈多风格影响，这一风

格曾对6世纪上半叶的南朝艺术产生过影响。[75]

北齐的笈多风格并不是通过中亚从印度直接传来的，而是得自南朝。这种风格的造像体态优美，衣著轻薄，发卷曲，眼形似莲花，嘴唇丰盈，神态优雅睿智，背光巨大，上刻深深的卷叶纹。这种风格取代了在此之前的主流风格。这种新颖的艺术风格可见于河南与河北交界处皇家建造的南北响堂山石窟，以及河南安阳附近的小南海石窟。小南海石窟非皇家所建，但主持开凿的北齐高僧僧稠（公元480－560年）和朝廷关系密切。山西天龙山在这一时期创作也很活跃，我们将在论述唐代雕塑时介绍。这三处石窟在题材、结构和风格上都各有创新。[76]

北响堂山很可能是北齐文宣帝（公元550－559年在位）营造的，于公元572年竣工。第7窟是现存三处石窟中最大的一处，高深宽敞，面积12平方米，洞中有一象征佛塔的巨大中心柱，面积6.95平方米（图3－78）。中心柱的三面（除背面外）各有神龛，龛沿为蹲伏的护法神所支撑的巨大立柱，龛内设一佛二菩萨。石柱下部刻着北齐宗教雕塑艺术特有的“神王”像。

尽管窟内造像遭到严重破坏，仍然可以看出其体现皇家理念的北齐风格。在笈多风格影响之下，窟内中心柱的佛像身躯自然浑圆，表面则有极流畅的图案。两侧菩萨体态自然，繁简得当的珠宝饰物更强调了身体造型的优美（图3－79）。响堂山菩萨和公元548年造的四川立姿观音，都以轻盈的衣褶表现扭动的迷人身躯，雕刻家用写实的表现手法显示他们对人体结构的理解。由此，也可以看出笈多风格由南及北传播的印迹。

响堂山神像的背光和头光很大，上面满刻生意盎然的草木花纹，其繁复精细与平滑朴素的佛身形成鲜明对比，这种表现手法也来自笈多，但缺乏笈多风格丰富生动的质感。北齐雕像缺乏印度原型所具有的丰柔及自然流畅的身体结构。圆柱状的躯体和球形的头，基本上是几何图形的延伸。所以说北齐风格源自印度，但并未完全因袭印度的原型。

在北齐宫廷佛教艺术中，舍利塔崇拜与墓葬风俗有密切的关系。石窟内设舍利塔前已有之，但是，北响堂山7号窟后部的中心柱后方却成为文宣帝的墓葬。这种将石窟作为陵墓的做法从无先例，在云冈和龙门石窟，双窟也不过是用于“纪念”皇帝和皇族而已。舍利塔及其相关的雕塑作品的普遍出现，起因于北齐时代流行的末法说。这是大乘佛教中关于佛衰微灭亡的预言，盛行于公元550年后。北齐前后一系列历史事件，如公元446年、574年北魏和北周的废佛事件更加深了这种末日即将来临的恐惧感。另外，舍利塔象征佛法的延续，具有佑护的作用，朝廷及当时的大法师或许认为把皇帝埋葬在舍利塔下就可帝祚永保。

南响堂山石窟开凿于公元565－577年间，稍后于北响堂山石窟，在结构、风格和造型题材上皆有创新。结构上最显著的变化是洞窟建为上下两层，如下层的1号窟与其上的3号窟相连通（图3－80）；另一个重要的改变，是出现了小型的三壁三龛式佛窟，即沿三面墙设宝坛，上置佛像。据安阳小南海石窟的文字记载，这是一种盛行于北齐的新格局，是为适应特定的礼佛形式——禅坐，而建造的。洞窟面积的缩小无疑适宜禅坐静修。

南响堂山第7窟是这种结构和风格的典型。窟前带檐柱的廊，仿砖木结构雕成，为三间四柱式，柱顶雕有仿木结构的斗拱、檩、椽、枋、檐、瓦等（图3－81）。

3–78 **北响堂山7窟中心柱雕刻** 北齐 石 河北省邯郸北响堂山石窟

3—79 **北响堂山7窟中心柱雕刻** 北齐 石 河北省邯郸北响堂山石窟

3–80　南响堂山1、3窟平面图

3–81　南响堂山7窟前部线图

窟内空间约为3.6×3.4平方米，洞顶稍凹进，中央刻有莲花，四周是飞舞的伎乐天。三个佛龛浅而宽，内设三尊佛像：后壁为毗卢遮那佛，两侧为弥勒和阿弥陀佛（图3－82）。这种独特的组合首先见于安阳石窟，是当时教义革新的结果。每一佛身边皆有二菩萨、二弟子，背景为千佛，沿壁的宝坛上雕刻着神王像。

虽然第7窟损坏严重，但其造像遵循的审美原则仍然明显可辨，造像风格多演变自北响堂山石窟，规模明显小于北响堂山，虽然不如前者雄伟壮观，但却平添了一种和谐安静的气氛。造像的躯体较浑圆，虽然身躯依旧如基本的几何图形和圆柱形，头部也仍是球形，但感觉较自然。服装较为简化，衣袍贴体，衣纹简洁流畅；坐佛衣袍一改下披的衣褶，而表现为软薄的质料，隐隐显出袍下的双腿；胁侍菩萨身上所饰的璎珞与珠串也用浅浅的阴刻线条表现。整体来说，这些形象具有一种宁静，深沉的神态。

净土极乐世界题材的表现是北齐造像很重要的一个创新，末法学说所引起的恐惧使人们更加向往净土，崇奉弥勒，尤其是阿弥陀佛。[77] 不过，这些净土的图像究竟是供禅观之用，还是为了赞美天国还不甚清楚。

南响堂山 1 号窟和 2 号窟壁面装饰的四件浮雕，为表现西方净土的内容。1号窟的浮雕位于洞口上方和正对洞口的中心柱的上部，2号窟的浮雕现收藏在华盛顿弗利尔美术馆。一块浮雕描述诸佛和菩萨在净土聚会，另一块浮雕高1.208米，长3.345米，描绘阿弥陀佛的西方净土。阿弥陀佛居中，两边是观音和大势至菩萨（图3－83），与成都万佛寺的梁代浮雕的相同之处在于两者都表现了一个神人共存的神奇世界；但在空间处理上，北齐浮雕不重空间深度，图像平面排列，以致出现莲花池比佛像更加醒目的效果。

北齐浮雕较南朝的作品约晚半个世纪，也是以两部净土宗经籍为依据，但造型方法不同。南响堂山石窟的天国图景具有浓郁的异国情调，赤裸的神像、浑圆的躯体、紧密的构图，与东南亚的艺术风格相近。

小南海三窟(距安阳约25至30公里)与北响堂山石窟同期兴建，在布局、风格、造型方面的创新影响了南响堂山石窟。三窟之中，中窟的装饰和佛像配置充分反映了僧稠的理念。僧稠曾授文宣帝菩萨戒，因博学在朝中任“国师”。中窟依山岩凿成，面积很小，高深各约1.7米，宽1.4米，但蕴含了丰富的艺术及教义内容。洞顶为覆斗形，最上边有一朵大莲花。洞内布局遵循三壁三龛式。主佛为毗卢遮那佛，两侧是阿弥陀佛和弥勒佛（图3－84）。洞窟的规模如此之小，洞内置放的佛像又与僧稠信奉的教义相合，由此推断这个洞可能是僧稠修法的禅窟。

石窟两侧洞壁上部的浅浮雕也独具特色。根据题记可知东壁为弥勒说法图（图3－85），西壁刻九品往生景象（图3－86），描绘众生因累积功德的不同，而化生到不同品位。与南响堂山浮雕不同，这方浮雕取材于《观无量寿经》。根据这两幅浮雕可以确定其下的佛像为弥勒佛和阿弥陀佛。

在讨论北齐艺术时，不能忽略雕刻技巧的发展。当时，今河北定县一带的艺人采用了花齿边和镂空的手法，制造出小型而精细的玉石造像碑。这种处理方法在表现坐佛和立佛的灵光、背光时，尤其出色。这些背光有如叶状的屏风，轻薄如布帛。题材多为沉思的菩萨(弥勒菩萨或释迦牟尼，有时二者成对出现)，释迦牟尼和多宝双佛像，还有众佛群像。1978年在河北藁城所发现的2000多件古代雕塑中（其中许多定为北齐时期作品），有很多此类题材的作品。[78] 高77厘米的弥勒造像碑造于562年，是这类雕刻作品中的一件佳作，现收藏在正定隆兴寺。此碑下有座，正面雕释迦牟尼和多宝佛；两旁各有一株大树，枝叶交接于上，镂空的树冠上刻满天人和小佛像；顶端立一小塔，塔上也雕有释

3–82　**南响堂山7窟后壁龛**　北齐　石　河北省邯郸南响堂山石窟

3–83 **南响堂山2窟西方净土浮雕** 北齐 120.8×334.5cm 石 美国华盛顿弗利尔美术馆藏

迦、多宝双佛；树干上双龙盘绕。碑正面的双佛两侧立有二菩萨、二弟子和二天王，另有几个嬉戏的童子，有的童子手捧佛脚，有的躲藏在树丛中。底座中央刻有一座香炉，还有两只活泼可爱的狮子（图3－87）。碑的背面与正面相对应，刻有两尊沉思的弥勒，两旁有二僧人侍立，上边是捧着宝珠的天人。在弥勒的底座上有一立佛，身旁有四个神王。这件雕刻得很精细的作品存有多处鎏金和彩绘的痕迹，更显得珍贵。

6世纪中叶，当北齐艺人采用新的雕像风格的时候，北周占据的西北部的艺人则创造了另一种造型风格。两个不同的地区同时发展出迥然不同的艺术模式。总的说来，北周雕塑造型扎实方正，这一点与北齐相似；不同之处在于脸部表情、体态塑造及其装饰手法。

就我们所知，现存石窟中没有北周皇室所营建的石窟，但在当初属北周疆域的地区尚遗留不少北周时期建造的石窟，另外还有一些单体的雕像。宁夏固原西北55公里处的须弥山石窟，保存完好，是一杰出的代表。须弥山最重要的石窟是45、46、48窟，以及规模宏大的51、67窟。51窟内的三尊坐佛(约高6米)体现了一种阳刚之气（图3－88）。造像身躯粗壮，著简朴而厚重的长袍，衣褶用阴线刻出。佛像方脸，阔鼻，厚唇，显得沉静而冷漠。北周佛像完全没有北齐佛像特有的内敛沉静的神情。[79]

甘肃武山拉梢寺内巨大而突出的三圣像(高60米)亦是北周时凿造的，根据佛像旁题记得知，此像由北周大臣尉迟迥督造，于公元559年造成（图3－89）。像为释迦牟尼和二胁侍菩萨，石胎敷泥，外涂五彩，现仍可见红、绿、白色的痕迹。像下的宝座式样罕见，共分为六层，上镌莲叶间以宝象、鹿、狮等。宝座上还

3–84 **小南海中窟内景细部** 北齐 石 河南省安阳小南海石窟

3-85 **小南海中窟造像** 北齐 石 河南省安阳小南海石窟

3-86 **小南海中窟造像** 北齐 石 河南省安阳小南海石窟

3–87　**弥勒佛造像碑**　北齐　高77cm　石　河北省藁城出土　河北省正定隆兴寺藏

3—88　三佛造像　北周　高约600cm　石　宁夏回族自治区固原须弥山石窟51号窟

3—89　拉梢寺摩崖佛像
北周　石　甘肃省武山拉梢寺

3–90 **麦积山62窟后壁造像** 北周 彩塑 甘肃省天水麦积山石窟

有一佛龛，里边有三尊浮雕佛像。三圣像因为体积庞大，手法较为程式化，但仍具有面部方阔、表情凝重、体形粗壮等典型北周风格特点。[80]

麦积山62窟则表现出北周风格的另一种面貌。窟内有十一尊泥像(高90到112厘米)：后壁和两侧壁前皆安置一佛二菩萨（图3－90)，洞口两侧各立一僧人。麦积山的泥塑，不论出自哪个时期，其面容皆塑得极为温柔，此窟中的塑像也有这一特点，一改北周造像中固有的厚重和沉静。

北周的佛像神情肃穆，菩萨像则以服饰表面设计华丽著称。西安碑林博物馆收藏的黄石灰岩(陕西常见的石材)弥勒菩萨雕像（图3－91)，躯体厚重，大量的立体珠饰，更突出了雕像的沉重感。脸形略方，神情严肃冷峻。

北周雕塑偏好华丽的装饰。纽约大都会艺术博物

3–91 **弥勒坐像** 北周 高185cm 石
1950年陕西省西安塔坡清凉寺出土
西安碑林博物馆藏

3–92 菩萨立像
北周　高约500cm　石
美国纽约大都会艺术博物馆藏

3−93　菩萨坐像（头部残失）

北周　石　四川省成都万佛寺出土

成都万佛寺藏

3−94　皇泽寺大佛龛造像

北周　佛高510cm　石　四川省广元皇泽寺10号大佛窟

馆收藏的巨型砂岩立姿菩萨（约5米高）是最能体现这一倾向的代表作（图3－92）。这件作品无铭文纪年，通常断为北齐但视其风格特点更像是北周的。雕刻者对像的躯体不求形似，除像背外，皆采用了大量表面装饰，如繁复的项圈、花冠，胸前凸起的珠珞和精致的绶带(袍上的花纹可能是明朝添加的)。

虽然北周石窟主要集中于中国西北地区，但北周造像的艺术风格并非只具有该地的地域特色。公元553年北周曾占领四川部分地区，这对于北周风格的形成可能产生一定的影响。四川成都万佛寺的一尊无头坐姿菩萨，造于公元567年，其佩饰华丽，具有北周造像的特点（图3－93）。这种源于印度佛教造像传统，偏好立体感及表面华丽装饰的风格，已经植根于四川佛教雕塑中。简而言之，北周风格的这一特色可能源于四川，但粗壮结实的躯体和方型脸庞则可能是西北地区的偏好。

四川造像艺术对北周风格的影响也可以从四川广元皇泽寺雕塑（图3－94）中看出。这组规模宏大的雕塑包括一佛、二菩萨、二弟子阿难和迦叶、二护法、天龙八部等胁侍，阿难脚边有一身形非常小的供养人。我们认为是北周的作品，这可以从造像脸部严肃的表情，特别是菩萨的塑造手法和沉重繁复的装饰物上看出。

公元589年隋朝统一中国，北方延续了三十余年的两种艺术风格开始融合。但是，隋代艺术并不只是北齐和北周的汇合。艺术探索还在进行，不同地区的艺术思潮还在互相影响。更准确地说，隋代艺术继承了前代的艺

3–95 **阿弥陀佛像** 隋 高578cm 石 英国大英博物馆藏

3–96 **观音立像** 隋 高249cm 石 陕西省西安市出土 美国波士顿美术博物馆藏

3–97　**一佛二菩萨立像**　隋　高425cm　彩塑　甘肃省敦煌莫高窟427窟

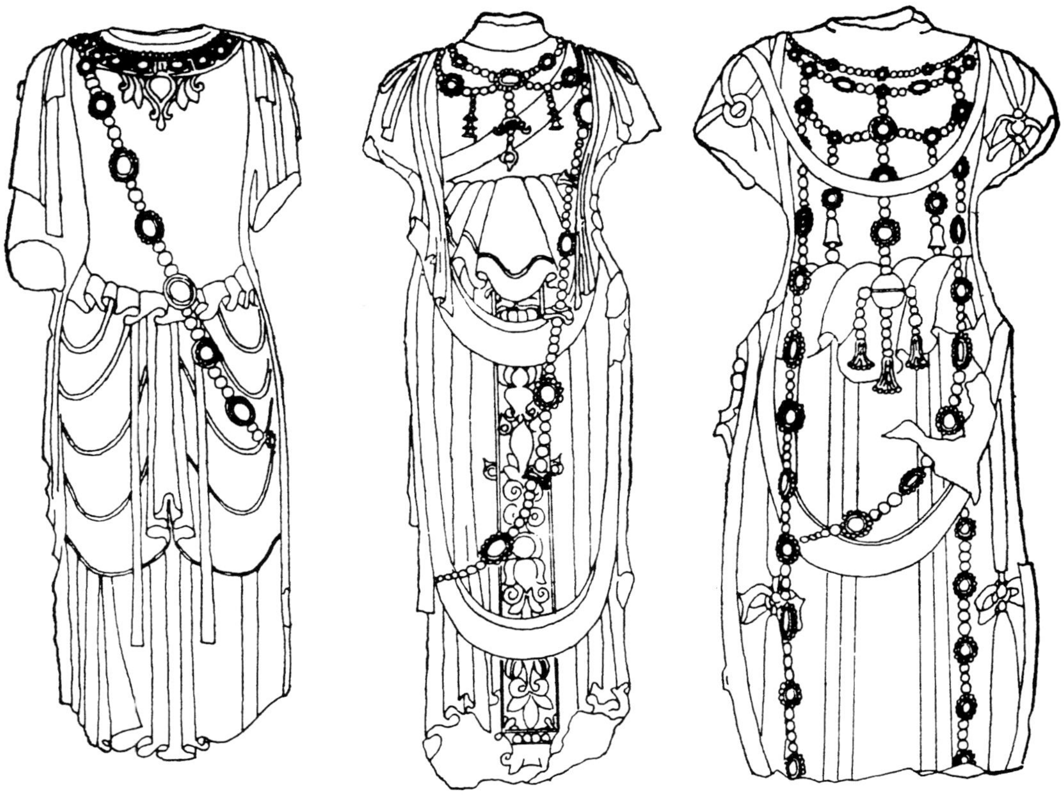

3—98　山东诸城隋代菩萨线描图像

术成就，并不断予以改造使之完善。隋代雕塑家把前代两种风格中潜在的特色发挥得淋漓尽致。[81]

现藏于大英博物馆的一尊汉白玉阿弥陀佛（高5.78米），是造于公元585年的隋代作品，出自河北省，与北齐风格相近，但另有新意（图3－95）。因这尊佛像形制巨大，与尺寸较小的佛像相比，其程式化的手法更加明显。佛像躯体粗大，衣纹细密弯曲，上衣衣褶式样细腻，飘动的下摆生动自然。圆润的头部显得沉静庄严。笔直的造型、对称而稀疏的装饰纹样，这些隋代北地的风格在北齐造像中就已初露端倪，只是在此时才充分显现出来。

收藏在美国波士顿美术博物馆的石灰岩观音巨型雕像(高2.49米)，原曾涂彩。虽没有纪年，但普遍认为是隋代作品（图3－96）。这尊像于1915年从西安的一座寺庙里运往美国，因出自西安，其风格受北周造像的影响。这尊观音并足而立，左手已损；右手执一茎莲蓬。北周风格明显，例如身上环佩重重，有摩伽罗鱼王造型的饰物、流苏与风铃。头戴宝冠，饰以珠环，顶上刻有小佛像。这种繁复的装饰把北周情趣表现到了极致，但娴静的面容和明显倾侧的身躯，以及紧裹着身躯的飘动的帔帛，又异于北周风格。

隋代制作于北方地区的作品并非全都依循北齐风格，同样，西北地区的塑像也不总是体现北周的风格，而是各地区的特点相互影响，情况相当复杂而令人费解。举例来说，敦煌427窟的大型佛像(高4.25米)，并无北周风格特点。佛像背墙而立，浑圆而平滑的身躯，线条简洁的衣纹，头圆而面部慈祥，这与河北省发现的北齐作品更接近（图3－97）。

1988年和1990年，山东诸城发现许多雕塑，其中包括隋代作品。使人费解的是，这些作品与北齐风格迥异，

3—99 **贴金彩绘菩萨立像** 北齐 高136cm 石 1996年山东省青州龙兴寺出土 青州市博物馆藏

3–101　**贴金彩绘佛像细部**
北齐　石灰石　1996年山东省青州龙兴寺出土
青州市博物馆藏

3–100　**贴金彩绘佛像**　北齐　高118cm　石
1996年山东省青州龙兴寺出土　青州市博物馆藏

却体现了北周精细复杂的风格（图3－98）。[82] 北周国土与山东相去甚远，其艺术风格如何传到此地的呢？

青州雕像中有几件作品难以确定其制作于北齐还是隋，因而无法肯定两者是否存在相承的关系。中国学者把一尊极精美的立姿菩萨（高136厘米）归为北齐作品（图3－99）。但这件作品融合了北周的华丽装饰和北齐流畅圆润的面部及体态的特征，更像是隋代作品。同样，把著袈裟的大佛像归为北齐作品也是值得商榷的，这些佛的袈裟上贴金并绘有关于宇宙的图形，因此叫作“宇宙之佛”（图3－100、3－101）。在青州佛像

3—102 **贴金彩绘佛立像**
北齐　高148cm　石
1996年山东省青州龙兴寺出土
青州市博物馆藏

3—103 **阿弥陀佛像**　隋　高76.5cm　铜鎏金　陕西省西安市出土　美国波士顿美术博物馆藏

3–104 **阿弥陀佛与二胁侍像** 隋 铜鎏金 美国华盛顿弗利尔美术馆藏

发现以前，这类佛像以华盛顿市弗利尔美术馆的一尊如真人大小的石像最具有代表性，一般认为是隋代作品。[83] 除了袈裟上醒目的装饰外，青州宇宙佛与一尊身著描金袈裟不加雕饰的立佛非常相似（图3－102）。这尊较为简朴的佛像一般认为是北齐作品，它完美地体现了印度的笈多风格。事实上这两种风格之间并没有严格的界线。

隋代的鎏金铜像也多受北齐或北周造像风格的影响。现藏于波士顿美术博物馆、制于公元593年的隋代鎏金铜佛像（高76.5厘米），是这一时期最杰出的代表（图3－103）。这件作品表现的是阿弥陀佛的净土。为了制造天国氛围，像的周围刻满枝叶茂盛、只有净土才有的树木，以及成串的宝珠，悬挂着的串铃和飞天。阿弥陀佛结跏趺坐于莲花宝座上，两旁有观音菩萨、二大弟子阿难和迦叶、两个头戴尖顶头饰的人物（一说为辟支佛，也即缘觉；根据最新的研究认为是梵天），还有两个手执闪电的力士。[84] 北齐和北周两种风格在这件作品中得以完美结合：菩萨像，特别是其表面纹饰的处理，带有北周造像特点，但佛像和其他人物的塑造手法和风格则颇似北齐的。菩萨刻工精细，如金银丝镶嵌的宝冠，阿弥陀佛的背光，华丽的宝座，都展示了匠师的精湛技艺；微笑的恬静面容及其自然优雅的风度，代表了隋代的特点。由这件作品可以看出隋代西安的金工技艺已达到极高水平，可以和河北媲美。

3–105 **大卢舍那佛龛造像** 唐 佛高1714cm 石 河南省洛阳龙门石窟奉先寺

华盛顿弗利尔美术馆收藏的三佛供桌虽然并不华丽，但极有特色。供桌高32厘米，根据铭文得知造于隋代开皇十七年（公元597年）（图3－104）。这件作品风格淡雅，倘若不是上面的铭文，极易误认为北齐的作品。铭文没有记载制作地点，但说明十六个贵妇是这组雕像的施主。佛像似乎是阿弥陀佛和两个持花的侍者——观音和大势至。菩萨身形矫健优雅，面带微笑，三像互相顾盼，这超出了北齐的艺术水平，肯定是隋代的作品。

第十节　唐代佛教艺术

唐朝时期疆域空前拓张，政治影响扩大，文化昌盛，与此同时，佛教艺术也登峰造极，这个发展阶段的特点是佛教教义的演变与写实风格的兴起。

唐朝势力向各方拓张，直达中亚、朝鲜、东南亚地区。唐都长安（今陕西西安）成为亚洲经济、文化交流的中心，吸引了来自世界各国的使者、商贾和游客。这时中国人确实感到他们是世界的轴心，充满了自信和乐观主义精神。频繁的国际交流使中国人接触到了域外各种文化。自信心加上外国文化风俗的影响，促进了现实主义的发展，摒弃一切抽象表现体系。

在唐朝前期的一百五十年间，皇室的支持对于推动佛教艺术创作起了决定性作用。唐高宗（公元650－683年在位）、女皇武则天（公元690－704年在位）和玄宗皇帝（公元712－756年在位）在位期间不仅兴建佛教艺术工程，而且礼遇外国来访的高僧并鼓励中国僧人到外国取经。一旦取得新的经典，皇室会全力支持高僧主持经典的翻译工作。

许多知名的法师在引进佛教教义方面起了重要的作用。在7世纪到印度取经并在印度本土研究佛经的僧人中，高僧玄奘成就最为突出。他于公元629年从长安出发往印度取经，公元645年，返回长安，带回大量佛典、佛像和佛像草图，在朝中引起轰动，他记叙外域见闻的游记《大唐西域记》，唤起了当世及后代对外部世界的向往。[85]

公元695年，应女皇武则天的邀请，僧人实叉难陀从于阗来到洛阳，带来了《华严经》梵本并翻译成汉文，女皇为译文写了序言。8世纪上叶，三位印度高僧善无畏、不空和金刚智入唐传授密宗。

此时佛教艺术中出现一些新颖的造像，是中印文化交流的结果。对毗卢遮那佛的谟拜，与禅宗有关的罗汉描绘，还有密宗大师介绍到中国的许多神佛，都是朝廷所偏好的佛教造像题材。

女皇武则天笃信佛教，她当政时，在东都洛阳以南的龙门开凿了几处石窟。这些石窟体现了唐代新的风格和武则天所倡导的教义。从下面介绍的三处雕塑工程(在二十五年间建造完成)，我们可以看到当时写实手法的演进。

龙门石窟奉先寺内的巨大雕像，始建于公元662年，于公元676年完成。[86] 中心巨佛卢舍那佛连底座高17米余，两旁有二弟子阿难和迦叶，二天王和二力士（图3－105）。

朝廷雕造这组神像的政治目的在于以佛法比附王权。在《梵网经》中，称卢舍那为本源佛，能于百千世界化现百千佛。这百千世界之中，又有千亿小世界，有千亿释迦牟尼佛说法。[87] 这种由一个至高无上的神控制众神的模式，正与唐代皇权至上的官僚制度相合，

3–106 **菩萨与弟子像**
唐　菩萨高1330cm
弟子高1065cm
石　河南省洛阳
龙门石窟奉先寺

3–107 **天王、力士像**
唐　高约1030cm
石　河南省洛阳
龙门石窟奉先寺

3–108　**本尊及胁侍象**　唐　本尊高297cm　石　河南省洛阳龙门石窟惠简洞

3–109 **罗汉像** 唐 高约170cm 石 河南省洛阳龙门石窟看经寺

所以说这组巨大的造像反映了当时中国的政治。在这种情况下，威严高大的佛像、华丽的胁侍菩萨，以及护法金刚，都有其政治含义（图3－106、3－107）。

这组雕像显现了重大的风格变化，佛、菩萨和僧人的雕造摆脱了隋代程式化的手法。唐代雕像躯体结构流畅，趋于自然的表现手法，取代了隋代僵化的圆柱式形体。但是奉先寺的神像太大，而且是王权的象征，不能完全采用写实的手法。卢舍那佛居高临下，洞察一切的神情，使人感到这一神圣形象高不可及，顿生敬畏之意，正如龛记所言：

> 佛身通光座高八十五尺，二菩萨七十尺，迦叶、阿难、金刚神王各高五十尺。粤以咸亨三年（公元672年）壬申之岁，四月一日，皇后武氏助脂粉钱二万贯。……正教东流七百余载，佛龛功德唯此为最；纵横兮十有二丈矣，上下兮百四十尺耳。[88]

雕刻家们在塑造卢舍那佛时未用写实手法，但从表情丰富而体格骠悍的天王及金刚像中，则可以看出写实的成分。

造于公元673年，位于奉先寺附近的惠简洞也与皇家有关，其监造人是长安法海寺的法师惠简，与女皇关系密切。[89] 洞内供奉的弥勒像为坐姿，阴刻的衣纹下透出微微突起的胸肌和四肢的轮廓，按解剖结构表现的人体，充满着力量，气势不凡（图3-108）。像的头部甚圆，面部神情威严，但不像卢舍那佛像那样冷漠。惠简洞的佛像反映了一种理想化的写实风格。

位于伊水东岸山坡上的擂鼓洞石窟（已不在原址）和看经寺窟，均为女皇资助建造，是龙门石窟中的杰作。看经寺是为供奉罗汉而建造的，这些已达到解脱生死轮回果位的罗汉，特别为禅宗所崇拜。但罗汉造像并不只限于禅宗。后世大多数东亚佛教的宗派，包括密宗、天台宗及净土宗，均制造了许多祖师的肖像。佛教认为罗汉乃是凡人，但有非凡功果，他们具有他心通，天耳通，神足通等各种神通。这些隐居于自然中、自由自在的僧人与中国道教的圣人有相通之处，因而在中国颇受欢迎。

沿看经寺洞壁雕塑的29尊罗汉是唐代杰作，每尊皆如真人大小（平均高1.70米），生动地再现了自禅宗初祖摩诃迦叶起，二十九代传法谱系像（图3－109）。这29尊各具特色的塑像，有的年轻，有的年老；有的胖，有的瘦；有的木讷，有的活泼；有的严肃，有的和蔼；还有几尊看来像是外域人。这些像采用与洞壁不完全分离的高浮雕技法雕成，其中有几尊以高度写实的手法雕成。这些罗汉神态表情各异，栩栩如生，相互关系微妙，突出了他们个性的对比，令人着迷。

在河北省易县附近的石窟里，曾发现十六尊（一说十八尊）三彩罗汉像，也具有上述特征。[90] 这组像中有六尊保存在西方博物馆里，还有一尊原来在德国，后来毁于战火，其余不知去向。这些三彩罗汉像的出处及制作年代仍是未解之谜，一般断定为唐代或辽代的作品。最近被判定为10世纪中叶辽的作品，因为它们与北京龙泉坞窑出土的三彩菩萨像有某些相似之处。[91] 但我们更倾向于其为8世纪唐代的作品，因为它们与唐代文物的风格、造型、制作手法非常相似。

大都会艺术博物馆收藏的两尊真人大小的罗汉坐像（高分别为1.047米和1.27米）以形象逼真著称（图3－110、3－111），年长的一尊手持经卷，陷入沉思，年青的罗汉侧首旁视。我们认为这两尊罗汉是唐代作品，

3–110 **罗汉像** 唐 高104.7cm 陶彩釉 美国纽约大都会艺术博物馆藏

3-111 **罗汉像** 唐 高约127cm 陶彩釉 美国纽约大都会艺术博物馆藏

3–112 **七宝台佛龛** 唐 高约100cm 石 陕西省西安光宅寺 日本东京都国立博物馆藏

3–113　七宝台十一头观音浮雕
唐　青石　陕西省西安市光宅寺
美国华盛顿弗利尔美术馆藏

因为它们与看经寺浮雕风格相似，题材取自相同的经典，而且都采用了三彩技术。三彩技术成熟于盛唐，到公元750年时达到顶峰。

七宝台内部的浮雕也造于武则天当政时期，七宝台是长安光宅寺中的建筑。[92] 光宅寺由皇家兴建于677年，但七宝台塔是公元700年后才增建的。9世纪时这座塔已不存，里面的浮雕也移至长安宝庆寺。现在32件浮雕中只有7件仍在宝庆寺，其余分别收藏在日本和美国。根据浮雕上记载的年号推算，七宝台建造的时间为703年至704年。这些石灰岩浮雕像反映了皇家所信奉的教义，以及朝廷所偏爱的写实风格。这些雕像平均高约1米，皆为本尊及二胁侍菩萨组合的三尊像，本尊为身镶宝石的阿弥陀佛、弥勒佛或毗卢遮那佛化身，背景雕刻有优美的花树。雕像有着孩童般的面容，丰满而柔软的肢体是按人体解剖结构塑造的（图3－112）。菩萨像腰细，臀部扭侧，装饰华美而简洁，这可能是因为像太小，无法作繁复的雕饰。浮雕中还有七尊十一头观音像，刻在高而窄的石板上。十一头观音像是密宗神像，早在北周翻译的佛经中就有描述，唐代由印度僧人阿地瞿多翻译的《陀罗尼集经》中亦有描述。相似的叙述在同代的玄奘和8世纪不空翻译的佛经中也可以发现。

美国华盛顿弗利尔美术馆收藏的十一头观音有十个较小的头一层层叠在头上，仿佛是头饰的一部分（图3－113）。观音身形丰满自然，在雕刻精细的衣带和

3-114 **九头观音像** 唐 高35.7cm 檀木 陕西省西安出土 日本奈良法隆寺藏

珠宝衬托下更显优美，体现了8世纪上叶中国雕刻艺术的写实手法和高雅风格。

九头观音像高35.7厘米，用整块檀木雕成，极为罕见。雕像制作精湛，表现了艺匠在使用不同材质制作小型造像时，灵活应变的才能（图3－114）。这尊像于18世纪初被带到日本，现在藏于法隆寺。

8世纪最初二十五年间的唐代雕塑不仅具有写实风格，而且呈现出世俗化的倾向。这类造像构思巧妙，制作无懈可击，可以山西天龙山石窟和甘肃敦煌石窟为代表。

天龙山石窟位于山西太原西南约40公里处，始建于东魏，于唐玄宗时再度兴盛。石窟内没有铭文说明其营建年代，也没有皇家营造天龙山的记录，但塑像制作精良，品味颇高，显示捐助人应该是个重要人物。太原古称晋阳，武则天的父亲曾为当地行军司铠参军，在武则天当政时期该地受到特别的眷顾，因此这些石窟很可能是皇室营建的。

不幸的是，在20世纪20年代这些石窟中的雕塑被掠劫至国外，现存的雕像严重残损。唐代建造的第14、17、18、21号窟格外精美，浮雕像以五尊或七尊组合，沿洞壁呈弧形排列，或站或坐，姿态悠闲，顾盼有情。

天龙山石窟造像写实及世俗化的程度，超过了8世纪早期的其他唐代石窟造像，几乎动摇了佛像神圣的地位。佛像和菩萨像衣裳软薄，紧贴肢体，使肢体曲线更为显现（图3－115）；头、颈、躯干和手脚衔接自然，人体结构准确。生动自然的刻划，人性化的神态，安详的表情，达到了登峰造极的地步。微微倾侧的身躯透出慵懒之态，圆圆的头部倾向一侧，眼睛和花瓣般的小嘴半开半合，脸上的表情如痴如梦。这些造像的神情令人感到了宫廷的气息，而无神仙聚会的气氛。

同时代的敦煌石窟，制造手法与天龙山相近。我们以45窟为例，这个洞窟建于公元725年（图3－116），内有七尊彩塑：一佛，二僧人、二菩萨、二天王。每像都塑造得自然丰满，通过身姿和表情表现出相互之间亲密的关系。周围壁画所绘的菩萨仿佛也在观赏这群雕像，立体雕刻和平面涂绘相得益彰，创造出有趣的视觉效果。

45窟的彩塑充满世俗味。其衣袍上的装饰图案与

3–115　菩萨坐像
唐　石　山西省太原天龙山石窟　日本东京都国立博物馆藏

3–116 **莫高窟彩塑** 唐 彩塑 甘肃省敦煌莫高窟45窟

3–117 **莫高窟彩塑**
唐 高265cm 彩塑 甘肃省敦煌莫高窟196窟

壁上变幻不定的装饰相辉映；塑像的表情生动逼真，尤以年青弟子阿难最为传神；彩塑的身躯以写实手法塑造，衣袍轻薄，佩饰华丽。敏锐的雕刻家们没有放过细小而有趣的细节：佛的长袍下垂着地，钩挂在莲花宝座的尖尖的叶子上。若将天龙山的作品和敦煌45窟，以及造于公元893年到894年间的196窟的雕塑相比，就更能体现出前者的完美技巧。到了唐代后期，造像的身躯变得过分粗大，表情冷漠，196窟的巨型菩萨坐像（高2.65米）胸部和腿部极为臃肿，虽然还没有到畸形的程度，但已步入末路了（图3－117）。

唐制的铜像构思巧妙，制作精细，风格与天龙山造像相似。有几尊观音铜像是与天龙山雕像同时制作的，这些铜像转肩扭腰，一般是一手持净瓶一手持柳枝，或是轻轻抚弄着下垂的飘带。

美国马萨诸塞州剑桥赛克勒博物馆收藏的观音像（高34.8厘米）很能说明唐代世俗化和写实的倾向（图3－118）。这尊铜像装饰华丽，充满世俗色彩，圆脸，头上是沉甸甸的盘发，宝冠上雕有阿弥陀佛像。身体塑造得富有肉感，帔帛贴身透体，衬托出体形美。斜挂在身上的珠串、飘动的衣纹和飞舞的披巾突出了形象的动感。

纽约大都会艺术博物馆收藏的阿弥陀佛坐像是唐代的另一件代表作品（图3－119）。这尊佛像结跏趺坐于莲座上，神情平静，面相庄严；头稍倾斜，眼睛长而弯曲，嘴唇小而厚；头发卷曲，上边仍留有靛蓝颜料的痕迹；长袍的下摆在两腿间收起，衣纹形成扇形的图案；肩上披着披肩，裸露出平滑的胸部，恰与内衣上的花纹和曲线形成对比。手形优雅，是写实手法与程

3–118　观音菩萨立像
唐　高34.8cm　铜鎏金　美国马萨诸塞州剑桥赛克勒博物馆藏

3–119　阿弥陀佛坐像
唐　铜鎏金　美国纽约大都会艺术博物馆藏

3–121 文殊菩萨坐像
唐　通座高74cm　石
61959年陕西省西安安国寺出土
西安碑林博物馆藏

3–120 捧真身菩萨像　唐　高38.5cm　银鎏金
1987年陕西省扶风法门寺出土　法门寺博物馆藏

3–122 不动明王像
唐　高72cm　石　1959年陕西省西安安国寺出土
西安碑林博物馆藏

式化表现方法的完美结合。这尊佛像的面部表情、姿势、形体塑造和衣著都与天龙山佛像相似，堪称杰作。

现藏于陕西扶风法门寺、1987年发现的一尊小菩萨像（高38.5厘米），则显示了9世纪铜像的多元化风格及题材（图3－120）。这尊银鎏金像上装饰着两百多颗珠子，但缺少早期作品的表现力和人情味，重现唐代之前的冷漠。[93] 雕像为一衣著华丽的菩萨跪献一荷叶形的金盘，为公元871年由唐懿宗（公元860－874年在位）下诏铸造，用来盛佛舍利以供懿宗崇拜。宝座上饰以梵文和多头多面神像，说明密宗教义已经融入了雕塑艺术。

在印度，密宗信仰和造像在7世纪开始系统化。密宗又称真言宗，它不能以一般方法传承，须由密宗大师们按固定的仪式、步骤和次第指导弟子修习，其修炼法主要依赖形象（绘画和雕塑）、手印和经咒。

密宗的梵文典籍于8世纪上半叶由印度著名僧人善无畏、不空和金刚智传到中国，他们都受到唐玄宗的礼敬。[94] 当时的帝王和士大夫为密宗仪规的神秘感和独特的地位所吸引，密宗仪式中所展示的新奇炫目的法器可能也吸引了平民。

密宗及其艺术在唐武宗（公元841－846年在位）下令灭佛后一蹶不振，当时密宗僧侣逃散、寺庙毁圮，经典散佚。在最近发现的密宗遗物出土之前，很难找到属于中国北部都会区寺庙的密宗雕塑，只有依据中国原型制造的日本雕像能提供一些有关此类造像的资料。1959年发现的十件密宗雕塑，可能原属于长安安国寺，这批作品及前文提到的扶风法门寺出土的小神像，是我们了解唐代密宗造像艺术的主要资料。[95] 那十件密宗雕塑出土于西安东北部地下10米处，相当于唐代都城长安的长乐坊，那里曾有几处宫殿，安国寺即在其附近。这些雕像中有八件是汉白玉的，上有镏金痕迹，两件是石灰岩的，可惜都没有年铭，但根据作品风格，有可能造于公元750到770年间。它们风格一致，大小相近（都在一米上下），可能是一组群像的一部分。

神像在表达密宗概念中起关键作用，因此其制作必须严格遵守造像仪规，换言之，必须按照经书上的描述，或者图像粉本制作，也可能两者都得依循。要使圣像灵应，其面相、手印、法器及着色都必须按仪规绘制。这种严格的要求，使得密宗神像与早期佛像明显不同。

现藏于西安碑林博物馆的安国寺雕像代表了密宗神像的寂静相和忿怒相。文殊菩萨（高74厘米）代表智慧，像左手持莲花，花上有一书卷，右手原来可能握剑，现已不存（图3－121）。这尊雕像的体形、表情和装饰都与天龙山等石窟的佛像完全不同：面部丰满，眼睛仅为一缝，眉毛弯曲，口、鼻皆小；表情倨傲；头发盘成发髻，整齐地垂下，好像有一无形的网罩着似的；身体矮胖，紧衣窄袖，袖口有褶裥，腰布于胸前系结。帔帛从两肩垂下，直至莲花座两边，与天龙山造像相似。上述这些特点也见于波士顿美术博物馆收藏的大理石菩萨像（高77.5厘米），像与安国寺的组像属同一时期的作品。敦煌148窟后龛的顶上也保存类似的彩绘菩萨像，据铭文记载该窟为公元776年建造，是推定安国寺雕塑年代的重要参考资料。

这些像的坐姿也别有新意，两尊菩萨像以莲花坐式坐在雕刻精致的莲台上，这种构图似乎不遵守任何特定的造像仪规（安国寺的几尊佛像都采用了这种坐式）。须弥座式的莲台由三部分构成，下部呈鼓形，中部有繁茂的立体叶状图样，上部是重叠的莲瓣。这种复杂的纹样和深刻的刀法似是仿漆器技法。草木图案充满生机，重现8世纪上半叶的写实风格。

毗睇罗惹（高72厘米），也称不动明王，是密宗五大明王之一，安国寺的这尊忿怒相造像在风格和造型上皆有创新（图3－122）。此像原为左手握索，但现已折断，右手挥剑，坐在岩石上，显得格外威武有力。宽宽的脸庞、深深的眼窝、突出的眼球、厚厚的嘴唇和獠牙都表现出其内蓄的力量。其宽阔赤裸的胸部高高鼓起，一颗硕大的项珠嵌在两乳之间；右臂高举，带动身躯向右后方扭转，透出一股活力。直立的头发丝丝分明，原来施以朱红色，很像火焰，增强了怒不可遏的神情和凌空欲飞的动态。这尊雕像不论从哪个角度观看，效果都很好，是一件极为成功的宗教艺术品。

这组艺术水平极高的宗教造像，证明佛教艺术的发展并非完全与国势的兴衰同步。公元755年发生的“安史之乱”，对于唐王朝无疑是一次沉重的打击，但宗教艺术的创作活力并没有因此而丧失，艺术家、施主和信徒们的宗教情绪依然强烈。安国寺雕塑是皇室成员赞助建造的，由此可以推断，布施建造这些神像者应是敬佛的王公。

总之，从唐朝建立到9世纪中叶（公元840－846年）灭佛时为止，佛教艺术创作呈持续发展态势，在8世纪上半叶，成就尤为突出。

到8世纪中叶唐代政治实力开始衰落，疆域开始缩小，佛教艺术所依存的社会政治形势发生了变化。公元751年大食在怛逻斯城打败唐朝军队，唐朝失去了控制丝绸之路的重要地位。在西北部唐朝受到吐蕃的威胁，连敦煌都曾被攻陷。公元756年，安史叛军攻入都城长安，唐玄宗向南逃往四川益州（今成都），直到公元773年，政局才稳定下来。密教神像就是在此时开始出现的。

王朝趋于崩溃，加上公元845年的灭法之劫，佛教艺术的中心随之转移。爆发于9世纪70年代的黄巢起义迫使朝廷再度逃离长安，于公元881年避乱四川。从此，唐朝自信而充满生机的时代结束了。与此同时，中国西南成为佛教的避难所，创造出新的丰富的佛教艺术。

3–123 **广元千佛崖菩提瑞像窟造像** 唐 石 四川省广元千佛崖菩提瑞像窟

第十一节 唐代四川的佛教石窟

前文中我们研究了汉末和南北朝时期四川的佛教艺术，本节将继续探讨唐代四川丰富的造像艺术。四川地处中国腹地，兵灾较少殃及，政治和经济相对稳定，加上几个世纪以来的孕育、发展，这里的雕塑技艺日臻成熟，堪与北方的造像艺术媲美。最重要的是，四川不断追求独特的地方艺术特色，而不是一意效仿北方的王朝风格。

四川的唐代摩崖石刻现存有100多处，地域分布很广，其发展轨迹循着长江的主要支流由北向南延伸，在四川北部，主要有广元、通江、巴中，中部则有资中、安岳、大足（今属重庆市），南部著名的有乐山、夹江、邛崃、仁寿、蒲江。这些地方大多数地势较高，层层梯田种着水稻，石刻造像往往隐藏在偏僻的农田之间，人迹罕到。当然，唐朝时，这些地方的经济文化状况与现在迥然不同。

每地的石窟又分为几处，每处都有大量的雕塑。数以千计的摩崖造像遍布四川的红砂岩山丘之间。这些石刻大都有碑文注明年代，因此我们得以追溯造像风格和内容的发展历程。然而，若与敦煌保存完好、自成一体的石窟造像相比，四川的摩崖石刻好似一座

3–124 **广元千佛崖造像**
唐　佛坛高220cm　石　四川省广元千佛崖释迦多宝窟

露天博物馆，不免遭受自然和人为的破坏，令人痛惜。

四川广元千佛崖摩崖石刻在规模上堪与龙门石窟媲美。[96] 始凿的年代在公元500年左右，但以8世纪至9世纪的唐代雕像最为著名。洞窟和神龛上下层叠，大小雕像多达万尊。广元的重要性在于它与长安的双重联系，首先，广元是由长安入蜀的金牛道的必经之地，其二，女皇武则天家族曾在这里任职，皇室和士大夫与这里保持紧密联系。因此广元佛教艺术接受了来自北方的影响，但同时也具有当地特色。

菩提瑞像窟（高3.25米，深3.3米，宽4.1米），取名于洞中主要佛像，是当地太守毕重华于公元711–712年间出资开凿的（图3–123）。主尊佛身佩瓔珞，高坐于主龛，周围侍立二僧人、二菩萨、二金刚和两位跪坐的供养人。[97] 这组像无疑是以唐代长安造像为原型，但表现手法却与北方大不相同。

密乘早期认为大日如来即是毗卢遮那佛的化身。洞中的大日如来头戴的冠饰、手印，以及观世音和金刚菩萨的出现，背屏上的两棵菩提树，都与阿地瞿多所译《陀罗尼集经》中所描述的相吻合。这一造像题材也出现于同一时期的龙门石窟擂鼓洞和七宝台的一些浮雕中，但广元雕像具有四川特点，如中坛的设置和沿洞窟侧壁增加了雕像。中坛很可能是仿自密宗的坛城，中坛的宝座后衬以刻有菩提树的背屏，菩提树冠如伞盖，遮盖着雨神、风神、雷神等，岩石部分镂空，所产生的光影效果，使得树下的雕像更显生动。五个乐师和十二个僧人雕像，立于一旁作观赏状，这种饶有新意的组合仿佛将这神圣的聚会转移到了凡间。

在广元千佛崖，类似的带背屏佛龛也在另外七处洞

3–125 **巴中始宁寺造像** 唐 四川省巴中 始宁寺8号窟

窟内出现。如在释迦牟尼与多宝佛的洞窟里（高2.2米，宽3.6米），二佛并排坐在高坛上，背后的叶状背屏尚未完全雕好（图3－124）。此窟建造于公元720年。窟中造像精美典雅，体现了盛唐风格。背屏雕菩提树，其上方雕有天龙八部，这八个护法神多头，多臂，佩有蛇鸟头饰，看起来似人而又非人，运用了夸张的手法，类似的形象在北方极为罕见。天龙八部在四川极受欢迎，最早可能出现于此。巴中始宁寺8号窟（高2.5米，宽1.1米）中的天龙八部，部分突出于洞穴之外，神态动作描绘得极为自然（图3－125）。[98]

始宁寺3号龛（高2.82米，宽1.65米，深1.05米）的造像体现了四川地区的艺术风格，即神佛的形象趋于世俗化，形体充满感情色彩（图3－126）。窟中释迦牟尼、弥勒佛及菩萨、弟子、密迹金刚、童子像挤在窄小的空间里，位置错落有致。一尊直视前方的菩萨位于两尊佛像之间。这三尊神像面部圆润丰满，表情沉静，是盛唐杰出的作品。其余雕像沿壁而立，通过面部表情和个性的刻划，营造出活泼生动的场景。如二童子神态稚憨可爱，其中的一个抓住一僧人的袈裟，使这组雕像变得极富有人情味。雕像身上的饰物和装饰图案雕刻精美，图案的边缘雕饰着蔓延的忍冬，这使人联想到长安造像碑上精致的边饰。北方的艺术好尚是通过被武则天贬到巴中的李氏皇室子弟而传入蜀地的。为了在异乡营造京城的文化氛围，这些贵族及其侍从出资建造佛教工程，并要求四川雕刻家达到洛阳和长安的都市艺术水准。

广元与巴中的造像与北方风格尚有较多相似之处，其以南的安岳、资中和长江沿岸地区造像的艺术手法

3–126 **巴中始宁寺造像** 唐 四川省巴中 始宁寺3号窟

与宗教内容则完全是当地的。其杰出代表之一是安岳北卧佛沟的卧佛，像长23米，高5米（图3－127）。卧佛雕于5米高的石壁上，卧佛周围的山崖上凿有同期镌刻的佛龛和石室，里面镌有一系列的佛经经文，中有开元铭记。据此我们把雕造卧佛的年代断为大约公元733年，此时正是唐代风格盛行之时。[99]

这尊造像所表现的主题非常独特，围绕着卧佛刻划了佛涅槃的故事。在卧佛上方可见佛正向一大群菩萨、弟子和天龙八部说法（图3－128）。佛足下为一面带哀容的力士，头旁是观音，佛最后所度的弟子须跋陀罗(或是阿难)坐于身旁，一手轻握卧佛左手。这些形象所表现的感情和不寻常的姿势都体现了四川风格。

或立，或卧，或坐的巨大佛像，在四川极为流行，到了宋代制巨佛之风更盛。当然，北方也有巨大的佛像，但那是由皇室出资兴建的。而在四川，施主是当地僧人和士绅。通过这些耗资巨大的艺术工程，我们可以想见当地的商贾官绅是何等的富有！

除安岳卧佛外，著名的巨佛尚有造于公元843年到860年间的潼南大佛，造于唐代的仁寿坐佛和乐山弥勒佛（图3－129）。乐山弥勒坐佛高71米，雕刻在岷江和大渡河、青衣江的交汇处，由海通和尚于公元713年动工凿造，因为经费不敷，直到803年得到川西节度使韦皋的资助才得以完工。

20世纪初重刻了乐山大佛的脸，以致失去原来的风貌。粗重而简略的身体虽然布满岁月侵蚀的痕迹，但其气势不减。乐山弥勒佛的风格，与夹江千佛崖135窟的小于真人的坐姿弥勒相似，据此推定后者大约造于8世纪30年代(图3－130)。

3–127 **安岳卧佛像** 唐 2300×500cm 石 四川省安岳八庙场卧佛沟

根据密宗仪规塑造千手千眼观音菩萨像，也是四川造像艺术独特的成就之一。观音身上的众多手臂，象征其无处不在，无所不能，普救众生的慈悲精神。四川发现的多处观音雕像与敦煌壁画中的观音所表现的宗教内容不同。[100] 资中重龙山北崖造像中的千手千眼观音是最成功的作品（图3－131）。此像无铭文，但其邻近的作品有纪年而且风格相似，据此可断为中唐（公元756－840年）作品。所以说这是最早塑造的千手观音像，先于敦煌观音绢画像。

观音坐像安置在马蹄形洞窟（宽4.2米，高3.9米，深1.85米）的中央，42只主臂持不同法器或做不同手印，其余的手臂排列在背后，形成一个大光环；四周壁面分层排列着佛教和印度教的众神像（图3－132）。这种按神系排列佛、菩萨像的形式有如密宗的曼陀罗，即密宗修法的神圣坛场。洞窟每个角上还有两尊金刚护法，神像多面多臂，周围环绕着火焰般的光环，充满活力，仿佛要从神龛中跃出。

这尊观音造像是按照唐朝前期在长安翻译的几种密教经文中的造像仪规制作的，但是并未严格恪守造像仪规，而是发挥了自己特有的艺术表现能力。

净土宗是四川极为流行的教派之一，因此，阿弥陀佛和西方净土的题材在当地频频出现。敦煌有大量描绘天堂景象的壁画，但只有在四川才能看到此类题材的雕塑作品。邛崃石笋山4号窟（高3.5米，宽3米，深3.05米）开凿于唐朝中期，窟中的浮雕表现手法大胆新颖，反映了雕塑家不为经文教条束缚的想像力（图3－133）。这件作品可能取材于四川成都寺庙的绘画，构图设计为三层，分别是极乐世界、神仙聚会和化生池塘的图景。侧壁和后壁上部刻有阙楼，楼上雕有百余个净土众生，有的在楼间行走，有的在登阶，有的顺栏杆滑行。阿弥陀佛及其胁侍观音和大势至菩萨下边，是莲花盛开的化生池沼，茂盛的莲花向上伸展。在这里雕塑家突破常规，别出心裁地雕刻了两艘满载欢乐人群的大船，从侧面隧道中驶入化生池。这些不寻常的细节增添了世俗情趣，烘托出佛国欢乐的气氛。在石窟的下角分别有骑着狮子和大象的文殊和普贤菩萨，他们也是净土中的成员。中国北方表现西方极乐世界只局限于神佛的活动而无人间的内容，这种程式被独具匠心的四川雕刻家们突破了。

位于邛崃以东50公里处的仁寿牛角寨摩崖石刻，采用了另一种艺术手法来表现阿弥陀佛净土。[101] 造于公元750年的第21龛（估测长宽各1.5米，深0.50米）中，天堂是通过象征转生的莲花表现的（图3－134）。柔软而茂盛的莲茎自一花盆中纷披而出，充满了所有的空间。诸佛和净土众生坐在莲花上。这件作品显然受印度艺术的影响，因为类似的题材大量出现于桑奇、坎合利雕刻中和阿旃陀壁画中。在佛龛底部，众神站在具有邛崃建筑特色的拱桥上。在表现西方净土时，四川雕塑家放弃了敦煌大型壁画所采用的界画的表现形式，而用充满叙事情节的、贴近自然的构图，如神仙聚会和充满欢乐的宫殿、园林，这显然是四川当时的社会景象和丰裕的社会生活的反映。

四川地区存有丰富的自北周至宋末的道教造像，中国的其他地区无法与之相比。道教雕塑与佛教雕塑

3–128 **安岳卧佛局部** 唐 石 四川省安岳八庙场卧佛沟

7.0
6.5
6.0
5.5
5.0
4.5

3–130 **夹江弥勒佛坐像** 唐 石 四川省夹江千佛崖135窟

3–129 **乐山弥勒佛坐像**
唐 高7100cm 石 四川省乐山凌云山乌尤寺

3–131 **千手千眼观音像** 唐 石 四川省资中重龙山

3–132 **千手千眼观音左侧神像** 唐 石 四川省资中重龙山

3-133 西方净土变造像

唐 石 四川省邛崃石笋山4号龛

3-134 **西方净土变造像**
唐　石　四川省仁寿牛角寨21号龛

3-135 **老君像**　唐　石
四川省绵阳玉女泉

同时发展，但数量要少一些。唐代在剑阁、潼南、仁寿等地，道教石窟和神龛往往与佛教石窟比邻而建，独立的道教石窟非常少见。但绵阳附近的玉女泉、安岳的玄妙观，大部分浮雕是道教的。道教虽然与佛教的宗教内涵不同，但道教雕塑的外形却与佛教的很相近。这是因为道教神祇多依仿佛教置立，有时甚至是直接借用。佛教艺术无疑激发了道教造像艺术的发展，绵阳和仁寿两处的道教造像便能说明这一事实。

造于初唐时期的绵阳玉女泉神龛高度仅约60厘米，内置老君像，左右有真人侍立（图3－135）。这组像有许多与佛教造像相同之处，如灵光、莲花座、狮子，还有三尊一组的配置法。另一方面，老君和两个真人的衣著很像唐代官服而不是袈裟，老君一手持扇，一手凭几，不结手印。此龛说明在唐代佛道因素融合的情况已相当普遍。

由一位道士和道姑出资建造的仁寿牛角寨53号龛内有26尊道教造像（图3－136），据龛旁碑文推知造于公元749年，正是唐玄宗大力扶持道教之际。这组雕塑具有重要的历史意义，四川在宗教艺术上的创造性，再一次由这组主题新颖、具有皇家色彩的作品得到印证。文献记载证实，当时长安道观里壁画的内容与牛角寨53号窟造像相同。[102] 该窟为马蹄形，高2.4米，宽2.8米，深2.1米。神龛中心是道教最高的神祇三清像，他们身后是五帝，三清与五帝结合的道教理论发展于玄宗在位时。再往后是真人、日月星官、护卫神、金童、玉女等。右侧一无头座

3–136 **道教诸神造像** 唐 石 四川省仁寿牛角寨53龛

3–137 **道教造像**
唐　石　四川省仁寿牛角寨53龛

像难以认明身份（图3－137）。根据史籍记载，唐玄宗常喜欢将自己列入神仙群像中，故学者景安宁提出，此为唐玄宗之像。

这里我们又一次看到佛教和道教特征的结合，同时也发现道教特有的表现手法已经形成。灵光环绕的三清像令人想起过去佛、现在佛和未来佛，他们的手势也很像佛像的手印，胡须、冠服则完全是道家式样。这些佛道特色的组合造就了道教特有的风格。

总之，四川雕塑独特的造型和不受教条束缚的题材内容，得益于该地区久远的造像传统和佛教的深入发展。长久以来，佛教组织培养了一批具有远见卓识的僧人，他们敢于创造出像千手千眼观音这样的新偶像，改造京都传来的极乐净土图像。四川雕刻旁常镌刻主持该项工程的僧人的姓名，这些著名的僧人汇集当地士绅、商贾的财力资源，建造出堪与北方媲美的作品。众多的道教造像，同样反映了艺匠高超的技艺。四川地区的石窟艺术扩大了唐代宗教雕塑艺术的范畴，证明精湛的雕刻技艺和充满活力的创新并不一定依附朝廷而产生。

3–138

数珠观音像

南宋　通高220cm　石

重庆大足北山石窟136窟

第十二节　宋代四川的石窟寺

我们讨论宋代（公元960–1279年）佛教艺术时只限于四川地区有其特殊原因，宋时中国北方为少数民族相继建立的辽、西夏、金所统治，而四川地区却一直处于宋政权的统治下，所以这一地区宗教艺术保持了完整的宋朝风格和内容。四川地区保留着大量那个时代的摩崖造像（鎏金铜像倒很少见），大多皆有碑文记录制作年代、供养人，甚至有雕刻者的姓名。[103] 与唐代不同，宋代的摩崖造像主要集中在四川中部的安岳和重庆的大足、合川，常常建在丘陵要塞地区。

四川的摩崖石刻是当时世俗社会的缩影，生动地反映了当时社会、人文的变迁，如经济繁荣，人口增加，士大夫阶层通过科举考试步入仕途等社会现实。宋代鼎盛时期，崇奉儒教的人本精神，也没有忽视佛教和道教，建立起了儒道释三教合一的体系。

大足和安岳两地相邻，[104] 大足的宋代摩崖石刻主要分布于石门山、妙高山、石篆山、南山等处，其中最著名的是北山和宝顶山两地。北山在大足以北2.5公里处，公元892年唐昌州刺史韦君靖开始出资在这里凿崖造像，此后，历经五代至宋持续未断。

136号窟（高4.1米，宽4.1米，深6.8米）开凿于公元1142–1146年，结构宏大，雕刻精细，是北山最杰出的一窟，此窟名“转轮藏窟”，得名于此窟中央雕有巨大的转轮藏。内壁雕有释迦牟尼、弟子迦叶和阿难、文殊和普贤菩萨、观音菩萨五种不同的化现，以及金刚力士、供养人等。

136号窟的主要风格特点是菩萨形象女性化和装饰细部特别繁复，这也是宋代石窟雕塑共有的特点。数珠观音高220厘米，足踏莲花，手持宝珠（图3–138），一袭帔帛自肩部披至膝下。衣纹雕刻得棱角分明，线条干净利落而流畅；丰满的圆脸和华丽的衣著具有明显的女性特征，头饰宽大，镶满各种花形饰物和珠宝。

在同一石窟里，骑着大象的普贤菩萨（全高215厘米），显示出与观音同样的气度（图3–139）。这位菩萨在四川备受崇敬，因为中国四大佛教圣地之一的四川峨嵋山据传是他显灵说法的道场。普贤衣装华贵，形貌年青，具有男女两性特点，头稍向一侧偏斜，似乎不胜宝冠之重，从而使神像具有了凡人的特征。普贤的雍容华贵恰与驯象人的粗鲁木讷形成对比。普贤的塑像是宋朝上流阶层仪表、举止的写照。圆龛中的佛像，则是以迥然不同的风格雕成。这种模式特别流行于下文将要讨论的宝顶山塑像群，以及安岳毗卢洞和茗山寺的雕塑。宝顶山倒塔坡的佛龛造像颇有代表性（图3–140），重复交叠的椭圆形图案运用得恰到好处，令人观后难忘。造像修长的手指（特别强调指头至指尖由宽而窄的变化）亦是此风格特色之一。简要言之，大足的宋代雕刻体现两种主要的风格。以尖锐深刻线条刻出的女性化菩萨，衣著飘动，佩饰精美；佛像，特别是置于浅圆龛内的佛像，则以线条平顺为特色。与唐代塑像的写实风格不同，这些精致的作品倾向于强烈理想化的表现。

随着宋代艺术的逐渐成熟，摩崖石刻的规模越来越庞大，而表面纹样装饰则渐趋消退。当宋代王朝中心地区的画家掌握了巨幅山水画的程式时，四川雕塑家也在逐步改进自唐代开始的巨型造像手法。历经数代传承的安岳雕塑家尤其擅长这种手法。安岳有许多

3–140 **浮雕佛像** 南宋 龛高73cm 石 重庆大足宝顶山倒塔坡佛龛之一

3–139 **普贤菩萨像** 南宋 通高215cm 石 重庆大足北山石窟136窟

3–141 净瓶观音像
北宋　佛高约600cm　石
四川省安岳云居山圆觉洞

重要的宋代洞窟，如毗卢洞、圆觉洞、茗山寺、孔雀场，这些地方都有巨大的雕像。[105]

云居山圆觉洞位于安岳东南2公里的丘陵要塞处，窟内的三尊佛像（高约6米）分别为释迦牟尼和两尊观音菩萨（图3－141）。二菩萨一尊手持莲花，另一尊手持净瓶柳枝。据窟内冗长的碑文记载，这些像始建于公元1100年，是当地一些著名士绅出资建造的，这些施主的像也刻在神龛内。[106]

三尊像的风格统一，刻划长衣纹的刀法干净利落，棱角分明；菩萨戴镂空宝冠，佩戴的珠宝不似北山造像华贵。菩萨脸型与北山很不相同，面颊更加丰满圆润，嘴小而轮廓清晰，高鼻，短颈，长耳且耳垂较厚。这些面部特征也出现在宝顶山的造像上，说明安岳石刻与宝顶山艺术间的联系。[107]

另一处著名宋代摩崖石刻是孔雀明王雕像，原是距安岳以南55公里处的一座寺庙中的遗物，如今寺已不存（图3－142）。这是一尊密宗神像，在四川特别流行。佛经说孔雀明王是一种法力极强的女性化身，修此明王法能预防肉体和精神病患，避免水旱灾害。这位女神有四只手臂，三只分持开放的莲花、各式供果、孔雀羽毛，第四只手臂已折断。高贵庄严的孔雀明王（2.5米高）坐于由孔雀承托的莲花座上；头戴高冠，冠上有不空成就如来佛像；两侧有胁侍。四壁小型雕刻描述神咒感应的故事。艺术家的全部精力皆倾注于雕像富有表情的脸部，是安岳造像风格的代表。在北山、石门山和宝顶山等处也有类似的雕像，但不如这尊出色。这处造像大约造于公元1175年到1250年间。

12世纪下半叶大型雕像的布局有了重大的改变。它们基本上不再独立存在于各个石窟、龛穴之中，而组成一结构完整的雕像群。众多的大型塑像出现在同一处所，而且其配置符合既定的佛教教义。塑像群与不同宗派教义的阐释紧密结合，宝顶山是其中最好的代表。

大足宝顶山在今重庆和成都两地之间，这里的雕塑群是根据宋代活跃在四川的主要佛教派别，上座部和大乘的教义建造的。这些立体雕塑的题材包括佛本生故事、阿弥陀佛的净土宗、华严宗、禅宗，观音崇拜和流行于当地的密宗。

宝顶山摩崖造像以大佛湾的规模最大，31个大型龛窟排列在一马蹄形峡谷中（图3－143）。是为纪念四川密宗的始祖柳本尊而建。此外，小佛湾的雕刻有许多与大佛湾同样的场景，但规模较小。最后，还有边缘地带的石刻。这三处组成一独特的佛教圣地(非常可能以密宗为主)，在宗教仪式中有各自不同的作用。

一般认为，这31个龛窟中有27个凿建于公元1179年至1249年间，由南宋高僧赵智凤（公元1159－1249年）主持开凿。这里没有关于建造者、监造者和凿建时间

3–142 **孔雀明王像** 南宋 石 四川省安岳石窟

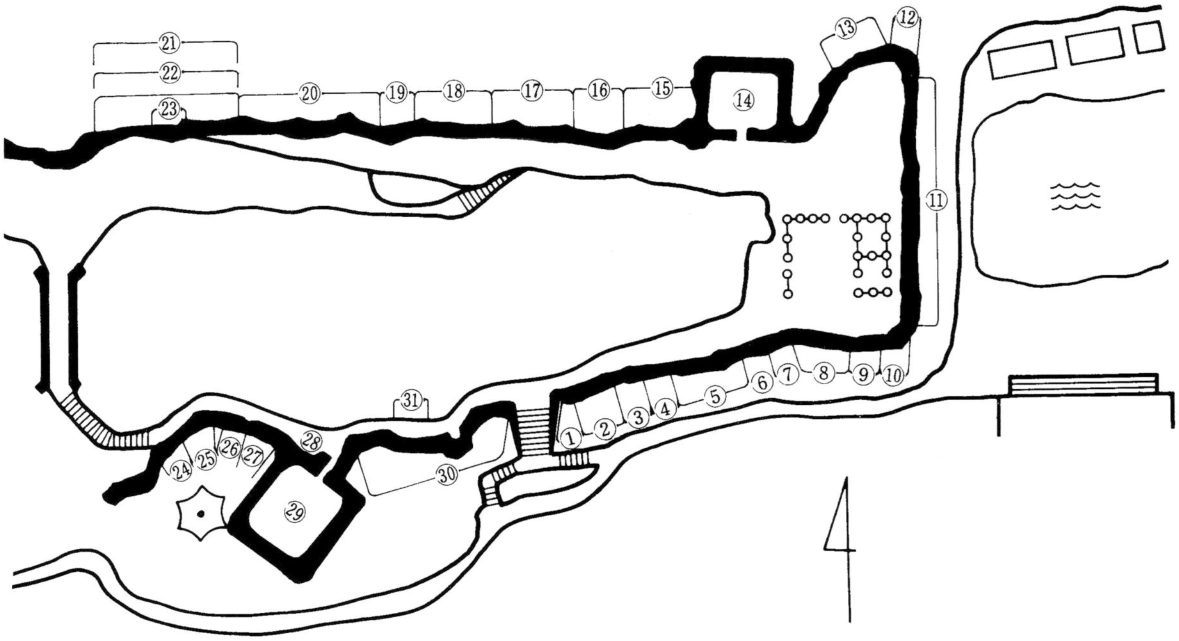

3–143 大足宝顶山大佛湾造像分布图

1.下山猛虎
2.护法神像
3.六道轮回图
4.广大宝楼阁
5.华严三圣像
6.妙智宝塔
7.毗卢庵
8.千手观音
9.化城品图
10.人天共仰图
11.释迦牟尼涅槃图
12.龙浴太子
13.孔雀明王经变像
14.毗卢道场
15.父母恩重经变像
16.雷音图
17.大方便佛报恩经变像
18.观音无量寿经变像
19.六耗图
20.地狱经变像龛
21.柳本尊行化道场
22.十大明王
23.道教造像
24.山神土地
25.王母玉皇
26.“山水佳处”题刻
27.柳本尊正觉图
28.狮
29.圆觉图
30.牧牛图
31.粟占婆子图

的文字记载。但是，有两点依据可以把建造这一工程的时间定为南宋。从风格上看，这里的雕塑与邻近的安岳相似，而安岳的雕塑是有铭文记载日期的，另一个依据是宋代志书中曾提到赵是宝顶山摩崖石刻的创建人。

宝顶山大佛湾的雕刻，乍看只是一系列宏大的场景，其实通过一组组精心构思的雕塑形象，系统地表现了主要佛教宗派的教义。宝顶山雕塑体现了佛教信仰和当时各阶层社会的人生态度，以及宋代盛极一时的理学思想。[108] 例如，当时推崇的儒家孝道理念，明显地表现于《父母恩重经变像》和《大方便佛报恩经变像》两个场景中（图3－144)。雕塑家们的灵感来自当时的现实生活，以真实的人物为原型，塑造出一系列平民的形象。

在《地狱经变像》的可怖场景中，地藏王菩萨和十殿阎王（图3－145）是当时官僚阶层的写照，而令人恐惧的各种刑具则直接取材于四川的现实社会（图3－146)。同样，象征禅宗渐悟的《牧牛图》场景，来自当地放牧生活（图3－147)。总之，在这些表现佛教内容的画面中，我们可以看到当时宗教对社会生活的影响、士人与平民的人生态度。

四川雕塑家在作品中将真实性与叙事性相结合，

3–144 **大方便佛报恩经变像** 南宋 石 重庆大足宝顶山大佛湾

3-145 **地狱经变像** 南宋 石 重庆大足宝顶山大佛湾

3–146 **地狱经变像** 南宋 石 重庆大足宝顶山大佛湾

对当地佛教信众极有吸引力。如《牧牛图》以牧童牧牛来喻示修行者被感服，皈依佛门的过程。生动的场景和浮雕旁边的释文，说明这些大型雕塑可能与经变画同样是用来教化朝山的信徒的。由其广博的内容和风格看来，宝顶山当年想必曾是中国的一个独特的朝佛中心和宣教场所。这些宗教景象取自四川士绅及平民阶层所熟知的现实生活，不仅能有效地与信徒沟通、交流，而且也消除了神佛与世俗之间的界限。

宝顶山庄严的造像以安岳传统为基础而得到进一步的发展。塑匠们的匠心还表现在巧妙地利用石头的天然形状刻划人与兽生动的神态，就连自然界的流泉和野草也成为这逼真场景的组成部分。

总之，大足石刻造像身体比例协调，服饰简略，人物形象自然优雅。菩萨头部的处理，则极为华丽，沉重的宝冠使椭圆形的脸庞微微倾侧，神情平静。这种理想化的文雅的神像与宋代占主流地位的人文主义思想一致，完全没有唐代写实风格的痕迹。

涞滩巨大的摩崖石刻，位于合川（今属重庆市）东北45公里处，下临渠江，有大小不等的浮雕共1673尊，置于高约16米的三层木结构厅堂里，这座建筑属于大型禅宗寺庙二佛寺。涞滩石刻雕造的年代与宝顶山石刻相同，但两处雕刻所表现的教义风格不同。[109] 根据浮雕旁的几处碑文得知，这处建筑约建于12世纪最后二十五年间。认定它为禅宗寺庙则是根据寺内保留的一些明清时期石碑的碑文，这些碑文详细记述了寺中供奉的佛像，但建造者的名字仍不得而知。

合川雕刻的重要性在于它用立体雕塑手法阐释禅宗教义，并显示宋代禅宗曾在佛教中占有的重要地位。这处工程的内涵富有挑战性，旨在以宋人的眼光追溯印度禅宗的神秘起源和在中国的历史承传。位于殿堂中心的是一尊12米高的释迦牟尼佛（图3－148），其后有十八列共946尊小佛像，周围是十尊菩萨（2.40米高），阿难和摩诃迦叶（高4.45米），以及常随侍观音菩萨左右的善财和玉女（高1.85米）。释迦牟尼和摩诃迦叶高出其他佛像，以显示其在禅宗中的地位。据传一次释迦牟尼佛向大众说法时，手拈一枝花微笑不语，众人不解，只有迦叶领会了世尊的心法，后世禅宗遂尊他为初祖。

禅宗重视法脉的授受传承，因而在释迦牟尼对面塑了三尊面相特征为外域人的巨像，即菩提达摩、须菩提（三者中最高的一尊，高3.1米）（图3－149）和弥勒，他们在禅宗承传过程中具有特殊作用。须菩提是最早的印度祖师之一；菩提达摩是第二十八代祖师，

3–147 **牧牛图** 南宋 石 重庆大足宝顶山大佛湾

3–148 **释迦牟尼像**
南宋 高 1200cm 石 重庆合川涞滩二佛寺

3–149 **菩提达摩与须菩提像** 南宋 石 重庆合川涞滩二佛寺

3-150　释迦牟尼与禅宗六祖像线描图

3-151　**释迦牟尼与禅宗六祖像**　南宋　石　重庆合川涞滩二佛寺

3—152 **泗州大圣像** 南宋 石 重庆合川涞滩二佛寺

3—153 **罗汉群像** 南宋 石 重庆合川涞滩二佛寺

也是印度最后的祖师，因为他在6世纪时把禅法传到中国；弥勒是未来佛法最终领悟者。

第二层表现中国禅宗的传承，一尊3.57米高，面相慈善的释迦牟尼佛带领着中国禅宗六祖（高1.50米至1.75米）：移居中国的菩提达摩，慧可、僧璨、道信、弘忍和慧能（图3－150）。每个像都根据禅宗祖师传记塑造（图3－151），例如，慧可缺左臂，这是因为他拜菩提达摩为师学法时曾自断左臂以示决心。这些祖师像流露出悲天悯人之情，这在一般宋代理想化的塑像中是很少见到的。

六祖像右侧是一尊巨大而醒目的立像，即身著袈裟的泗州和尚。他被认为是观音菩萨的化身，因而身上佩戴着珠宝（图3－152）。僧伽7世纪60年代自西来到中国，在泗州多次显化神通，吸引了不少信徒。他在公元708年，曾以禅师身份奉唐朝宫廷之诏赴内道场，受封国师称号。唐宋时期，他的声望遍及南北，除合川之外，大足的北山石刻、敦煌72窟绘画、浙江杭州飞来峰摩崖造像和福建泉州雕刻中都雕绘有他的像。[110]

法师周围是一群罗汉，大小不一，姿势各异，远远超过佛经提到的500尊（图3－153）。有些罗汉表情生动，很像龙门石窟中的唐代雕塑。

合川的浮雕多数是僧侣像，其表现手法必然与大足和安岳不同，另一方面，合川浮雕中的世俗化倾向可能缘于禅宗自身的宗教环境，因为宋代禅宗僧侣注重宗教实践，而不重视神圣或神秘的事迹，所以禅宗人物的雕造采用较平易的手法。尽管宝顶山和合川石刻的表现手法不同，并且是依照各自不同的教派观点雕造的，但是，都突破了神圣与世俗间的界限。

3－154 《阁逻凤出巡图》浮雕
唐 石
云南省剑川石钟山石窟

3–155 《世隆出行图》（线绘）

第十三节　唐宋时期云南地区的佛教雕塑

云南的佛教艺术的特点与云南地处边陲的地理位置有密不可分的关系。唐宋时期，据于云南的南诏（公元738－902年）与大理王国（公元937－1253年）在政治上相对独立于中央王朝，在文化方面则与相邻的西藏和东南亚交流频繁，因此云南艺术成为混融调和的产物。外来因素影响了当地佛教艺术并为其吸收、改造。本节重点论述其艺术因受其他邻近国家影响而异于中央王朝之处，至于与中央王朝相似之处，则从略。

我们将通过云南现存的最重要的佛教石窟寺庙和鎏金铜像，研究圣像的来源和传播方式，以及采用外来形象的政治意义。其次，我们要研究云南密宗的特殊内容和造于公元1200年左右的昆明陀罗尼经幢上的密宗佛像。此经幢，是多种教义融合的产物，也是经幢艺术的高峰。

要了解云南佛教艺术的历史背景，必须先简要介绍一下南诏王国崛起的过程。南诏原是云南洱海周围的六个乌蛮部落之一，公元649年，其部落首领建立大

3–156　观音像

唐　金　1978年云南大理崇圣寺千寻塔　云南省博物馆藏

蒙政权，力量逐渐强大。公元738年统一了其余五个部落，迁都太和城（今云南大理），建立南诏政权。8世纪中叶到9世纪期间，南诏曾一度与唐王朝失和，而与吐蕃结盟，9世纪时又依附唐朝。9世纪中期唐王朝渐衰，南诏遂频频进攻四川，公元828到829年间，南诏军队攻入四川首府成都，掠走大批工匠、高级僧侣和劳工。南诏的扩张政策还导致与缅甸境内的骠王朝、高棉和中国西南部属国的战争。公元902年，南诏执政大臣郑买嗣灭南诏，建立大长和国（公元902－928年）。[111]

佛教能赋予君王权力，能使政权合法并长久，这些观念在南诏国建立之初就已确定，并体现于此时期的艺术中。[112] 首先表现为在佛教造像中用生动写实的手法塑造统治者及其辅臣的形象，并忠实纪录当时的历史事件。这不仅表明了王室对佛教的信仰，而且更重要的是王室藉以强调"君权神授"。

开凿于公元9世纪，位于剑川附近的石钟寺石窟造像中就出现了三位南诏王。[113] 其中之一是南诏王阁逻凤（公元748－779年在位）的肖像。阁逻凤身穿华丽的王袍，头戴唐人称为"头囊"的王冠，坐在龙座（高1.37米，宽1.52米）上主持朝政（图3－154）。阁逻凤像的姿势表情都与佛像很接近，而且，神龛两边群像中有两个身穿唐朝宫廷服装，其主从的序列很像佛教中佛、菩萨的配置形式。

《世隆（公元859－877年在位）出行图》（高4.8米，长17.2米）（图3－155），出自凉山（今四川凉山彝族自治州）博什瓦黑，此处曾是南诏国的边防重地。该处石崖上，除了此出行图，还雕刻了许多宗教题材。[114] 在剑川和博什瓦黑组像中，王者像与神像配置相近，画面也很像佛的聚会，这可能喻示国王同时具有人、神两重身份。

以佛教表示王权的正统地位，并不仅限于在佛教艺术作品中绘制国王的肖像。正如中国皇帝自诩君权神授一样，云南君主宣称曾受观音菩萨的点化而统治南诏。摹于947年的《南诏国史图传》画卷（原作绘于公元899年，今已不存）描绘7世纪中期观音幻化为一老僧来到蒙氏部落，预言他们将发迹为王，并授予观音像作为保护神。

1978年于大理崇圣寺千寻塔中发现的金质阿嵯耶观音是南诏和大理王国保护神像中最精美的一件（图3－156）。[115] 保护神像是合法政权的表征，为了使原始的神话世代流传，历代王朝不断翻造观音像，而且总保留着特有的风格特征。

象征王权的神像、神化的国王和王权神授，都是流行于当时东南亚一带的主要文化观念。这些信念和对印度教、佛教神像的崇拜普遍风行于柬埔寨、越南和印度尼西亚诸国。

阿嵯耶观音像具有强烈的异国特征，像呈正面姿势，身躯僵直、修长；腰布绕于腰际，于两侧打结。所有这一切包括宝冠、耳环等饰物均显示其具体造型风格源自东南亚。东南亚诸国对观音的崇拜很普遍，所用的造型手法也相似，因此很难确定其出处。这尊南诏金质观音与数尊越南铜制观音非常类似，因此越南可能是其风格的主要来源地。9世纪时，南诏向邻近地区实行武力扩张，征战中，具有纯正东南亚风格的观音形象得以传入云南。

云南铜像和摩崖石刻中佛教密宗神祇的数量极多，反映了密宗在云南的重要地位。密宗在云南初传的具体情况尚不清楚，但可能是来自邻近的吐蕃(今西藏)。云南密宗是阿吒力教的一支，阿吒力即梵文阿阇梨，意

3—157 **大黑天摩崖浮雕** 唐 石 云南省剑川石钟山沙登村

为导师，该教得名于阿阇梨在其宗派中重要的地位，这显示云南的阿吒力教可能传自西藏。

据称密宗导师法力无边，常施魔法禳除毒龙的祸害或消除水灾。据说创立南诏密宗的导师赞陀崛多即有这种法力。公元839年这位印度摩揭陀人由印度经西藏来到南诏。博什瓦黑的一块大石头上凿刻有一尊阿吒力像，中国学者认为那是赞陀崛多的肖像。[116]

阿吒力教在云南很有影响，这是因为在其流传过程中与当地巫术相互包容，而巫术在白族和当地其他部落中流行很广。当像赞陀崛多这样的阿阇梨进行传法活动时，当地人惊服的既不是禅定功夫，也不是渊博的密宗经典知识，而是他们与当地巫师相似的法术。换言之，西藏密宗与当地原始信仰结合，因而发展出云南普遍流传的阿吒力教。

3-158　四川昭觉博什瓦黑大黑天线描图

西藏密宗也为云南提供了膜拜的神像，如大黑天，后来成为南诏和大理的保护神，地位仅次于观音。[117] 大黑天也是西喜玛拉雅山地区拉达克的保护神，这可能不是巧合。

大黑天是印度教主神之一金刚神湿婆的忿怒身，是主管坟场的神。剑川石钟山沙登村发现的大黑天像，可能造于9世纪，这尊张牙舞爪的神像，有三眼六臂，分持剑、杵、索、念珠、鼓等物，以骷髅为璎珞，头冠上也饰有骷髅，一条蛇紧紧缠绕在臂和脚踝上（图3－157）。值得注意的是，此像所用的凹雕和线刻相结合的技巧，很像西藏早期摩崖浮雕，如拉萨郊外8世纪时的药王山摩崖石刻。

大黑天的形象在新疆宗教艺术中只零星出现过，在北方完全没有，在西藏却颇为普遍，由此可以推测这一形象是由西藏传入的。云南和西藏的往来可追溯到南诏统一六诏之前，六诏之一的施浪诏曾归附吐蕃。8世纪时这个诏控制着剑川周围地区，石钟山石窟和沙登村即在其势力范围之内。到9世纪，吐蕃的影响延伸到了博什瓦黑地区，那里一刻在岩石上的神像，可能就是大黑天像（图3－158）。在沙登村，甚至把大黑天和毗沙门天王配成一对。然而，这不是孤例，在昆明西北150公里处的武定三台山，也有同样的阴刻浮雕像（图3－159）。根据铭文记载，这些巨大的雕像（毗沙门天王高2.3米，大黑天高4米）是12世纪大理国时期雕造的。北方多闻天王毗沙门是从中国北方传入云南的，而大黑天是从西藏传入的。大理国人希望凭藉这两尊分别来自

3–159 **毗沙门天王与大黑天摩崖雕像** 宋 天王高230cm 大黑天高400cm 石 云南省武定三台山

南北方的神像，得到保护，免受来自任何一方的灾险。

陀罗尼经幢是大理最重要的佛教艺术品，经幢由红砂石制成，高约8米，上刻有约300尊佛、菩萨、天王像（图3－160）。[118] 根据经柱上的铭文记载，这座经幢建于公元1200年至1220年间。大理最高的行政官员及僧侣皆参与其建造工程。幢名得自刻于经幢上的咒语，其中威力最大的是佛顶尊胜陀罗尼经咒。经幢即是根据此经(亦刻于经幢上)建造的。

这座经幢的教义内容复杂，艺术水平很高，可与张胜温于公元1180年为大理国君所绘的梵像图相提并论。这两件作品创作年代相距不到50年，但其理论内涵却不相同，因为两者创作的理论依据来自不同的佛教宗派。这两件作品上众多复杂的神像反映了佛教在云南兴盛的程度。

经幢共九层，分为幢座、幢身、幢顶三部分（图3－161）。幢座由一、二、三层组成，底层的须弥座上雕有波涛和游龙（图3－162)，其上方雕东西南北四大天王。

第二部分为幢身包括四、五、六层，是一曼荼罗

3–160 陀罗尼经幢
宋 高约800cm 石 云南省昆明

3–161 陀罗尼经幢线图

3–162　陀罗尼经幢幢座细部

3–163 陀罗尼经幢曼荼罗线图

3–164　陀罗尼经幢东北侧诸神细部

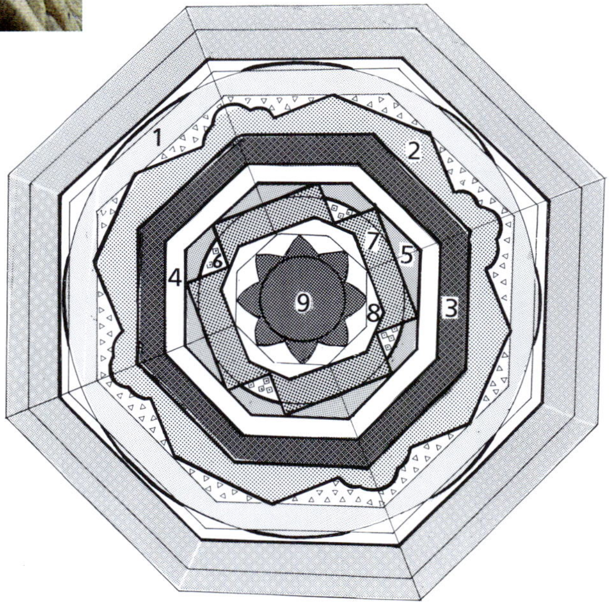

3–165　陀罗尼经幢各层结构示意图

(图3－163)，幢座与幢身之间有着明显的区隔。幢身四角的金刚手，力士，天人、菩萨与幢座上的四天王交错排列（图3－166、3－167)。这三层上大部分佛像和菩萨像的身份可以确认，神像所处位置皆与经书上所述相对应，所有密宗神衹的方位均按照一套相当复杂的系统排定。曼荼罗中所有的神像都是卢舍那佛的化身。

第三部分是最上面三层，表现的是当地白族的丧仪(图3－164)，在这部分雕刻中，当地原始的神衹和佛教神衹相混合，以表明他们先祖的根源。

要确切地说明石幢上构成曼荼罗的雕像及其组合的经典依据几乎是不可能的，因为我们无法知晓当时当地僧侣对经文的解释，但是可以看出云南密宗教义与藏传佛教的密切关系。

最后，这座经幢的空间安排可能与东南亚特别是爪哇建筑传统有关。经幢由柱形、八角形和圆形结构交替重叠组合而成，唯有第七层是双十字形（图3－165)。复杂严谨的构造及所表现的佛教内容使人联想到印度尼西亚9世纪夏连特拉王朝时期兴建的婆罗浮屠大寺。昆明陀罗尼经幢也像婆罗浮屠大寺一样，以层层相叠的排列方式表现规模宏大的佛教体系，诸佛、菩萨群像按序位纵向排列，如一巨大的曼荼罗。不可否认的是，在中国别处尚没有发现与这个经幢类似的宋代艺术品。

南诏和大理国运用各地的文明来丰富它的文化传统，建立自己的艺术风格。它们吸收并改造域外各国传入的教义、仪典、艺术造型和审美观念，创造了云南特有的雕塑风格。

3–166　陀罗尼经幢东北侧天王细部

3–167　陀罗尼经幢东北侧献祭神像细部

李　松

第四章　宗教雕塑（下）

唐代以后，各地的大小军阀、地方豪强，纷纷占土掠地，互相争战，中国又出现了分裂、割据的局面。在唐代灭亡后的半个世纪里，中原地区相继建立起梁、唐、晋、汉、周五个小朝廷。每朝存在的时间长则十余载，短的只有三四年，忽起忽灭，更替频繁。与此同时，南方和山西等地区，先后有前蜀、后蜀、吴、闽、楚、南唐、荆南、南汉、吴越、北汉等十个小国并立分治。与战乱频仍的北方相比，南方诸国相对安宁，各国存在的时间也较长。经过五代十国半个世纪的分裂、割据，到公元960年，建立起北宋王朝，恢复了全国统一的局面。北宋之后，历南宋、元、明、清各代，是中国宗教史上发生重大变化的时期，一个显著的趋向是儒、道、释由对立、排斥、争斗，改变为相互接近、吸收、包容的“三教合一”局面。促成这种变化的原因，一方面是宗教内部思想、传播方式的变化；另一方面是统治阶级从历史的经验中看到不同宗教和教派的相互结合、互补，更有利于维护封建统治。[1]

第一节　五代以后“三教合一”的新趋势

佛教

佛教在九、十世纪接连遭受两次重大的打击，一次是唐代会昌五年（公元845年）唐武宗兴道废佛，拆毁天下佛寺4,600所，毁招提兰若4万所。一个世纪后，五代后周皇帝世宗柴荣（公元954－959年在位），下令废除寺院3,336所，收缴寺院和民间铜铸佛教造像改铸铜钱，因此，在此以前的大型铜造像和无数金铜佛大部分被毁掉了。

曾经辉煌了将近七个世纪的石窟寺营造活动，到唐代后期也转入低潮。此后的重要造窟活动，仅有两宋时期在四川营造的大足石窟、元代在杭州地区凿造的密宗石窟造像。此外，不同民族、不同地区还有些小规模的雕造活动，但在艺术史上已是微不足道了。

然而，这些并不足以说明佛教和佛教艺术由此而衰落。宋太祖赵匡胤即位之初即解除了后周毁法之令，使佛寺重兴。到真宗赵恒天僖五年（公元1021年），全国寺院达4万所，僧尼近46万人。寺院的彩塑、壁画成为后期佛教艺术的主要代表。

早期佛教注重教义与学理的研究、阐释、传播，通过“格义”、“判教”创立宗派。到唐代已形成了具有鲜明中国特色的多种佛教宗派，各有自己信奉的经典、教义，并形成自己传承的体系。其中重要的有：天台宗、法相宗（唯识宗）、华严宗、净土宗、律宗，以及三论宗、三阶宗和密宗。宋代以后最盛行的是禅宗，净土、华严、天台各宗也还有很大的影响。由于密宗的思想内容与修行方式与中国传统伦理观念有较多捍格之处，因此，其发展在不同历史时期受到一定的抑制，然而在民间的影响很大，在佛教造像遗存中其广泛的影响明显可见。

宋代（公元960－1279年）三百二十年间，佛教的发展表现出两方面的变化。

一方面是佛教思想与中国传统儒家思想文化的结合、融通，促成了佛教教义的改造、丰富、进一步民族化，使佛教最终成为中国社会思想、文化的有机组成部分。与此同时，佛教的思辩哲学也深刻启发了宋儒以天理为本原的本体论哲学思考，促成了新儒学—理学的诞生和哲理研究的深入与多学派的发展。理学的建立与发展对中国封建社会后期伦理纲常的维系和封建统治的巩固起了重要的作用。

在宋代僧人中出现了不少博学多识、精通儒学经典的高僧，他们从理论的高度找出儒、释两教思想上的契合点。如天台宗僧人智圆倡三教同源“宗儒为本”，以儒为“饰身之教”，释为“修心之教”，两教言异而理贯，皆是为了近善远恶。云门宗僧人契嵩著《辅教篇》以佛教五戒比附于儒家纲常，提出佛、儒、百家圣人是心一而迹异，并大讲孝道，而以出家修戒为笃孝之归趋，从而对佛教教义和儒家思想作出修正和新的解释，以此促进了三教合一的大趋势。而统治阶级则是从维护自身利益的功利目的出发，有意地推进和利用了这一思潮，尽管在个别时期或抑道扬佛，或抑佛扬道，但总体的宗教格局没有大的变化。

宋代佛教另一个突出的变化是从进一步民俗化中获得最广泛的群众基础。这也是佛教自身一个异化的过程。具体表现为佛教内容、祭祀对象、修行方式等在与中国民间信仰结合的过程中，强化了迷信的成分，相信偶像膜拜、吃斋念佛号可以获得现世果报，结来世善缘。在供奉、礼拜的对象上，许多道教神、民俗神进入寺庙殿堂，出现仙佛不分的奇特现象。佛教造像成为一个愈来愈庞杂的神佛系统，这虽是对佛教本义的背离，然而却以此获得最广大的善男信女的皈依。历元、明、清三代，各地佛寺如林，香火兴盛，持久不衰。

佛教的这些变化都在中国后期宗教雕塑与绘画中得到了充分的表现。

在北方地区，由契丹族建立的辽王朝（公元907－1125年）、女真族完颜部落建立的金王朝（公元1115－1234年）的统治者也都尊崇、扶植佛教，甚至在内廷供奉佛像、设坛授戒。辽代以圣宗、兴宗、道宗期间（公元983－1100年）佛事最盛，各宗派中以华严、密宗最为活跃。山西五台山地区成为华严宗传教中心。密宗到辽代后期渐趋衰落。辽代建造的寺庙、塔很多，佛教造像直接影响社会习俗。妇女盛行以黄粉涂面，号称“佛妆”。

金代佛教最盛期在世宗之世（公元1161－1189年），章宗（公元1190－1208年在位）以后，渐趋于衰败、低落。佛教各宗在金代都有发展，而以禅宗为最盛。

元代（公元1271－1368年）为蒙古贵族建立的王朝，历代帝王都崇尚佛教，而以藏传佛教为其主流。元世祖忽必烈（公元1260－1295年在位）早在入主中原之前，就邀请西藏萨迦派高僧八思巴东来讲经说法。元朝建立后，尊八思巴为“帝师”，授以玉印，令其掌管全国佛教、兼领藏族地区政教。忽必烈及其后妃、皇族悉皆灌顶受戒，以后的各代皇帝也都先从帝师受戒，然后才能登基。

密宗以外的其他佛教宗派也都得到平等的待遇，有所发展，在江南地区最为盛行的是禅宗。然而各派在义理方面没有太多的贡献。

元代佛教艺术的突出特色是梵式佛像的创造与风行。元初，尼波罗（今尼泊尔）王族、精通建筑与佛教造像的工艺美术家阿尼哥率工匠赴西藏造黄金塔成功，受到八思巴器重，带他入都，被忽必烈任命为诸色人匠总管府总管。此后，他先后受命完成了许多寺观和佛塔的设计、营建工程，佛、道、释造像的塑妆、范铸，以及帝后御容和天文仪器等制作。至元十五年（公元1278年）被授以光禄大夫、大司徒，兼领将作院使等职位，为中国的宗教艺术发展作出了卓越的贡献。中国雕塑家刘元受命从阿尼哥学习“西天梵相”（即藏传佛教造型样式），所作神思妙合，成为绝艺。元代许多重要寺观的佛、道造像，都出自其手。[2]

在元代佛教雕塑中，称得上是重大工程的营造活动而又尚存遗迹的有：元初在杭州飞来峰雕造的摩崖造像群；在大都（今北京）附近十方普觉寺内铸于英宗至治元年（公元1321年）、长5米多的释迦牟尼涅槃铜像；居庸关过街塔基（云台）大理石浮雕。

过街塔创建于元顺帝至正二年（公元1342年）。门券两壁左右刻有大幅四天王浮雕，券顶刻五曼陀罗、十方佛及贤劫千佛，壁面以梵、藏、八思巴、维吾尔、西夏、汉六种文字刻佛经、造塔功德记，门券南北两券面各刻大鹏、鲸、龙子、童男、狮、象“六拏具”。雕刻风格精细、繁密，富于装饰性，原有金饰装銮，代表了元代雕刻艺术的风尚与水平。造型、内容及细节表现则反映出14世纪初藏传佛教艺术风格的影响（图4－1、4－2）。[3]

由出身僧侣的朱元璋建立的明王朝（公元1368－1644年）和由满族贵族建立的清王朝（公元1644－1911年）两代统治者都对佛教采取了有限度的扶植政策。禅宗、净土宗依然盛行，禅净双修成为时尚。藏传佛教已无元代之显赫，而前代帝师入朝后，明太祖依然授予国师、帝师称号，永乐时（公元1403－1424年）受封的藏族喇嘛，有五王、二法王、二西天佛子、九大灌顶国师、十八灌顶国师。宪宗、孝宗、武宗（于公元1465－1521年间先后在位）也都崇信藏传佛教，武宗朱厚照通晓梵语，自号大庆法王。清世祖福临于顺治九年（公元1652年）邀请五世达赖到北京，次年进行册封，同时册封了归顺清朝的西藏实际控制者蒙古贵族固始汗，对巩固黄教在西藏宗教界的统治，建立政教合一的体制起了重要作用，也使清朝政府与西藏、蒙古地方政府的关系益发密切。五世达赖以后，西藏佛寺和藏传佛教艺术进入新的发展盛期。

密宗造像重视“身密”的研究，乾隆七年（公元1742年），番学总管工布查布在北京依藏文佛典译出《造像量度经》，对于内地藏传佛造像起了进一步规范化的作用。

明清时代佛教从总体上处于退化、衰落时期，但佛寺、信众不断增加。明代成化十七年（公元1481年）之前，仅京城内外官立的寺观即多至639所。清代康熙六年（公元1667年）礼部统计，全国寺庙有79,622处，僧尼118,907人。鸦片战争以后，始进入全面衰微状况。

道教

道教在唐宋时期发展到盛期，统治阶级对道教的提倡表现出明确的功利目的。

唐代李唐皇室把推上道教教主地位的春秋时代（公元前770－前476年）思想家李耳（老聃，即老子）尊为同姓始祖，扬道抑佛，神化自己的统治地位。唐高宗李治（公元650－683年在位）追加老子尊号为“太上玄元皇帝”。唐高宗去世后，皇后武则天专揽朝权，连废两帝，继而建立了大周政权（公元684－705年）。为了削弱李唐皇室的神化权势，削去老子的皇帝称号，尊佛而抑道。到公元705年中宗即位恢复唐政权后，再次把老子捧上“玄元皇帝”的宝座。到玄宗李隆基在位时（公元712－756年），道教在唐代达于极盛，老子的尊号一再提升，成为“圣祖”、“大圣祖”。长安和洛阳两京及诸州皆置玄元皇帝庙，并以唐高祖、太宗、高宗、中宗、睿宗五代帝王的神位配祀。到宋真宗赵恒之时，继封老子为太上老君混元上德皇帝。“太上老君”的称谓一直相沿至今。

北宋赵氏皇帝又在道教诸神中制造了一个赵姓族祖：赵玄朗。宋真宗景德元年（公元1004年）与契丹订立屈辱的澶渊之盟以后，为巩固政权，转移视线，诈称受天书，又说梦中见到赵玄朗奉玉帝之命总治下方，主赵氏宗族。于是布告天下，封玉帝为“太上开天执符御历含真体道玉皇大天帝”，赵玄朗被尊为“圣祖天尊大帝”，其夫人为“圣祖母元天大圣后”，制造一对夫妻神，也是道教特有的产物。为了进一步制造和强化君权神授的神话，宋真宗又下令在京城汴梁（今河南开封）建造玉清昭应宫，连续七年，昼夜施工，于大中祥符七年（公元1014年）建成宏丽无比的建筑群，大小殿堂共有2,610间。以银五千两铸玉皇像，金五千两铸圣祖像、金五千两造真宗像，侍立于其旁。玉皇在道教中属于仅次于“三清”的“四御”主神，为总执

4–1 **居庸关云台券门（南面）**元 石 北京市昌平居庸关

4–2 **十方佛** 元 石 北京市昌平居庸关云台

天道之神。由玉皇、祖宗神和现实世界的统治者构成的这一组合，十分清楚地表现出神化皇权的愚民动机。

北宋末年的徽宗赵佶在位期间(公元1101－1125年)崇道排佛，把道教推向鼎盛。赵佶借道士林灵素的说法，把自己说成上帝之长子长生大帝君在人间的化身，册封自己为教主道君皇帝，成为亦神亦人、既是教主又是皇帝的人物。赵佶于宣和元年（公元1119年）诏改佛号为“大觉金仙”，其余为仙人、大夫，将寺院改为宫观，僧尼改称德士、女德，想以道教溶解、改造佛教。诏天下洞天福地修建道教宫观，塑造圣像。道士在全国各地享受极高的政治和物质待遇。

北宋时期太宗、真宗、徽宗三代对道教神仙系统进行反复地整理、改动，参照人间统治秩序建立起一个以三清为主体的庞杂神仙谱系和相应的祷祀建坛设醮仪范。三清是道教神仙所居的最高仙境，由大罗天所生成的玄、元、始三气化为三清天，即：玉清境的元始天尊（天宝君）、上清境的太上道君（灵宝君）、太清境的太上老君（神宝君、道德天尊）。三清尊神是道教中崇奉的最高神。

道教在发展中多方面吸收、借鉴了佛教的内容和儒家学说。北宋时期出现过学养丰富的学者类型的道士陈抟、张伯端等人。陈抟的《太极图》图式和内丹哲学，张伯端的性命双修理论和三教归一观点，都对道教理论的深化和理学的发展有重要的作用。

北宋以后，道教中的外丹术和符箓派都失去民众信仰，新的道教派别全真教和太一教、真大道教在金王朝统治地区流行起来。由王喆（重阳）和他的弟子“北七真”（马钰、谭处端、刘处玄、丘处机、王处一、郝大通、孙不二）创立的全真教以三教平等、三教圆融为号召，倡修炼心性、除情去欲、含耻忍垢、苦己利人，在金、元时代产生了巨大影响。它使道教发生质的变化，在一定程度上表现为向道家本原的复归。

元代以后，由于丘处机对元代政治的重要影响，全真教进入盛期。丘处机曾劝成吉思汗敬天爱民，去战乱杀戮，被尊为神仙，受赐虎符、玺书，掌管天下道教。

到元代后期，全真掌教人和道徒逐渐腐化变质，失去人心，另一方面与佛教徒的矛盾也激化起来。朝廷几次明令焚毁《老子化胡经》等经书及雕版，退还侵占之庙产，也使道教受到一定的打击。宋元时期，道教分化为许多宗派，各立门户，到元代后期，主要流传的是正一教与全真教。

正一教以斋醮符箓为主要特色，入明以后，由于明代皇帝多爱好方术而得以盛行，而全真教转衰。明成祖朱棣自以为是真武神的化身，在湖北武当山建成庞大的宫观建筑群以崇祀真武和道士张三丰。明世宗朱厚熜是历史上最笃信道教的皇帝，自号“灵霄上清统雷元阳妙一飞玄真君”，继而又加号为帝君，并给其父母也加了仁化大帝、妙化元君的道号。一些上层道士位居高官，直接干预朝政。

清代，朝廷重视儒学和藏传佛教，而无意于斋醮符箓，对道教活动有所贬抑。明、清两代，道教处于日益衰微的状况，然而在民间则影响日益扩大。许多民俗神不断加入道教神仙的行列，通俗的劝善书广泛流行，道教思想、三教合一思想也对当时的文学、艺术创作和各个文化领域都发生了广泛、深入的影响。

儒家和“圣人”孔子形象

作为“三教”之一的儒教，是中国古代传统文化、宗教信仰与东周时代（公元前770－前256年）兴起的儒家学说相结合的产物。

儒家学说创始者孔子（公元前551－前479年）是春秋末期重要的思想家、政治家和教育家。名丘，字仲尼，鲁国陬邑（今山东曲阜）人。出身于没落的宋国贵族之家，少年家贫，五十岁由鲁国中都宰升任司寇（司法官）。孔子创立“仁”学思想体系，奠立了儒家学说的思想基础。他的政治理想是恢复夏、商、周三代时期传统的宗教和政治制度，曾周游宋、卫、陈、蔡、齐、楚等诸侯国家，未得到重用。晚年致力于整理古代文献，删《诗》、《书》，作《易传》，修《春秋》，并从事教育，开创私人讲学。有弟子三千人，其中身通六艺（礼、乐、射、御、书、数）的贤者七十二人。孔子的思想与言行由其弟子们记录、整理成《论语》一书。孔子思想对中华民族文化和民族精神的形成有巨大影响，并对世界文化，特别是亚洲各国文化产生深远影响。[4]

孔子死后，儒家分为八派，[5] 孔子学说最主要的继承者是战国时代的孟子。孟子（公元前390－前305年），名轲，山东邹县人。他继承并发展了孔子思想，主张行王道、讲仁义，反对暴政。也曾游说诸侯，不被重用，晚年授徒讲学，作《孟子》七篇。[6] 后世将孔、孟学说并称为“孔孟之道”，然而，在孔、孟生活的年代，儒家虽是诸子百家之中一个很有影响的学派，但并不居于正统地位，儒家学派宗教化和孔孟被神圣化，主要是在西汉（公元前206－25年）以后。

汉武帝刘彻建元元年（公元前140年）接受董仲舒“罢黜百家，独尊儒术”的建议，崇儒术，兴太学。自此，儒家学说取代先秦诸子之学和西汉初的黄老之学，成为中国封建社会的正统思想，也是儒学衍变为儒教之始。到宋明理学兴起，更使儒教在理论上进一步发展、完善。

儒教的内容包括了孔子以前的古代传统宗教，信奉的最高神是上帝，或称“天”，后世称作昊天上帝。[7]儒教的组织就是国家的组织系统，对于天地山川与祖先神的祭祀是古代最重要的礼仪制度，而只有天子亦即皇帝才有资格祭天。

圣人是儒教中最高的教阶，君主是当然的圣人。孔子则是先圣先师的代表人物，是圣人之中的“至圣”。对孔子的祀典也是国家祭祀活动的重典。

经过孔子整理过的古代典籍《周易》、《尚书》、《诗经》、《仪礼》、《春秋》是儒教主要经典，后世又增加了《论语》、《孟子》等书，称为《十三经》。[8]

历代封建统治者以儒教作为统治思想的支柱，孔子的地位也不断提升。但主要是着眼于政治地位的擢升。

孔子于鲁哀公十六年（公元前479年，周敬王四十一年）去世时，朝野震悼，鲁哀公诔之，崇称为尼父；到两汉时期，尊封为公侯；隋文帝（公元581－604年在位）时，追谥为先师尼父；唐高宗显庆二年（公元657年）定称为先圣。之后，又按中国“官本位”的传统思想，给道教教主老子和“儒教”教主孔子都追加帝王的封号。唐玄宗开元二十七年（公元739年）追谥孔子为文宣王，宋真宗大中祥符五年（公元1012年）加称至圣文宣王，元武宗至大元年（公元1308年）再加号为大成至圣文宣王，一直沿袭到明初。[9] 孔子的主要弟子则分别封为公、侯。

供奉、祭祀孔子的场所是孔庙。全国最大的孔庙建于孔子故居山东曲阜阙里，最初为鲁哀公所立，后世不断扩大并提高建筑规格。祭孔礼仪也不断升级。曲阜孔庙现存的总面积达24.8公顷，有殿堂阁庑466间，九进院落，是按照帝王宫室的规格建筑的（图4－3）。为了烘托孔子的崇高伟大，在建筑的总体布局上，以层层的牌坊和门，构成建筑群长长的前导部分。

曲阜孔庙的主要殿宇是奉祀孔子的大成殿，为九开间、重檐九脊的大殿，檐下有蟠龙石柱二十八根，这种建筑的规格与明十三陵中成祖朱棣长陵的祾恩殿（享殿）相当。在宋代，孔庙殿中塑孔子，亚圣孟子及十哲像。东西庑之木壁上绘七十二贤及先儒二十一人像，但都未能保存下来。宋太祖、太宗都曾三谒孔庙，宋真宗大中祥符元年（公元1008年）到泰山封禅之后，至曲阜备礼谒孔庙，以后承嗣皇帝皆谒拜孔庙，并由太常礼院制定祭器的规格。

孔子及其弟子的艺术形象初见于东汉画像石，作为重要的历史题材突出于诸子百家之上（图4－4）。以塑像形式为孔子造像约始于南北朝时，东魏兴和三年（公元541年）《李仲璇重修孔子庙碑》已提到命工人修建容像，雕塑孔子十弟子，奉进儒冠的情况。唐代也有过关于孔门弟子塑像如何配置的讨论。宋徽宗时，规定孔子像要用王者规格，头上戴冕，垂十二旒——这是冕服上的最高等级，手执象征天子权威的镇圭。

4–3　建于明代的山东省曲阜孔庙大成殿蟠龙柱

4—4　孔子见老子石刻　东汉　画像石　山东省嘉祥武梁祠

见诸于存世的雕塑与绘画的孔子形象主要有两种形式：一种是头上戴巾，长髯、袍服、佩剑的老年儒者形象；一类是如上文所说著冕服的帝王形象。

关于儒学应不应该宗教化？孔子应不应该神化和帝王化？要不要塑像，如何塑造孔子形象等问题，历朝有过不少争议。在宋神宗熙宁七年（公元1074年），朝廷中有人奏请追封孔子以帝号，未获通过；明宪宗成化年间（公元1465－1487年），又有人提议封孔子为“圣神广运帝”，也遭到反对。明世宗嘉靖年间（公元1522－1567年），朝廷中又发生激烈争议，议者认为封孔子为帝有悖于孔子自身的思想和言论，塑像也不合于古制。终于在嘉靖九年（公元1530年）去掉了“大成文宣王”的称号，改称至圣先师，对于孔门弟子也只称圣贤，去掉公侯的爵号。作为祭祀的对象，制木为神主（牌位），而将塑像摒除。也就是在一定程度上恢复了孔子作为儒学先驱、万世思想导师的地位，不复作为偶像崇拜。

由于这些原因，古代艺术中关于孔子的雕塑形象遗存下来的不多，现在所能见到的多为近世的作品。

辛亥革命（公元1911年）以后，总统不再祭天，各级官员也不再祭祀山川诸神。政府明令学校不再尊孔读经，各地孔庙也纷纷废弃，只留下一些家族宗祠及零星神庙。1913年，窃取临时大总统职位的军阀袁世凯为了称帝，通令“尊崇孔圣”、“举行祀孔典礼”，并于次年，身著古代帝王装束，行祭孔、祭天之礼，被时人和后世视为中国近代史上的丑行。到1919年五四运动，儒教和孔子被作为封建礼教的化身，提出“打倒孔家店”的口号。到近年，孔子思想对世界文化的重要贡献得到了重新评价和认同，而儒教中神化孔子的一整套做法则被历史所扬弃了。

唐宋时期，建庙奉祀孔子，以及对孔子及其弟子群的纪念形式，曾经作为一种模式被复制。其时，与孔子的文庙相对应的还有武庙，所祀奉的为协助周武王伐纣灭商建立西周王朝的大功臣姜子牙。唐高宗上元元年（公元674年）封姜子牙为武成王。武成王庙模仿孔庙“置亚圣、十哲等，后又加七十二弟子”的形

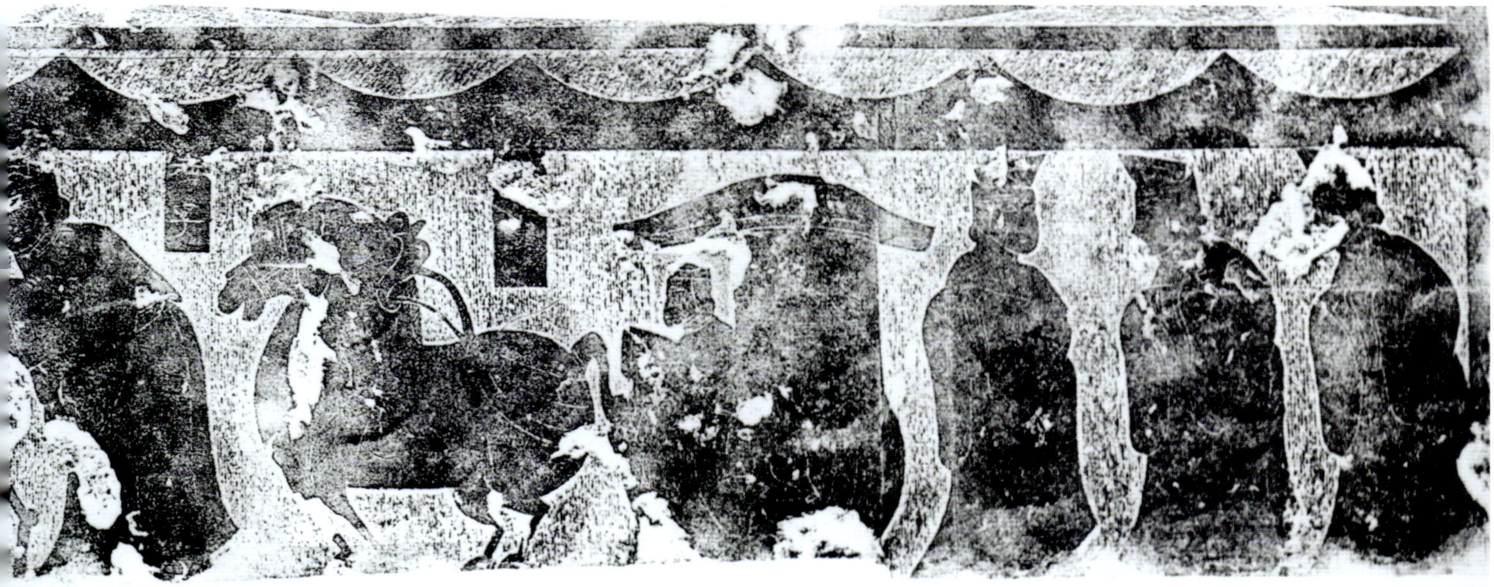

4–5　三教合龛造像

南宋　石

四川省安岳石窟大般若洞

4–6　孔子与十哲像

宋　石　重庆大足石篆山

式配置塑像，不过均以历代著名军事家充任，并不断加以调整。[10] 宋代以后，武庙的主神也一再变更。[11]

佛、道、儒三教在中国社会中的地位孰重孰轻是一个经常展开辩论的政治性大问题，并在不同朝代有所更替。[12] 同时也在宗教思想、礼仪规范、制度，以至艺术表现手法上相互借鉴、吸收、融合，在雕塑作品中出现了三教教主形象同窟或同龛的现象。较早出现的是佛教与道教合一的双教龛、窟。造像碑有明确纪年的最早实例是现存陕西耀县博物馆的北魏太武帝始光元年（公元424年）魏文朗造佛道像双教碑。碑的正面龛内二坐像，头部虽毁，但服饰迥异；碑侧刻有戴冠蓄须的天尊像；碑铭明确记载所造为“佛道像一伛(躯)”。石窟造像中，已知年代最早的双教窟见于陕西宜君县福地水库区内，正壁雕阿弥陀佛与观音、大势至三圣像，右壁大龛为戴冠持扇的道教造像。左壁残毁。[13] 道教造像出现于5世纪初，其造型、组合多袭用佛教样式，但形象是汉人装束，主像戴道冠、有须、袍服、持扇，身后有二真人侍立，上部还有模仿飞天的飞天仙人。后来的道教造像一般都沿袭此种样式。

三教合一造像盛行于宋代以后，其代表性作品多见于四川，如安岳石窟大般若洞（图4－5）、重庆大足石窟。大足妙高山石窟第2号窟，为南宋绍兴十四年（公元1144年）作品。窟高3.14米，深3.22米，宽2.8米，平面成矩形。正壁刻释迦牟尼与迦叶、阿难二弟子，左壁刻袍服、长髯的老君及二侍者，右壁刻孔子坐像，头戴冕旒，双手持笏，穿宽大的袍服，足踏方儿，左右各立一侍者，这正是北宋末年以后帝王化了的孔子形象。大足石窟三教合一窟亦见于佛安桥石窟区、石壁寺石窟区和石篆山石窟区。石篆山三教像分别雕于毗邻的三窟，其中孔子像束发戴软巾，袍服著靴，右手握羽扇，两侧雕十哲像（图4－6）。[14] 这三个窟的造像同为北宋时岳阳文惟简及其子文居用、文居礼镌造于元丰五年（公元1082年）、元丰六年（公元1083年）和元祐三年（公元1088年）。

三教合一的造像，也见于甘肃平定川莲花寺石窟北宋三教诸神龛、山东东平司里山北摩崖造像中的三教通连龛、河南鹤壁陆沟村明代三教合一窟等处。在明清寺庙中三教混同的现象更是比比皆是，其中也混入一些民俗神。反映着后期宗教日益民俗化的趋向。

三教合一的造像主要反映着宗教精神内涵的变化，而作为雕刻艺术，有突出成就的不多。

第二节　佛寺布局与造像组合

中国佛寺布局与建筑样式受印度古代佛教石窟寺的启示，而更直接的影响倒是世俗的官衙。

寺，原来是中国古代官舍的名称。东汉明帝永平十年（公元67年）派赴天竺求佛法的郎中蔡愔、博士弟子秦景回国时，偕同中天竺僧摄摩腾、竺法兰自西域以白马驮来佛经，到首都洛阳，舍于鸿胪寺，遂以白马为名，称为白马寺，这是中国有佛寺之始。[15] 据传，寺的建筑样式仿照印度祇园精舍，寺中有塔，殿内有壁画。

由于年代久远，世事沧桑，汉代白马寺的原貌已邈难追寻。如今，可以确切考知的早期寺庙遗迹有北魏熙平元年（公元516年）孝明帝灵太后胡氏主持建造的洛阳永宁寺，这是一座异常宏伟壮丽的国家级大寺，不幸建成后仅十八年，便于永熙三年（公元534年）为雷火所殛焚毁。20世纪60年代初，考古学家在勘察汉魏洛阳故城时，从废墟上查明北魏永宁寺遗址，并在多年的科学发掘过程中进行复原研究。对照北魏人杨衒之《洛阳伽蓝记》的记载，可以确知永宁寺的建筑布局是沿袭着汉代白马寺“寺中有塔”的格局建造的。[16]

永宁寺建筑群为平面方形，在纵贯寺院的中轴线上，依次排列着：南门（山门）、塔、佛殿、北门。左右两侧严格对称，四周以宽厚的围墙构成封闭的院落，开在围墙上的东西南北四门都直对着塔。雄踞全寺中心的主体建筑是庄严巍峨的九层木塔，它也是北魏首都洛阳的重要景观，“去京师百里，已遥见之”，“高风永夜，宝铎和鸣，铿锵之声，闻及十余里”。[17] 塔北建有佛殿，其形制仿自北魏的太极殿，殿内供奉丈八金佛一躯、中长金像十躯，以及绣珠佛像和织成佛像。寺中还有僧房楼观一千余间。

以佛塔为主、佛殿为辅的建筑格局是中国早期佛寺的典型特点。

佛塔起源于印度，称窣堵波（梵文StūPa）或译作

4—7
永宁寺塔基贴塑供养人头像
北魏　泥塑
1980年河南省洛阳出土
洛阳博物馆藏

4—8
永宁寺塔基贴塑供养人头像
北魏　泥塑
1980年河南省洛阳出土
洛阳博物馆藏

4—9
永宁寺塔基贴塑残件
北魏　19.1cm
泥塑　1980年河南省洛阳出土
洛阳博物馆藏

4—10
永宁寺塔基贴塑笼冠人头像
北魏　泥塑
1980年河南省洛阳出土
洛阳博物馆藏

4—11　佛宫寺释迦塔

辽　塔高6731cm　木　山西省应县佛宫寺

4—12　佛宫寺释迦塔剖面图

(选自刘敦桢《中国古代建筑史》，中国建筑工业出版社)

浮图、浮屠、佛图。为瘗埋佛骨之所，也是礼拜的对象。古印度的塔为覆钵形，下筑高台座，其上有宝匣、相轮、宝瓶。到公元1世纪以后，衍变为在佛殿——精舍上立刹，内部供奉佛像和舍利。永宁寺塔的造型是印度佛塔与中国楼阁式建筑相融合的产物，在木结构的九重塔身之上安装高大的金属塔刹，刹上有金宝瓶、瓶下有承露金盘，周匝垂挂金铎120枚。这种样式初源于东汉末年笮融在徐州建造的浮屠祠。受印度影响而出现的佛塔建筑在佛寺中居于中心位置的格局，与中国古代有些建筑物中以高层建筑置于院落中央的做法也有着渊源关系。[18] 它对同时期石窟寺的布局有直接影响。

永宁寺塔基出土了各种彩塑作品残块1560余件，包括塔心实体诸龛中供奉的大中型塑像和塔壁贴塑的佛、菩萨、供养人像，皆已残碎无法复原，但从吉光片羽之中所显现出的造型之生动传神，比之同时期的石刻作品，更能反映出北魏佛教最盛期的雕塑艺术水平（图4－7、4－8、4－9、4－10）。

佛塔主要有楼阁式、密檐式和单层塔三种类型。唐代以后，佛殿逐渐成为佛寺建筑组群的主体，塔失去了早先的中心地位，有的在寺旁建塔，另立塔院。宋代以后有些大寺将塔置于佛殿之后。然而，塔以其高耸的建筑造型在佛寺建筑群体中始终具有很突出的地位，也是佛教雕塑的重要设置场所。

存世的南北朝至辽宋时期以不同材质建造的佛塔

约有上百座，其中体量最高大，结构最宏丽的木结构佛塔是山西应县建于辽代清宁二年（公元1056年，宋仁宗嘉祐元年）的佛宫寺释迦塔。塔位于寺的山门之内、大殿之前，为全寺的中心建筑。塔的总高为67.31米，底层直径30米，为“上累金盘，下为重楼”[19]的楼阁式造型，平面八角形，外观高五层，二层以上各层之间皆有暗层，实为九层。上立铁刹，下为阶基，结构复杂精巧，各层斗拱样式有60余种（图4－11）。

塔内的塑像皆置于明层，借助于建筑结构的宏大空间，突出佛国世界的神圣庄严。最底层塑有高11米的立佛，头顶直抵藻井，令观者于俯仰之际，产生一种神秘、威严的感受。三层为面向四方的四方佛，五层围绕释迦坐像塑八大菩萨（图4－12）。

1974年对木塔进行维修加固时，在佛像内腔发现七宝、舍利及辽代佛经、佛画等文物160余件。[20]

山西省是保存古代建筑最多的省份，完整保存下来的两座唐代寺庙都在山西省五台地区。一是唐建中三年（公元782年）建造的南禅寺；一是大中十一年（公元857年）建造的佛光寺大殿。两寺建筑布局后来有较大的变动，但历经劫火幸存下来的两座大殿仍是唐代建筑。其中的塑像也依然是唐代原貌，对了解唐代寺院造像组合提供了直接的参照。

南禅寺在唐代是一座规模不大的寺院，但基本完整地保存下来的造像群，依然能够比较好地显示唐代

4－13 **南禅寺大殿造像** 唐 彩塑 山西省五台山南禅寺

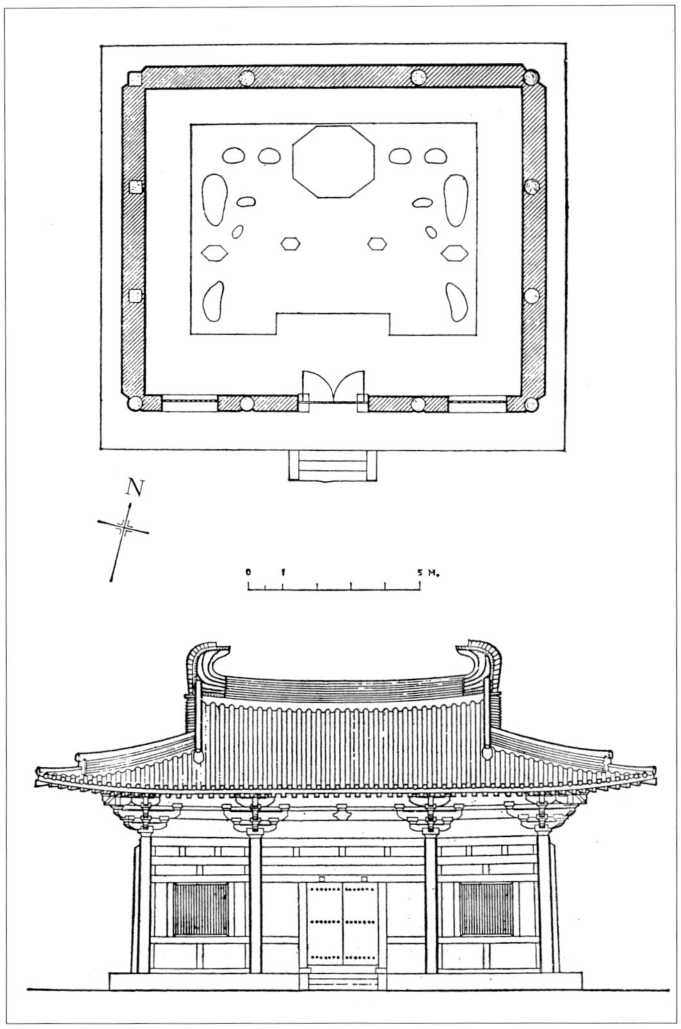

4—14　**南禅寺大殿平面立面图**　（选自刘敦桢《中国古代建筑史》）

中期佛教造像的艺术水平。大小17尊造像被安置在倒凹形佛坛上，造像组合的主体为一佛（释迦牟尼）、二弟子（迦叶和阿难）、二菩萨（文殊和普贤）、四胁侍、二天王。在佛座前方左右又各有一单腿跪坐于莲花上形象秀美的供养菩萨（图4－13、4－14）。[21]

这17尊造像采取了不同的妆銮形式，主尊与二菩萨皆为金身，以突出其主体位置，其余造像敷彩则比较写实。形体高大的释迦牟尼结跏趺坐于须弥座上，座的束腰部分塑出半身的狮子与力士。佛的袈裟衣质柔软，衣纹流畅自然，下裳垂覆于座前，背后高大的身光上塑大鹏鸟王、汉装的飞天、莲花等。两菩萨端坐于莲花上，其下有各自的坐骑；普贤居左，骑白象，有獠蛮与童子为侍；文殊居右，骑狮，有拂林、童子为侍，各自成一个小的组合。坐骑跨步行进，侍者动态生动活泼，动与静的变化使整铺造像的庄肃氛围得到调节，增加了人情味。几尊胁侍菩萨造型比较厚重

4—15　**五台山佛光寺大殿平面图**　（选自刘敦桢《中国古代建筑史》）

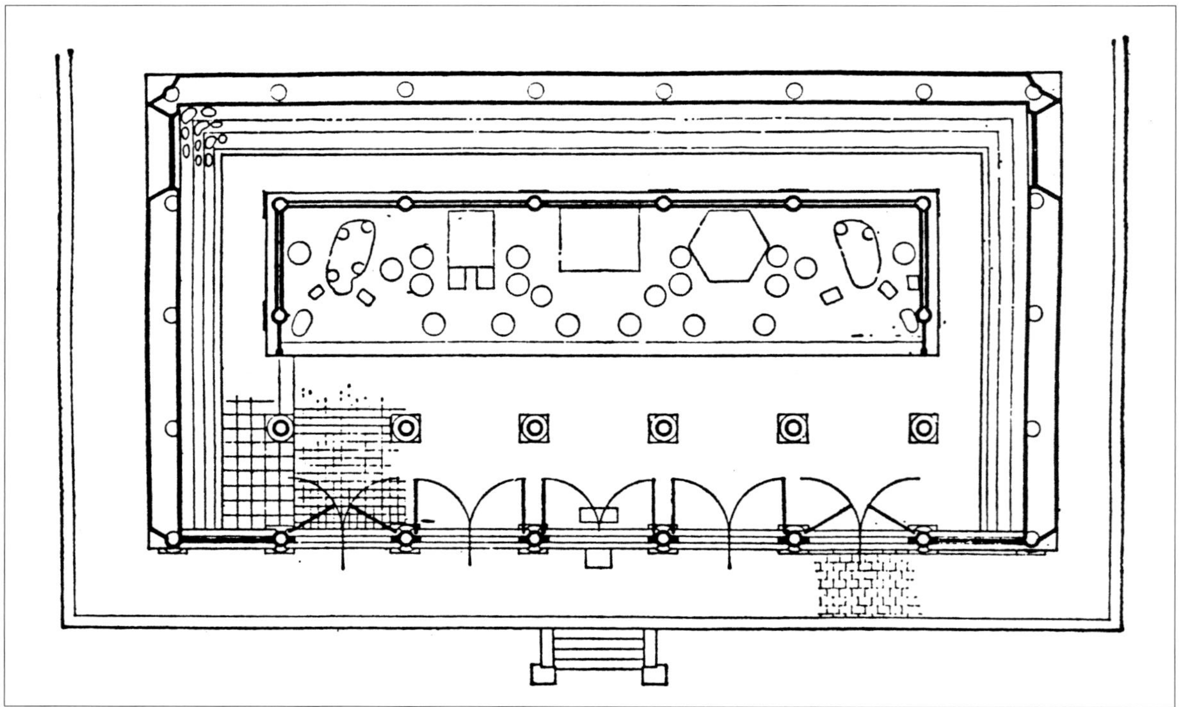

4–16 **佛光寺东大殿造像** 唐 彩塑 山西省五台山佛光寺

端丽，反映了北方地区造像的风尚特点。

唐代敦煌莫高窟、龙门石窟造像组合由少渐多，从一铺三身、一铺五身，发展为一佛二弟子、二菩萨、二天王、二力士一铺九身的组合。唐代后期流行倒凹形佛坛，代替了造像下边加台座的做法。南禅寺的造像与唐代佛教雕塑的整体发展是一致的，这也证明了嗣后的佛光寺东大殿、大同下华严寺薄伽教藏殿佛像的配置，都是继承着唐代的造像艺术作风。

与石窟寺造像组合不同的是在寺庙中力士像被分置于山门之内，成为寺庙的警卫者。

佛光寺在唐代曾是华严宗的重要道场，主要建筑弥勒阁等和佛像毁于唐代会昌年间灭法的劫难之中。现存的唐代建筑东大殿面广七间，进深四间，沿后内柱砌起一道宽五间，左右绕拥的扇面墙。36尊唐代彩塑就分布在扇面墙内宽大的佛坛之上。至为可惜的是这些造像在20世纪30年代初重新妆銮过，损伤了艺术价值，但造像的原型没有改动，其组合依然是唐代的特色。它为后人提供了一个比南禅寺规模更为宏伟的唐代后期佛寺造像群的典型。[22]

在大殿佛坛上，五尊坐像作一字排列：释迦牟尼居中，左为弥勒佛，右为阿弥陀佛。连座高皆为5.3米左右，身边各有弟子或胁侍四人，座前又都有两尊单足跪于莲花上的供养菩萨。左右梢间分别塑普贤、文殊二菩萨，连坐骑各高约4.8米。身旁也都有二胁侍和獠蛮、拂林与童子各二人。在佛坛前方两侧立着二天王（图4－15、4－16）。此外，普贤像前有韦驮，背后还有以写实手法塑造的两尊供养人像：一是佛殿女施主宁公遇；一是主持重建大殿的愿诚和尚。不同人物依其在佛国的地位高低而在体量上有很大的差别。五组造像相对独立而又相互联系呼应，形成一个统一的造像群，并以此创造出浓厚的宗教氛围。

弥勒佛垂足而坐的姿势和那些手持不同供物、姿态生动的供养菩萨，都属于唐代造像的特点而不见于后代。

现存古代木结构佛寺建筑中，仍保存原有塑像在

4–17 **镇国寺万佛殿造像** 五代 彩塑 山西省平遥镇国寺

4–18 下华严寺薄迦教藏殿造像 辽 彩塑 山西省大同下华严寺

年代上略晚于佛光寺东大殿的，还有山西平遥镇国寺万佛殿，建于五代时期北汉天会七年（公元936年），11尊造像除本尊为后世所作之外，其余佛弟子、菩萨、天王等，依然保留着与敦煌晚期雕塑相近似的风格，艺术成就也相似（图4－17）。

明显保留着唐代造像组合特点的还有辽代的下华严寺薄伽教藏殿的29尊造像，它们也被安置于倒凹形的佛坛上。主要造像为三佛（释迦牟尼、弥勒佛、燃灯佛）、四菩萨（文殊、普贤、观世音、地藏）及其眷属。以三佛为主体的三组造像成品字形排列，雍雍熙熙，充溢着超出宗教环境的家庭般的热烈气氛。倒凹形佛坛和坐于莲花上的供养菩萨都明确地显示着这些造像与唐代佛教造像继承发展上的渊源关系，然而从造像组合上，并不严格拘守仪轨，而是比较自由的，如释迦、燃灯都有形象类似迦叶、阿难的弟子随侍，弥勒则为四胁侍菩萨。释迦与文殊、普贤成一组合，燃灯与观世音为一组合，弥勒与地藏为一组合。四天王置于佛坛四隅也是鲜见的布局（图4－18）。[23]

薄伽教藏殿造像俱妆金，并着朱、绿彩，色调古朴和谐。菩萨造型比较丰满厚重而动态优美。弥勒一组中最外侧双手合十，微微露齿的一尊胁侍菩萨，形象、身段、动势尤为优美，是辽代艺术中的杰出作品（图4－19）。

大同善化寺是现存辽金时代规模最大的寺庙遗存，初建于唐代，沿续至辽保大二年（公元1122年），金人攻陷辽代西京大同，寺毁于兵火，仅十存三四。金初，

4－19　下华严寺薄迦教藏殿胁侍菩萨
辽　通座高302cm　彩塑　山西省大同下华严寺

4–20　**月宫天子像**　金　通高390cm　彩塑　山西省大同善化寺

4—21 大吉祥功德天像
金 高360cm 彩塑 山西省大同善化寺

僧人圆满于金天会六年（公元1128年）至皇统三年（公元1143年）重修。寺内的大雄宝殿为辽代遗物，金代重修并补塑造像。大殿内佛坛上一字排列的五佛与弟子、胁侍菩萨，东西两壁前面的二十四诸天，都是辽金时代的遗存，代表了这一时期寺观雕塑的艺术水平和发展趋向。五佛造型相类似，唯手印不同。佛的背光与须弥座的结构异常华丽繁缛，很好地烘托了佛像的庄严肃穆，这种华丽繁缛的趋向对后世佛塑有深远的影响。介于佛像之间的迦叶、阿难与二胁侍菩萨的塑造也能代表当时所达到的艺术水平。

作为佛法守护神的二十四诸天，[24] 作者没有停留在男女老少、文臣武将的表面差别，而是力求在同类型人物中寻找其精神气质的千差万别。同为女性神的摩利支天、鬼子母、辩才天等，在端庄婉丽之中有高贵与威重之别；武将中的韦驮天、罗刹天、四天王等有的威严，有的猛厉，有的宽厚；文臣装束的阎摩天、风天、水天等，有的表情严峻，有的风流儒雅。而这一切又都和谐地统一在共同的环境氛围之中。作者通过这些形象所要表现的既是护法的神威，又有化导众生的慈悯（图4－20、4－21）。

善化寺大雄宝殿造像群显示出寺庙造像嗣后发展的大体趋向：佛造像的程式化、造像组合的单纯化和

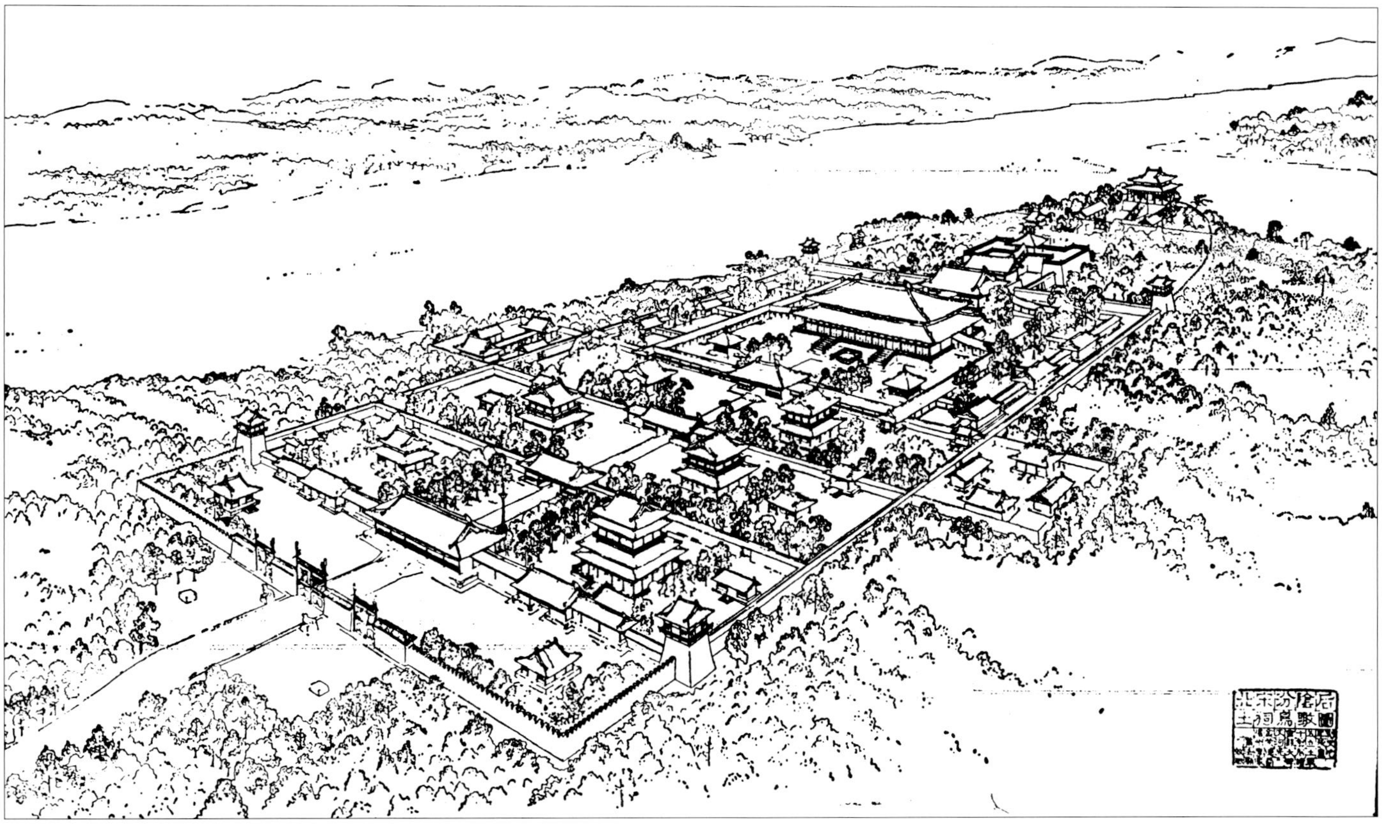

4—22 **汾阴后土祠鸟瞰图**（选自刘敦桢《中国古代建筑史》）

佛座、背光等装饰部分向精细、豪华的发展变化。

诸天造像创造了多种神人类型，以其形象的多样性丰富了造像组合，在明代佛教雕塑、绘画中流行甚广，其中重要作品有上华严寺大雄宝殿佛坛两侧之二十诸天、北京大慧寺大悲殿的二十八诸天等。

大同上华严寺大雄宝殿为金代天眷三年（1140年）所重建，是辽金时代最大的佛殿遗存。殿内塑像的布局与善化寺大雄宝殿相似，皆为明代作品。正中佛坛上五佛，中间三尊为木雕，其余二尊及胁侍为泥塑，两侧壁前分立二十诸天，形式模仿金代而艺术水平则较为逊色。中国佛寺布局和建筑样式在长期发展中形成了自己鲜明的民族特色，并相沿成为定式。

佛寺的布局基本上仿自宫殿和贵族宅第，以多重院落组合成一个封闭性的建筑环境，其中有的径直是以官僚贵戚宅第改建而成。主要建筑都在中轴线上，左右对称，大小错落，主次分明。具体的佛殿内容、名称，所供佛像依不同宗派和寺庙的具体性质而有所不同。一般中小佛寺的布局是：由南往北以山门、天王殿为一院落，其间有钟楼、鼓楼和东西配殿；第二进院落的中心为大雄宝殿，东西配殿有祖师堂、伽蓝殿、菩萨殿、药师殿等。较大的寺庙在大雄宝殿之后还有楼阁式建筑观音阁一类的殿堂。僧房等生活区和接待四方僧人的禅堂位于中轴线的东西两侧。[25]

山门或称三门，一般开有三个门，象征“三解脱门”，即空门、无相门、无作门。殿内塑两尊手持金刚杵的金刚力士（执金刚），半裸上身，作忿怒相，是孔武有力的武士形象。

天王殿，宋代以后多在天王殿中间供弥勒菩萨，实为五代时期的僧人契此，即布袋和尚，其形象是祖

腹、笑容可掬，被认为是弥勒菩萨的化身。其后供韦驮天。东西两旁供四大天王，即东方持国天王（持琵琶）、西方广目天王（手中缠绕一龙），南方增长天王（持剑）、北方多闻天王（持伞）。参照世间武将形象塑造的四天王，铠甲鲜华，而面相有的威猛，有的儒雅，在统一的风范之中，又有着性格上的差异。山门的金刚力士与天王殿的四天王、韦驮天，共同形成护卫佛法，镇邪驱魔的保卫系统。

佛寺中最重要的正殿，通称大雄宝殿。“大雄”是对于法力广大、无坚不摧的佛祖释迦牟尼的尊称。大雄宝殿中供奉的佛像有一身、三身、五身，以至七身的差别。供奉一尊的一般是释迦牟尼。净土宗寺院则供奉西方极乐世界的教主阿弥陀佛。

同殿之中供奉三尊佛像的有几种情况：

一种是三身佛，即法身佛毗卢遮那佛（中）、报身佛卢舍那佛（左）、应身佛释迦牟尼（右）。一种是三世佛，即现在佛释迦牟尼（中）、过去佛燃灯佛（左）、未来佛弥勒（右）。再一种是处于不同空间的三佛，婆娑世界的释迦牟尼（中）、东方琉璃世界药师佛（左）、西方极乐世界阿弥陀佛（右）。

也还有其他组合形式。由于佛造像程式化很强，形象没有大的差别，只能从其手印或所持法物上进行识别。

不同的佛与胁侍菩萨构成一定的组合关系。卢舍那佛与文殊、普贤二菩萨，合称“华严三圣”。药师佛的胁侍为日光、月光二菩萨。阿弥陀佛与其胁侍观世

4—23　普贤铜像

宋　通高740cm　铜　四川省峨眉山万年寺

音、大势至二菩萨合称“西方三圣”。

五佛的组合为五方佛，如善化寺大雄宝殿所供奉的即是。居于主位的是毗卢遮那佛，左有南方宝生佛、东方阿闳佛，右有西方阿弥陀佛、北方不空成就佛，各以手印的不同相区别。

七佛的组合较少见，其典型实例见于辽开泰九年（公元1020年）所建辽宁义县奉国寺大雄宝殿内的过去七佛彩塑，即释迦牟尼与在他之前次第成佛的六佛：毗婆尸佛、尸弃佛、毗舍婆佛、拘楼孙佛、拘那含佛、迦叶佛。

诸佛的胁侍菩萨中地位最高的是观世音、文殊（骑狮）、普贤（骑六牙白象），通称“三大士”，有的寺庙对他们分别建专殿奉祀。也有的供奉地藏菩萨。

宋代以后，佛寺建筑中再度出现以高层建筑为主体的建筑群，但居于最显要位置的不复是塔，而是供奉大像的楼阁，其典型代表是河北正定隆兴寺。全寺中轴线上依次分布着山门——大觉六师殿——摩尼殿——戒坛——韦驮殿——佛香阁——弥陀殿。各殿之间多有左右配殿，形成院落式的布局，而位于后半部的佛香阁、弥陀殿皆为三殿并列的建筑形式。佛香阁为三层楼阁，阁内供奉宋代开宝四年（公元971年）铸千手观音铜像，是宋太祖赵匡胤在位时亲自督造的。由于唐中叶以后供奉大像的风气日盛，使主要建筑向多层发展，成为佛寺中心，作为陪衬的次要建筑也随之增高，反映了唐末至北宋时期高型佛寺建筑的特点。[26]

4–24　千手千眼观音立像
宋　高2250cm　铜　河北省正定隆兴寺

道教建筑参照佛寺建筑而更多的是仿照宫殿建筑的规模和布局，最高等级的祀祠、道观直接取样于皇家宫室。如北宋时建造的山西万荣汾阴后土祠，据金代天会十五年（公元1137年）庙貌碑可知，其主要建筑群与文献记载的北宋都城汴梁宫殿形制大致相同（图4–22）。又如河南登封嵩山中岳庙，据金承安五年（公元1200年）重修中岳庙图可知，当时整个建筑群是仿照中国传统的皇宫格局设计的。外城垣有正阳门、东华门、西华门、后门，四隅有角楼。中轴线上，由正阳门进入，经下三门、中三门、上三门，进入宫城，主要殿堂都在宫城。内外城之间还分布着许多院落、水池、碑楼等。中岳庙在清代重修后，依然保持着十一进院落，建筑四百余间，为河南省最大的寺庙建筑。[27]

建于北宋初年的太原晋祠，是园林景观与祠庙建筑有机组合于一体的特殊类型。在以圣母殿为中心的中轴线上一组建筑之外，后世不断在内容和规模上加以扩展，将佛、道、民俗信仰杂糅于一体。建筑环境际山枕水，亭台楼阁相望，佳木扶疏，又是绝好的风景游览环境。而风景佳胜处，也正是历来道家、僧人建造寺观选址的一个重要着眼点。

第三节　宋代佛教、道教与民俗神造像

宋代观世音造像

唐代以后，菩萨信仰盛行，成为后期佛教的一个突出现象，并直接影响到佛教美术的题材。

菩萨为菩提萨埵（梵文Bodhisattva）的略称，菩提义为觉悟，萨埵义为有情。原是对释迦牟尼修行成佛之前的称呼，也泛指修持大乘佛法，上求菩提（觉悟），下化有情（众生）的高僧。在佛教美术中最主要的还是那些在佛经中具体提出名号的等觉位菩萨。如文殊菩萨、普贤菩萨、观世音菩萨、大势至菩萨；将于未来世下降娑婆世界成佛，度化众生的弥勒菩萨；在释迦入灭、弥勒尚未降生期间尽度众生，拯救苦难的地藏菩萨。这些菩萨在佛教流传中国长期过程中最深入人心，并被附会以种种传说，找到了他们在中土传道度化活动的地理依据，创造出四大道场的神话。浙江省普陀县的普陀山被传为观世音菩萨应化的道场，宋代以后，该山观世音菩萨信仰盛行。山西省五台山（清凉山）被传为文殊菩萨应化的道场，宋太宗太平兴国五年（公元980年）敕内侍张廷训造金铜文殊像于五台山真容院（今菩萨顶）。四川省峨眉山被传为普贤菩萨应化的道场，太平兴国五年曾于白水寺（今万年寺）敕造重62吨的普贤菩萨铜像（图4－23）。安徽省青阳县九华山被传为地藏菩萨应化的道场，在唐代，来华的新罗王族僧人金乔觉被说成是地藏菩萨化身，称为“金地藏”。四大道场是佛教汉化的突出表现，中国僧人和民众以自己的方式接受、认同和融汇了佛教的教义和作为形象表现的佛、菩萨。四大道场都建有宏丽的寺庙建筑群，定期举行盛大的宗教活动。四大菩萨之中，信仰最普及、影响最大的是观世音菩萨。

观世音，或译为“光世音”、“观自在”。唐代避太宗李世民之讳，去掉“世”字，称做“观音”。佛教关于观世音菩萨的经典，最主要的是《妙法莲花经》（《法华经》）中的《观世音普门品》。隋唐以后还有很多密宗的观世音经典，是观世音密宗形象的经典依据。

佛教宣称观世音是大慈大悲、救苦救难的菩萨，“大慈与一切众生乐，大悲拔一切众生苦”（《大智论》）。众生在遇到各种灾难之时，只要称念观世音名号，观世音菩萨即时观其音声，皆得解脱。观世音菩萨主张“随类化度”，无论高贵或卑贱，人或非人。相传能现三十三种化身，救十二种大难。后来又编造了大量宣传观世音灵应的书，因之观世音信仰日益深入人心。

唐宋时期雕塑作品中的观世音造像有两个突出的现象，一是大型密宗观世音造像的盛行；一是以水月观音为代表的女性化观世音形象的流行和衍化。

从南北朝后期出现了将观世音菩萨作为主像单独供奉的情况，历经隋唐而广泛流行。宋代以后寺庙中常以高层建筑的大悲阁作为建筑群的主体，供奉多臂观音造像，有四臂、八臂以至千手千眼。按佛教解释，由于众生无量，苦难无量，千眼遥观，千手遥接，以观世音的妙智力，救世间苦。千手千眼观音造像样式相传为唐代杨惠之所创，而实际流行是在宋代以后。

宋代大型观世音造像的主要作品是皇室营造的河北省正定隆兴寺大悲阁中的千手千眼观音铜像（图4－24）。为宋太祖开宝四年（公元971年）下诏铸造，通高22.5米，自下而上分段铸成，全身妆金，立于莲台之上。共有42只手臂，除当胸合掌二主臂外，左右各20臂，配于二十五“有”（三界中二十五种有情存在环境），而成千手之数。40臂毁于18世纪，后来另配木臂。[28]

天津蓟县独乐寺观音阁内彩塑十一面观音，塑于辽代统和二年（公元984年），高16米（图4－25）。菩萨头上有十个小头像，上下四层，下面三层，每层三头，皆为菩萨相，最上为佛头。按佛教造像仪轨，十一面是表现菩萨见善恶不同对象而现出的慈相、嗔相、白牙上出面、暴大笑面和佛面。

大型密宗观音像在解决一些塑造技术难题上，显示出作者的创造才能。

如何将造像异于正常人的多条手臂处理得自然，不让人产生畸形变态的感觉是一个很大的难题。雕塑家主要是保持了造像两条主臂的正常比例结构，而将其余的几十条手臂分置于肩背部，并由垂发，披帛等

4–25　十一面观音菩萨立像
辽　高1600cm　彩塑　天津蓟县独乐寺

4–26 **紫竹观音像** 宋 高280cm 石 四川省安岳石窟毗卢洞

4-27 **观音坐像** 宋 彩塑 美国堪萨斯市纳尔逊·阿特金斯艺术博物馆藏

4–28 **悬塑观音像**
明 彩塑 河北省正定隆兴寺

将其区分为前后层次，使肩后的手臂成扇形向左右辐射，与主体端严稳重的造型形成动与静的对比。还有一些制作更精细的千手千眼，则在身后呈图案形，犹如轮形头光，其精致繁密的组合，也使主体浑然统一的造型得到很好的衬托。

再就是造像巨大的体量与楼阁式建筑有限的空间如何合理结合的问题。雕像前方空间受到局限，观者在大像前极度仰视会引起透视变形的印象。设计者以环绕大像依次递升的楼梯和预先设计的几个主要观赏角度，很好地解决了这一难题。从下层仰视时，令人产生高山仰止的崇高感，而从顶层平视造像头部又给人以充盈乎宇宙的无限博大之印象。

4–29 **观音立像**
宋 石 浙江省杭州烟霞洞

在造像重心的处理上，略略前倾的动势和天衣向后飘动，也使造像与观赏者之间产生亲近感觉。

观世音菩萨在中土流传过程中，由“善男子”形象而日趋女性化，并发展衍化为多种造像样式。这种变化主要在宋代以后。佛经关于观世音能显化为各种形象济世度人，救苦救难的说法，为这种创造留下巨大的空间。观世音菩萨在民间流传最广的是南海观世音、白衣大士、水月观音、杨柳观音等形象。有些形象并无佛经依据，然而却有着社会的、群众心理上的依据，是人们心目中期望的美丽善良、大慈大悲的女神形象。

宋代有些不同材料的观音像，走下庄严肃穆的佛坛，以一种十分随便的形式出现在寺庙、石窟中。在重庆大足、四川安岳石窟造像中创造了多种多样、形态异常美丽的观世音及其他女性化菩萨的造像。安岳毗卢洞的紫竹观音，状貌如贵妇人，神态恬静闲适，足踏莲花，身侧置净瓶，背景为竹林（图4－26）。这种形象起源于唐代画家周昉所创造的水月观音样式（图4－27）。[29]

类似的造型也见于正定隆兴寺摩尼殿内的悬塑观音造像，为明代成化年间（公元1465—1487年）作品，而在形象塑造上与宋代一脉相承。观音塑于佛坛背后扇面墙上，背景是悬塑的观音道场南海普陀山，周围有波涛汹涌的海水。观音造像非常优美，头微侧，右腿置左膝上，两臂自然搭于膝头，手和足部圆润的质感表现得极好。这种造像属于南海观音样式，也是佛寺大殿背面通常采用的布局形式（图4－28）。

除这两种特殊的观音造像样式之外，数量更多的还是传统的造像样式。有的是与大势至菩萨一起作为阿弥陀佛的胁侍，有的是作为独立的供奉对象。在宋代寺庙、大足石窟、安岳石窟，以及南方的杭州烟霞洞石窟中比比可见（图4－29）。形象不追求体态的婀娜，更多的是在冠饰、服装上着意妆点，表现的是中年女性的矜持、端庄。

宋代罗汉造像

宋代流行罗汉崇拜。山东长清灵岩寺、江苏甪直保圣寺、山西长子崇庆寺等寺庙的罗汉造像群，都是中国古代雕塑中具有代表意义的作品。

罗汉崇拜与唐宋时期佛教宗派的分化、发展有关，也和封建统治者对宗教的利用有关。

佛教宗派为了从衣钵传承关系上证明自身的正统地位，特别重视祖师传灯的谱系，将其上溯到释迦牟尼门下，并在寺庙的建构中力求体现出这种关系。

罗汉为梵语阿罗汉（Arhat）的略称，是小乘佛教徒修行的四种果位中的最高的果位——阿罗汉果，修得阿罗汉果便可求得自身解脱，达到涅槃境界，成为应受人天供奉的圣僧。为了有人能留在世间护法和弘扬佛法，济度众生，释迦牟尼在去世前，遴选了弟子摩诃迦叶等人，让他们不入涅槃，永住世间，受世人供养而为众生作福田。留下的人数，不同的经典说法不一，据晋竺法护所译《弥勒下生经》说为摩诃迦叶、君屠钵叹、宾头卢、罗怙罗四人，而北凉道泰译《入大乘论》等经则说是十六人，即后来在绘画、雕塑作品中出现的十六罗汉。唐末五代以后，又由十六罗汉衍变出十八罗汉、五百罗汉。他们不复是清一色的梵僧，也有中国高僧和民间神话传说人物。

十六罗汉名号具见于唐玄奘译《大阿罗汉难提密多罗所说法住记》。十八罗汉中增加的两人，佛教经典说法不一，其中一种说法是《法住记》作者庆友（即难提密多罗）和玄奘，庆友为佛灭后八百年时狮子国（今斯里兰卡）人。五百罗汉名号见于后来的《大明续藏经》所收南宋工部郎高道素所置《江阴军乾明院罗汉尊号石刻》，但在佛经中说法很多，莫衷一是。五百罗汉题材在五代以后一直盛行，也与现实生活中的宗教活动有关，许多高僧门下的弟子群常达五百至千人以上，五百罗汉像也可以说是这种现象的间接反映。[30]

中国佛教僧人长期致力于整理编排传法宗谱关系，并使之直接与西天（天竺）佛祖发生关系。宋代云门宗禅僧契嵩著《正宗记》、《定祖图》，将过去的《传法藏因缘传》所列西天二十三祖（后增为二十四祖），扩充为二十八祖，成为禅门定论。二十八祖中的第一、第二祖即释迦牟尼的两位大弟子摩诃迦叶与阿难，中间包括历史上著名的大乘宗师马鸣菩萨、龙树菩萨等人，有几代确有师承关系，有的则年代相隔甚远。最后一位是南北朝时到中国的南天竺高僧菩提达摩，他是西天第二十八祖，又是东土禅宗的初祖。由此而建构起由直接受释迦牟尼真传的“声闻”（罗汉），经由菩提达摩中介延续到中国禅宗的显赫宗派关系。

这一付法宗派关系也在寺庙建筑殿堂配置中得到体现。中国后期佛寺一般作多重院落布局，在中轴线上依次排列着山门、天王殿、大雄宝殿，大殿东西两厢有伽蓝殿与祖师殿。祖师殿供奉禅宗初祖达摩、六祖慧能等祖师，前与大雄宝殿释迦牟尼两旁的迦叶、阿难相衔接，后与法堂、兰若等当代僧侣的活动相联系，突出地显示了一个上下相承的、被神化了的宗派关系。这便是五代、宋以来，罗汉和祖师信仰与造像特别兴盛的背景。

宋代统治者也曾利用罗汉造像神化统治地位，如宋太宗赵光义获取帝位之前，为大内都部署，行开封尹，兼中书令之时，获得南唐王齐翰所画十六罗汉图，十六日后，嗣兄之皇位，以罗汉为登极之先兆，名之为“应运罗汉”。[31]

已知最早的罗汉雕塑群像是洛阳龙门石窟东山万佛洞25尊浮雕罗汉像，约雕于武周时期（公元684—705年）。东山看经寺内三壁也雕有与真人等高的罗汉浮雕，共29尊，手法写实。

宋代罗汉雕塑中的突出代表是山东长清县灵岩寺千佛殿中的罗汉造像群。千佛殿是寺中主体建筑大雄宝殿，正中佛坛上供奉三佛，中为宋塑藤胎夹纻髹漆之毗卢遮那佛，东为药师佛，西为释迦牟尼，皆明代铜铸。大殿四壁和屏壁上列置髹金漆木雕坐佛像数百尊。

沿大殿四壁砌有80厘米高的壁坛，其上环坐彩塑罗汉40尊，坐像之高为145－165厘米，按“立七坐五”的比例，站立起来的高度约为2－2.3米。参观者进入殿内，在一定的距离上，视平线接近或略高于罗汉头部，这在雕塑群的布局设计上是不合理的，而且在大雄宝殿内既置千佛又置罗汉的安排也有悖于常理。1981年在对灵岩寺罗汉进行全面维修中发现这40尊罗汉并非同时塑造，其中艺术水平高的27尊为宋塑，完成于北宋英宗治平三年（公元1066年）前后，原置于般舟殿，计32尊，元代致和元年（公元1328年）曾加妆塑。后因般舟殿倾圮，明代万历十五年（公元1587年）重修千佛殿时，将残存的27尊罗汉迁此，并依据殿内空间布局，增补为40尊。罗汉像的最后一次妆銮在清同治十三年（公元1874年）。完成于不同年代的40尊罗汉群像现在的配置组合，失去了原设计的内在完整性，人物之间的

4—30　罗汉坐像

宋　高约152.5cm　彩塑

山东省长清灵岩寺

4—31　罗汉坐像

宋　高约151cm　彩塑

山东省长清灵岩寺

4—32 罗汉坐像
宋　高约155cm　彩塑
山东省长清灵岩寺

动作关联缺少呼应，这是无法弥补的缺憾。但塑像中的精华部分为中国美术史留下了一批超越宗教意义的有血有肉的人物雕塑形象（图4－30、4－31、4－32）。[32]

禅宗作为佛教的“教外别传”，自菩提达摩传入东土后，与中国传统哲学逐渐结合，日益兴盛。达摩禅学倡“直指人心，见性成佛，不立文字”，到六祖慧能（公元638—713年）提持心印，以顿悟为法门，主张静心自悟，心外无佛，摒除一切法相。但发展到极端，否定坐禅，否定戒律，也否定一切相，呵佛骂祖，其结果是连禅宗自身存在的价值也否定了。当人们意识到这种危机时，便又重新制定禅律，整顿佛门统绪，出现了新吴百丈山（今江西奉新境内）怀海禅师制定的《禅门规式》（元代重修为《百丈清规》），规定在僧堂设长连床，鼓励坐禅，以清规戒律约束僧徒行动。灵岩寺罗汉在坛座上联袂而坐，各自进行修行活动的情景，正是经历了这种回归过程之后的禅宗僧侣活动特点的表现。

分坐东西两列的罗汉们，两端为首者都在坐禅。自达摩始倡，打坐修禅是禅宗僧人的基本修行方法。禅为梵语禅那（Dhyana）之略称，义为思维、静虑，要在坐禅中摒除杂念，以宁静、专注的心态深入思考宗教义理，达到明心见性。修禅有一定的坐法，正如这两尊罗汉表现的结跏趺坐，顶脊端直，不动不摇，不委不倚。其他罗汉中也有坐禅姿势，而两手平举，掌心向内，十指相对，一如气功之收功动作，可能表现的是坐禅的结束动作。

灵岩寺罗汉群像所表现的多为中、青年僧侣，从面容与服饰上，梵汉的区分不十分明显。有的面容相似，可能塑制时有一定的范式。宋塑罗汉对人物个性特征的表现明显高于后世补塑作品，面相一般较瘦削，五官、颜面与颈部骨骼、筋肉、血脉的解剖关系，细部的起伏变化都处理得真实、具体，显示出作者很强的写实技巧。这类罗汉的形象属于现实生活中那种睿智、干练，又具有相当文化素养的僧侣类型。事实上，唐宋僧人中确有不少富于学识，能诗文、善书画、通天文数理，与文人学者有密切交往的高僧。

雕塑作者通过面相和手足动作，力求进入人物内心的刻划。如有的罗汉托巾拈物，有的做着穿针引线动作，但目光并不专注于物，而是沉浸在距离现实遥远的抽象思维活动之中。有的在侃侃论辩时，解衣般礴，忘乎形骸。越过外在表象，揭示人物内心世界的活动，是宋代美术达到的新的艺术高度的表现。

同时期作品但与灵岩寺罗汉表现手法迥然不同的是江苏甪直保圣寺罗汉造像群。[33] 原塑十八尊罗汉皆置身于巨大的海山塑壁之间，为唐代雕塑家杨惠之所首创的塑壁样式遗存之最早实例，不幸于1927年遭受火灾，大殿半壁坍塌，仅残存九尊罗汉及塑壁的部分碎块，后来经过修复，大体保留了原作面貌（图4－33）。但据清初奚士柱所作《保圣寺罗汉歌》可知这些罗汉在山石、海水的环境中有一定的情节安排：

一僧叫钵起龙珠，一僧飞锡扰于菟，
独撑赤掌擒山鬼，更或青炉睇雁奴。
亭亭鹿女唧花荐，猎猎鸟巢风扑面，
鹅听讲时贝叶宣，猿惊定处松荫转。

可知在罗汉塑像之处，尚有虎（于菟）、山鬼、鹿女等多种人物、动物形象为辅。这种表现形式与宋代苏轼（公元1037—1101年）为前蜀张玄作品所作的《十八大阿罗汉颂》中所描写的罗汉动态与周围陪衬人物、动物有情节的构图，可以相互印证。以山石环境衬托罗汉的活动也是当时流行的表现手法。如前蜀僧人贯休（公元832—912年）所作的《十六罗汉图》，罗汉皆置身于嶙峋的山石之中，五官夸张，形容怪异，是想像中的西天神僧模样。其宋代模本今藏于日本宫内厅。

保圣寺罗汉有梵式和汉式两种类型，形象、服饰迥然有别。表现域外罗汉，多作深目高鼻，浓眉虬髯。所著衣服有的是通肩大衣，有的衣纹稠叠，凸起成条状，尚存犍陀罗造像雕塑手法的遗风，也有著汉人宽袖袍服的。至于其中的汉式罗汉则从气质到服装全然是内地高僧形象。幸存下来的九尊罗汉中，最成功的作品是被指认为那伽犀那尊者的梵相罗汉，以及俗称为达摩或梁武帝的那尊瞑然入定的老僧形象的罗汉。山石环抱中寂然端坐的躯体内，令人感到有一种对于宗教哲理的潜心思考与彻悟而生发的坚定意志和神秘力量。

山西长子县崇庆寺后院大士殿内，塑于北宋神宗元丰二年（公元1079年）的三大士和十八罗汉，创立了一种富于装饰性的华丽风格。其手法夸张，形象生动，其中的优秀作品可与灵岩寺罗汉相比肩（图4－34、4－35、4－36）。此外，还有江苏洞庭东山紫金庵彩塑罗汉二十四尊，其中十六尊传为南宋民间塑手雷潮夫妇的作品，另外八尊包括布袋和尚、关羽等在内为明末邱弥陀所塑。紫金庵罗汉形象虽然生动，但整体艺术水

4–33　影壁罗汉坐像
宋　高约140cm　彩塑　江苏省苏州甪直保圣寺古物馆藏

4–34 **罗汉坐像** 宋 高约157cm 山西省长子崇庆寺

4–35 **罗汉坐像** 宋 高约157cm 山西省长子崇庆寺

4–36 **罗汉坐像** 宋 高约157cm 山西省长子崇庆寺

4–37 **三彩罗汉像** 辽 高101.62cm 陶彩釉 美国堪萨斯市纳尔逊·阿特金斯艺术博物馆藏

4—38　**木雕罗汉像**　宋　高约54.5cm　木　广东曲江南华寺　　北京故宫博物院藏

平则比较逊色。[34]

同时期还有木、铜、铁、石、陶瓷、干漆夹纻等不同材质的罗汉造像，如河北省易县八佛洼的辽代三彩罗汉，自20世纪20年代陆续流出海外，分别藏于美国、法国、英国、加拿大、日本、德国等国家的博物馆或私人收藏家手中，有的水平很高。如美国堪萨斯市纳尔逊·阿特金斯艺术博物馆所藏青年罗汉造像（图4－37）、纽约大都会艺术博物馆所藏老年罗汉造像，都能很好地表现出精通佛理的高僧不同于凡人的气度。而且由于材质特点，不像彩塑作品那样有后世补修，重新妆銮的问题，更能见出当时人物雕塑已达到的真实水平。[35]

在对长清灵岩寺罗汉进行维修时，曾在一尊罗汉体腔内发现一尊铁铸的罗汉。铁铸罗汉在山西省博物馆等处也有收藏，其面容刻划颇具个性。

五百罗汉雕塑在五代两宋期间已很多。北宋都城汴梁最重要的寺院大相国寺的资圣阁与山门前楼上就安放两组，其一是宋初曹翰由庐山东林寺运来的铁（一说为铜）铸罗汉；另一批为真宗咸平四年（公元1001年）从河南颍川郡迎来的五百铜罗汉。宋太宗雍熙元年（公元984年），在浙江天台山寿昌寺敕造罗汉五百一十六躯（五百罗汉加十六罗汉）。宋真宗在位时（公元998—1022年），“伎巧夫人”严氏于瑞莲山龛门造透雕旃檀五百罗汉。大中祥符元年（公元1008年），于河南辉县白茅寺（今名白云寺）造五百罗汉。乾兴年间（公元1022年），于汴梁开宝寺东院造夹纻漆五百罗汉。北宋末，先后在河北行唐普造院、四川阆中香成宫等地造五百罗汉。南宋都城临安（今杭州）云林寺、静慈寺也都有五百罗汉。

有实物遗存的最早实例为宋仁宗庆历五至八年（公元1045－1048年），在广东曲江南华寺所造木雕罗汉，今存360躯，159躯座前刻有题记。[36] 罗汉皆为坐姿，以整木剜凿雕成，形体虽小而气宇不凡，但水平不很一致（图4－38）。南华寺为禅宗的南宗祖庭，禅宗六祖慧能于唐仪凤三年（公元678年）在此住持。唐开元二年（公元714年）慧能卒于新州国恩寺，其门人迎慧能遗体制为干漆夹纻真身像供奉于南华寺。广州市六榕寺六祖堂内还有宋端拱二年（公元989年）所铸的慧能等身铜像，正在坐禅的一代高僧容貌清癯，法衣华美，气度高贵尊严，与绘画《六祖撕经》、《六祖伐竹》等图中那自由放逸、离经叛道者的形象迥然不同，是后代僧侣们心目中具有无上宗教权威的精神领袖形象。

唐宋以来，有些高僧经过民间传说的渲染，被神化为罗汉、佛，进入佛教造像行列，这是特别具有中国后期宗教民族特色的现象。其中有几个突出的例子：

一是僧伽崇拜。僧伽即泗州大圣，原姓何，名僧伽，为中亚何国人。唐代龙朔初（约公元661—663年）来中国，在泗州临淮（今江苏泗洪县境）建普光王寺，曾受到唐中宗礼遇，死于景龙四年（公元710年），后来被宣传为观世音的化身，传说能为民消灾免祸。唐代后期至北宋时期，僧伽崇拜非常盛行，在敦煌莫高窟、四川夹江千佛崖和大足石窟等处都出现僧伽的绘画或雕刻形象。各地寺庙包括宋代都城汴梁的大相国寺都建有泗州院，供奉僧伽。而最主要的流行地区是江淮、沿海一带，被附会为水神。

僧伽造像有单身像，也有与宝志、方回三高僧合龛的。其典型样式为头戴僧帽，帽带分披于两肩，结跏趺坐，施禅定印，双目微合。大足北山佛湾177窟泗州大圣，雕刻的是头戴僧帽，前有凭几，以本尊形式呈现的中年

4—39 **泗洲大圣像** 宋 高101cm 石 重庆大足北山177窟

高僧形象。在民间，僧伽被称为泗州文佛。他是人们凭借宗教愿望自己创造出的佛（图4－39）。[37]

再就是被视为弥勒菩萨化身的五代后梁僧人契此。传说他常以杖负一布袋入市，见物即乞，出语无定，随处寝卧，形如疯癫，人称布袋和尚。于后梁贞明二年（公元916年）端坐于岳林寺盘石说偈：“弥勒真弥勒，分身千百亿，时时示时人，时人自不识。”而后死去。人们认为是弥勒佛显化，在佛寺、石窟造像供奉。这就是在宋代以后寺庙中供奉于天王殿中的“大肚弥勒佛”。

弥勒本是释迦牟尼的弟子，先佛入灭，在佛教传说中是将继承释迦佛位为未来佛的菩萨。在早期石窟寺和寺庙中都曾雕有弥勒造像，著名的四川乐山凌云寺大佛即是弥勒造像，到宋代以后竟然为布袋和尚形象所取代。“大肚弥勒”造像最好的作品是杭州飞来峰南宋时期凿造的石刻像，袒胸露腹，一手按于布袋之上，笑容可掬，周围有一群罗汉围绕（图4－40、4－41）。

僧伽与契此分别因依附于民间观世音崇拜和弥勒崇拜而被神化，成为崇祀对象。

此外还有南宋禅僧道济（公元1148-1209年）。他初于杭州灵隐寺出家，后移住静慈寺。静慈寺旧有济公殿，供奉道济塑像。传说他不守佛门戒律，嗜好酒肉，行止如癫如狂，被称为“济癫僧”，民间称做“济公活佛”。但其像出现于五百罗汉中时，却是按照小说《济公传》的描写被塑造成著破帽破鞋，狂放无羁，形如乞丐而又具有非凡法力的圣僧。在北京碧云寺五百罗汉塑像中，让他蹲在房梁上。人们解释说，那是由于迟到，已无他的座位。对于罗汉造像的揶揄、趣味化，同样也是反映着中国封建社会后期宗教观念的日趋淡薄，人们以自己对宗教的理解和趣味，改造了佛国世界。

契此与道济都是因其行止怪异，不同于凡人，而被人们视为神仙，以畸形异相警示世人，益发崇拜不已。这种现象也见于道教神仙，是道释世俗化、民间化的表现。

唐宋时期的天尊像和三清像

中国道教为自己设立了一个庞杂的神仙体系，并作出多种不同的、常常是自相矛盾的解释，到北宋后期，在不断修正、整理过程中，逐渐把道教神仙体系确立下来，并在道教艺术中使之具体形象化。在道教雕塑遗存中主要有最高神祇天尊像和祖师像，也有一些民俗神阑入。

“天尊”是道教对最尊贵的天神的尊称。

在道教群神之中居于最高天界的是三清、四御。

三清指玉清境的天宝君，即元始天尊；上清境的灵宝君，或称灵宝天尊、太上道君；太清境的神宝君，即道德天尊、太上老君，亦即被尊为道教教主的老子。他们统御诸天神，为神王之宗。

四御有不同的解释，是仅次于三清的四位天帝：玉皇大帝、中央紫微北极大帝、勾陈上宫天皇大帝、后土皇地祇——原为男神，后来衍化成女像。另一种说法是四极大帝，即北极紫微大帝、南极长生大帝、西方太极天皇大帝、东极青华大帝。他们有时也被称为天尊，如“玉皇大天尊”。

三清的说法最初出现于南北朝时期，到唐宋时达于极盛。

唐代天尊像主要为老子的造像，老子在唐代被尊为玄元皇帝，在两京与诸州皆置玄元皇帝庙。但也有一种说法，认为天尊是元始天尊，或者说老子即元始天尊的

4–40　**弥勒佛像**　宋　石　浙江省杭州飞来峰

4–41 弥勒佛左侧罗汉像 宋 石 浙江省杭州飞来峰

化身。在造像铭中一般都统称为“天尊”。天尊的造像借鉴了佛教的一些表现手法特点，如甘肃武威博物馆藏垂拱三年（公元687年）天尊造像碑，天尊坐于垂障内，旁立仙童玉女，在人物组合、衣饰等细节处理上都借鉴了佛教三尊式造像碑的表现手法。山西省博物馆所藏开元七年（公元719年）造白石天尊坐像，是典型的天尊造像样式，天尊头戴莲花形束发冠，颏下垂三绺长髯，左手抚凭几，右手持扇及拂尘，身穿宽大的袍服，这一具有中国古代士大夫气质的形象明显地有着佛教维摩诘造像的影子（图4–42）。

宋代以后，老子虽仍有被单独奉祀的，但更为流行的是三清像。三清作为道教最高神，居于主位的是元始天尊，左为灵宝天尊，右为道德天尊（老子）。元始天尊与灵宝天尊的形象也由老子形象蜕出，比较程式化。在群神组合中，四御皆为帝后装束，其余的神仙依照封建社会文臣武将的等级次第排列。仙风道骨的三位天尊，正是借着这显赫人群的烘托，而在信徒心目中留下超出凡尘的无上宗教权威的印象。

三清像见于石窟寺艺术比较具代表性的有大足南山的三清古洞，雕于南宋绍兴年间（公元1131-1140年）；同时期还有大足舒成岩的三清龛。在宫观中，苏州玄妙观三清殿有南宋时期的三清塑像，但经后世重修已失原貌。

宋代老子造像见于四川安岳天马乡老君岩，为老子坐在青牛上的形象。在道教传说中，老子骑青牛过函谷关，留下《道德经》五千言。大足石篆山也有老君龛。而最为重要的是福建泉州清源山的老君像。宋代在此建有北斗殿、真君殿等宏大的宫观建筑群，久已倾圮，仅存露天的石雕老君造像，像高5.5米，宽与厚各约7米。巨大的体量本身就像一座巍巍的山头。雕像通过眉毛、五官、胡须、耳部的刻划，把老子表现为慈祥、睿智的长寿仙长（图4－43）。

位于三清之下的众天帝在宋代也受到特别的奉祀。其中特别受到尊崇的是总执天道之神玉皇大帝和掌管人间生死、为五岳神之长的东岳天齐大帝。南宋绍兴年间在大足凿有专门奉祀他们的龛窟，皆作帝王装束。这两位神祇都在宋真宗（公元998－1022年在位）、徽宗（公元1101—1125年在位）两代得到最高的封号，成为在民间影响极为深广的道教尊神。

4—42 天尊坐像 唐 通座高305cm 石 山西省博物馆藏

山西晋城玉皇庙建于北宋熙宁九年（公元1076年），在玉帝殿内塑有执圭、作帝王相的玉皇大帝塑像。其左右神台上下塑有侍女、文武侍臣合共62躯，其中有些是在金代兵乱后，庙宇破坏，经修葺由别处移置于此的，且经后世重妆，所幸未尽失宋塑原貌。虽然塑像群排列失序，但依然可以看出作者要以人间朝廷君臣关系去表现天上的统治秩序，以赋予作品现实生活的真实感之创作意图。

东岳天齐大帝原不属道教神，位于山东省境内的东岳泰山，是古代帝王举行祭祀天帝的封禅大典之所。泰山神为五岳之尊，自唐玄宗封泰山神为天齐王，宋、元续有加封。由于传说东岳泰山神主宰人之生死，所以各地普遍建有天齐庙加以崇祀。

宋代晋祠圣母殿彩塑

山西太原市晋祠圣母殿是供奉西周时代（公元前1046—前771年）唐叔虞之母邑姜的。北宋时期，她被作为晋水之神而成为晋祠庞杂民俗神系中的主要崇祀对象。殿内环绕邑姜，塑造了约与真人等高的四十多尊侍从形象。其创作年代在北宋哲宗元祐二年（公元1087年）前后，虽然后世重新妆銮过，但基本上未失宋塑原貌。以宫廷内生活景象为蓝本的这一雕塑群，具有很强的现实性，但是，又和宋代实际生活保持着一定的距离（图4－44）。

圣母殿是宋代宫殿建筑的代表性作品，高19米，面宽七间，进深六间，四周设围廊，建筑结构与雕塑群的配置结合得很成功。殿内承托梁架使用通长三间的长栿，不用柱子，而且采用彻上露明造，不加天花板，使殿内空间异常轩敞，从而突出了殿内彩塑的主体地位。[38]

全殿共有塑像43尊，分为三个组群。[39] 大殿当心间砌砖台，其上塑圣母，六名侍女和女官成扇形展开，为中心的一组。其余人众在龛左右贴壁环立。作为群像中心的圣母邑姜著后妃服饰，雍容华贵，背后有云水大屏风。圣母端坐的姿态、衣褶处理等方面借鉴了佛像塑造手法（图4－45）。

在群像组合中，邑姜及其坐榻、屏风，以及成八字形配置的近侍，在大殿内形成横向扩展的高大方宽的造型空间，与四周作为单体排列组合的侍从们形成对比，避免造成单调与单薄的印象。

圣母殿雕塑群最成功的作品不是邑姜而是那些侍从人物，其中主要是侍女，也有著男装的女官和男性的宦官。宋代雕塑家在这些作品中突出的成就是，突破了一般宗教雕塑作品中难以避免的模式化、概念化的表现，在其中一部分精品中，相当深入地表现出多种多样的俗人的心灵。

晋祠侍女塑像没有表现人物个性的要求，但是作者不满足于一般化的表现，而是在类型化的基础上强化了心理性格的表现。由于年代久远，这些作品有的被后世局部修理、补塑并重新妆銮，使原作的神采不免受到损伤，但从总体上说，多数尚能保持原作的神情韵致，看上去还是楚楚动人的。

处在群侍行列之中，整个环境氛围很肃穆，每个人物不可能有大的动作和夸张的表情，使人物神情深入刻划受到很大局限。作者只能在年龄、服装的差别和俯仰顾盼的微小动作上着力、把捉其阅历、性格、心态显示在容颜上的印迹。

侍女群像有少女、青年、中年三个年龄段的形象。表现妙龄少女，强调其天真、稚气，但眉宇之间又有着种种不同：有的仪态万方，神情表现自具不言之妙；有的平静、自信；有的略带忧郁，若有所思。中年侍女也有实诚持重，或干练、或自矜等种种不同；老年侍女有的表现为城府颇深，惯于凭借主人权势颐指气使的神情，虽不给人以好感，然而人物是富有个性的（图4－46、4－47、4－48、4－49）。

晋祠彩塑的特点也表现在它的绘画性上。人物衣著以圆雕与浮雕相互配合、补充，线条很美，既简洁

4—43 **老君坐像** 宋 高550cm 花岗岩 福建省泉州清源山

又流畅，不仅很好地表现出了衣料的质感与叠压、转折的种种变化，而且对于显示人物仪态、表明动作的变换和运动趋势也起着重要的作用。

人物群像在统一中有变化，每尊塑像的服装样式、动态都不相同，色彩的组合也相互衬托、呼应，反映出作者在整体设计上的丰富经验与周密用心。

民俗神

在佛、道、儒等主要宗教之外，中国社会还存在着一个范围很广、异常庞杂的民俗性的神仙系统。到宋代，民俗神信仰发展到空前的地步，而其渊源可追溯到原始社会的原始宗教信仰。这种信仰到先秦时期，形成神权与政权相结合的天帝崇拜与祖先崇拜。统治阶级垄断着人世与神界的交往，把神仙世界也按照人间的统治秩序划分成等级。周代由天子主持的国家级祭祀活动为祭天地、四方、山岳、五祀（户、灶、中霤、门、行）。[40] 到西汉武帝以后，传统宗教内容与儒家学说结合为一体，构成庞大的、上下有序的官方神仙体系，而对祀典以外的神灵与祭典，则称之为“淫祀”严加禁止。发展到后来，官方祀典与民俗信仰的界限渐渐混淆，一些民间新出现的神灵或被神化了的历史人物，有的被纳入官方祀典的范围，有的转化为佛教、道教的神灵。而大量的民俗神则是自生自灭地存在与发展着。在美术作品中，属于官方祀典的，一般都作帝王或各级官吏的扮相，身边还有眷属、侍从。而一般民俗神则表现比较自由，有的是平民百姓的相貌和著装，与信众之间，没有太严格的人神隔阂，有的则是手法夸张，综合了人与兽的某些形象特征而创作出来的、具有精神威慑色彩的怪异形象。

即使是官方祀典范围内的神灵，其地位、名号，以及美术形象也不是很稳定的。历代朝野对那些明令规定的祭祀对象和祀典仪式不断加以整饬、规范，对于人们自己创造出来的神的名号、祭祀等级、规格，有过很多争论，并不断加以调整。有些神被加封为帝王公侯。天帝后来衍化为昊天上帝，由皇帝主持的、祭祀昊天上帝的最高祀典是在泰山或嵩山上举行的封禅之礼。皇家先帝也获得陪祭的殊荣。[41] 举行过封禅之礼的东岳泰山神被皇帝封为天齐王，中岳嵩山神被封为神岳天中皇帝。他们的庙宇享有帝王等级的建筑规格，其塑像也作帝王装束。

祭祀等级仅次于天地、祖先的是社稷，即土、谷之神。祭祀社稷是“为万民求福报功”，一般由皇帝主祭。祭祀社稷的神坛是社稷坛，不设神像，皇帝所祭的社稷坛以五色土代表五行。[42] 北京中山公园内，明代所建的社稷坛，为明清两代皇帝祭祀社稷、祈祷丰年之所，坛中央原有一方作为神主的石柱，名社主石，今已不存。

具有地方官性质的神灵为城隍和土地神，有监察和司法之神权。城隍信仰源于先秦时“天子大蜡八”所祭八神之一的水庸神。[43] 三国时东吴赤乌二年（公元239年）在今芜湖开始出现城隍庙，唐时封以爵位，五代时加封为侯、王，宋代列入国家祀典。于是全国各地普遍建有城隍庙，并奉祀古代有德政的官吏为城隍神。明太祖朱元璋（公元1368—1398年在位）更按朝廷官制，钦定各级城隍神的封号等级，将京师、州府、县的城隍分为一、二、三、四品。京都城隍神为承天鉴国司民升福明灵王，其下还有公、侯、伯爵。[44] 借幽明之力监察臣民的言行，强化其精神统治，也正是明代特务机构锦衣卫和东、西厂特别横行的黑暗现象在宗教上的折射。地方官员到任后，要首先参拜城隍，遇有重大案件，也要祈求城隍的指示。

城隍兼为儒教和道教之神，明清以后的城隍庙中所塑的神像，城隍为人间高官装束，其旁还塑有拘拿、管制魂灵的差役牛头、马面、黑白无常。这都是中国民间最为熟悉的下层鬼卒形象。同时，还有十殿阎王像，它与佛、道两教都有关系。管理地狱之神阎罗王，亦称阎魔王、阎王、阎君，原是古代印度神话人物，后为佛教所沿袭。[45] 在中国民间，将阎罗王附会到东岳岳神天齐王（宋、元时期又封为帝）身上，并衍化为十殿阎王。又以四川酆都为“阴曹地府”，即人死后首先要去的处所，在那里根据生前的言行善恶裁决，有罪行的要下地狱，接受各种残酷的惩罚。酆都城的阎罗殿为酆都大帝的宫殿。酆都大帝是道教主宰幽明地府的主神。在山西等地明代寺庙中，所塑的十殿阎君、判官有的能达到性格刻划的高度（图4－50），而以非常写实的手法展示的十八重地狱中各种酷刑，则是阴森可怖的。过去有的寺庙中，地狱塑像还暗藏机械性设施，触动之后，各种场景都会活动起来。

中国民俗神一个突出的特点是神人杂糅、神人不分。在其发展变化过程中，常把一些真实的人物掺杂进去，一个神常有不同的说法、不同的名分。在林林总总的民俗神中，有些是人们心目中的英雄人物，如关羽、岳飞，以及唐代名医孙思邈。后人在孙思邈家乡陕西耀县立“药王庙”以为纪念，并将他常去采药的山命名为药王山。[46] 此类民俗神中以关羽的地位最为显赫。

关羽（?-219年）为三国时期蜀汉大将，东汉末从刘备起兵，与张飞、刘备结为兄弟。建安五年（公元200年）刘备败于曹操，关羽被俘，受到殊礼，被表封为汉寿亭侯，后来仍归刘备。刘备平定西蜀后，留关羽镇守荆州，曾大破曹操部下曹仁于樊城，又覆灭于禁所领七军，因后备空虚为孙权所袭，兵败，父子皆被杀。关羽死后被追谥为壮缪侯。

三国故事从唐代晚期以来，就以杂剧和说话形式广泛流传。宋元时期三国戏成为戏剧舞台上的重要剧目。元代《全相三国志平话》和明代《三国演义》（罗贯中作）出现，三国故事更借小说的传布而家喻户晓，关羽由之而成为人们心目中忠义两全的英雄，各地立庙崇祀，关羽的家乡蒲州解县（今山西临猗），葬地洛阳、当阳（关羽死后头葬洛阳，身葬湖北当阳），以及成都等地的有关寺庙都成为关羽的重要纪念地。

封建统治者一再给关羽追加尊号，宋徽宗先后追奉关羽为忠惠公、义勇武安王。明初将其与南宋抗金名将岳飞（公元1103-1142年）合祀，称“关岳庙”。明万历三十年（公元1605年）敕封为“三界伏魔大帝神威远震天尊关圣大帝真君”，给他涂上浓重的道教神仙色彩。清代康熙五年（公元1666年）又封之为“忠义忠武灵佑仁勇威显关圣大帝”，把他作为封建统治的保护神，在首都北京内城九座城门的瓮城中，有七座建立关帝庙（另外两座为道观）。

道教、佛教都编造一些神话，抢着把关羽纳入自身的神仙系统。道教奉关羽为武圣人、关圣帝君，佛教则将关羽列为伽蓝神之一。在山西不少庙宇中都有关帝殿（伽蓝殿）（图4－51）。辽西关帝庙正殿为关帝殿，次要殿堂奉祀菩萨、药王、火神等。以传统的忠孝节义伦理道德为精神内核，而吸取佛教偶像崇拜的形式，在崇祀对象上兼容并包，是这一奇特组合所显示的三教合一新特点。

作为雕塑形象的关羽一般是塑成面赤、美髯的武将或帝王形象。赤面在戏剧中是大忠之人的象征。其典型动态是秉烛夜读《春秋》，由其爱子关平和将军周仓陪伴。北京故宫博物院所藏明代关羽像系自太原关帝庙移来，作中年将军形象，著黑色幞头，面部金色，身穿铠甲，外著绿袍。把心目中的神威将军塑造成富有文化素养的儒将风范，表现着后人对关羽的理解和特殊的崇仰之情（图4－52）。

与关羽同样为世人所钦敬的另一位英雄人物岳飞为南宋抗金名将，在抵御金人入侵，收复失土的战斗中，屡建奇勋，后因反对朝廷议和，以“莫须有”的罪名被杀害。绍兴三十二年（公元1163年）孝宗即位后，为岳飞平反，以礼改葬，建庙于鄂。淳熙六年（公元1179年）谥武穆，宁宗嘉定四年（公元1211年）追封为鄂王，改谥忠武。嘉定十四年（公元1221年）在杭州岳飞墓地建立祠庙，即后来的岳王庙；塑于庙内忠烈祠的岳飞形象，著铠甲，披紫色蟒袍，按剑而坐。另有启忠祠，原祀岳飞父母像，岳母早年以爱国精神教育子嗣，曾为少年岳飞在脊背上刺“精忠报国”四个字。

4—44　侍女群像　宋　161—174cm　彩塑　山西省太原晋祠圣母殿

4—45

圣母殿之圣母

宋　彩塑　通座高228cm　山西省太原晋祠

4–46 侍女立像

宋　通座高158cm　彩塑　山西省太原晋祠圣母殿

4–47 侍女立像

宋　通座高164cm　彩塑 山西省太原晋祠圣母殿

岳飞墓神道列置石人、石兽，墓门之下有四个铁铸半裸人像，反剪双手，面墓而跪，即诬陷岳飞的秦桧、秦妻王氏、张俊、万俟卨四人，作为千古罪人，任后人唾骂扑打，以致屡毁屡铸。像背后墓门的楹联上，写着“青山有幸埋忠骨，白铁无辜铸佞臣”。以近于漫画式的雕塑手法明辨忠奸、鞭挞恶人，这在中国古代艺术作品中是少见的。

民俗神中也有一些是人们畏惧的对象，如火神。有的甚至是邪恶之神，如五通神、瘟神、痘神，甚至像以阴险恶毒著称的商王纣的宠妃妲己，也被立庙奉祀。

五通神亦称五圣、五显公，传说为兄弟五人，专祟于人，宋代竟加封为侯、王。人们对其香火供奉，意在媚神、娱神，求其不再作祟。

还有一些是人们期望从其得到福祉或佑护的，如财神、送子娘娘。财神源自明代小说《封神演义》等书中的神话人物赵公明，又有文武财神之分，武财神为赵公明，文财神为东周时代善于理财的范蠡。送子娘娘为祈求子嗣和保佑孩子长命百岁之神，由于传说

4—48 侍女立像
宋 通座高165cm 彩塑 山西省太原晋祠圣母殿

4—49 侍女像
宋 通座高165cm 彩塑 山西省太原晋祠圣母殿

的变异，有的作男相，称做张仙。

民俗神又一个重要特点是常常被赋予浓厚的人伦色彩。有的是父子同祀，如关羽和他的儿子关平，东岳天齐王之第三子炳灵公为火神；[47] 有的是母子同祀，如山西太原晋祠圣母殿原为叔虞而建，后来转为祭祀叔虞之母邑姜，另在晋祠内建叔虞祠；[48] 又如河南鹿邑传为老子的故里，建有太清宫祀老子，太清宫后面又建有祀老子之母的后宫，[49] 则反映了世俗势力对道教的影响。

还有夫妇同祀的，如武则天在垂拱四年（公元688年）封嵩山岳神为中天王时，就顺便为他设定了一个配偶天灵妃，封神之后又分别尊之为帝、后。再如每个家庭都供奉的"一家之主"灶君，也是有妻室的，夫妇一起承受香火，俗称灶王爷、灶王奶奶。

山西晋城建于金大定二十九年（公元1189年）的东岳庙，将天齐大帝置于亲属之中，大殿内塑东岳大帝、东岳圣母、太子及侍臣、宫女。整个造像群充溢着温馨的家庭气氛。民俗神在世人心目中并不都是崇高、神圣的，人们想像他们也过家庭生活，也有凡夫

4–50 **判官像**

明　彩塑　山西省平遥双林寺

4–51 **关羽像**　明　彩塑　山西省平遥双林寺伽蓝殿

4—52 **关羽像** 明 高168cm 彩塑 北京故宫博物院藏

俗子的七情六欲。他们能佑护世人，予人以祸福，遇到难处也向世人求助。人们为不同的神（也包括佛、道教的神）设定诞辰，举行热闹的庙会，但神有过错也要施加惩戒。神仙世界也像人世一样有些黑暗、不公的事情。在小说、戏剧和民间传说中常描写城隍、判官一类的神因贪污受贿、徇私枉法而被拘禁、免职的事。关羽以帝君之尊，也要管地方治安、水旱灾害之事，大旱之年，祈雨不应，便把关羽木雕像抬到烈日之下暴晒，令其体验灾情之苦。而土地神之老迈昏聩，也常常受到世人的揶揄、戏弄。

对待民俗神祇的态度反映出中国人的宗教观念。

第四节　元代密宗造像和道教造像

飞来峰密宗摩崖造像[50]

藏传佛教对元代以后的宗教艺术影响深远。藏传佛教，或称“喇嘛教”，是佛教在西藏地区的形式，流传于甘肃、青海、四川、内蒙古、云南等地区和周围邻国。

藏传佛教崇尚密宗，在发展过程中，汲取、融汇了本土宗教本教的一些成分，形成独特的神佛系统和造像样式、仪轨、信仰特点。

密宗亦称密教、真言乘、金刚乘，源自印度，是印度大乘佛教与婆罗门教、印度教和民间信仰相结合的产物，大约形成于公元7世纪前后，并很快传入中国。

密宗尊奉法身佛毗卢遮那为大日如来，宣称大日如来以秘密教旨传授给金刚萨埵，之后，又由龙树、龙智、金刚智、善无畏等人迭相传授。唐代开元年间（公元713—741年），由金刚智、善无畏和不空将密宗传入中国，由此而建立起中国密宗教派，但流传未广。宋代又重新传入印度晚期的密宗内容，由于和中国传统礼法多有抵牾，也未能得到发展，然而在西藏地区却找到了生根、发芽的土壤。

吐蕃佛教发展分为前弘期、后弘期两个主要的阶段。公元 7 世纪初，吐蕃赞普松赞干布统一青藏高原各部落后，派人赴锡兰（今斯里兰卡）请来蛇心旃檀十一面观音像，又在印度、尼泊尔交界处请来诃利旃檀的观音像。松赞干布初娶尼泊尔赤尊公主，带来了不动佛像、弥勒菩萨像和度母像；后来又娶唐朝文成公主，携来释迦牟尼像。先后建造大昭寺与小昭寺以供奉佛像，并开始翻译佛经。这是佛教正式大规模地进入西藏地区之始。

佛教传入后，在吐蕃统治集团内部经历过反复的酷烈斗争。密宗在和本教及汉地禅宗僧人的论辩中，得到统治者的支持，确立了在西藏地区的主导地位，建立了以藏族为主体的僧侣组织。在前弘期，先后经历了松赞干布、赤松德赞、热巴坚三代法王的弘扬而达于极盛。同时，也经历了公元755－761年第一次禁佛运动和朗达玛于公元841年掀起的第二次禁佛运动，当时，佛寺被封闭，壁画、造像被毁掉，佛经被焚毁，僧人被镇压。前弘期至此结束。公元842年吐蕃王朝灭亡，公元869年奴隶平民起义之后，西藏开始进入封建社会。

佛教在西藏的传播中断了百余年之后，到公元978年，在封建统治者的支持和参与下，由灭法期间转入西康地区潜修的一些佛教徒将佛教重新传回西藏，并与本教相互吸收融汇，更新了内容与形式。藏传佛教的基本面貌至此形成。此后约一千年，西藏佛教再未中断。从11世纪到15世纪，更发展为二十多个教派，其中重要的有宁玛派（红教）、噶当派、萨迦派、噶举派等。

藏传佛教在内地最重要的雕塑作品是杭州飞来峰造像群。

飞来峰位于杭州市郊，以冷泉溪与灵隐寺相隔，是西湖风景区的组成部分。飞来峰又名灵鹫峰，其名称的由来充满神话色彩。传说东晋咸和初（公元326年）天竺僧人慧理来此，称“此乃天竺国灵鹫山之小岭，不知何以飞来！”飞来峰石窟是东南沿海最大的一处石窟寺造像区，凿成于10世纪至14世纪。造像分布于飞来峰的青林、玉乳、龙泓、射旭、呼猿诸洞的岩壁上。现存最早的造像是后周广顺三年（公元951年）滕绍宗所造西方三圣像。飞来峰保存下来的造像共有300多尊，其中五代造像11尊，宋代200多尊，元代110多尊。宋代造像多雕于真宗咸平年间（公元998－1003年），以罗汉造像居多。还有一些特殊题材，如乾兴元年（公元1022年）胡承德所造“卢舍那佛会十七身”浮雕，咸平年间所雕玄奘取经等三组表现中印佛教交流题材的浮雕和南宋时期雕造的弥勒像（布袋和尚）与十八罗汉。

飞来峰石刻造像中，体量最大、雕刻精美、在雕塑史上具有特殊意义的是元代造像，110多尊元代造像中，属于密宗题材的将近半数。从题记可知，雕造年代较早的为至元十九年（公元1282年），较晚的为至元二十九年（公元1292年）。而最主要的是由江南释教都总统杨琏真伽于至元二十二年至二十四年主持雕造的各窟。杨琏真伽为来自西夏的僧人，受元世祖之宠，于至元十四年为江南释教都总统，在杭州等地拆毁南宋宫殿，发掘宋帝陵寝，兴造寺塔、开凿石窟，其政治动机之一是为了厌胜辟邪，破坏南宋故都临安（杭州）的风水、王气。这些造像原先曾屡次妆金施彩，年久已脱落。其中有些造像由于后人对杨琏真伽恶行的愤恨和对密宗造像中袒裸样式的反感而受到毁损。

飞来峰元代密宗造像从题材上分，主要有佛部、菩萨、佛母（明妃）、护法几类。

佛部之中，大日如来是藏传佛教的主要尊奉对象，大日如来即毗卢遮那佛，或译作卢舍那佛，为理智不二的法身佛。以大日如来为中心，与东方阿閦如来，西方阿弥陀如来、南方宝生如来、北方不空成就如来一起组成“五方佛”。由于五佛各为一部之部主，因之也常被作为单独的造像供奉，特别是大日如来、阿弥陀如来，以及作为佛之“应身”显相的释迦牟尼，在飞来峰造像中，他们有时现佛相，有时则现菩萨相，这一情况是密宗造像的特点之一。龙泓洞口13号龛大日如来是作为佛相显示的，结跏趺坐于莲台上，螺发，偏袒右肩，右手作降魔印，左手捧持法轮，造型比较厚重，而袈裟薄衣贴体，有较多的梵式造像特点。第60龛无量寿佛，即阿弥陀佛，为杨琏真伽所雕造，也为佛身，高顶螺髻，双手结法界定印，上托宝钵，结跏趺坐于莲台，其衣纹稠叠，更接近于汉式造像（图4－53）。第70龛的无量寿佛与救度佛母、文殊菩萨为三尊组合形式，不同于无量寿佛、观音、大势至“西方三圣”的显宗组合。第37号龛的释迦牟尼为菩萨形象，头戴宝冠，身佩环钏缨络，结跏趺坐，右手作降魔印，左手置于腹前，与作佛相的手印相同，而上身袒裸，身材匀称，具有明显的梵式造像特色。第25龛现菩萨相的胜初佛是密宗特殊题材，亦即原始佛。造像特点是头戴宝冠，两手分持象征阴阳相合含义的金刚杵、金刚铃。在后来的藏传佛教造像中，多表现为双身像。

菩萨也是飞来峰元代密宗造像中的重要内容。萨迦派特别崇拜的文殊师利、观音、金刚萨埵菩萨皆见于飞

4-53 **无量寿佛像** 元 高206cm 石 浙江省杭州飞来峰第60龛

4–54　**金刚萨埵造像**　元　高210cm　石　浙江省杭州飞来峰通天口外

来峰造像。观音有四臂观音、狮子吼观音等多种表现样式。金刚萨埵在飞来峰造像中，可以见到寂静相、忿怒相两种表现。前者如通天口外壁龛金刚萨埵造像，戴五佛冠，裸上身，坐五莲花宝座，两手分持金刚杵、金刚铃，眉间有天目，右舒坐（图4－54）。而其忿怒相如第8龛金刚手菩萨则作男相，身躯粗短，裸上身，下着短裙，右手高举金刚杵，左手作“怖一切为障者印”。在藏传佛教中具有降伏涵义的佛、菩萨的忿怒身常表现为十分恐怖的形象。而在飞来峰密宗造像中，这类形象较少，且在表现手法上比较有节制，有较强的夸张变形，但不可畏（图4－55）。

佛母是密宗特有的造像题材，亦称明妃。飞来峰22窟佛顶大白伞盖佛母为萨迦派重要的本尊之一，以能消灭兵阵、疫病等灾害而为元代统治者所特别尊崇。第41龛的宝雨佛母因具有财神的性质尤为信众所尊奉。佛母作游戏坐于莲台上，左手持谷穗，右手结与愿印，右足踩在一只俯卧的猪背上；头上戴冠，身佩环钏璎络，裸上身，肌肤滑润，腹部松垂。这是飞来峰梵式造像中菩萨、佛母等女性形象的普遍特点（图4－56）。

护法神中特别受尊崇的是四天王中的多闻天，亦即毗沙门天，在密宗造像中称为多宝天王。46号龛所雕骑在青狮之上的多宝天王，形象镇定威武，狮子的动态也很生动，是飞来峰造像中比较突出的作品（图4－57）。

杭州地区元代密宗造像中还有一些比较特殊的题材，如飞来峰的藏传佛教大成就者密理瓦巴造像，裸体袒腹，动作恣肆，旁有二女侍进酒（图4－58）；吴

4－55 **金刚手菩萨像** 元 高160cm 石 浙江省杭州飞来峰第8龛

4–56 **宝雨佛母像** 元 石 浙江省杭州飞来峰第41龛

4–57　**多宝天王像**　元　石　浙江省杭州飞来峰第46龛

4—58　**密理瓦巴造像**　元　石　浙江省杭州飞来峰

4—59　**麻曷葛剌造像**
元　浙江省杭州宝成寺

山宝成寺麻曷葛剌造像一组，雕麻曷葛剌及文殊、普贤像，均极凶恶。麻曷葛剌即密宗的大黑天，在元初特别受到朝廷的尊崇，在宫中和京城内外佛寺中都有其塑像，而宝成寺的这一组造像是仅存的孑遗，造像比例粗短，袒胸露腹，怒发上冲，手抱人头，足踏女人体。造像所表现的是大黑天降魔时所显示的形象（图4-59）。

居庸关过街塔浮雕造像 [51]

北京居庸关过街塔佛教浮雕石刻是元代雕刻的精品。过街塔位于长城重要关口之一居庸关关城之内。始建于元代至正二年（公元1342年），当时是作为一项国家建设工程，由元顺帝命大丞相阿鲁图、左丞相别儿怯不花、平章政事帖木儿达识、御史大夫太平等人

4-60 增长天王像 元 高约275cm 石 北京市昌平居庸关云台

4–61 **多闻天王像** 元 高约275cm 石 北京市昌平居庸关云台

督工建造。

过街塔现存台基是以汉白玉石材砌成的。高9.5米，东西长26.84米，南北长17.57米。台顶安装有雕刻精细的石护栏及排水的龙头，台基上原先建有三座喇嘛塔，明初已毁，因之后人将过街塔基座讹称为云台。

过街塔的整体设计是作为佛国世界一个缩影来安排各种造像的部位的。过街塔立于通衢之上，南北开门道，门道内外遍刻经像，用意在于使过往行人通过形象，受到宗教氛围的熏沐，“皈依佛乘，普受法施”。

门道顶部前方券面以石条砌成，仿早期木结构城门之桥形三折拱，其外轮廓则是半圆形。南北两券面各刻护法“六拏具”，即一般作为佛背光装饰的六种形象，中央为大鹏、两边对称地雕刻鲸、龙子、童男骑怪兽、象，由于这六种形象在梵语尾音俱是“拏”，所以称做六拏。在券面足部各雕十字形交杵。

门券左右壁开端部分，分别刻四大天王巨幅浮雕，每像幅面高275厘米，宽365厘米。四大天王为佛教重要护法神，按照佛教的说法，在世界中心的须弥山山腰上有四个山峰，各居住一位天王及其眷属，各护一天下。他们是东方持国天王、南方增长天王、西方广目天王、北方多闻天王，民间也称做四大金刚。在过街塔门券内雕刻的四大天王像，由于幅面高度不够，均

4–62 **三清窟内景** 元 石 山西省太原龙山道教石窟

处理为坐姿，身著甲胄，形象威严，足踏地鬼或魔女，衣带在身后飘扬。天王身边还有躯体较小的侍从。由于作者对形体的夸张处理与环境氛围的渲染，观者身处不宽阔的视野范围，迫近观赏，会感受到一种强烈的精神威慑。四大天王分别持剑、琵琶、伞和握蜃，以谐民间所解释的“风、调、雨、顺”之吉祥含义，也是宗教民间化的一种表现（图4－60、4－61）。

券道穹顶是一个神秘庄严的佛国世界。顶部为一排图案化的五佛曼陀罗，两侧斜面上刻十方佛，均作结跏趺坐禅定印，其间遍布贤劫千佛。这些图像与佛像雕刻手法精细、严谨、统一，形成有主有次、富于变化的大面积装饰，也很好地烘托出宗教的氛围。券道中部是分别以梵、藏、八思巴、维吾尔、西夏、汉六种文字镌刻的《佛顶尊胜陀罗尼经》和《佛顶放无垢光明入普门观察一切如来心陀罗尼经》的节略和《造塔功德记》。过街塔门道内外雕刻的宗教内容、造像样式，很多都可以在西藏萨迦教派遗存中得到参照、印证。

元代建筑、雕刻艺术追求繁复、华丽，有时流于荏弱。过街塔台基门道内外的石刻佛造像、曼陀罗、经咒，以及宝相花边等图案装饰，以浮雕与线刻相结合，设计严谨，工艺娴熟，表现细腻。原先都曾妆金饰彩，风格华丽，代表了元代雕刻艺术的成就和特色。但形体处理有些地方略嫌板滞，从整体艺术水准看，比之前代优秀作品，华美有余而力度不足。

龙山石窟和玉皇庙二十八宿造像

元代道教雕塑遗存最重要的有山西太原龙山石窟和晋城玉皇庙的二十八宿塑像。

太原龙山道教石窟开凿于元朝建立之前、太宗窝阔台在位期间（公元1229—1241年），主要洞窟凿成于太宗八年（公元1236年）前后，共8窟，造像40余尊。主持开凿者为担任教门提点的道士宋德方（披云子）。他当时活动于山西地区，于太宗九年与徒李志常在山西平阳（今临汾）玄都观校刻道藏，历时八年，修成《玄都道藏》。

龙山石窟重要的有三清窟（图4－62）、三皇窟和七真窟，洞窟内容明显地表现出突出和神化宗派祖师的动机。除有几个窟的造像难于确指之外，明确的祖师性质的洞窟就有奉祀全真教北七真王重阳及其弟子马钰、谭处端、刘处玄、丘处机、王处一、郝大通的七真窟，以及李志全、秦志安于其师宋德方生前开凿的“披云窟”。

八窟之中规模最大的是位于最南部的第二窟三清窟，窟内布局正面为三清像，元始天尊居中，太上道君居左，太上老君居右，全部作袖手盘膝而坐的姿态，在座的两端各有一侍者。三清像袍服宽大，下摆垂披于座前，身后有头光与身光，这些地方都明显袭用了佛教造像的表现手法。窟内左右壁各有三尊冕服拱手的倚坐像，像之间有童男女。从壁上的题铭“焕以金碧”的说法及造像残迹可知，这些造像原先曾经加以妆銮过，是金碧辉煌的。

第三窟卧如窟中横一石床，其上一道者左侧枕石叠双足而卧，相传为披云子卧化像，也是袭用佛涅槃的表现手法。就总体而言，龙山石窟道教造像雕造手法比较简单，群像面貌差别不大，衣纹刻法比较简单粗略。但有些是属于道教自己创造的图像，如七真窟门内两侧雕鹤，顶部刻双龙戏珠，三清窟窟顶刻云龙纹藻井。

龙山石窟后世破坏严重，艺术水平也逊于佛教石

4–63　**胃土雉像**　元　通高160cm　彩塑　山西省晋城玉皇庙

4—64 **翼火蛇像** 元 通高177cm 彩塑 山西省晋城玉皇庙

4–65 二十八部众像（局部） 明 彩塑 北京市大慧寺大悲殿

窟造像，但它是鲜见的元代道教石窟群，在宗教艺术史上有其独特的价值。

晋城玉皇庙是一个很重要的道观，有前后三院，塑有玉帝、三官、四圣、九曜、十二辰、二十八宿等道教神祇。二十八宿为元代宗教雕塑的杰出代表性作品，其中有五躯残毁，保存完好的有二十三尊（图4－63、4－64）。[52]

二十八宿本不属于道教神，它原是中国古代天文学家观察天象时划分天区的标志，大体为从黄道带与赤道带两侧绕天一周选择的二十八个星官，与四象相配分为四组，即东方苍龙：角、亢、氐、房、心、尾、箕；北方玄武：斗、牛、女、虚、危、室、壁；西方白虎：奎、娄、胃、昴、毕、觜、参；南方朱雀：井、鬼、柳、星、张、翼、轸。唐代袁天罡将二十八宿配以二十八种动物，中间缀以日、月、五行的一个字，于是成为角木蛟、亢金龙一类的名称。大约在宋代，将二十八宿纳入道教神仙系统，见于绘画形象的有元代永乐宫三清殿朝元图，在大型雕塑作品中则仅此一见。在永乐宫壁画中的二十八宿，主要是在人物的冠上的圆饰中绘以不同动物形象，少数是结合动物形象特征，对脸部作变形处理，这与晋城玉皇庙的二十八宿雕塑表现手法不相同。

玉皇庙二十八宿彩塑突出的艺术成就在于，作者通过星官题材，塑造了一组具有鲜明个性特征的人物形象。题材自身没有宗教仪轨的约束，为艺术家发挥艺术想像力与创造性留下很大的余地。二十八宿被分别塑造成富于社会生活色彩的官吏、文人、武夫、老者、贵妇等形象，有的慈善、有的猛厉、有的深沉、有的温厚，性格各不相同，而又同具仙家内在的气质，产生令人生敬的高贵之感。与每个人物有联系的动物有的追随人物左右，有的受到人的爱抚（如虚日鼠），有的与人相戏斗（如翼火蛇），人物组合也常借动物的动态而得到相互呼应。

此外，玉皇庙十二辰殿中的十二元辰真君像，艺术水平与二十八宿相当，只是表现手法有别。十二辰即古代用以纪年、月、日、时的“干支”之十二支，也各以动物相配，十二辰作王侯相，戴无梁冠，执笏。与之相配的动物分别绘于冠上圆形饰内。

第五节　明清佛教、道教造像

明清菩萨和罗汉造像

明清时期也有一些大型观音造像。北京大慧寺的大悲殿，原有明铸观音大像，在抗日战争期间（公元1937—1945年）被劫走，后来重装木胎彩塑像。但殿内千手观音、二十八部众彩塑依然是明代作品，为观音及其眷属群像组合的重要遗例（图4－65）。

太原崇善寺大悲殿内三大士像是明初菩萨造像的精品。寺为洪武十六年（公元1383年）明朝宗室所营建，原是一座具有六个大殿，十八座院落的弘丽寺庙，同治三年（公元1864年）毁于大火，仅余后院大悲殿一组建筑。[53]

立于须弥座上的三大士像为泥木质材料塑造，贴金妆彩，庄严华贵。居中者为千手千眼观音菩萨，东为千臂千钵千释迦文殊菩萨（千钵文殊），西为现百宝白月光轮相的普贤菩萨，皆高8.5米。三尊造像肃穆庄严，在统一中有丰富变化。观音、文殊皆为千手。观音十一面实有四十二臂，除两主臂外，其余手臂分别持各种法物，千手千眼平铺于身后，形成向周围空间伸展的强大张力。文殊背光塑有千手，每手托一钵，每钵皆有一释迦，五官依稀可见；六主臂由胸前而外展、上举，借衣袖飘动，产生举臂的连续动作的效果；千手的长臂犹如辐射线，成七层排列的托钵手掌犹如美丽的花环。普贤背光呈旋转的圆轮形，在大的形式感上与其他两尊取得协调。三尊菩萨大像在塑造手法上也表现出高水平，衣纹生动自然，长帛下垂凌空接地，很有气势，也避免了大像塑造上的呆滞之感（图4－66）。

大悲殿还有一尊明代木雕千手千眼观音供像，观音自在坐于太湖石上。千手千眼无臂，分四层排列成通身光之状，顶端有大鹏鸟，外缘作火焰纹，表现出突破仪轨的自由创造精神。

清代千手千眼观音大像代表作品为河北承德普宁寺大乘阁中的木雕像，像高22.28米，以松、柏、榆、杉、椴五种木材雕成，有42臂，其造型手法与隆兴寺观音像近似。观音头戴宝冠，冠上雕有高1.53米的无量寿佛。

此类大型观音造像，在信徒心目中也作为佛看待，或称之为“千手千眼佛”。造像的一些具体特征如眉间白毫相等与佛造像有一致处，而更重要的是其巨大的体量和由奇异的多臂造型、法物所显示出的神秘力量与宗教氛围，对观众有一种强大的震撼力量。

明代观音造像表现手法最丰富多样，并达到很高艺术成就的是山西平遥双林寺的明代彩塑作品。双林寺彩塑共有2,052尊，完好者有1,566尊，其中天王殿的金刚力士、四天王，罗汉殿的十八罗汉，千佛殿的韦驮天等都是明代佛教雕塑中的杰作（图4－67）。而其中数量最多、成就最高的是各种各样的菩萨造像，尤以

观音造像最为突出，在罗汉殿、千佛殿、菩萨殿，皆居于本尊的地位。中国后期佛教流行的几种观音造像样式在双林寺都有精湛的表现：

在罗汉殿，金妆的观音菩萨结跏趺坐于莲瓣宝座，其下有力士承托的须弥座，背光精细，是典型的圣观音形象。

千佛殿的本尊观音自由自在地坐于草纹天衣座上，其动态与安岳毗卢洞紫竹观音几无二致，只是足踏蟠龙而非莲花。表明这种造像自宋代一直流传沿袭，已成定式。

菩萨殿的二十六臂观音是多臂观音造像中最美的一尊，面貌娟秀，从塑造和妆銮上都力求将其表现为如花似玉、气质高贵的少女形象。其背后的许多手臂由于穿插组合得宜，加之肌肤柔润的质感和手的优美动作，而令人感到很和谐、统一（图4－68）。[54]

释迦殿后墙悬塑一叶观音也是一件成功的作品。在一片翻滚的巨浪之中，观音安详地端坐于一片红莲瓣中，周围有十六罗汉追随，莲瓣之轻稳与浪涛之凶猛形成极静

4-66　三大士像
明　高850cm　彩塑
山西省太原崇善寺

与极动的强烈对比，以此烘托佛法之无边（图4－69）。

观音造像亦见于天王殿八大菩萨之中。此外还有千佛殿与菩萨殿两处五百菩萨悬塑。满壁菩萨被层叠塑造于山石、彩云之间，菩萨头部是模制的，与身躯长度相比显得过小，但动态十分生动，有的人物之间被赋予一定的情节，从而具有人间生活情趣（图4－70）。

将佛国世界彻底推向世俗化的是山西长治市观音堂、隰县小西天（千佛庵）的彩塑群，皆是明代晚期作品。作者力图把整个佛国世界缩微容纳于一个狭小的空间中，造像纤巧繁密，色彩艳丽，给人以目不暇接的观赏印象。

长治市西南的观音堂创建于明万历九至十一年（公元1581－1583年），主像为三大士（部分已毁），南北两壁由地面直抵屋梁布满圆雕和悬塑，主要造像有十八罗汉，以帝释天、大梵天为首的二十四诸天，以及文殊、普贤等十二缘觉（图4－71）。各层人物以五彩祥云为间隔，上部有殿阁建筑，活动于其间的还有道教神仙、儒家先哲，以及抬官轿等戏剧场面，应是有

4–67 **韦驮像** 明 通高176cm 彩塑 山西省平遥双林寺

4–68 **二十六臂观音像** 明 通高345cm 彩塑 山西省平遥双林寺

4–69　一叶观音像　明　彩塑　山西省平遥双林寺

4–70 **悬塑菩萨像** 明 彩塑 山西省平遥双林寺

4–71　十二缘觉和二十四诸天（局部）　明　66—98cm　彩绘悬塑　山西省长治观音堂

4–72 **彩绘悬塑** 明 山西省隰县小西天大雄宝殿

4–73 影青观音像

元 高66cm 瓷 北京市出土 首都博物馆藏

4–74 罗汉像 元 高154cm 夹纻漆 河南省洛阳白马寺

4–75 罗汉像 元 高160cm 夹纻漆 河南省洛阳白马寺

4–76 罗汉像 元 高160cm 夹纻漆 河南省洛阳白马寺

4–77 **罗汉像** 明 彩塑 山西省平遥双林寺

4–78 **罗汉像** 明 彩塑 山西省平遥双林寺

一定神话故事情节。

山西隰县小西天大雄宝殿面积169.6平方米，在殿内营构起崇山峻岭与巍峨宫殿错综结合、天上人间交融于一体的奇异环境。殿内供奉的主体是释迦牟尼、毗卢遮那佛、弥勒佛、阿弥陀佛、药师佛及其胁侍菩萨（图4－72）。3.2米高的五方佛结跏趺坐于五个互相连通的长龛之内，各自形成一个道场。五佛之上方还有西方胜境、龙华三会、千佛殿、金色世界、琉璃世界等等，整个殿堂雕梁画栋，辉煌富丽，完全是豪富之家的气派。余壁下方还有十大弟子环立于莲花上，其身后皆有侍者或小僧捧食物、壶浆侍奉。其上方楼阁内外又有西方三圣、过去七佛、四大天王、明王、共命鸟等。夹杂于其间的也有道教的造像。

小西天的建筑与雕塑所表现的特点是满，是繁，

4－79　**五百罗汉像（局部）**　清　彩塑　云南省昆明筇竹寺

是富贵气，是人间化、贵族化的佛国世界。其形象的创造受同时代具有市民文化特点的戏曲、小说的影响更多于佛教的经典。

明清时期菩萨造像，多种样式并行不悖。

密宗千手观音是大型造像的主要形式，继承唐宋以来的塑造经验而有新的发展。崇善寺大悲殿的三大士造像以装饰性处理手法，解决了在正常躯体上安加许多手臂的难题。

在山西地区一些寺庙中也还存在比较传统的菩萨造像样式。例如洪洞县明代广胜上寺毗卢殿中的四菩萨，作男像，唇边有须，赤足踏于莲花、坐骑之上，然而衣服、装饰完全汉化了。善化寺三圣殿明塑文殊与普贤菩萨，头戴宝冠，袒上身，结跏趺坐于高大的须弥座上，有着佛像的庄严。而五台山台怀镇显通寺千钵文殊殿明塑文殊、普贤两菩萨，则是以极富有中国民间特点的手法塑造成两位龙钟老僧形象，文殊手持长柄如意，更是按照中国社会习俗对菩萨造像所作的改造。

在民间有深远影响的观音造像，益加汉化、民间化、女性化、生活化。双林寺的二十六臂观音、一叶观音创造了观音理想化的美的形象。

除了寺庙以外，元代以来，瓷塑观音也有很多精品。福建德化窑烧制的瓷塑观音，吸收传统绘画的衣纹处理手法，以素净洁白如玉的胎与釉，表现了人们心目中观音的圣洁，既是供奉对象，也是家庭中高贵的陈设品（图4－73）。

宋代以后，罗汉造像依然广为流传，但完整保存下来的不多。

十八罗汉，比较重要的有置于洛阳白马寺大雄宝殿之内的、原为北京故宫所藏的元代夹纻干漆十八罗汉（图4－74、4－75、4－76），以及北京西山大悲寺大雄宝殿前殿的十八罗汉。前者衣服彩绘，塑工精湛；后者以檀香木末掺细砂塑成，传为阿尼哥的弟子刘元所塑。山西晋城青莲寺观音殿内元塑十六罗汉，为泥塑贴金，造型接近宋塑风格。

明代山西平遥双林寺彩塑十八罗汉，在人物形象

4–80 **真武大帝像** 明 高186cm 铜 湖北省武当山金顶殿内

的刻划上达到新的水平。罗汉被分置于雕有斗拱、雀替的木龛内，背景是悬塑的岩石，龛之转角处背后有门，有的罗汉正自由进出，作品被赋予亲切的人间情味。后人以罗汉的不同体态、动作、表情，分别给他们起了"哑罗汉"、"多言罗汉"、"病罗汉"、"养神罗汉"等有趣的名字（图4－77、4－78）。[55]

保存下来的五百罗汉造像大都是清代作品，较早的是北京香山碧云寺罗汉堂内的木质金漆罗汉及佛像，共508尊。罗汉堂建于乾隆十三年（公元1748年），罗汉约与真人等大，整齐地列置于石雕须弥座上。在形象的塑造上没有突出之处，但在整体布局上，也还是适当地注意了相互之间的呼应、变化，并有些特殊处理，如其中一尊作戎装帝王像，据传所塑为乾隆皇帝弘历。

其他地区比较重要的有湖北武汉归元寺罗汉堂和四川新都宝光寺的泥塑五百罗汉。这些作品表现出明显的生活化、趣味化的倾向，躺在藤椅上翘足读书的懒散样子、与一群儿童戏耍的景象都在罗汉群像中出现了。而将这一倾向发挥到极致的是云南昆明市西北玉案山上的筇竹寺五百罗汉彩塑，为四川合州（今合川）民间雕塑家黎广修及其助手五人，于清光绪十七年（公元1891年）应筇竹寺主持僧邀请，历时七年完成。作者完全打破了以往五百罗汉簇拥于一堂的格局，而将其分别置于三个殿堂。计：大雄宝殿68尊，天台来阁216尊，梵音阁216尊。塑像高约1米，在组合关系上表现了不同的情节。安排也很灵活，有的分三层排列，有的环立，渡海一组与塑壁结合，波涛汹涌，如闻鼎沸之声。作者通过观察市井人物寻找到创作灵感和生活依据，并做了异常夸张的处理。罗汉形象中包括了三教九流，七行八作，各式各样的人物，也有些形象平庸、委琐、险恶、狡诈的人物混迹于其间。在塑造手法上使用了一些实物，如以毛发做髭须，以竹木为手杖，以追求逼真的效果（图4－79）。

筇竹寺罗汉表现手法吸收了戏剧，特别是川剧的舞台表演手法，形象夸张、生动，借宗教题材表现了毫无神圣之感的众生相。只有在清末充满复杂矛盾的社会环境和在云南这样一个正统的宗教观念相对松弛

4–81 张三丰像
明　高141.5cm　铜
湖北省武当山文物保管所藏

的地区，才有可能出现这样的作品。

武当山明代真武、张三丰青铜像

真武即古代神话中的四方神之一玄武，亦即二十八宿中的北方七宿：斗、牛、女、虚、危、室、壁。它是一种龟蛇合体的形象，在汉代瓦当中可以见到。

到宋代，玄武被提升为人格神，宋真宗时避假想的祖先神赵玄朗之讳，改称“真武”，封之为镇天真武灵应佑圣帝君。到明代，真武在道教神中的地位达到空前的地步。明初，燕王朱棣为了夺取帝位，借“靖难”之名，于1399年在其封地北平（今北京）起兵，并宣扬得到真武显灵相助，自以为真武化身。称帝后，封之为“北极镇天真武玄天上帝”。永乐十年（公元1412年）命工部侍郎郭琎、隆平侯张信等督军夫三十余万人在今湖北丹江口市境内武当山营建宫观建筑群，历时七年建成。武当山是道教传说中真武早年修炼得道升天的地方。在武当山的宫观中，多处都雕塑真武像，其中有的是太子（即真武）童年塑像。最重要的作品是置于“金殿”中的真武大帝的铜像。

为了营造神秘、崇高的宗教氛围，在武当山天柱峰顶铸造了一座铜铸鎏金的重檐宫殿，面阔、进深各三间，其下为花岗石台，绕以石雕栏杆，称为金殿，俗称金顶。殿内神像、供具皆为铜铸。正中为真武大帝坐像，像高186厘米，披发跣足，有长须，穿着宽松的袍服，内有铠甲，作者力图表现出具有神威而又气度雍容的王者形象。披发跣足则是早先设定的真武形象特征。在真武两侧还有侍立的童男、玉女及水、火二将（图4－80）。

武当山明代铜造像中另一代表作品是道士张三丰像。张三丰是富于传奇色彩的人物，也是道教徒中不营营于名利的隐者。关于他的生平有种种互相矛盾的记载。传说他道行很高而不修边幅，因而有“张邋遢”的称号。读书过目成诵，寒暑只一衲一蓑，对事能前知。初寓宝鸡县，后入武当山结庐修行。明初，太祖朱元璋、成祖朱棣都曾遣使到武当山寻访，皆不获见。明代英宗、宪宗、世宗、熹宗几代皇帝曾屡次加封他为真人、真仙、真君。在民间，是与“八仙”中的吕洞宾有同样广泛影响的道教神仙。武当山遇真宫是在张三丰结庵修行的地点建造的，内有张三丰身著布衲草履的坐像。而由武当山文物保管所收藏的张三丰铜坐像则是神情庄肃、服饰华贵的形象，绝不给人以“邋遢”的印象，是艺术家想像中的道教尊神。其衣纹流畅自然，疏密相衬，表现出很高的技艺水平（图4－81）。

武当山道教造像中还有一类特殊题材，即五百灵官塑像，传说真武为太子时到武当山修行，其父王派大臣统兵五百人入山寻找，后来都随真武修行成仙。是模仿佛教五百罗汉而创造的一些护法小神，最早的有元代造的铁铸饰金作品，高仅38厘米，环置于天乙真庆宫四壁，较晚还有石雕、木雕作品。

元明清三代，真武崇拜盛行。元世祖于大都建大昭应宫以祀真武；明代在北京建真武庙，为京师九庙之一，由官方以时祭祀，并在紫禁城御花园中建钦安殿，专祀真武；清代则在玄穹宝殿供奉玉皇和真武塑像。

第六节　明清藏传佛教造像

明清时期是西藏佛教从变革中得到发展、兴盛的时期。15世纪初，宗喀巴（公元1357—1419年）实行宗教改革，建立格鲁派（黄教）。明嘉靖二十五年（公元

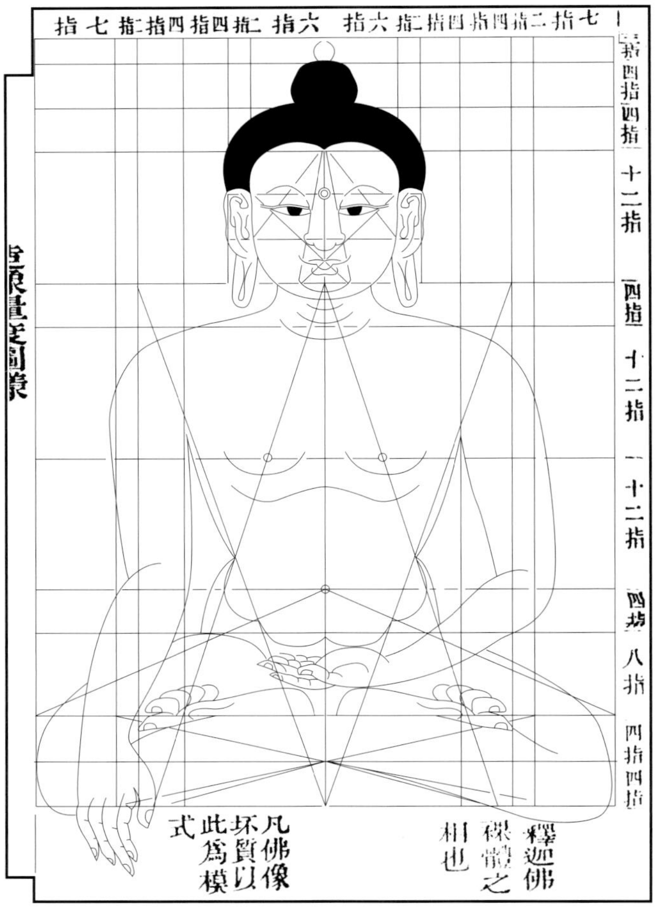

4—82　坐式佛像模式图　（选自《造像量度经》）

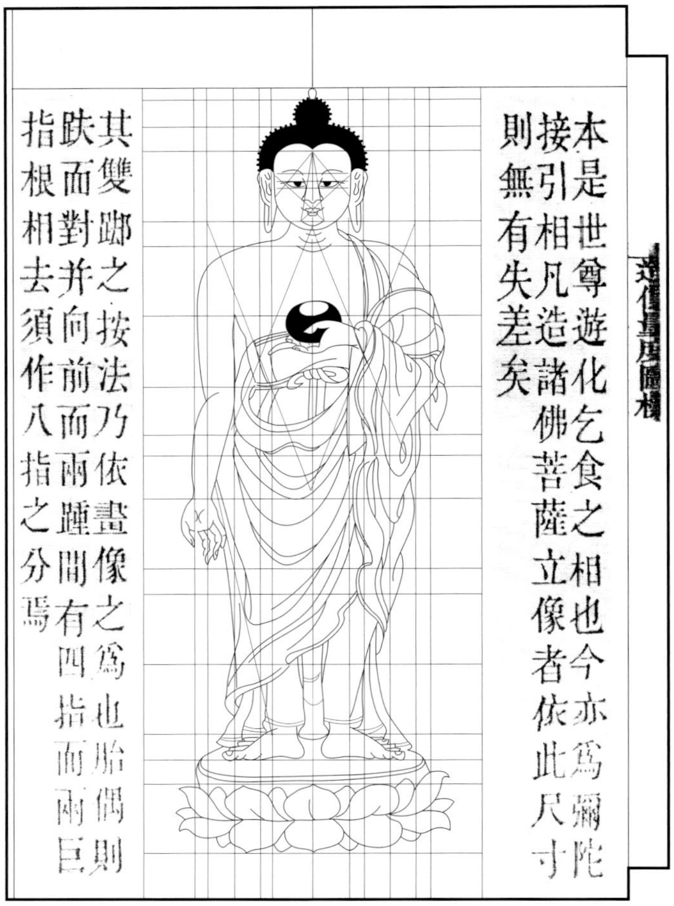

4—83　立式佛像模式图　（选自《造像量度经》）

1546年），后成为达赖三世的索南嘉措被迎至哲蚌寺，格鲁派正式采用活佛转世制度。16世纪后期，西藏佛教领袖与蒙古族首领建立密切关系，互赠封号，藏传佛教在蒙古族地区广为传播。索南嘉措在明王朝获得国师地位，获准向明王朝定期进贡。万历十五年（公元1587年），明廷封索南嘉措为“朵儿只唱”（执金刚），并邀其赴京，不幸于次年死于晋京途中。

明王朝和元代一样对西藏佛教采取扶植政策。洪武年间，太祖朱元璋曾敕封几代藏僧为国师，成祖朱棣先后封噶举派首领哈立麻为大宝法王，萨迦派首领昆泽思巴为大乘法王，宗喀巴弟子释迦也失为大慈法王，从此确立西藏三大法王体制，并以多种名目敕封一些小宗派的领袖。在宫廷内建有藏传佛教的寺庙，供“西番佛像”于英华殿。还在御用监内设“佛作”，铸造金铜佛，施给西藏、青海等地的宗教领袖和法王，其中有些作品到清代，又由达赖、班禅进贡到朝廷。

清代也在统一全国之前就与西藏地方统治者和宗教领袖通好。顺治四年（公元1647年）达赖、班禅遣使向清廷献金佛、念珠。顺治九年（公元1652年）达赖五世阿旺罗桑嘉措（公元1617—1682年）率班禅四世和固始汗的代表到北京，受到朝廷极高的礼遇。次年，又颁赐给他金册金印，册封为“西天大自在佛所领天下释教普通瓦赤喇怛喇达赖喇嘛”。阿旺罗桑嘉措学识渊博，所著《西藏王臣史》等书在文化史上具有重要价值。从康熙到乾隆时期（公元1662－1795年），清廷多次帮助西藏平定外部入侵和贵族内讧，设驻藏大臣办事衙门（公元1727年），颁布《钦定藏内善后章程》二十九条（公元1792年），使西藏政治、宗教制度逐步臻于完善。[57]

《造像量度经》

密宗造像极多，难于尽识。造像有严格的仪轨，按照佛经说法，量度不准之像，正神不会依附于上。对造像的严格要求也与密宗特殊的修持方式分不开，僧人依据密宗三密相应的原则，要选择一位本尊作为自己修持的参照。修习时，手结本尊印契，即特定的手势（身密），口诵真言秘咒（口密），心中观想本尊形象（意密），使自身三业清净，与佛的身口意相应，即身成佛。所以密宗对造像的形象特征、动态、手印等异常重视，把绘、塑佛像作为“五明”的一部分。五明是印度佛教徒自幼必修的学问，包括声明、工巧明、医方明、因明和内明。其中工巧明指工艺、技术、历算、音乐等学问，绘画与雕塑包括在其中的营造一类。

在创作造像的过程中，要求设计、制造者怀着至为虔诚之心，经过密宗仪式，在心中构想出佛的形象，然后动手制作。佛教宣扬造像可得各种福报，若量度不准确，比例失调，五官有歪斜之处、手印标识错误，便会遭受各种灾祸。而作为造像之经典依据便是《造像量度经》。

密宗佛经把《造像量度经》神化为舍利佛据释迦牟尼所说的记述，因称《佛说造像量度经》。约在14世纪时，由梵文译成藏文，并收入藏文《大藏经》经部。清代内阁掌译番蒙诸文西番学总管仪宾蒙古族学者工布查布于乾隆七年（公元1742年）由藏文译为汉文，并撰写了《佛说造像量度经解》。内容主要是讲绘塑佛造像的详尽比例，以及按照佛三十二相的形体特征的要求，对形象、色泽、质感等作出的具体规定。为了满足密宗各类型造像的制作要求，工布查布又参照其他有关造像量度的文献，编写了《造像量度经续补》。这三部典籍成为藏传佛教造像的主要依据。

造像的基本量度单位为“搩”，是印度尺度的名称，一搩即手张开中指与拇指间的长度，每搩相当于十二指之宽，约为一个人发际线至下颏之长度。不同类型的造像量度不同，佛与已成正觉的八大菩萨皆为十搩度，亦即120指宽，是身高的长度，与两臂平伸之长相等（图4－82、4－83）。立体雕塑造像纵广为125指宽。佛母、罗汉、辟支佛，二十诸天中的多闻天王、持国天王、大梵天、大自在天等为九搩度；忿怒明王、恶相护法神，以及增长天王、广目天王、金刚密迹等为八搩度。象首的吉祥王菩萨为六搩度。六搩度身矮头大，亦称侏儒量。按照佛教解释，搩度的不同是依据从凡人到成佛过程中，业息渐灭、慧息渐增所达到的不同位、地，形之于外相的表现。

量度经非常具体地规定了造像身体各部分的长度比例和形象特征。例如佛的面相为满月面，菩萨为鸡子（鸟卵）面，明王为四方面。菩萨应具喜悦慈爱之容，目如莲花瓣；天男相无髭，好像将足十六岁的男童；佛母则为十六岁童女相，面作芝麻相或卵形，目似优波罗花瓣形，臂梢、胫梢、指尖、腰之极细处俱比其他像稍细，突出正大窈窕的形象特征。

忿怒明王、恶相护法神，“须得蓄威蕴怒、山临岳发之势”，面形男方女圆，三目大睁，红而且圆，颦蹙两眉，头发竖立，发眉髭胡皆赤黄色，炽然作火焰之状。张口呲牙而卷舌，五骷髅为冠，虎皮为裙，蛇为络腋。此类形象中，一类微露和悦之容，一类（护法神）则作甚怒大恶相，鼻孔反豁，手足筋悉皆暴露，

4—84　千手千眼观音像　清　高2228cm　木雕彩漆　河北省承德普宁寺

4–85 坛城 清 木 河北省承德普乐寺

4–86 **胜乐王佛像** 清 铜 河北省承德普乐寺

4–87 **吉祥天母像** 清 铜鎏金 河北省承德普陀宗乘之庙

精嚴具足

4—88 **无量寿佛像** 清 银 河北省承德普陀宗乘之庙

指甲尖似虎爪。在幻想的形象中融入了猛兽的特征。

藏传佛教在菩萨、佛母和明王、护法神的表现上创造了美与丑两种极端的、对立的审美类型。而恶相乃是以慈力为着降服世间纯阴毒种而变化出的猛烈之相，其形象的创造不全是源于梵式而有着本土的成分。

藏传佛教中，还有一类特殊的造像样式是表现明王与明妃裸身拥抱交媾的双身像，称为欢喜佛。它是印度三大教派之一性力派影响下的产物。该教派崇拜湿婆之妻难近母等女神，认为她们的性力（活动力）是创造宇宙万物的根源，智慧与力量的表现，以轮座（男女交媾）为其修行仪式之一。密宗将双身修法——“乐空双运”作为无上瑜珈密的特别修习法，以男、女分别代表悲与慧，两相拥抱达到悲智结合，定慧兼备，即身成佛。

《造像量度经》等典籍对密宗造像所作详密的程式化规定，对形成绘画与雕塑藏传佛教造像系列的规范化表现，起着重要的作用，但同时也使艺术家创造性的发挥受到极大的制约。在各种造像中，只有罗汉像和具有肖像性质的高僧像有较大的自由创造余地。[58]

承德外八庙清代藏传佛教造像

清代康乾之世，国内各民族团结安定，乾隆皇帝弘历多次在承德行宫避暑山庄会见前来朝觐的蒙古王公和西藏高僧。康熙五十二年（公元1713年）至乾隆四十五年（公元1780年），又在避暑山庄的东、北山麓，参照蒙藏宗教建筑式样，建造了宏伟壮丽的十二座佛寺，其中八座朝廷派驻喇嘛，称“外八庙”。外八庙中的普宁寺仿西藏扎囊桑耶寺，普陀宗乘之庙仿拉萨布达拉宫，须弥福寿之庙仿日喀则扎什伦布寺，安远庙仿新疆伊犁固尔扎寺。这些融汇着满、汉、蒙、藏多民族艺术风格的寺庙中，集中保存了藏传佛教的壁画、唐卡、雕塑、工艺品，尚存于外八庙的雕塑造像就有55,161尊。

作为皇家寺庙，其造像大部分是清代宫廷造办处依据《造像量度经》制造的，体现着融汇蒙藏造像手法为一体的内廷样式特点。其中有些巨大的雕塑工程，如普宁寺大乘之阁内的金漆木雕千手千眼观音立像和婆娑仙人、功德天女两胁侍。普宁寺建于乾隆二十年（公元1755年），观音像以松、柏、榆、椴、杉五种木材雕造而成，高22.28米，腰围15米，重约110吨，为世界上体量最大的金漆木雕造像。观音有三目，头戴宝冠，冠顶有高1.53米的无量寿佛（阿弥陀佛）坐像。两侧各有20只手臂，每手有一目，分持各种法器。造像内部为密封的三层楼阁式框架结构，建构起观音巨大的身躯。外部雕成流畅的衣纹，披麻上灰，贴以金箔，整体比例匀称合度，庄严优美（图4－84）。侍立于东西侧的婆娑仙人与功德天女各高18米，均为木雕；婆娑仙人为袒臂拱手、足著芒鞋的白须老者形象；功德天女为华冠袍服的贵妇人形象。衣服上沥粉贴金，精细华美。

外八庙中年代最早的溥仁寺，是康熙五十二年（公元1713年）蒙古诸王公为祝贺康熙皇帝玄烨六十寿辰而建造的，寺中夹纻造三世佛、十八罗汉等代表了清代早期造像样式。普乐寺建于乾隆三十一年（公元1766年），是为接待来京朝觐的西北各族王公贵族而建造的。建筑的前部为汉族寺庙传统样式，寺内的金漆木雕三佛、韦驮、布袋和尚与泥塑四天王等都是明清时代流行的汉式佛教造像样式，外观华丽，但较为板滞。普乐寺宗印殿之后则是藏传佛教的建筑与雕塑，主体为仿北京天坛祈年殿式样的旭光阁，阁内置一立

4-89　金刚手菩萨像　9－10世纪　高28cm　铜鎏金　北京故宫博物院藏

4—90 **文殊菩萨像** 元 高18cm 铜鎏金 北京故宫博物院藏

4—91 白度母像 14世纪 铜鎏金 北京故宫博物院藏

4—92 弥勒立像 清 高50cm 纯金 北京故宫博物院藏

4—93 **释迦牟尼坐像** 清 通高90.5cm 像高45cm 纯金 北京故宫博物院藏

4—94 **大威德金刚像** 清 高93cm 红铜 北京故宫博物院藏

4-95 **密集金刚像** 17世纪 高93cm 红铜 北京故宫博物院藏

4—96 **章嘉·若必多吉像** 清 通高75cm 莲座高20cm 像高55cm 银镀金 北京故宫博物院藏

体的曼陀罗（坛城），内供胜乐王佛（图4－85）。胜乐王佛或称上乐金刚、胜乐金刚，为藏传佛教密宗的菩萨，噶举派多修此本尊之法。胜乐王佛的造像特点为四头或三头，每头有三目，有十二臂，两主臂拥抱明妃金刚亥母。旭光阁内的胜乐王佛为铜铸，两身皆裸，作品很好地处理了主像多头多臂的复杂结构和人物之间的关系，肌肤的质感很强（图4－86）。

普陀宗乘之庙建成于乾隆三十二年至三十六年（公元1767－1771年），是为庆贺乾隆皇帝弘历六十寿辰、皇太后八十寿辰，接待各民族王公贵族而建，工程浩大。寺内的密集金刚、大威德金刚、吉祥天母、释迦佛、十二尊药师佛等，都是由内廷中正殿拨蜡喇嘛主持铸造的。供奉于权衡三界内的紫铜鎏金吉祥天母，以红铜1100余斤、金叶57两铸造。作为护法天神的吉祥天母手举长剑，身饰骷髅，有人格化的白象伴护，正从嶙峋的山石海水间走过。身后雕有熊熊的火焰背光，整体构成动势极强，富有威慑力量的神秘宗教氛围（图4－87）。

承德外八庙的佛教造像兼有汉、藏和印度、尼泊尔风格，主要作品是宫廷中的匠师制作的。还有大量金铜佛是清代宗室和西藏、蒙古、西康的高僧呈献给皇帝的贡品，以西藏地区雕造的为最精。如乾隆三十五年（公元1770年），乾隆六十岁寿辰时，各民族为了祝寿，供献上千尊无量寿佛像，皆供奉于普陀宗乘之庙的千佛洞（图4－88）。[59]

清宫收藏的藏传金铜佛

清宫收藏的藏传佛教造像有数万尊。在紫禁城中内廷各区分布有35处藏传佛殿，其中心有中正殿、宝华殿、梵宗楼、雨花阁等十座建筑。还有十多处佛堂建于其他殿内。春华门内的雨花阁建于乾隆十五年（公元1750年），是故宫内最大的藏传佛教建筑，由三世章嘉呼图克图活佛亲自参与设计、指导，按照藏密的事、行、瑜伽、无上瑜伽四部设计建造，主供雕像为大威德金刚、上乐王佛、密集金刚三大主尊。三世章嘉为黄教漠南地区最大的转世活佛，于雍正二年（公元1724年）入清宫，深受雍正、乾隆二帝尊崇。

清宫收藏的金铜佛等，来源主要为元明清三代宫廷铸造及蒙古、西藏等地的贡品，其中也有少数年代更早的作品。元代宫廷设有梵像提举司，所铸造像尚有遗存。西藏、蒙古进贡的佛像，除西藏当地所铸外，还有少数来自尼泊尔等地的外国造像。

藏传金铜佛名目样式至为繁多，又很少有铭文，给作品的鉴定、断代研究造成困难。而作品的风格则显示出明显的差异。有些早期作品，造像样式明显受到古印度王国犍陀罗艺术或秣菟罗艺术的影响。那些具有异域风格的作品有从国外传入的，也有延聘外国匠师在中国铸造的。娴熟掌握塑制和铸造技艺的藏族匠师，对外来造像样式常能临仿得惟妙惟肖，难以区分。

元代尼泊尔雕塑家阿尼哥传来的“西天梵式”，融汇尼泊尔、印度造像特点，逐步定型为藏传佛教造像的主导样式。

作为贡品入藏清宫的红铜镀金金刚手菩萨，为尼泊尔 9 世纪至10世纪作品，高28厘米，戴嵌饰珠宝的三叶宝冠，身躯修长，袒裸上身，长发披肩，有火焰头光。手执金刚铃，下身著衣裙，赤足踏于莲花座上，薄衣透体，具有秣菟罗艺术的特点（图4－89）。

有准确纪年的黄铜镀金元大德九年（公元1305年）文殊菩萨，高18厘米，头戴五叶冠，结跏趺坐于仰覆莲座上，上身袒露，下著贴身衣裙，腰围很细，是妙龄少女的体型，菩萨的耳环、项链、臂钏和腰带上分别嵌镶珊瑚，料珠和绿松石等。头后的束发饰带向上翻卷着，手中的莲花蔓形成左右对称的美丽装饰。作品制作华丽精细，可视为西天梵式的代表性作品（图4－90）。

文殊菩萨在金铜佛中多见，多作顶结五髻，手举宝剑，以表示智慧、锐利。格鲁派创始人宗喀巴被视为文殊菩萨的化身。故宫金铜佛中最大的一件文殊菩萨是梵雨楼主供神像，铸于清代乾隆年间（公元1736－1795年），高113厘米，菩萨裸身作姿态悠闲潇洒的大王游戏座式，身上佩戴各种饰物，浮雕背光极为繁密华丽。

坐姿的菩萨、度母等作女性形象的金铜佛，姿态处理和手的动作都很美，其肩部与臀部常呈相反的倾斜角度，躯干微微扭曲，面部有含而不露的笑意，手足柔软，滑润光洁的肌肤与华贵的饰物、严谨规整的仰覆莲座，起着相互衬托的作用（图4－91）。

金铜佛的材质多为铜质镀金，也有以金银等贵重材料制作的，还有少量为铁铸镀金和石质打制敷彩。故宫藏品中有不少嵌镶了金银珠宝，极为豪华，充分显示了宫廷艺术的特点。其中特别名贵的如清代乾隆年间以纯金制作的弥勒立像和释迦牟尼坐像。弥勒高50厘米，胸腹袒露，下著松垂的衣裙，头戴嵌镶巨珠的宝冠，头发敷绀青色，周身佩戴的璎珞、串饰都镶着珍珠（图4－92）。透雕的流云、花卉、壶、法轮环绕左右两侧，下部以翻卷的长帛垂拂于覆莲宝座上。整体形成花团锦簇的华贵氛围。释迦坐像，高45厘米，连背光与座通高90.5厘米。释迦作转法轮印，偏袒右肩，衣纹贴体，佛像的单纯与背光、莲座的精工华美形成对比。这些金碧辉煌的造像，与皇宫庙宇整体环境相和谐，显示了精湛的制作技艺，然而，作品内在的宗教精神却明显地弱化了（图4－93）。

特别富有密宗造像特点的是那些双身金铜佛像，如密集金刚、大威德金刚、时轮金刚、马头明王等。其形象怪异，多首多臂，有的身上悬挂着骷髅和各种神物，足践象征佛法之敌的生灵。这类造像在设计和铸造技艺上难度都较大，虽然有着必须遵守的造像仪轨，但在形态和细节的安排处理上，却很能显示出设计者的艺术匠心。

清乾隆年间红铜大威德金刚，高93厘米，有九首，有的慈祥，有的狞恶。主首是一个长着锋利的双角、形容夸张变异的牛头。身躯粗短，袒腹，右腿弓，左腿伸直，36只手臂、16条腿重重叠叠地排列，在视觉效果上造成强烈的运动感，而右高左低的动势，更赋予作品以冲击力。金刚足下，一群生灵在挣扎、翻动。大威德金刚为格鲁派所修本尊之一，作品以非常夸张的手法强调表现金刚伏恶护善的威猛，令人畏怖。而在具体处理形象的复杂结构时，则能做到主次分明，以简驭繁，并以强烈的装饰特点使作品具有可观赏性（图4－94）。结构更为复杂的密集金刚其形象为三面，每面三目，六臂，坐拥的明妃也是六臂，作品从容地将人物之间错综的关系综合成一个完整的整体（图4－95）。

金铜佛中还有一些表现现实生活中高僧形象的作品。如银质镀金章嘉·若必多吉（公元1717－1786年）像，为章嘉圆寂当年，清宫造办处工匠制作的（图4－96）。此类高僧形象以十分写实的表现手法，丰富了金铜佛的艺术表现力。[60]

结束语

安吉拉·法尔科·霍沃

回顾中国雕塑的传统，我们发现中国雕塑有独特的文化特征。本书考察过的各种类型题材的作品，如多种多样的丧葬雕塑，神路石像生、石兽，石窟寺观中的佛道神像，使本书作者重新思考雕塑一词的传统解释，思考这种艺术的制作方法和实现这种艺术功能的方式。

艺术家在制作雕塑时可能选择两种手法，或以周围自然界和生活中的实物为原型采用写实手法创作，或用非写实的手法创作出抽象的作品，中国雕塑家一般喜欢后者。除了唐代盛行写实主义手法外，中国雕塑家一直对抽象表现手法情有独钟。艺术家的这种选择是艺术的宗教性质决定的。因为要表现与凡人世界不同的神力，势必要采用抽象的方法。从新石器时代的玉器和早期的立体工艺品上，可以辨认出像猪龙这种纯属想像出来的形象。在使用金属时代，容器变成了怪兽。在南北朝时期，南朝的皇家陵墓由辟邪和麒麟来守护。到了宋代，皇家陵墓则由神兽角端守护。

我们常认为，雕塑作品是艺术家通过凿斫石头或木料完成的。但在中国，用金属甚至还用木料雕塑（不过木雕塑的遗物很少），而且比用石料要早。最早出现的雕塑作品与技术的巨大进步相联系。冶炼技术的改进为制作立体圆雕式的实用器物提供了条件，这可以从四川三星堆出土的公元前1200年左右制作的铜像、湖北公元前5世纪的曾侯乙墓出土的承托编钟的武士像、还有河北满城公元前2世纪窦绾墓出土的长信宫灯等作品上看出来。

中国与西方的雕塑传统很不相同。中国雕塑中有多种多样的丧葬器物，有帝王和达官贵人陵墓前神路两侧的石人石兽，还有石窟和寺庙中供人顶礼膜拜的佛、道、儒神像。这种雕塑不管多么精巧，即使是杰作，也很少知道作者是谁，这与西方是不同的。中国的画家是作为艺术家看待的，而雕塑家最多只能算是能工巧匠。

雕塑不管是为了礼仪的需要制作，还是为僧侣社团制作，都不是作为独立作品构思的，一般是按照严格的规定集体制作的，个人几乎没有偏离规范的自由。大多数情况下，塑像或其他雕塑作品，是作为墓葬或寺庙工程的内部或外部装饰的组成部分，需要多位艺术家合作，在期限紧迫的情况下更是如此。造像也必须按照不可变更的特定规则制作，如佛陀和老子像的身姿、手势、服饰都必须符合规定的样式，同样，陵墓神道旁的石像生也必须严格按照墓主的身份，分等级制作。这种刻板的规定有利于集体创作，而不利于艺术家个人创造性的发挥。所以，虽然中国雕塑杰作形式多样，制作精美，却很少是某个艺术家的创造性的发挥。但是，无名的艺术家们为我们留下了辉煌的杰作，他们的艺术技巧和创作灵感是永不磨灭的。

中国雕塑作品有若干独特性质：以集体制作为主；雕塑家恪守制作规范，注重实用性和美感的结合；他们创作的目的并非为了公开展示，让公众欣赏。虽说有这些中国特有的局限，我们还是认为中国的雕塑不仅技艺非凡，而且其独创性、创作宗旨和精良的制作都源于并得益于中国独有的审美观念，即追求实用功能与观赏性的完美结合。

白度母　17世纪末－18世纪初　高68.9cm　铜鎏金　蒙古国乌兰巴托美术博物馆藏

中国古代雕塑主要遗存遗迹分布图

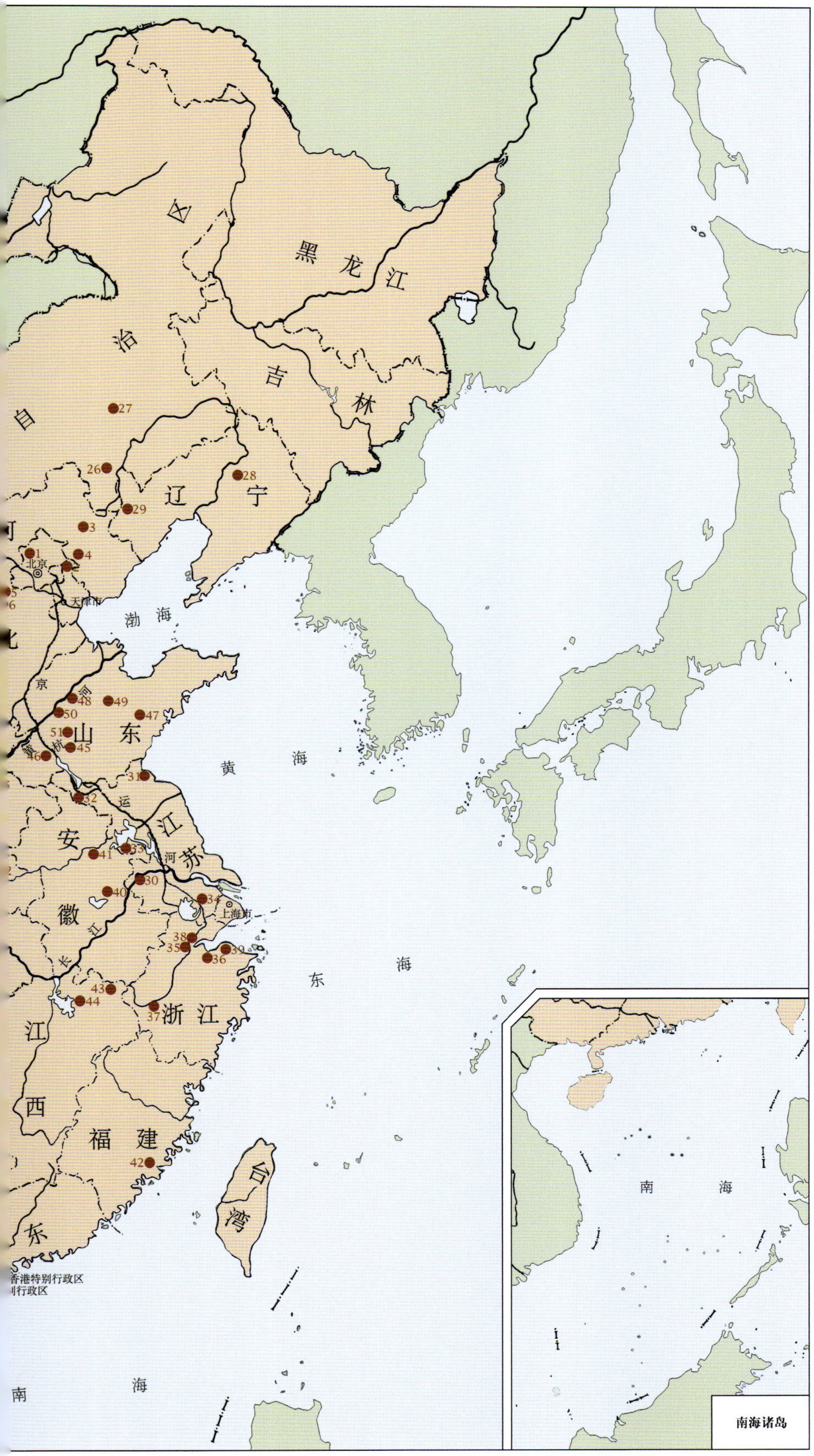

1．昌平
2．蓟县
3．承德
4．遵化
5．易县
6．满城
7．曲阳
8．平山
9．正定
10．峰峰
11．磁县
12．太原
13．大同
14．应县
15．五台
16．寿阳
17．隰县
18．平遥
19．侯马
20．闻喜
21．永济
22．晋阳
23．长治
24．长子
25．呼和浩特
26．赤峰
27．翁牛特旗
28．沈阳
29．牛河梁
30．南京
31．连云港
32．徐州
33．盱眙
34．苏州
35．杭州
36．绍兴
37．衢州
38．良渚
39．余姚
40．含山
41．凤阳
42．泉州
43．景德镇
44．波阳
45．曲阜
46．嘉祥
47．安丘
48．章丘
49．青州
50．长清
51．大汶口
52．郑州
53．安阳
54．洛阳
55．开封
56．巩县
57．登封
58．偃师
59．淅川
60．禹州
61．三门峡
62．信阳
63．荆州
64．武当山
65．随州
66．天门
67．石门
68．长沙
69．宁乡
70．永福
71．成都
72．灌县
73．广元
74．巴中
75．万县
76．茂汶
77．绵阳
78．广汉
79．安岳
80．大足
81．合川
82．资中
83．内江
84．乐山
85．彭山
86．峨眉
87．夹江
88．雅安
89．邛崃
90．西昌
91．昆明
92．江川
93．大理
94．剑川
95．武定
96．西双版纳
97．拉萨
98．穷结
99．江孜
100．日喀则
101．古格遗址
102．西安
103．长安
104．兴平
105．咸阳
106．眉县
107．扶风
108．乾县
109．高陵
110．三原
111．耀县
112．黄陵
113．华县
114．延安
115．商州
116．宝鸡
117．武威
118．张掖
119．酒泉
120．嘉峪关
121．敦煌
122．永靖
123．庆阳
124．武山
125．天水
126．麦积山
127．乐都
128．固原
129．吐鲁番
130．乌鲁木齐

注释

传统人文环境中的中国雕塑

1. 见《查海遗址发掘再获重大成果》，载《中国文物报》，1995年3月19日。

   堆塑是中国原始社会一种特殊的原始宗教美术样式。1987年在河南濮阳西水坡仰韶文化遗址曾发现龙虎图案等三组蚌壳堆塑，其龙形具有超前特点，与后世定型化了的龙形很相近。1993年在湖北黄梅县焦墩遗址发现卵石堆塑的巨龙。1998年又在内蒙古清水河县原始社会时期挖掘的深壕中，发现以黄土夯造的两条巨型鱼龙形象，年代均相近。
2. 春秋·左丘明：《春秋左传》（一），辽宁教育出版社，1997年，第157页。
3. 任继愈、卓新平、何光沪：《宗教大辞典·绪论》，上海辞书出版社，1998年。
4. 汉·司马迁：《史记·秦始皇本纪》，中华书局，1982年，第265页。
5. 汉·班固：《汉书·卫青霍去病传》，中华书局，1962年，第2471页。
6. 晋·司马彪：《后汉书》，中华书局，1965年，第3589－3605页。
7. 元·脱脱等：《宋史》，中华书局，1985年，第3831－3899页。
8. 宋·郭若虚《图画见闻志》列举历代从事佛道美术创作的画家有（东吴）曹不兴；（晋）顾恺之、戴逵；（南朝·宋）陆探微；（南朝·梁）张僧繇；（北齐）曹仲达；（隋）郑法士、杨契丹；（唐）阎立本、阎立德、吴道子、周昉、卢楞伽；（五代至北宋）侯翼、朱繇、张图、武宗元、王瓘、高益、高文进、王霭、孙梦卿、王道真、李用及、李象坤、高道兴、孙位、孙知微、范琼、勾龙爽、石恪、张玄、蒲师训、曹仲玄、陶守立、王齐翰、顾德谦。称他们“无不以佛道为功，岂非释梵庄严，真仙显化，有以见雄才之浩博，尽学志之精深者乎”。见潘运告主编《图画见闻志·画继》，湖南美术出版社，2000年，第41页。
9. 梁·沈约《宋书·戴颙传》：“自汉世始有佛像，形制未工，逵特善其事，颙亦参焉。”中华书局，1974年，第2277页。
10. 唐·张彦远《历代名画记》称，“逵以古制朴拙”，经钻研改进，雕成无量寿佛及胁侍菩萨，置于会稽（今绍兴）灵宝寺。在创作过程中，“潜坐帷中，密听众论，所闻褒贬，辄加研详精思，三年刻像乃成”。见何志明、潘运告编《唐五代画论》，湖南美术出版社，1997年，第211页。

    梁·沈约《宋书·戴颙传》：“宋世子铸丈六铜像于瓦棺寺，既成，面恨瘦，工人不能治，乃迎颙看之。颙曰：‘非面瘦，乃臂胛肥耳。’既错减臂胛，瘦患即除，无不叹服焉。”见《宋书》，中华书局，1974年，第2277页。
11. 宋·郭若虚：《图画见闻志》，见潘运告主编《图画见闻志·画继》，湖南美术出版社，2000年，第37页。
12. 同注10 ，第234－235页。
13. 同注11。
14. 同注11，第37–39页。
15. 宋·董逌《广川画跋》，见潘运告主编：《宋人画评》，湖南美术出版社，1999年，第296页。

16、17. 唐·张彦远：《历代名画记》，见《唐五代画论》第237、223－224页。

18. “杨惠之传”载宋·刘道醇《五代名画补遗·塑作门第六》，见潘运告主编《宋人画评》，第110－111页。

    关于塑山水壁，见宋·邓椿《画继》卷九：“中原多惠之塑山水壁，郭熙见之，又出新意，遂令圬者不用泥掌，止以手枪泥于壁，或凹或凸，俱所不问，干则以墨随其形迹，晕成峰峦林壑，加之楼阁人物之属，宛然天成，谓之‘影壁’，其后作者甚盛。”这是一种绘塑结合的薄浮雕形式，像甪直保圣寺宋代塑壁罗汉则是高浮雕甚至接近圆塑的形式了。引自《画继》之文，请见《图画见闻志·画继》第414页。
19. 明·宋濂等：《元史·阿尼哥传》，中华书局，1976年，第4545页。

20．同注19，第4546页。

21．见《图画见闻志·画继》，第20页。

22．河北省文物研究所、保定市文物管理处：《五代王处直墓》，文物出版社，1998年。

23．宋·刘道醇：《五代名画补遗·塑作门第六》，见潘运告主编《宋人画评》，第112页。

24．引自秦·吕不韦：《吕氏春秋·审应览·离谓》，见《二十二子》，上海古籍出版社，1986年。

25．相匠指善于塑造各种人物形象的雕塑家。"相"是相术，为察看人物容颜体态以判定吉凶祸福之术。雕塑与绘画人物创作要熟悉各种人物的相貌特征，与相术有相通之处。

26．戴逵父子都是具有高度文化素养的艺术家，东晋孝武帝时，曾以散骑常侍、国子博士累次征召戴逵，都坚辞不就。戴颙在宋永初、永嘉中也曾累次被征召皆不就。因之被称为"征士"。

27．《元代画塑记》，人民美术出版社，1964年。原为元《经世大典·工典》中的一部分。为官方塑作绘画用料准则的文字记录。《经世大典》已佚，近世文廷式自《永乐大典》中录出，印入《广仓学窘丛书》，1916年出版。

28．梁思成：《中国雕塑史》，百花文艺出版社，1997年。

中国佛教雕塑艺术的发展轨迹

1．Ruth W．Dunnell，*The Great State of White and High，Buddhism and State Formation in Eleventh-Century Xia* (Honolulu：University of Hawaii Press，1996).

2．Alexander C．Soper，"Hsiang-Guo-Ssu An Imperial Temple of Northern Sung"，*Journal of the American Oriental Society*，no．68 (1948)：19-45.

3．Angela Falco Howard，*Summit of Treasures，Buddhist Cliff Sculpture of Dazu，Sichuan* (New York：Weatherhill，2001).

4．史金波：《西夏佛教史略》，宁夏人民出版社，1988年；史金波等：《西夏文物》，文物出版社， 1988年； Rob Linrothe，"Peripheral Visions：On Recent Finds of Tangut Buddhist Art"，*Monumenta Serica* 43 (1995)：235-262。

5．关于这三个朝代的历史，主要依据是F．W．Mote 的 *Imperial China 900 – 1800* (Cambridge，Mass．and London，England：Harvard University Press，1999)。

6．Jin Anning ，"The Portraits of Khubilai Khan and Chabi By Anige (1245-1306)，a Nepali Artist at the Yuan Court，" *Artibus Asiae*，54，1/2 (1994)：49－86.

7．Patricia Berger：*Mongolia，The Legacy of Chinggis Khan*，(San Francisco：Asian Art Museum and London：Thames and Hudson，1995)：56-68；N．Tsultem，*The Eminent Mongolian Sculptor--G．Zanabazar* (Ulaanbaatar：State Publishing House，1982)；杨伯达：《咱那巴匝尔的鎏金铜造像艺术》，载《故宫博物院院刊》，1996年第4期，第59－65页。

8．王家鹏：《清宫藏传佛教文化考察》，见《清代宫室丛谈》，文物出版社，1996年，第58－71页。

第一章　新石器时代至汉代雕塑

1．最著名的例子是北京近郊周口店出土的141件旧石器时代的装饰物。这些约公元前9000至8000年的物件包括白色石珠、黄绿色卵石、动物牙齿、贝壳，以及染红的鱼骨，全都有穿孔。

2．David N．Keightley，"Archaeology and Mentality：The Making of China，" *Representations*，18，(Spring 1987)，91-128．西北传统又称仰韶文化，东部传统又称为龙山文化。

3．张光直：《古代中国的考古学》，纽黑文：耶鲁大学出版社1986年，第234-242页。

4．杨晓能：《中国原始社会雕塑艺术》，香港：大道出版有限公司，1988年，第14页，图31、32；Helmut Brinker，"On the Origin of the Human Image in Chinese Art”, *Kaikodo Journal*（怀古堂杂志），1997年春季，18-47页，图12、40。

5. 有关这两件雕像进一步的讨论，参见杨晓能：《中国原始社会雕塑艺术》，图104、105；Helmut Brinker，“On the Origin of the Human Image in Chinese Art”，图41、42。
6. 图片参见杨晓能：《中国原始社会雕塑艺术》，图33、34，第106－112页。
7. 图片参见杨晓能：《中国原始社会雕塑艺术》，图83、84。
8. 这件陶器有33厘米高，来自江苏吴县梅堰，图片参见杨晓能：《中国原始社会雕塑艺术》，图7。
9. 图片参见杨晓能：《中国原始社会雕塑艺术》，图49、50。
10. 这个人像的性别曾引起学者争论，部分学者认为是男性，或者雌雄同体。图片与争论的提要见Jessica Rawson，*Mysteries of Ancient China*，(London：British Museum 1996)，38，note 5。
11. 波士顿博物馆的一个陶罐上曾发现一例这样的形象，另一个类似的形象出自青海省民和县。参见杨晓能：《中国原始社会雕塑艺术》，图68。
12. 《宝鸡北首岭》，文物出版社，1983年，第75页。参见Jessica Rawson，*Mysteries of Ancient China*，35，note 2；杨晓能：《中国原始社会雕塑艺术》，图5。
13. 这类的代表作品包括来自秦安大地湾（见《文物》1979年第11期，第52－55页，图2、3）和秦安寺嘴的陶罐（见杨晓能：《中国原始社会雕塑艺术》，图61），二者均在甘肃。20世纪初由安特生（J. G. Andersson）所发掘的著名范例可能也来自甘肃（图片参见杨晓能：《中国原始社会雕塑艺术》，图62、64－66）。青海省乐都柳湾曾发掘出类似的陶器，见杨晓能：《中国原始社会雕塑艺术》，图67。一个最近的发现表明南方也制造这类陶器，浙江省嘉兴出土一个陶罐的器身上有一个雕塑的人头像。见吴诗池：《中国原始艺术》，紫禁城出版社，1996年，图版12。
14. 有关这一早期中国艺术的重要转变，见巫鸿：《中国早期艺术与建筑中的纪念性》，斯坦福：斯坦福大学出版社，1995年，第24-44页。
15. 有关大汶口玉斧的图片及详细讨论，参见巫鸿：《中国早期艺术与建筑中的纪念性》，第24-27页，图1.1。
16. 图片见巫鸿：《中国早期艺术与建筑中的纪念性》，图1.33。
17. 参见巫鸿：“Bird Motifs in Eastern Yi Art”，*Orientations*，Vol. 16，no. 10 (Oct. 1985)，30－41。
18. 有关这些与其他面具母题的图片及讨论，参见巫鸿：《中国早期艺术与建筑中的纪念性》，第38-44页；Helmut Brinker，“On the Origin of Human Image in Chinese Art”，20-24。
19. 参见Angus Forsyth，“Five Chinese Jade Figures：A Study of the Development of Sculptural Form in Hongshan Neolithic Jade Working”，*Orientations*，Vol. 21，no 5 (May 1990)，54-63；学者曾认为发现于内蒙古巴林右旗那斯台的两个跪立石刻人像是红山文化的遗存，见《考古》，1987年第6期，第507－518页。但是它们的形式与红山玉刻人像少有相似之处，最特别的是，这两个人像并没有明显的面部特征，并戴着形似一堆圆盘组成的奇特头饰。
20. 有关“猪龙”及其他红山文化形象的讨论，参见Elizabeth Childs-Johnson，“Jades of the Hongshan Culture：The Dragon and Fertility Cult Worship”，*Arts Asiatique*，XLVI (1991)，82-95。
21. 《辽宁牛河梁红山文化“女神庙”与积石冢群发掘简报》，《文物》，1986年第8期，第1－17页。
22. 孙守道、郭大顺：《牛河梁红山文化女神头像的发掘与研究》，《文物》，1986年第8期，第18－24页。
23. 郭大顺、张克举：《辽宁省喀左县东山嘴红山文化建筑群遗址发掘简报》，《文物》，1984年第11期，第1－11页。
24. Chen Lie，“The Ancestor Cult in Ancient China”，收于Jessica Rawson，*Mysteries of Ancient China*，269-272；

引文出自第270页。

25. Helmut Brinker, “On the Origin of the Human Image in Chinese Art”, 29, Fig. 18.

26. 参见巫鸿：《从地形变化和地理分布观察山东地区古文化的发展》，收于苏秉琦编《考古学文化论集》，文物出版社，1987年，第165－180页。

27. 参见《考古学报》，1994年第2期。

28. 部分器物的图片可见于Jessica Rawson 编：*Mysteries of An-cient China*，编号12a－h。

29. 中国青铜时代内涵更详尽的讨论，参见巫鸿：《中国早期艺术与建筑中的纪念性》，第63–75页。

30. 有关这些爵杯的图片，可见方闻编：*Great Bronze Age of China*，(New York：Metropolitan Museum of Art, 1980)，图1。

31. 这件方鼎的图片可见方闻编：*Great Bronze Age of China*，图11；其他类型的青铜器见于《中国青铜器全集1·夏商》，文物出版社，1996年，图版34－37、46。其中的最后一件青铜器出土于中国江西省新干。

32. 有关饕餮纹的发展，参见Jessica Rawson, Chinese Bronzes：Art and Ritual,(London：British Museum, 1987), 26–29；巫鸿：《中国早期艺术与建筑中的纪念性》，第44–53页。

33. 《殷墟妇好墓》，文物出版社，1980年。有关此墓的英文简介，以及若干出土器物，参见方闻编：*Great Bronze Age of China*，177–189。

34. 参见《殷墟妇好墓》，第31－100页。

35. 有关此二件铜器，参见《殷墟妇好墓》，图版25－27。

36. 这件青铜器（编号1163）的图片见于方闻编：*Great Bronze Age of China*，图版30。

37. 这件青铜器（编号784）的图片见于方闻编：*Great Bronze Age of China*，图版29。

38. 参见《殷墟妇好墓》，第156－173页；这些青铜器中，有些图片可见于方闻编：*Great Bronze Age of China*，图版34–36、40。

39. 参见《殷墟玉器》，文物出版社，1982年，图版52、67。

40. 参见《殷墟玉器》，文物出版社，1982年，图版48、49、51、109－111、113。

41. 参见《殷墟妇好墓》，第151－156页；有角立人像的图片可见于方闻编：*Great Bronze Age of China*，图版37。

42. 参见《殷墟玉器》，图版98－100。

43. 参见《殷墟玉器》，图版109、112、113。

44. 参见《殷墟妇好墓》，第151页。

45. 参见巫鸿：“Great Beginning：Ancient Chinese Jades and the Origin of Ritual Art,” 辑于*Chinese Jades from the Mu–Fei Collection*,(London：Bluett & Sons, 1990)。

46. 李济：《安阳》，西雅图：华盛顿大学出版社，1977年，第92–93页、220–225页。

47. 参见《殷墟妇好墓》，第200－203页。

48. 有关武丁墓的发掘，参见张光直：《商代文明》，纽黑文：耶鲁大学出版社，1980年，第110–119页。

49. 参见李济：《安阳》，第213页。

50. 有关这些塑像的简要讨论，参见杨晓能：《中国夏商雕塑艺术》，香港：大道出版有限公司，1988年，第13页，图版2，图58–61、65－67、86－93。

51. 魏树勋：《安阳出土的人头范》，《考古》，1959年第5期，第272页。

52. 参见L. G. Huber, “Some Anyang Royal Bronzes：Remarks on Shang Bronze Décor”，辑于G. Kuwayama ed,*The Great Bronze Age of China*：A Symposium,(Los Angelese, Los Angelese County Museum, 1980), 16–43；巫鸿：《中国早期艺术与建筑中的纪念性》，第56–58页。

53. 图片参见杨晓能：《中国夏商雕塑艺术》，图版153、161、164。

54. 图片参见杨晓能：《中国夏商雕塑艺术》，图版128。

55. 有关三星堆文化的一般性介绍，参见屈小强等：《三星堆文化》，四川人民出版社，1993年。

56. 有关三星堆遗址的考古发现，参见敖天照、刘雨涛：《广汉三星堆考古纪略》，辑于李绍明等编《巴蜀历史民族考古文化》，巴蜀书社，1991年，第331－338页；《广汉三星堆遗址一号祭祀坑发掘简报》，《文物》，1987年第10期，第1－15页；《广汉三星堆遗址二号祭祀坑发掘简报》，《文物》，1989年第5期，第1－20页。

57. 赵殿增：《三星堆考古发现与巴蜀古史研究》，《四川文物》1992年特刊，第3－12页。

58. 陈显丹：《广汉三星堆遗址发掘概况，初步分期兼论"早蜀文化"的特征及其发展》，《南方民族考古》，1989年 第2期，第213－231页；吴怡：《成都方池街出土石雕人像及相关问题》，《四川文物》，1984年第 2 期，第 89－91页。有关这些人像的讨论，参见巫鸿："All About the Eyes：Two Groups of Sculptures from the Sanxingdui Culture"，刊载于*Orientations*，Vol 28，no. 8 (May, 1997)，58–66。

59. David Freedberg 在他所著 *Power of Images*，(Chicago：University of Chicago Press, 1989) 一书中讨论到许多与"开眼"和"毁眼"有关的例子。

60. Jessica Rawson, *Chinese Bronzes：Art and Ritual*，36.

61. 有关这类器物的范例，参见《中国青铜器全集5·西周1》，文物出版社，1996年，图版99－108。

62. 这件著名的太保卣藏于日本白鹤美术馆，图片参见《中国青铜器全集5·西周1》，图版176。

63. 参见《陕西出土商周青铜器1》，文物出版社，1979年，图版167；《中国青铜器全集5·西周1》，图版165。

64. Howard Rogers，*China 5000 Years*，New York：Guggenheim Museum，1998，Plate 37.

65. 写实与抽象风格的周代青铜面具均曾发现于北京附近琉璃河墓1193号，参见《考古》，1990年第1期，第30页；《考古》1992年第12期，第11－12页。西周附人像的车马器可以洛阳附近庞家沟墓451号出土的作品为例，参见Jessica Rawson，*Mysteries from Ancient China*，117。

66. 巫鸿：《中国早期艺术与建筑中的纪念性》，第53–56页；Jessica Rawson，*Chinese Bronzes：Art and Ritual*，第38–45页。

67. 有关盉器的资料与图片，参见《陕西出土商周青铜器3》，文物出版社，1980年，图版193－197。

68. 《陕西出土商周青铜器2》，文物出版社，1980年，图版77；高次若、刘明科：《宝鸡茹家庄新发现青铜器窖藏》，《考古与文物》，1990年第4期，第11－16页。

69. 《周礼注疏》，见清·阮元校刻《十三经注疏》，共二册，中华书局，1980年，上册，第883页。

70. 朱华：《闻喜上郭村古墓群试掘》，载《三晋考古》，1994年第1期，第139－153页；参见Lothar von Falkenhausen，"The Waning of the Bronze Age"，载M. Loewe and E. Shaughnessy，*The Cambridge History of Ancient China* (Cambridge：Cambridge University Press，1999)，482–483。

71. 这类器物包括一件以二裸体像为足的盉、一件由四个跪姿裸像背负的方盒、一件由三个蹲姿裸像背负的筒形器。参见山西省考古研究所、北京大学考古学系：《天马－曲村遗址北赵晋侯墓地第四次发掘》，《文物》，1994年8期，第4－21页，图24.2、3；山西省考古研究所、北京大学考古学系：《天马－曲村遗址北赵墓地第三次发掘》，《文物》，1994年第8期，第22－33页，图4.4。

72. 有关这种崇拜，参见巫鸿："Bird Motifs in Eastern Yi Art"，*Orientations*，19.10 (Oct. 1985)，30–41。

73. Guolong Lai，"Uses of the Human Figure in Early Chinese Art"，*Orientations*，30 No 6，1999，49–55.

74. 有关这两件青铜器之一的图片与讨论，参见方闻编：*Great Bronze Age of China*，no.67。

75. 一些这类的器物发现于河南淅川下寺2号墓。

76. Jessica Rawson，*Mysteries from Ancient China*，61–62.

77. 曾侯乙墓的年代之所以不能确定，是由于对公元前433年有两种不同诠释方法。此年份来自随葬品中楚惠王所赠镈钟上的铭文，部分学者认为此钟铸于曾侯乙生前，因此他死亡的年份必然晚于此。参见裘锡圭：《谈谈随县曾侯乙墓的文字资料》，《文物》，1979年第7期，第25－31页；《曾侯乙墓》，共二册，文物出版社，1989年，上册，第461页。

78. 有关曾侯乙墓的青铜器，参见周永珍：《曾国与曾国铜器》，《考古》，1980年5月，第436－443页；曾昭岷、李瑾：《曾国与曾国铜器综考》，《江汉考古》，1980年第1期，第69－80页。

79. 有关这些礼仪的讨论，参见杨宽：《古史新探》，中华书局，1965年，第218－370页。

80. 祝建华：《楚俗探秘–鹿角立鹤鼓、鹿鼓、虎座鸟架鼓考》，《江汉考古》，1991年4期，第83－86页。

81. 山西文物工作队：《山西出土文物》，1980年，编号87－89，第98页、103页；参见Jenny So，*Eastern Zhou Ritual Bronzes from the Arthur M. Sackler Collection* (New York：Arthur M Sackler Foundation，1995)， 65。

82. 有关两个这类的例子，参见《文物》，1976年第3期，图4；《包山楚墓》，共二册，文物出版社，1991年，上册，第189－194页。

83. 有关武阳台基址，参见《考古学报》，1965年第1期，第88－95页。有关青铜铺首或其他老姆台遗存，参见《河北省出土文物选集》，文物出版社，1980年，编号115。

84. 相关的发掘报告参见《文物》，1979年第1期，第1－13页。关于中山国器物的展览图录有《中国战国时代：中山国文物展》，东京：国立东京美术馆，1981年；*Zhongshan：Tombes des Rois Oublies* (Paris：Galeries Nationales du Grand Palais，1985)。

85. 有关中山国的历史，参见刘来成、李晓东：《谈谈战国时期中山国历史上的几个问题》，《文物》，1979年第1期，第32－36页；李学勤、李零：《平山三器与中山国史的若干问题》，《考古学报》，1979年第2期，第147－170页。中山国地区考古所发现的石墓、金耳环及青铜匕首证明了至少直到战国时代，狄式习俗和服饰仍在此地流行。参见《考古学集刊》，1987年第5期；《考古》，1984年第11期，第971－973页；《文物》，1986年第6期，第20－24页。

86. 有关祖先崇拜中心由宗庙转移至墓葬的讨论，参见巫鸿：《中国早期艺术与建筑中的纪念性》，第79–121页。关于三代宗氏与家族制度的探讨，参见张光直：《艺术、神话与仪式》，剑桥：哈佛大学出版社，1983年，第9–32页。

87. 关于明器的概念及其早期的发展，参见巫鸿：《战国时期的艺术与建筑》，收入M. Loewe and E. Shaughnessy，*The Cambridge History of Ancient China* (《剑桥古代中国史》)，第727–744页。

88.《礼记第三·檀弓上》，见清·阮元校刻《十三经注疏》，第1289页；陈澔注：《礼记》，上海古籍出版社，1987年，第40页。

89. 参见《考古学报》，1959年第1期，第54页。

90. 参见《考古》，1963年第9期，第461－473页。

91. 参见《考古学报》，1984年第4期，第504－507页。

92. 参见《文物》，1966年第5期，第33－35页；李学勤：《东周与秦文化》，纽黑文：耶鲁大学出版社，1985年，第422页。

93. 参见《考古学报》，1977年第1期。

94. 参见《文物》，1993年第3期，第1－7页。

95. 黄展岳：《中国古代的人牲与人殉》，文物出版社，1990年，第1－2页。

96.《信阳楚墓》，文物出版社，1986年，第18－20页。

97. 例外的情况也存在，如长子县牛家坡7号墓出土若干相当大(67厘米高）的木制墓俑，覆以黑漆及描绘细致的服饰，脸部原先为陶制，现已无存。参见《考古学报》，1984年第4期，第504－507页。

98.《考古学报》，1957年第1期，第116页；《辉县发掘报告》，第45页；《考古》，1959年第12期，第656页；《考古》，1960年第7期，第71页；《考古》，1962年第10期，第516页。

99.《文物》，1993年第3期，第1－7页。

100.《文物资料丛刊》，1980年第3期，第67－85页。

101. 参见Jessica Rawson，*Ancient China：Art and Archaeology* (London：British Museum，1980)，140。此作品的博物馆登记标号是1950.11－15.1。

102. 有关这类的例子，参见张正明、皮道坚：《楚美术图集·漆器》，湖南美术出版社，1996年，图版142－148。

103. 有关镇墓兽的各种类型，参见陈跃均、阮文清：《“镇墓兽”略考》，《江汉考古》，1983年3月，第63－67页。

104. 丘东联：《“镇墓兽”辨考》，《江汉考古》，1994年第2期，第54－59页。

105. 参见《文物》，1966年第5期，第33－55页。

106. 有关漆器的简介，参见Michael Knight，“So Fine a Luster：Chinese Lacquerwares”，辑于*China 5000 Years*，89-97。

107. Jenny So，*Eastern Zhou Ritual Bronzes from the Arthur M. Sackler Collection*，52.

108. 陈振裕：《试论战国时期楚国的漆器手工业》，《考古与文物》，1986年第4期，第77－85页。

109. 有关这类器物，参见张正明、皮道坚：《楚美术图集·漆器》，湖南美术出版社，1996年，图版152。

110. 关于这件器物的图片，参见张正明、皮道坚：《楚美术图集·漆器》，图版151。

111.《洛阳出土文物集萃》，朝华出版社，1990年，标号34。

112.《辉县发掘报告》，第104页，图123，图版74。

113. 汉·司马迁：《史记》，中华书局，1959年，第239页。《史记》中“销以为钟镓金人十二”的传统解释为“熔以铸造青铜编钟与十二人像”。此句的另一种解释为“熔以铸造支撑青铜钟架的十二人像”。汤池认为第二种有考古发现为据，包括擂鼓墩1号墓出土钟镓上的六个人像。因此他认为《史记》所记的十二金人不是班固《汉书》中所记载的代表夷狄的十二尊巨大人像（见中国美术全集编辑委员会编：《中国美术五千年》，全八册，人民美术出版社等，1991年，第三册《秦及西汉时期的雕塑艺术》，第60－86页，特别是第62－63页）。然而班固记载的这组人像亦称作十二金人，也同样是在秦始皇统一中国后熔制全国青铜兵器铸成，很难想像这组人像不是司马迁所记载的在相同情况下制造的十二金人。笔者在此遵循《史记》文句的传统读法，将青铜钟镓与人像分开。

114. 东周时期有为敌人塑像的传统。例如，某宋王立像代表敌国国君，将这些塑像如奴仆般罗列宫中。同是这位宋王还制作了秦王木像，以箭射之。参见《战国策·燕策》，辽宁教育出版社，1997年，第258页。

115. 有关九鼎的讨论，参见巫鸿：《中国早期艺术与建筑中的纪念性》，第4-11页。

116. 有关这些记载，参见史岩：《秦之钟镓金人考》，载《金陵学报》，10.1/2（1940年5月）；何兹全：《秦汉史略》，上海人民出版社，1955年，第11页；汤池：《秦及西汉时期的雕塑艺术》，第62页；汉·司马迁：《史记》，第240页，见注113。

117. Li Jian，*Eternal China：Splendors from the First Dynasties* (Dayton，Ohio：Dayton Art Institute，1998)，71.

118. 有关这些马车的发现过程，参见秦始皇兵马俑博物馆、陕西省考古所：《秦始皇铜车马发掘报告》，文物出版社，1998年。

119. 有关这辆马车的详细介绍，参见袁仲一、程学华：《秦陵二号铜车马》，辑于秦始皇陵秦俑考古发掘队、秦始皇兵马俑博物馆：《秦陵二号铜车马》，《考古与文物》，1983年，第3－61页。

120. 袁仲一、程学华：《秦陵二号铜车马》，第46－49页。

121. 有关这个发展的讨论，参见巫鸿：《中国早期艺术与建筑中的纪念性》，第113-114页。

122. 有关这些考古发现的摘要，英文方面有Arthur Cotterell，The First Emperor of China (London，Penguin Books，1981)，16-53；另见Robert Thorp，“An Archaeological Reconstruction of the Lishan Mecropolis”，辑于G. Kuwayama：*The Great Bronze Age of China－A Sym-*

posium，72–83；关于新近考古发掘的摘要，参见王学理：《秦始皇陵研究》，上海人民出版社，1994年。

123. 汉·司马迁：《史记》，第265页。

124. 这个结构可参见战国时期中山国王陵，中山国陵园也是由双层垣墙环绕。垣墙内的中央地区称为“内宫”；两墙之间的地区称为中宫。参见巫鸿：《中国早期艺术与建筑中的纪念性》，第112–114页。

125. 清·阮元校刻：《十三经注疏》，中华书局，1980年，第1253页。

126. 巫鸿：“Where Are They Going? Where Did They Come From? Chariots in Ancient Chinese tomb Art,” *Orientations*，110。

127. 王学理：《秦始皇陵研究》，第110页。

128. George Kuwayama，*The Quest for Eternity*，(Los Angelese：Los Angeles County Museum，1987)，102.

129. 王仁波：《中国墓葬雕塑概论》，辑于George Kuwayama：The Quest for Eternity，第39–61页，特别是第41–44页。

130. 关于1号坑的考古发现资料，参见陕西省考古所、秦始皇陵秦俑考古发掘队：《秦始皇陵兵马俑坑：一号坑发掘报告》，1974–1984年，共二册，文物出版社，1988年。

131. 关于2号坑的考古发现资料，参见秦始皇陵秦俑考古发掘队：《秦始皇陵东侧第二号兵马俑坑钻探试掘简报》，《文物》，1987年第5期，第1–19页。

132. Imperial Tombs of China，(Memphis，Tenn.：Memphis Internaitonal Cultural Series，1995)，77.

133. 关于3号坑的考古发现资料，参见秦始皇陵秦俑考古发掘队：《秦始皇陵东侧第三号兵马俑坑清理简报》，《文物》，1979年第12期，第1–12页。

134. Ladislav Kesner，“Likeness of No One：(Re) presenting the First Emperor's Army” Art Bulletin，Vol.77，no. 1 (May，1995)，126，129.

135. Ladislav Kesner，“Likeness of No One：(Re) presenting the First Emperor's Army”，126.

136. 有关长安的建设，参见巫鸿：《中国早期艺术与建筑中的纪念性》，第143–188页。

137. 汉·司马迁：《史记》，第433页。

138. 有关武帝对上林苑的建设及其象征意义，参见巫鸿：《中国早期艺术与建筑中的纪念性》，第170–174页。

139. 张宗祥纂：《校正三辅黄图》，古典文学出版社，1958年。

140. 根据张宗祥纂《校正三辅黄图》第32页所引“官府古语”及“三辅故事”。

141. 汤池：《西汉石雕牵牛织女辨》，《文物》，1979年第2期，第87–88页。

142. 清·阮元辑：《宋注长安志》，长安县志局，卷三，11a页。

143. 汉·司马迁：《史记》，第1369–1370页。

144. 李贺：《金铜仙人辞汉歌》，见《全唐诗简编》，共二册，上海古籍出版社，1993年，上册，第1037页。

145. 有关这种器物的一般性研究，参见Susan A. Erickson，“Boshanlu-Mountain Censers of the Western Han Period：A Topological and Iconological Analysis”，*Archives of Asian Art*，XLV (1992)，6–28。

146. 汉·刘歆：《西京杂记》，见《四库全书·子部精要》，共三册，天津古籍出版社、中国世界语出版社，1998年，下册，第564页。

147. 有关这个传说的讨论，参见巫鸿：“Myth and Legend in Han Pictorial Art – a Structural Analysis of Bas-Reliefs from Sichuan,” 辑于 *Stories from China's Past：Han Art from Sichuan*，(San Francisco：Chinese Cultural Foundation，1987)，72–81，特别注意第76–77页。

148. 有关这项考古发掘，参见《陕西茂陵一号无名冢一号从葬坑的发掘》，《文物》，1982年第9期，第1–17页。

149. 汉·班固：《汉书》，中华书局，1962年，第1060–1061页。

150. 员安志：《谈“阳信家”铜器》，《文物》，1982年第9期，第18–20页。

151. 参见《满城汉墓发掘报告》共二册，第一册，第255–261页。

152. Jessica Rawson, *Mysteries of Ancient China*, 84.

153.《西安市发现一批汉代铜器和铜羽人》,《文物》, 1966年第4期, 第7－8页。

154. 图片参见《中国玉器全集》第四集, 河北美术出版社, 1993年, 图版147。

155. 有关这类信仰与相关艺术表现方面的讨论, 参见巫鸿:"A Sanpan Shan Chariot Ornament and the Xiangrui Design in Western Han Art," *Archives of Asian Art*, XXXVLL (1984), 38–59, 特别是第47－48页。

156. 有关西汉皇陵的建筑布局, 参见Robert Thorp, "The Qin and Han Imperial Tombs and the Development of Mortuary Architecture", 辑于G. Kuwayama, *The Quest for Eternity*, 17–37, 特别是第21－26页。巫鸿:《中国早期艺术与建筑中的纪念性》, 第161–165页。

157.《咸阳杨家湾汉墓发掘简报》,《文物》, 1977年第10期, 第10－21页。

158. 张子波、王丕忠:《汉安陵的勘察及其陪葬墓中的彩绘陶俑》,《考古》, 1981年第5期, 第422－425页。

159. 王学理:《汉阳陵陶俑: 陶塑的韵律美》, 辑于《汉阳陵彩俑》(中、英、日文版), 陕西旅游观光出版社, 1992年, 第8－13页。

160. Susan Stewart, *On Longing: Narratives of the Miniature, the Gigantic, the Souvenir, the Collection* (Durham, N. C.: Duke University Press, 1993), 65.

161.《徐州北洞山西汉墓发掘简报》,《文物》, 1988年第2期, 第2–18、68页; Li Yinde, "The 'Underground Palace' of a Chu Prince at Beidongshan", *Orientations*, 21.10 (Oct.1990), 57–61。

162. 一些出土于西安附近白家口的这类人像与纽约大都会艺术博物馆收藏的这件作品十分相似。有关它的资料与图片, 参见Jessica Rawson, *Mysterires of Ancient China*, 206。

163. 王学理、吴镇峰:《西安任家坡汉陵从葬坑的发掘》,《考古》, 1976年第2期, 第29－133, 特别是75页。

164. 张子波、王丕忠:《汉安陵的勘察及其陪葬墓中的彩绘陶俑》,《考古》, 1981年第5期, 第422－423页。

165. 曹者祉、孙秉根编:《中国古代俑》, 上海文化出版社, 1996年, 第97－99页。

166. 曹者祉、孙秉根编:《中国古代俑》, 第96－97页。

167. 王学理:《汉阳陵陶俑: 陶塑的韵律美》, 第12页。

168. 汉·应劭:《风俗通义附逸文》, 北京, 1943年, 卷一, 第83页。

169. Wang Kai, "Han Terra–cotta Army in Xuzhou," *Orientations*, 21.10 (Oct.1990), 62–66.

170.《试谈济南无影山出土的西汉乐舞、杂技、宴饮陶俑》,《文物》, 1972年第5期, 第19－23页。

171. 有关此考古发现最完整的报告是《长沙马王堆一号汉墓》, 共二册, 文物出版社, 1973年。有关英文摘要参见David Buck, "The Han Dynasty Tomb at Mawangdui", *World Archaeology*, 7.1 (1975), 30–45。

172. 根据考古证实, 马王堆1号墓建于马王堆3号墓之后。3号墓墓主为轪侯之子, 死于公元前168年。参见《马王堆二、三号汉墓发掘的主要收获》,《考古》, 1975年第1期, 第47页。

173. 高明认定这两个男像是摹拟轪侯夫人家中的家丞。见《长沙马王堆一号墓"冠人"俑》,《考古》, 1973年第4期, 第255－257页。

174.《江陵凤凰山167号汉墓发掘简报》,《文物》, 1976年第10期, 第31－37页。此墓还出土一遣策, 有72支木简, 其中16支为描述这些木俑的。参见《江陵凤凰山167号汉墓遣策考释》,《文物》, 1976年第10期, 第38－39页。

175.《连云港地区的几座汉墓及零星出土的汉代木俑》,《文物》, 1990年第4期, 第80－93页、58页;《绵阳永兴双包山二号西汉木椁墓发掘简报》,《文物》, 1996年第10期, 第13－29页。

176. 有关滇文化艺术的一般性介绍, 参见张增祺:《绚丽多彩的滇、昆明青铜文化》,《中国青铜器全集14》, 文物出版社, 1993年, 第1－39页。

177. 有关这些作品的图片, 参见《云南晋宁石寨山古墓发掘报告》，文物出版社，1959年；另见《中国青铜器全集14》，图版16－20。

178. 有关这些考古发现，参见孙守道：《"匈奴西岔沟文化"古墓群的发现》，《文物》，1960年第8、9期，第25－32页；盖山林：《内蒙古自治区准格尔旗速机沟出土一批铜器》，《文物》，1965年第2期，第44－46页；乌恩：《我国古代动物纹饰》，《考古学报》，1981年第1期，第45－61页。

179. 参见方闻编：*Great Bronze Age of China*，326–327。

180. 这并不是说古代中国人从来未使用石材制造雕塑，使用石材制造雕塑的例子有商王墓葬的大理石雕像及秦国王室墓葬的石雕人像，但这类作品十分稀有，尚未形成艺术传统。

181. 汉·班固《汉书》，第2489页。

182. 有关这些作品的讨论及相关文献记载，参见Ann Paludan，*The Chinese Spirit Road* (New Haven，Conn.：Yale University Press，1991)，46–49。

183. Zheng Yan，"Barbarian Images of Han Period Art，" *Orientations*，29.6 (Jun 1998)，50–59，尤其是第55页。

184. 有关这项历史变革的讨论，参见巫鸿：《中国早期艺术与建筑中的纪念性》，第111–121页。

185. 清·赵翼：《陔余丛考》，台北：世界书局，1960年，第32ab页。

186. 有关这些铭文的讨论，参见巫鸿：《中国早期艺术与建筑中的纪念性》，第192–201页。有关孝道与丧葬艺术间的关系，参见Martin Powers，*Art and Political Expression in Early China* (New Haven：Yale University Press，1991)，42–43。

187. 巫鸿："The Prince of Jade Revisited：Material Symbolism of Jade as Observed in the Mancheng Tombs，" 辑于 Rosemary E. Scott：*Chinese Jades, Colloquies on Art and Archaeology in Asia*，no.18 (London：Percival David Foundation of Chinese Art，1997)，147–170。

188. 北魏·郦道元：《水经注》，世界书局，1936年，卷二二，第276页。

189. 关于这些祠堂的讨论，参见巫鸿：《武梁祠：中国早期图像艺术中的观念》，斯坦福：斯坦福大学出版社，1989年，第3–30页。

190. 参见《雅安地区文物志》，巴蜀出版社，1992年，第82－85页、第95页、第106－107页。

191. 有关东汉墓园结构的讨论，参见巫鸿：《中国早期艺术与建筑中的纪念性》，第30–37页。

192. 有关阙的讨论，参见陈明达：《汉代的石阙》，《文物》，1961年第12期，第9－23页；Ann Paludan，*The Chinese Spirit Road*，31–40。

193. Wilma Fairbank，"A Structural Key to Han Mural Art"，*Harvard Journal of Asiatic Studies*，7.1 (1942)，52–88.

194. 关于此阙完整的叙述，参见徐文彬等：《四川汉代石阙》，文物出版社，1992年，第31－34页，图版67－117。

195. 许维遹纂：《吕氏春秋集释》，中华书局，1954年，卷十四，第6页。

196. 汉·司马迁：《史记》，第1459页。

197. 巫鸿：《中国早期艺术与建筑中的纪念性》，第248页；"Myths and Legends in Han Funerary Art"，收于 Bo Lim，*Stories from China's Past* (San Francisco：Chinese Cultural Foundation，1987)，75。

198. 其中两件石雕人像位于河南登封及陕西阜平。参见Leigh Ashton，*An Introduction to the Study of Chinese Sculpture* (London：Ernest Been，1924)，pl. 4。

199. 图片见Ann Paludan，*The Chinese Spirit Road*，图版41，42。

200. 参见巫鸿："Beyond the Great Boundary：Fenerary Narrative in Early Chinese Art，"，辑于 John Hay，*Boundaries in China* (London：Reaktion Books，1994)，81–104。

201. 见《雅安地区文物志》，第96页。

202. 马王堆1号墓出土了许多精美墓俑及一些只略具人形的粗制墓俑，二者在墓中的位置不同：前者位于棺室周围的侧室，后者则在棺室之内。参见《长沙马王堆一号汉墓》第一册，第100－101页。另一种半人像的墓俑，亦称为“翁仲”，翁仲有时为非人形的几何形。

203. 唐·封演：《封氏闻见记》，引自《中国美术五千年》第三册，第87－88页。

204. Ann Paludan, *The Chinese Spirit Road*, 45.

205. 巫鸿：“Myths and Legends in Han Funerary Art”。

206. Wilma Fairbank, “A Structural Key to Han Mural Art”, *Harvard Journal of Asiatic Studies*, 7.1 (1942), 52-88.

207. 信立祥：《汉画像石的分区与分期研究》，辑于俞伟超编：《考古学类型学的理论与实践》，文物出版社，1989年，第234－306页，特别是第238－242页。

208. 安丘县文化局、安丘县博物馆：《安丘董家庄汉画像石墓》，济南出版社，1992年。

209. 刘敦愿：《汉画像石上的饮食男女－平阴孟庄汉墓石柱祭祀歌舞图像分析》，《故宫文物月刊》，141号，(1994年12月)，第122－125页；郑岩：《安丘董家庄立柱雕刻图像考》，载《纪念山东大学考古专业创建二十周年文集》，山东大学出版社，1992年，第397－413页。其他有关安丘雕刻的讨论有李松：《由考古发现引出的美术史上的几个问题的思考》，《美术》，1986年第1期；杨泓：《中国古文物中所见的人体造型艺术》，《文物》，1987年第1期。

210. 有关此雕刻原来所在的建筑结构，参见南京博物馆：《四川彭山汉代崖墓》，文物出版社，1991年，第19页。

211. 陈显丹：“On the Designation of ‘Money Tree’”, *Orientations*, 28.8, (Sep 1997), 67-71。

212. 有关东汉“钱树”与基座的一般性讨论，参见Susan N. Erickson, “Money Trees of the Eastern Han Dynasty”, *Bulletin of the Museum of Far Eastern Antiquities*, 66 (1994), 5-115。

213. 有关这件作品的图片及讨论，参见Lucy Lim, *Stories from China's Past: Han Art from Sichuan*，彩图版10，图版60。

214. 有关四川墓俑中的此类及其他类的表演人物，参见Kenneth J.DeWoskin, “Music and Voices from the Han Tombs,” 辑于Lucy Lim ed, *Stories from China's Past: Han Art from Sichuan*, 64-71。

215. 例如河南禹县出土一个特别大的庄园模型。参见Jessica Rawson, *Mysteries of Ancient China*, 203-205。

216. 这一观点最先由芝加哥大学博士研究生Cindy Hart Townsend提出。

217. 《河北阜城桑庄东汉墓发掘报告》，《文物》，1990年第1期，第19－30页。

218. 有关佛陀形象历史演变的讨论，参见巫鸿：“Buddhist Elements in Early Chinese Art (2nd and 3rd Centuries A. D.),” *Artibus Asiae*, 47.3/4 (1986), 263-347。

219. 俞伟超：《东汉佛教图像考》，《考古》，1981年第4期，第346－358页；巫鸿：“Buddhist Elements in Early Chinese Art (2nd and 3rd Centuries A. D.)”, 263-347。

220. 有关这类印度形象的范例，参见巫鸿：“Buddhist Elements in Early Chinese Art (2nd and 3rd Centuries A. D.)”，图3、4。

221. 南京博物馆：《四川彭山汉代崖墓》，第36－37页。

222. 俞伟超：《东汉佛教图像考》，第346－358页。

第二章　陵墓雕塑

1. 洛阳市文物工作队：《洛阳曹魏正始八年墓发掘报告》，《考古》，1959年第4期，第314－318页。

2. 湖北省文物管理委员会：《武昌莲溪寺东吴墓清理简报》，《考古》1959年第4期，第189－190页。

3. 湖北省文物考古研究所、鄂州市博物馆：《湖北鄂州市塘角头六朝墓》，《考古》，1996年第11期，第1－27页。关于墓内佛像的研究参阅杨泓：《跋鄂州孙吴墓出土陶佛像》，《考古》，1996年第11期，第28－30页。

4. 湖北省文物考古研究所、鄂州市博物馆：《湖北鄂州市塘角头六朝墓》，《考古》，1996年第11期，第1－27页。

5. 四川省文物管理委员会：《四川忠县涂井蜀汉崖墓》，《文物》，1985年，第7期，第49－95页。

6. 河南省文化局文物工作队第二队：《洛阳晋墓的发掘》，《考古学报》，1957年第1期，第169－185页。

7. 湖南省博物馆：《长沙两晋南朝隋墓发掘报告》，《考古学报》，1959年第3期，第75－103页。

8. 南京博物馆：《南京象山5号、6号、7号墓清理简报》，《文物》，1972年，第11期，第23－41页。

9. 李鉴昭、屠思华：《南京石门坎乡六朝墓清理记》，《考古通讯》，1958年第9期，第66－69页。

10. 南京博物院：《南京富贵山东晋墓发掘报告》，《考古》，1966年第4期，第197－204页。

11. 李蔚然：《南京富贵山发现晋恭帝玄宫石碣》，《考古》，1961年第5期，第260页。

12. 南京博物院、南京市文物保管委员会：《南京西善桥南朝墓及其砖刻壁画》，《文物》，1960年第8、9期合刊，第37－42页。

13. 唐·张彦远：《历代名画记》，人民美术出版社，《中国美术论著专刊》本，1963年，第150页。

14. 南京博物院：《南京尧化门南朝梁墓发掘简报》，《文物》，1981年第12期，第14－23页。

15. 南京市文物管理委员会：《南京郊区两座南朝墓清理简报》，《文物》，1980年第2期，第24－30页。

16. 广西梧州市博物馆：《广西苍梧倒水南朝墓》，《文物》，1981年第12期，第30－34页；广西壮族自治区文物工作队：《广西永福县寿城南朝墓》，《考古》，1983年第7期，第612－613页。

17. “十六国”指公元304－439年间中国北方匈奴、鲜卑、羯、氐、羌、汉等族建立的十六个政权，它们是匈奴建立的前赵（公元304－329年）、北凉（公元401－439年）和夏（公元407－431年），氐族建立的后汉（公元304－347年）、前秦（公元350－394年）和后凉（公元386－403年），羯族建立的后赵（公元319－350年），鲜卑族建立的前燕（公元337－370年）、后燕（公元398－410年）、西秦（公元385－431年）、南凉（公元397－414年）、南燕（公元398－410年），汉族建立的前凉（公元314－376年）、西凉（公元400－421年）和北燕（公元409－436年），以及羌族建立的后秦（公元384－417年）。

18. 杨泓：《北朝陶俑的源流、演变及影响》，收入《中国考古学研究——纪念夏鼐先生考古五十年论文集》，文物出版社，1986年，第269页。

19. 陕西省文物管理委员会：《西安南郊草厂坡北朝墓的发掘》，《考古》，1959年第6期，第285－287页。该简报对墓葬的断代偏晚，应定为十六国时期的墓葬。近年又在西安市未央区董家村出土有同样的十六国时期的陶俑，且有镇墓俑。可参看《考古与文物》，1998年第5期封面和封底图片。

20. 郭素新：《内蒙古呼和浩特北魏墓》，《文物》，1977年第5期，第38－41页。

21. 山西省大同市博物馆、山西省文物工作委员会：《山西大同石家寨北魏司马金龙墓》，《文物》，1972年第3期，第20－33页。

22. 司马金龙父司马楚之,是晋宣帝司马懿之弟司马馗的八世孙，在刘裕取代东晋建立宋时，于公元419年奔往北魏，受到北魏的重用，转战南北，封琅琊王，死于公元464年，赠都督梁益秦宁四州诸军事、征南大将军，领护西戎校尉、扬州刺史，谥贞王。司马金龙是他与河内公主所生。见《魏书·司马楚之传》，中华书局，1974年，第854－857页。

23. 梁·萧子显：《南齐书·魏虏传》，中华书局，1974年，第983页。

24. 中国社会科学院考古研究所：《北魏洛阳永宁寺1979－1994

年考古发掘报告》，中国大百科全书出版社，1996年。

25. 关于永宁寺的修建，可参看北魏·杨衒之：《洛阳伽蓝记》，范祥雍校注本，古典文学出版社，1958年。关于塔内塑像事，参看《魏书·崔光传》，中华书局，1974年，第1495页。书中记载，神龟二年八月，崔光曾表谏灵太后幸永宁寺登九层佛图事，表中有“今虽容像未建，已为神明之宅”句，可知塔内容像当建于神龟二年八月以后。

26. 宿白：《北朝造型艺术中人物形象的变化》，见《中国石窟寺研究》，第351页，文物出版社，1996年。该文原刊《中国古佛雕》，台北：《艺术家》杂志，1989年。

27. 洛阳博物馆：《洛阳北魏元邵墓》，《考古》，1973年第4期，第218－224页。

28. 东魏于公元534年自洛阳迁都于邺，在原曹魏邺城南建新城，遗址在今河北临漳县，习称“邺南城”。参看中国社会科学院考古研究所、河北省文物研究所邺城考古工作队：《河北临漳县邺南城遗址勘探与发掘》，《考古》，1997年第3期，第27－32页。

29. 例如东魏武定八年（公元550年）葬茹茹（蠕蠕）公主闾叱地连墓，出土陶俑1,064件。参看磁县文化馆：《河北磁县东魏茹茹公主墓发掘简报》，《文物》，1984年第4期，第1－9页。

30. 中国社会科学院考古研究所、河北省文物研究所邺城考古工作队：《河北磁县湾漳北朝墓》，《考古》，1990年第7期，第601－607页。

31. 关于老人舞蹈俑是梁代上云乐舞的考证，请阅赵永红：《南北朝胡叟舞蹈俑考》，载《汉唐与边疆考古研究》第一辑，第136－143页。也有人将老人舞蹈俑误为萨满巫师，可参看茹茹公主墓发掘简报注32，第4页。

32. 王克林：《北齐厍狄迴洛墓》，《考古学报》，1979年第3期，第377－402页。据墓志“王讳洛，字迴洛”，故死者名厍狄洛。

33. 山西省考古研究所、太原市文物管理委员会：《太原市北齐娄叡墓发掘简报》，《文物》，1983年第10期，第1－23页。

34. 陕西省考古研究所、咸阳市考古研究所：《北周武帝孝陵发掘简报》，《考古与文物》，1997年第2期，第8－28页。

35. 大同市博物馆、山西省文物工作委员会：《大同方山北魏永固陵》，《文物》，1978年第7期，第29－35页。

36. 参阅山西省大同市博物馆、山西省文物工作委员会：《山西大同石家寨北魏司马金龙墓》，第21页、第22页图4。

37. 参阅山西省大同市博物馆、山西省文物工作委员会：《山西大同石家寨北魏司马金龙墓》，第24－25页、第25页图6，图版14：1、2、4。又见出土文物展览工作组编：《文化大革命期间出土文物》（第一辑），图版146，文物出版社，1973年。

38. 黄明兰：《洛阳北魏世俗石刻线画集》，第120页，图75－79，人民美术出版社，1987年。

39. 黄明兰：《西晋裴祗和北魏元玮两墓拾零》，《文物》，1982年第1期，第71－73页。

40. 参看《南京富贵山东晋墓发掘报告》第117页引《洛阳出土石刻实地记》。

41. 洛阳博物馆：《洛阳北魏画像石棺》，《考古》，1980年第3期，第229－241页。

42. 有关南朝大墓大龙大虎拼镶砖画，可参看姚迁、古兵编著：《六朝艺术》，第180－182、213－215图，文物出版社，1987年。

43. 夏名采：《益都北齐石室墓线刻画像》，《文物》，1985年第10期，第49－54页。

44. 陕西省考古研究所：《西安发现的北周安伽墓》，《文物》，2001年第1期，第4－26页。

45. 据唐·张彦远《历代名画记》卷八记画家董伯仁与展子虔事：“初董与展同入隋室，一自河北，一自江南，初则见轻，后乃颇采其意。”引自《中国美术论著丛刊》，人民美术出版社，1963年，第162－163页。

46. 黄河水库考古工作队：《1956年秋河南陕县刘家渠汉唐墓葬发掘简报·隋代墓葬》，《考古通讯》，1957年第4期，第14－16页，图版6。

47. 中国社会科学院考古研究所安阳工作队：《安阳隋墓发掘报告》，《考古学报》，1981年第3期，第369－406页。

48. 山西省考古研究所、太原市文物管理委员会：《太原隋斛律彻墓发掘简报》，《文物》，1992年第10期，第1－14页。
49. 山西省考古研究所、太原市文物管理委员会：《太原市北齐娄叡墓发掘简报》，《文物》，1983年第10期，参看第8页图17∶3，图版5∶4。
50. 陕西省文物管理委员会：《陕西省三原县双盛村隋李和墓清理简报》，《文物》，1966年第1期，第27－42页。
51. 考古研究所安阳发掘队：《安阳隋张盛墓发掘记》，《考古》，1959年第10期，第541－545页。
52. 王去非：《隋墓出土的陶“千秋万岁”及其他》，《考古》，1979年第3期，第275－276页。
53. 十二时俑武汉岳家嘴隋墓有出土，见武汉市文物管理处：《武汉市东湖岳家嘴隋墓发掘简报》，《考古》，1983年第9期，第793－798页。
54. 陕西省博物馆、文物管理委员会：《唐李寿墓发掘简报》，《文物》，1974年第9期，第71－88页。
55. 昭陵博物馆：《唐昭陵长乐公主墓》，《文物》，1988年第3期，第10－30页。
56. 四川省博物馆：《四川万县唐墓》，《考古学报》，1980年第4期，第503－514页。
57. 陕西省博物馆、礼泉县文教局唐墓发掘组：《唐郑仁泰墓发掘简报》，《文物》，1972年第7期，第33－44页。
58. 陕西省文物管理委员会：《西安羊头镇唐李爽墓的发掘》，《文物》，1959年第3期，第43－53页。
59. 陕西省博物馆、乾县文教局唐墓发掘组：《唐章怀太子墓发掘简报》。《文物》，1972年第7期，第13－25页。
60. 同上注，第26－32页。
61. 参看中国硅酸盐学会编：《中国陶瓷史》，第214－216页，文物出版社，1982年。
62. 陕西省文物管理委员会：《陕西省出土唐俑选集》，第84－87图，文物出版社，1958年。
63. 参看《大唐六典》卷二三甄官署条，第597页，中华书局，1992年；又见唐·杜佑：《通典》卷四六，中华书局影印十通本，1984年。
64. 参看王去非：《四神、巾子、高髻》注4，《考古通讯》，1956年第5期，第54页。
65. 中国社会科学院考古研究所：《唐长安城郊隋唐墓》，文物出版社，1980年，第56－65页。
66. 夏鼐：《西安唐墓中出土的几件三彩陶俑》，辑入《考古学论文集》，科学出版社，1961年。
67. 陕西省文物管理委员会：《西安西郊中堡村唐墓清理简报》，《考古》，1960年第3期，第34－38页。
68. 洛阳博物馆：《洛阳关林59号唐墓》，图版7；《考古》，1972年第3期。
69. 参看注65《唐长安城郊隋唐墓》，第65－86页。
70. 同注50，第31－32页，图39、41、44。
71. 同注50，第3－28页，图版1－5。
72. 山西省考古研究所等：《太原隋代虞弘墓清理简报》，《文物》，2001年第1期，第27－52页。
73. 同注54，第71－72、75－76页，图7－9、31－33。
74. 关于李寿墓石椁线刻女乐、女侍所持乐器、物品的考证，请参看孙机：《唐李寿石椁线刻“侍女图”“乐舞图”散记》，《文物》1996年第5期，第33－49页和第6期第56－58页。此文后收入《中国圣火—中国古文物与东西文化交流中的若干问题》，第198－250页，辽宁教育出版社，1996年。
75. 参看宿白：《西安地区的唐墓形制》，《文物》，1995年第12期，第41－43页。
76. 参看陕西省博物馆、乾县文教局唐墓发掘组：《唐章怀太子墓发掘简报》，第15、23页，图21、22。
77. 同注59，第27页，图2。
78. 陕西省文物管理委员会：《唐永泰公主墓发掘简报》，《文物》，1964年第1期，第7－33页。
79. 陕西省文物管理委员会：《长安县南里王村唐韦泂墓发掘简报》，《文物》，1959年第8期，第8－18页。

80. 同注65，图41－46。

81. 同注57，第38页。

82. 山西省考古研究所：《唐代薛儆墓发掘报告》，科学出版社，2000年。

83. 陕西省考古研究所、蒲城县文体广电局：《唐惠庄太子墓发掘简报》，《考古与文物》，1999年第2期，第3－22页。

84. 陈安利、马咏钟：《西安王家坟唐代唐安公主墓》，《文物》，1991年第9期，第15－27页。

85. 陕西省文物管理委员会、昭陵文物管理所：《陕西礼泉唐张士贵墓》，《考古》，1978年第3期，第168－178页。

86. 昭陵文物管理所：《唐尉迟敬德墓发掘简报》，《文物》，1978年第5期，第20－25页。

87. 陕西考古所唐墓工作组：《西安东郊唐苏思勖墓清理简报》，《考古》，1960年第1期，第30－36页。

88. 罗丰：《固原南郊隋唐墓地》，文物出版社，1996年。

89. 宁夏回族自治区博物馆：《宁夏盐池唐墓发掘简报》，《文物》，1988年第9期，第43－56页。

90. "五代"指公元907－960年在北方相继建立的后梁（公元907－923年）、后唐（公元923－936年）、后晋（公元936－947年）、后汉（公元947－950年）、后周（公元951－960年）五个朝代。"十国"指大约相当这一时期在江南、西南等地建立的十个小朝廷，分别是吴、南唐、吴越、前蜀、后蜀、南汉、北汉、闽、楚和荆南。

91. 南京博物院：《南唐二陵发掘报告》，文物出版社，1957年。

92. 浙江省文物管理委员会：《杭州、临安五代墓中的天文图和秘色瓷》，《考古》，1973年第3期，第187－194页；浙江省博物馆、杭州市文物管理委员会：《浙江临安晚唐钱宽墓出土天文图及"官"字款白瓷》，《文物》，1979年第12期，第18－23页；苏州市文物管理委员会、吴县文物管理委员会：《苏州七子山五代墓发掘简报》，《文物》，1981年第2期，第37－45页。

93. 冯汉骥：《前蜀王建墓发掘报告》，文物出版社，1964年。

94. 成都市文物管理处：《后蜀孟知祥墓与福庆长公主墓志铭》，《文物》，1982年第3期，第15－20页。

95. 福建省博物馆：《五代闽国刘华墓发掘报告》，《文物》，1975年第1期，第62－73页。

96. 伊世同：《最古的石刻星图—杭州吴越墓石刻星图评介》，《考古》，1973年第3期，第153－157页。

97. 成都市博物馆考古队：《五代后蜀孙汉韶墓》，《文物》，1991年第5期，第11－26页。

98. 成都市文物管理处：《成都市东郊后蜀张虔钊墓》，《文物》，1982年第3期，第21－27页。

99. 四川省博物馆文物工作队：《四川彭山后蜀宋琳墓清理简报》，《考古通讯》，1958年第5期，第18－26页。

100. 徐鹏章、陈久恒、何德滋：《成都北郊站东乡高晖墓清理简报》，《考古通讯》，1955年第6期，第39－42页。

101. 河北省文物研究所、保定市文物管理处：《五代王处直墓》，文物出版社，1998年。

102. 宿白：《关于河北四处古墓的札记》，《文物》，1996年第9期，第60页。

103. 参看山东省文物考古研究所：《临淄北朝崔氏墓》，图版3:6、3:7，《考古学报》，1984年第2期。

104. "仪鱼"、"墓龙"名称考证，请参看徐苹芳：《唐宋墓葬中的"明器神煞"与"墓仪"制度——读〈大汉原陵秘葬经〉札记》，《考古》，1963年第2期，第87－106页。

105. 扬州博物馆：《江苏邗江蔡庄五代墓清理简报》，《文物》，1980年第8期，第41－51页。

106. 同注104，第92页。

107. 唐云明：《河北石家庄柏林庄宋墓清理简报》，《考古通讯》，1957年第5期，第64－67页。

108. 河南省文化局文物工作队第一队：《郑州南关外北宋砖室墓》，《文物参考资料》，1958年第5期，第52－54页。

109. 宿白：《白沙宋墓》，文物出版社，1957年。

110. 徐苹芳：《白沙宋墓中的杂剧雕砖》，《文物》，1960年第9期，第59－60页。
111. 董祥：《偃师县酒流沟水库宋墓》，《文物》，1959年第9期，第84－85页。
112. 有关杂剧雕砖的考证，参看徐苹芳：《宋代的杂剧雕砖》，《文物》1960年第5期，第40－42页。
113. 参看徐苹芳：《宋代墓葬和窖藏的发掘》，收入中国社会科学院考古研究所编：《新中国的考古发现和研究》，文物出版社，1984年，第597－601页。
114. 四川文物考古研究所陈祖军：《'96全国十大考古新发现之一——四川华蓥安丙家族墓地》，《中国文化画报》，1997年5、6期合刊，第12－26页。
115. 四川省文物管理委员会、彭山县文化馆：《南宋虞公著夫妇合葬墓》，《考古学报》，1985年第3期，第383－402页。
116. 参看徐苹芳：《宋元墓葬的发掘》，见《新中国的考古发现和研究》，第605－607页。
117. 山西省文物管理委员会侯马工作站：《山西侯马金墓发掘简报》，《考古》，1961年第12期，第681－683页；山西省文物管理委员会侯马工作站：《侯马金代董氏墓介绍》，《文物》，1959年第6期，第50－55页。
118. 周贻白：《侯马董氏墓中五个砖俑的研究》，《文物》，1959年第10期，第50－52页。
119. 河南省文化局文物工作队：《河南方城盐店庄村宋墓》，《文物参考资料》，1958年第11期，第75－76页。
120. 刘玉生：《河南省方城县出土宋代石俑》，《文物》，1983年第8期，第40－43页。
121. 福建省博物馆：《福州市北郊胭脂山宋墓清理简报》，见《文物资料专刊》第2集，第123－128页，文物出版社，1978年。
122. 谢子源：《闽侯县怀安村的一座宋墓》，《文物》，1962年第3期，第59－60页。
123. 福建省博物馆：《福建福州郊区清理南宋朱著墓》，《文物》，1987年第9期，第796－802页。
124. 曾凡：《福建连江宋墓清理简报》，《考古通讯》，1958年第5期，第27－30页。
125. 江西省文物管理委员会：《江西彭泽宋墓》，《考古》，1962年第10期，第539页。
126. 彭适凡：《景德镇市郊出土宋瓷俑》，《考古》，1977年第2期，第143－144页。
127. 唐山：《江西鄱阳发现宋代戏剧俑》，《考古》，1979年第4期，第6－7页。
128. 刘念兹：《南宋饶州瓷俑小议》，《文物》，1979年第4期，第23－25页。
129. 昌平县文物管理所：《北京昌平陈庄辽墓清理简报》，《文物》，1993年第3期，第68－77页。
130. 咸阳地区文物管理委员会：《陕西户县贺氏墓出土大量元代俑》，《文物》，1979年第4期，第10－22页。
131. 陕西省文物管理委员会：《西安曲江池西村元墓清理简报》，《文物参考资料》，1958年第6期，第57－61页。
132. 刘宝爱、张德文：《陕西宝鸡元墓》，《文物》，1992年第2期，第28－33页。
133. 中国社会科学院考古研究所、定陵博物馆、北京市文物工作队：《定陵》，文物出版社，1990年。
134. 山东省博物馆：《发掘明朱檀墓纪实》，《文物》，1972年第5期，第25－36页。
135. 中国社会科学院考古研究所、四川省博物馆成都明墓发掘队：《成都凤凰山明墓》，《考古》，1978年第5期，第307－313页。
136. 江西省博物馆：《江西南城明益端王朱祐槟墓发掘报告》，《文物》，1973年第3期，第33－45页。
137. 江西省文物管理委员会：《江西南城明益庄王墓出土文物》，《文物》，1959年第1期，第48－52页。
138. 天津市文化考古发掘队：《河北阜城明代廖纪墓清理报告》，《考古》，1965年第2期，第73－79页。
139. 上海市文物保管委员会：《上海市卢湾区明潘氏墓发掘简报》，《考古》，1965年第8期，第425－434页。

140. 杨豪：《清初吴六奇墓及其殉葬遗物》，《文物》，1982年第2期，第39－43页。

141. 梁·萧统编：《文选》卷四四，陈琳《为袁绍檄豫州》一首，中华书局影印胡刻本，1977年，第617页。

142. 曹操建安二十三年(公元218年)六月令，见《三国志·魏书·武帝纪》，中华书局，1959年，第51页。

143. 曹丕：《终制》，见《三国志·魏书·文帝纪》，中华书局，1959年，第81－82页。

144. 关于曹操疑冢的传说，参看陶宗仪《南村辍耕录》卷二六"疑冢"条，中华书局《元明史料笔记丛刊》本，1980年，第324页。有关曹操疑冢的小说，如清·蒲松龄：《曹操冢》，《聊斋志异》卷十，人民文学出版社《中国古典文学读本丛书》本，1992年，第1393页。

145. 中国社会科学院考古研究所洛阳汉魏故城工作队：《西晋帝陵勘查记》，《考古》，1984年第12期，第1096－1107页。

146. 晋武帝咸宁四年（公元278年）诏书，见《宋书·礼志》，中华书局，1974年，第407页。

147. 黄明兰：《西晋散骑常侍韩寿墓墓表跋》，《文物》，1982年第1期，第65－69页。

148. 北京市文物工作队：《北京西郊发现汉代石阙清理简报》，《文物》，1964年第11期，第13－22页。

149. 刘习祥、张英昭：《博爱县出土的晋代石柱》，《中原文物》，1981年第1期，第63页。

150. 晋元帝大兴元年（公元318年）曾诏准为顾荣立碑，见《宋书·礼志》，中华书局，1974年，第407页。

151. 罗宗真：《南朝陵墓石刻》，《中国大百科全书·考古卷》，中国大百科全书出版社，1986年，第344－345页；姚迁、古兵：《六朝艺术》，文物出版社，1987年。

152. 北魏·郦道元：《水经注》卷十三，《四部丛刊》初编缩本，商务印书馆，第128页。

153. 中国社会科学院考古研究所洛阳汉魏故城工作队、洛阳古墓博物馆：《北魏宣武帝景陵发掘报告》，《考古》，1994年第9期，第801－814页。

154. 黄明兰：《洛阳北魏景陵位置的确定和静陵位置的推测》，《文物》，1978年第7期，第36－41页。

155. 中国社会科学院考古研究所、河北省文物研究所邺城考古工作队：《河北磁县湾漳北朝墓》，《考古》，1990年第7期，第601－607页。

156. 贺梓城：《"关中唐十八陵"调查记》，《文物资料丛刊》(3)第53－60页；刘庆柱、李毓芳：《陕西唐陵调查报告》，《考古学集刊》，第5集，第216－263页，1987年。

157. 陕西省考古研究所：《顺陵勘查记》，《文物》，1964年第1期，第34－39页。

158. 若是：《唐恭陵调查纪要》，《文物》，1985年第3期，第43－45页；中国社会科学院考古研究所河南第二工作队、河南省偃师县文物管理委员会：《唐恭陵实测纪要》，《考古》，1986年第5期，第458－462页。

159. 陕西省文物管理委员会：《唐永泰公主墓发掘简报》，《文物》，1964年第1期，第7－33页。

160. 邱行恭从李世民讨伐王世充，会战于洛阳邙山，时李世民战马中箭，邱行恭射退敌骑，下马为李世民所骑飒露紫拔箭，然后让李世民骑他的战马，他自已步行保护李世民突围回营。为纪念邱行恭的功绩，"贞观中，有诏刻石为人马以象行恭拔箭之状，立于昭陵阙前"。见《旧唐书·邱和传附子行恭传》，中华书局，1975年，第2327页。

161. 被运出国的两石现藏美国费城大学博物馆，见王世襄：《记美帝搜括我国文物的七大中心》，《文物参考资料》，1955年第7期，第49页。

162. 何正璜：《介绍陕西省博物馆新建的石刻艺术陈列室》，《文物》，1964年第1期，第47－48页。

163. 献陵的一件石虎和一件石犀牛现被移藏于西安碑林博物馆。

164. 小汤二题铭在献陵南神门外东列石虎颈下，见注156．刘庆柱、李毓芳文，第217页。

165. 杨纯渊：《永济蒲津渡遗址》，收入《中国考古学年鉴

(1992)》，文物出版社，1994年，第166－167页。

166. 王承礼、曹正榕：《吉林敦化六顶山渤海古墓》，《考古》，1961年第6期，第298－301页。

167. 王毅：《藏王墓—西藏文物见闻记（六）》，《文物》，1961年第4、5合期，第81－87页；宿白：《藏王墓》，见《中国大百科全书·考古卷》，中国大百科全书出版社，1986年，第638页；西藏文物管理委员会文物普查队：《赤德松赞碑清理简报》，《文物》，1985年第9期，第73－76页。

168. 河南省文物考古研究所：《北宋皇陵》，中州古籍出版社，1997年。

169. 陈仲篪：《宋永思陵平面及石藏子之初步研究》，见《中国营造学社汇刊》第6卷第3期，1936年。

170. 陈增弼：《宁波宋椅研究》，《文物》，1997年第5期，第42－48页。

171. 汤毓贤：《两件雕饰精美的南宋石马及有关石像生》，《文物》，1999年第8期，第78－83页。

172. 宁夏文物考古研究所：《西夏陵》，东方出版社，1995年。

173. 同注172，第152页。

174. 洲杰：《内蒙古昭盟辽太祖陵调查散记》，《考古》，1966年第5期，第263－266页。

175. 吉林省文物工作队：《完颜希尹家族墓群石雕艺术初探》，《文物》，1982年第3期，第75－78页。

176. 王剑英：《明中都》，中华书局，1992年。

177. 江苏省地方志编纂委员会：《江苏省志·文物志》“明祖陵”条，江苏古籍出版社，1998年，第147页；张正祥：《明祖陵》，《考古》，1963年第8期，第437－441页。

178. 南京博物院：《明孝陵》，文物出版社，1981年。

179. 赵其昌：“明十三陵”条，见《中国大百科全书·考古卷》第336页，中国大百科全书出版社，1986年。

180. 江苏省地方志编纂委员会：《江苏省志·文物志》，江苏古籍出版社，1998年，第142－147页。

第三章　中国宗教雕塑（上）

1. Hirakawa Akira，*A History of Indian Buddhism* (Honolulu：University of Hawaii Press，1990).

2. Jacques Gernet，*A History of Chinese Civilization* (Cambridge：Cambridge University Press，1982)：117–128.

3. 《论语·雍也第六》，见《论语·孟子·孝经·尔雅》，辽宁教育出版社，1997年，第24页。

4. 《论语·先进第十》，同注3，第42页。

5. Schwartz Benjamin I.，*World of Thought in Ancient China* (Cambridge， Mass.：Harvard University Press，1985)：56–135，186–255.

6. 巫鸿：*Mapping Early Daoist Art：The Visual Culture of Wudoumi Dao*，*Taoism and the Arts of China*，*Stephen Little*，（Chicago：The Art Institute of Chicago in Association With University of California Press，2000)：77–93。

7. 宋·范晔：《后汉书》，中华书局，1965年，第1428页。

8. 同注7，第320页。

9. 巫鸿对西王母像及中国南方雏形期佛教遗迹有特别的研究，见巫鸿：《武梁祠：中国早期图像艺术中的观念》，第108–141页；巫鸿：“Buddhist Elements in Early Chinese Art (2nd and 3rd Centuries A.D.)”，*Artibus Asiae*，47，nos. 3–4 (1986)：263–352；亦见 Jean M.James，“An Iconographic Study of Xiwangmu During the Han Dynasty”，*Artibus Asiae*，55，no. 1/2 (1995)：17–41。

10. 罗娅玲：《乐山市中区东汉崖墓的调查》，载《四川文物》，1990年第6期，第35－40页；Tang Changshou ，“Shiziwan Cliff Tomb No.1”，*Orientations* (Sep 1997)：72–77。

11. 佛经记载佛有三十二相，八十种好，这些特征主要源自印度，无法完全表现于图像中。除了肉髻，艺匠还将佛像的耳垂塑得极长，此一特征与印度贵族习惯戴沉重的珠宝有关，也有可能影射佛的天耳通。眉间的白毫也是一重要的标记，据说佛说法时，白毫会放射光芒照亮宇宙。金身意味照耀四方的光环。佛身的比例完美，匀称挺直。手足指缦网相，手心脚底现法轮则是表现不同寻常的特色。有关三十二相的讨论，见Stella Krmrisch，*Emblems of the Universal Being, Exploring India's Sacred Art*，Barbara Stoler Miller 编（Philadelphia：University of Pennsylvania Press，1983）：130-140。

12. 手印的种类众多，不同的手印代表不同的意义。手印种类的增多及演变与佛教教义的发展有关。对于最常见手印的讨论，见E. Dale Saunders，*Mudra，A Study of Symbolic Gestures in Japanese Buddhist Sculpture*（New York：Pantheon Books，1960）。

13. 对摇钱树最新最完整的研究，见Susan N. Erickson，"Money Trees of the Eastern Han Dynasty"，*Bulletin of the Museum of Far Eastern Antiquities*，66（1994）：5-115。

14. 有关绵阳出土文物，见何志国：《四川绵阳何家山 1号东汉崖墓清理简报》，《文物》，1991年第3期，第1-19页；何志国：《试谈绵阳出土东汉佛像及其相关问题》，《四川文物》，1991年第5期，第23-30页。1994年陕西城固出土的摇钱树显示此种文物自四川向临近地区延展。见罗二虎：《陕西城固出土的钱树佛像及其与四川地区的关系》，《文物》，1998年第12期，第63-70页。

15. 关于现存于成都四川省博物馆的什邡砖，见谢志成：《四川汉代画像砖上的佛塔图像》，《四川文物》，1987年第4期，第62-64页。

16. 四川省文物管理委员会：《四川忠县涂井蜀汉崖墓》，《文物》，1985年第7期，第49-95页。在河北一座3世纪的墓中亦发现一尊泥塑的小佛像，见杨泓：《跋鄂州孙吴墓出土陶佛像》，《考古》，1996年第11期，第28-30页。

17. 有关上述雏形期佛教文物的分析可见吴焯：《四川早期佛教遗物及其年代与传播途径的考察》，《文物》，1992年第12期，第40-50页。

18. 童恩正：《试谈古代四川与东南亚文明的关系》，《文物》，1983年第9期，第73-81页。

19. 巫鸿：《武梁祠：中国早期图像艺术中的观念》，第119-121页。

20. 巫鸿：*Buddhist Elements in Early Chinese Art*：273-283。

21. 南京博物馆：《佛教初传南方之路》，文物出版社，1993年。其中附有许多魂瓶的图片。

22. Ho Waikam，"Hun-p'ing：the Urn of the Soul"，*The Bulletin of the Cleveland Museum of Art*，48，2（1961）：26-34.

23. Susan L. Huntington，*The Art of Ancient India*（New York-Tokyo：Weatherhill，1985）：134.

24. Tsukamoto，Op. Cit.，1：149，521（note）.

25. 连云港市博物馆：《海州石刻、将军崖岩画与孔望山摩崖造像》，文物出版社，1990年。

26. Liu Sinru，*Ancient India and Ancient China. Trade and Religious Exchanges AD1-600*（Dehli：Oxford India Paperback，1994）；Richard N. Frye，*The Heritage of Central Asia，From Antiquity to the Turkish Expansion*（Princeton：Markus Wiener Publishers，1996）；Christoph Baumer，*Southern Silk Road：In the Footsteps of Sir Aurel Stein and Sven Hedin*（Bangkok：White Orchid Books，2000）.

27. W. L. Idema and Erich Zurcher，*Thought and Law in Qin and Han China，Studies Presented to A. Hulsewé on Occasion of His 80th Birthday，Han Buddhism and the Western Region Series，Sinica Leidensia* 24（Leiden：E.J. Brill，1990）：158-182.

28. Angela F. Howard，"In Support of a New Chronology for the Kizil Mural Paintings"，*Archieves of Asian Art* 44（1991）：68-83.

29. 宿白：《克孜尔部分洞窟阶段划分与年代等问题的初步探索—代序》，见《克孜尔石窟》共三册，文物出版社，1989年，第一册，第10-23页。

30. 有关这一时期各民族复杂的迁徙，见 Wolfram Eberhard, *A History of China*, (Berkeley and Los Angeles: University of California Press, 1950), 110-174 有关此时佛教发展见 Erik Zurcher, *The Buddhist Conquest of China* (Leiden: E.J. Brill, 1959)。

31. 张学荣、何静珍：《论凉州佛教及沮渠蒙逊的崇佛尊儒》，《敦煌研究》，1994年第2期，第98-110页。

32. Alexander C. Soper, *Literary Evidence for Early Buddhist Art in China* (Ascona: Artibus Asiae Publishers, 1959), 92.

33. Angela F. Howard, *Liang Patronage of Buddhist Art in Gansu Corridor During the Fourth Century and the Transformation of a Central Asian Style*, 收入巫鸿主编：《汉唐之间的宗教艺术与考古》，文物出版社，2000年，第235-272页。

34. 宿白：《武威天梯山早期石窟参观记》，《燕京学报》，2000年第8期，第215-225页；部分石刻图片可见于甘肃省文物考古研究所编：《河西石窟》，文物出版社，1987年。

35. 宿白：《凉州石窟遗迹和"凉州模式"》，《考古学报》，1986年第4期，第435-446页。

36. Tsukamoto, *A History of Early Chinese Buddhism*, 2:755.

37. 北齐·魏收：《魏书·释老志》，中华书局，1974年，第3032页。

38. 舍利塔是佛教最早最神圣的建筑。在佛教盛行之前的印度，半圆形的塔是用来作为皇家的墓葬，后逐渐被用来盛放佛的遗骨(佛舍利)；之后，舍利塔成为佛涅槃的象征，代表佛所说的法。见 Adian Snodgrass, *The Symbolism of the Stupa* (Ithaca, New York: Cornell University, 1985)。

39. 殷光明：《敦煌市博物馆藏三件北凉石塔》，《文物》，1991年第11期，第76-83页；黄文昆：《十六国的石窟艺术与敦煌石窟艺术》，《文物》，1992年第5期，第43-48页。

40. Roderick Whitgield, *Caves of the Singing Sands Dunhuang, Buddhist Art from the Silk Road* (London: Textile and Art Publications Limited, 1995), 2:272-275 讨论了此三窟。

41. 道安的目录已经遗失，但从僧祐(公元445-518年)所编的《出三藏记集》可略见其大概。见Tsukamoto, *A History of Early Chinese Buddhism*, 2: 712-722。

42. 董玉祥：《炳灵寺169窟》，海天出版社，1994年。

43. 录自董玉祥：《炳灵寺169窟》，第16-17页。

44. 炳灵寺169窟内的无量寿佛、观音菩萨、大势至菩萨像并非来自《无量寿经》，据传为南朝·宋畺良耶舍所译的《观无量寿经》。

45. 刘慧达：《北魏石窟与禅》，《考古学报》，1978年第3期，第337-352页。

46. 我所依据的文献中，最重要的有董玉祥：《麦积山石窟的分期》，《文物》，1983年第6期，第18-30页；黄文坤：《麦积山的历史与石窟》，《文物》，1989年第3期，第83-89页。

47. 这一小批作品中有许多收藏在日本，日本学者首先开始研究此类艺术。见李静杰：《早期金铜佛谱系研究》，《考古》，1995年第5期，第451-465页。

48. Arthur F. Wright, *Studies in Chinese Buddhism*, Robert Somers, (Yale: Yale University Press), 1990: 34-67.

49. Special Exhibition, *Gilt Bronze Buddhist Statues* (Tokyo: National Museum, 1987), 80-81.

50. 宿白：《云冈石窟分期试论》，《文物》，1978年第1期，第25-38页。

51. 宿白：《东北、内蒙古地区的鲜卑遗迹》，《文物》，1977年第11期，第38-46页；Adam T. Kessler, *Empires Beyond the Great Wall* (Los Angeles: Natural History Museum

of Los Angeles County, 1993), 67–76。

52. 松本荣一认为18窟主佛为卢舍那佛，我不同意这一观点。见拙著《大佛诸像》，第98页。

53. Jessica Rawson, *Chinese Ornaments: The Lotus and the Dragon* (London: British Museum Publications, 1984), 39–62.

54. Alexander C. Soper, "Imperial Cave Chapels of the Northern Dynasties: Donors, Beneficianries, Dates", *Artibus Asiae* 28 (1966): 241–46.

55. James legge, *A Record of Buddhistic Kingdoms* (New York: dover Publications Inc., 1965): 79.

56. 完整的汉化政令可见 J.F. Jenner, *Memories of Loyang, Yang Hsuan-Chi and the Lost Capital* (493–534) (Oxford: Clarendon Press, 1982): 28–31, 58。

57. Alexander C. Soper, "South Chinese Influence on the Buddhist art of the Six Dynasties Period", *Bulletin of the Museum of Far Eastern Antiquities* 32 (1960): 58–72.

58. 北魏·杨衒之：《洛阳伽蓝记》，学苑出版社，2001年。

59. Katherine R.Tsiang, "Disjunctures of Time, Text, and Imagery in Reconstructions of the Guyang", 载于巫鸿编：《汉唐之间的宗教艺术与考古》，文物出版社，2000年，第313–348页。

60. 丁明夷：《巩县天龙响堂安阳数处石窟寺》，见《中国美术全集雕塑卷·13》，文物出版社，1989年。

61. 常青：《北朝石窟神王雕刻述论》，《考古》，1994年第12期，第27–41页。

62. 甘肃省文物工作队：《庆阳北石窟寺》，文物出版社，1996年。

63. 李静杰：《早期金铜佛谱系研究》，见注47。

64. 有关鎏金铜像的中国学术研究，见李少南：《山东博兴出土百余件隋代铜造像》，《文物》，1984年第5期，第21–31页；丁明夷：《谈山东博兴出土的铜佛造像》，《文物》，1984年第5期，第32–43页；晋华、吴建国：《山西寿阳出土一批东魏至唐代铜造像》，《文物》，1991年第2期，第1–13页；邺城考古队：《河北临漳邺城遗址出土的北朝造像》，《考古学报》，1992年第8期，第741–744页。

65. 有关饰以华丽背光的鎏金佛坛，见张总：《北魏金铜佛像背光飞天分析》，《文物》，1993年第2期，第47–53页。

66. 有关造像碑见周曾：《北魏薛凤贵造像碑考》，《文物》，1990年第8期，第58–65页。

67. 中国历史博物馆：《山东青州龙兴寺出土佛教石刻造像精品》，中国风光美术公司出版，1999年。

68. Kenneth Ch'en, *Buddhism in China* (Princeton: Princeton University Press, 1964), 103–112.

69. 唐·李延寿：《南史》，中华书局，1975年，第1964页。

70. 唐·张彦远：《历代名画记》，见《唐五代画论》，湖南美术出版社，1997年，第211页。

71. 宿白：《南朝龛像遗迹初探》，《考古学报》1989年第4期，第389–414页。

72. 袁曙光：《四川茂汶造像碑及有关问题》，《文物》，1992年第2期，第67–71页。

73. 刘志远、刘廷璧：《成都万佛寺石刻艺术》，上海古典艺术出版社，1958年；袁曙光：《成都万佛寺梁代石刻造像》，《四川文物》，1991年第3期，第27–32页；李巳生：《成都万佛寺梁代造像碑艺术特色的形成》，《敦煌研究》，1992年第3期，第86–92页；成都市文物考古工作队、成都市文物考古研究所：《成都市西安路南朝石刻造像碑清理简报》，《文物》，1998年第11期，第4–20页。

74. 万佛寺石刻中还有一件碑的残块，正面刻须弥山，背面图景很像弥勒净土。上方刻弥勒于兜率天等待下生人间，下部刻龙华三会。全碑的构造与阿弥陀佛净土类似，风格与南梁作品近似。我认为阿弥陀佛净土和弥勒净土当时都源于四川，因为这两个佛在南方是同时受崇拜的，如公元483年茂汶造像碑所显示的那样。这个问题还有待进一步研究。

75. 北齐艺术也可以看作是北魏末期风格(如永宁寺塔的泥塑)急

速发展变化的结果。之后，自海路传入中国的笈多艺术更将北魏末期的变化推向极致。

76. 有关我对北齐寺庙雕塑的研究，请参见“Buddhist Cave Sculpture of the Northern Qi Dynasty：Shaping a New Style，Formulating New Iconographies”，*Archives of Asian Art* 35 (1996)：6－25。这篇文章讨论了中国及西方学术界对此问题的最新看法。另见拙著“Reconstructing the Original Location of a Group of Sculptures in the University of Pennsylvania Museum”，*Orientations* (Feb 2001)：32－39。

77. 麦积山西魏127窟有西方极乐净土图。见《麦积山石窟》，日本平凡社、中国文物出版社，1987年，图161。

78. 杨伯达：《曲阳修德寺造像的艺术风格与特色》，北京故宫博物院，1960年。

79. 宁夏回族自治区文物委员会编：《须弥山石窟》，文物出版社，1988年。

80. 董玉祥、臧志军：《甘肃武山水帘洞石窟群》，《文物》，1985年第5期，第7－16页。

81. Marylin M. Rhie，“Late Sui Buddhist Sculpture：A Chronology and Regional analysis”，*Archives of Asian Art 35* (1982)：27－51.

82. 杜在忠、韩岗：《山东诸城佛教石造像》，《考古学报》，1994年第2期，第231－262页。

83. Angela Falco Howard，*The Imagery of the Cosmological Buddha* (《大佛诸像》)，(Leiden：E.J. Brill，1988).

84. 菩萨、声闻和缘觉代表三乘，后为法华经所宣扬的一乘法所取代。这三乘在隋代非常流行，与崇尚法华经的天台宗同时兴盛。

85. Sally Hovery Wriggins，suanzang，*A Buddhist Pilgrim on the Silk Road* (Boulder，Colorado：Westview Press Inc.，1996).

86. Amy McNair，“Early Tang Imperial Patronage at Longmen”，Ars Orientalis 4 (1994)：67；endnote 13.

87. 同注83，第68－69页。

88. 转引自梁思成：《中国雕塑史》，百花文艺出版社，1998年，第140页。

89. Amy McNair，*Early Tang Imperial Patronage at Longmen*，*67*.

90. 这些作品的经典依据大约是公元650年译为汉文的《大阿罗汉难提密多罗所说法住记》，简称《法住记》。记中详述十六罗汉的姓名和法器，强调罗汉的超凡神力。后来罗汉数增至十八、一百、五百。

91. Marylin Gridley，“Three Buddhist Sculptures from Longquanwu and the Luohans from Yi xian”，*Oriental Art 41*，4 (Winter 1995/96)：20－29.

92. Yen Chuan-ying)，“The Sculpture from the Tower of Seven Mewels：The Style，Patronage and Iconography of the T'ang Monument”，哈佛大学博士论文，1986，107。

93. 法门寺考古队：《法门寺地宫珍宝》，陕西人民出版社，1989年。

94. 周一良：《中国密教》，《哈佛亚洲研究》，1944－1945年第8期，第241－332页。

95. 程学华：《唐代鎏金像和彩塑》，《文物》，1961年第7期，第61－63页。

96. 广元市文物管理所：《广元千佛崖石窟调查记》，《文物》，1990年第6期，第1－23页。

97. 邢军：《广元千佛崖唐密教造像析》，《文物》，1990年第6期，第37－40页；罗世平：《千佛崖利州毕公及造像年代考》，《文物》，1990年第6期，第34－36页。

98. 四川省文物管理委员会：《四川巴中水宁市唐代摩崖造像》，《文物》，1988年第8期，第14－18页。始宁曾称水宁，最近改为始宁。

99. 彭家胜：《四川安岳卧佛院调查》，《文物》，1988年第8期，第1－13页；傅成金：《安岳石窟之玄应考》，《四川文物》，

1991年第3期，第48－49页。

100. Angela F. Howard, "Tang and Song Images of Guanyin from Sichuan", *Orientations* (Jan 1990): 49-57.

101. 邓中元、高俊英：《仁寿县牛角寨摩崖造像》，《四川文物》，1990年第5期，第71－77页。

102. Jing Anning, "Yongle Palace: The Transformation of the Daoist Pantheon During the Yuan Dynasty", 普林斯顿大学博士论文，1994，132-192。

103. 李巳生：《四川石窟雕塑》，见《中国美术全集·卷12》，北京人民美术出版社，1988年。

104. 关于大足石刻的中文出版物我列出以下几本：
大足县文物保管所编：《大足石窟》，文物出版社，1984年；刘长久、胡文和编：《大足石刻研究》四川省社会科学出版社，1985年；黎方银：《大足石窟艺术》，重庆出版社，1990年；王庆瑜：《中国大足石刻》，重庆出版社，1992年。

105. 刘长久：《安岳石窟艺术》，四川人民出版社，1997年。

106. 杨姓人家捐资造持莲观音，时为1099－1107年；释迦牟尼佛像为1098年造，施主徐氏；净瓶观音的施主为孙氏，造像年代在1097－1153年间。参看邓之金：《安岳圆觉洞"西方三圣"名称问题探讨》，《四川文物》，1991年第6期，第34－35页；傅成金：《再说安岳圆觉洞摩崖造像》，《四川文物》，1991年第6期，第36－40页。

107. 陈明光、邓之金：《试说大足石刻与安岳石刻的关系》，《四川文物》，1986年专号，第79－83页。

108. Angela F.Howard, *Summit of Treasures, Buddhist Cliff Sculpture of Dazu, Sichuan*.

109. 李哲良：《世所罕见的涞滩禅宗石刻艺术》，《四川文物》，1995年第2期，第41－48页。

110. 徐苹芳：《僧伽造像的发现和僧伽宗派》，《文物》，1996年第5期，第50－58页。

111. Charles Backus, *The Nan-Chao Kingdom and T'ang China's Southwestern Frontier* (Cambridge: Cambridge University Press, 1981).

112. Angela F.Howard, "Buddhist Monuments of Yunnan: Eclectic Art of a Frontier Kingdom", *Arts of the Song and Yuan*, Hearn M. and Smith J. ed, (New York: The Metropolitan Museum of Art, 1996): 231-245.

113. 云南省剑川县文化局编：《南天瑰宝—剑川石钟山石窟》，云南美术出版社，1998年；北京大学考古学系、云南大学历史系等编：《剑川石窟－1999年考古调查简报》，《文物》，2000年第7期，第71－84页。

114. 凉山博什瓦黑石刻画像调查组：《凉山博什瓦黑石刻画像调查简报》，载《中国历史博物馆馆刊》，1982年第4期，第128－136页；黄承宗：《博什瓦黑岩画"出行图"中的王者世系》，《四川文物》，1992年第4期，第42－45页。

115. 云南省文物工作队：《大理崇圣寺三塔主塔的实测和清理》，《考古学报》，1981年第2期，第245－267页。

116. Angela F.Howard, "The Dharani Pillar of Kunming, Yunnan. A Legacy of Esoteric Buddhism and Burial Rites of the Bai People in the Kingdom of Dali (937-1253)", *Artibus Asiae* 57, 1/2 (1997): 33-72.

117. 李玉民：《云南大黑天神像研究——从9世纪到13世纪》，见《佛教艺术历史研究中的圣像与风格问题》，神户大学，1995年，第99－117页。

118. 同注116。

第四章 中国宗教雕塑（下）

1. 彭林、齐吉祥、范楚云《中华文明史》第6卷（辽、宋、西夏、金），分别为第6章、第10章、第4章、第7章，河北教育出版社，1994年。

2. 元·佚名：《元代画塑记》，人民美术出版社，1964年。

3. 宿白：《居庸关过街塔考稿》，见宿白：《藏传佛教寺院考古》，文物出版社，1996年。

4. 汉·司马迁：《史记·孔子世家》，中华书局，1982年。

5. 战国·韩非：《韩非子·显学篇》，辽宁教育出版社，1997年。

6. 汉·司马迁：《史记·孟子荀卿列传》，中华书局，1982年。

7. 昊天上帝的名称最早见于《周礼·大宗伯》“以禋祀昊天上帝”，参见《周礼》，辽宁教育出版社，1997年，第34页。昊天上帝后来成为儒教崇奉的上帝，北宋末称“昊天玉皇上帝”，南宋初玉皇大天帝成为道教神，国家祀典中仍称昊天上帝。

8. 关于儒教，参看任继愈主编：《宗教大辞典》“儒教”及有关条目，上海辞书出版社，1998年。

9. 元·脱脱等：《宋史·志第五十八·礼八：文宣王庙》，中华书局，1986年。

10. 同上见“礼八：武成王庙”。

11. 武庙崇祀对象后世有变化。元代以真武真君（玄武）为武神，明代以后，关羽成为主要武神。

12. 如北周时，朝廷辩论的结果，是“以儒教为先，道教次之，佛教为后”。见唐·李延寿：《北史·周本纪下》第359页，中华书局，1974年。而李唐王朝的统治者自认为是老子后裔，唐高祖李渊钦定三教次序为道、儒、佛。

13. 参看金维诺、罗世平：《中国宗教美术史》第3章第6节，江西美术出版社，1995年。

14. 十哲是孔子弟子中最出类拔萃者，即颜渊、闵子骞、冉伯牛、仲弓、宰我、子贡、冉有、季路、子游、子夏。按孔庙祀典，自颜渊配享后，升曾参为十哲；曾参配享后，升子张为十哲。这都是后代人做出的评价。

15. 见北齐·魏收：《魏书·释老志》，中华书局，1974年；又见《大清一统志》卷一六三，“河南府二·寺观”。

鸿胪寺，为职掌朝贺庆吊、接待外宾、处理涉外事务的官署。

16. 北魏·杨衒之：《洛阳伽蓝记》卷一，学苑出版社，2001年；中国社会科学院考古研究所：《北魏洛阳永宁寺—1979－1994年考古发掘报告》，中国大百科全书出版社，1996年。

17. 引自《洛阳伽蓝记》。

18. 南朝宋·范晔：《后汉书·陶谦传》，中华书局，1965年。

19. 孙机：《中国早期高层佛塔造型之渊源》，见《中国圣火》，辽宁教育出版社，1996年。

20. 陈明达：《应县木塔》，文物出版社，1966年。另见《山西应县佛宫寺木塔内发现辽代珍贵文物》，《文物》，1982年第6期。

21.《两年来山西省新发现的古建筑—南禅寺》(陈明达执笔)，《文物参考资料》，1954年第11期，第42页。

22. 梁思成：《记五台山佛光寺的建筑》，《文物参考资料》，1953年第5－6期。

23. 薄伽教藏殿：薄伽乃梵语薄伽梵之略，译为世尊，为佛的十个称号之一，薄伽教藏殿即佛教藏经的殿堂。现辽金时代的经藏已失，唯存明清藏经。殿内贴壁藏经处为结构精巧的重楼式壁藏38间，中部以拱桥接连塑于殿后壁窗上的“天宫楼阁”。

24. 中国寺庙供奉诸天像由来很早，但供天设位很杂乱，说法不一。善化寺大殿二十四诸天据金维诺考定为：“左侧以梵天为首，顺序为散脂大将、日天、韦驮天、地天、火天、摩利支天、持国天、增长天、鬼子母、深沙大将和焰摩天；右侧以帝释天为首，其次为伊舍那天、月天、罗刹天、菩提树神、风天、辩才天、多闻天、广目天、吉祥功德天、密迹金刚和水天。”(《论山西佛教彩塑》)，见中国佛教文化研究所、山西省文物局：《山西佛教彩塑》。

25. 白化文：《中国佛教寺院殿堂典型配置—山门、大雄宝殿及其东西配殿》，见《佛教与中国文化》，中华书局，1988年。

26. 27. 刘敦桢主编：《中国古代建筑史》第6章，中国建筑工业出版社，1980年。

28. 隆兴寺内宋碑所刻《真定府龙兴寺铸金铜菩萨并盖大悲宝阁序》对大悲阁菩萨像铸造过程有详细记载，是了解古代大型塑像的珍贵史料。序云：“(太祖皇帝）至开宝四年七月二十日，下手修铸大悲菩萨，诸节度军州差取到下军三千人工役于阁下，基址拆却九间讲堂，掘地创基至于黄泉，用一重礓砾，一重土石，一重石炭，一重土，至于地平。留六尺深海子，自方四十尺。海子内栽七根熟铁柱，每一根铁柱七条铁筒合就。上面用铁蛇，七条铁柱皆如此。海子内生铁铸满六尺，用大木于铁柱于胎上塑立大悲菩萨形象。先塑莲花台，上面安脚足，至头顶举高七十三尺、四十二臂，宝相穹窿，瞻之弥高，仰之益恭。三度画相仪进呈，方得圆满。第一度先铸莲花台，第二度铸脚膝之下，第三度至脐轮，第四度铸至胸臆之下，第五度至腋下，第六度至肩膊，第七度铸至头顶，上下七接铸就。所有四十二臂并是铸铜筒子，用雕木为手，上面用布裹，一重漆，一重布，方始用金箔贴成。相仪千手千眼，具足四十二臂，周圆相好端严，威容自在。”参看程纪中：《隆兴寺》，载《文物》，1979年第1期。

29. 唐·张彦远《历代名画记》卷十：“周昉……菩萨端严，妙创水月之体。”见《画史丛书》，上海人民美术出版社，1963年。

30. 周叔伽：《十六罗汉、十八罗汉和五百罗汉》，见《周叔伽佛学论著集》，中华书局，1991年。

31. 宋·郭若虚：《图画见闻志》卷三，见潘运告主编《图画见闻志·画继》，湖南美术出版社，2000年，第123页。

32. 张鹤云：《长清灵岩寺古代塑像考》，《文物》，1959年第12期；济南市文管会、济南市博物馆、长清灵岩寺文管所：《山东长清灵岩寺罗汉像的塑制年代及有关问题》，《文物》，1984年第3期；胡继高：《山东长清灵岩寺彩塑罗汉像的修复》，《考古》，1983年第11期。

33. (日) 大村西崖：《塑壁残影》；胡继高、施小龙、赵桂芳：《吴县甪直保圣寺彩塑罗汉像的保护》，《中国文物报》，1999年4月21日、28日。

34. 华东艺术专科学校美术史教研组：《洞庭东山紫金庵古塑罗汉考察记》，《文物参考资料》，1955年第9期；江苏吴县东山紫金庵编：《紫金庵古塑罗汉》，上海人民美术出版社。

35. 金申编：《佛教雕塑名品图录》，北京工艺美术出版社，1995年。

36. 广东省博物馆编：《南华寺》，文物出版社，1990年。

37. 罗世平：《敦煌泗州僧伽经像与泗州和尚信仰》，《美术研究》，1993年第1期；徐苹芳：《僧伽造像的发现和僧伽崇拜》，《文物》，1996年第5期。

38. 梁思成、林徽因：《晋汾古建筑预查纪略·太原县晋祠》，《中国营造学社汇刊》，第5卷第3期，1935年；刘敦祯主编：《中国古代建筑史》第6章第4节，中国建筑工业出版社，1980年；彭海：《晋祠圣母殿勘测收获－圣母殿创建年代析》，《文物》，1996年第1期。

39.《中国晋祠宋塑》，山西人民出版社，1993年。

40.《礼记·曲礼下》：“天子祭天地、祭四方、祭山川、祭五祀，岁遍。诸侯方祭，祭山川、祭五祀，岁遍。大夫祭五祀，岁遍。士祭其先。”见《礼记》，上海古籍出版社，1987年，第21页。

41. 古代帝王封禅之礼皆在泰山举行，武则天时改到中岳嵩山，号嵩山为神岳，尊嵩山神为天中王，天册万岁二年（公元696年）亲行登封之礼，上嵩山神尊号为“神岳天中皇帝”。唐玄宗时恢复到泰山封禅，封泰山为天齐王。中国历史上最后一位行封禅之礼的皇帝是北宋真宗，于大中祥符元年（公元1008年）登泰山祭天，又于大中祥符四年至山西汾阴祭后土。与泰山、嵩山并称五岳的西岳华山(在陕西省境内)岳神为金天王，南岳衡山（在湖南省境内）岳神为司天王，北岳恒山(在山西省北部)岳神为安天王。

42. 五行指水、火、木、金、土五种物质。中国古代思想家认为这五种物质是构成万物的元素。

43.《礼记·郊特牲》：“天子大蜡八，伊耆氏始为蜡。”郑氏注：“蜡祭有八神：先啬一、司啬二、农三、邮表畷四、猫虎五、坊六、水庸七、昆虫八。”孔颖达疏：“所祭之神合聚万物而索飨之，但以此八神为主。”水庸神即管理城池之神。参见《礼记》，上海古籍出版社，1987年，第148页。

44. 清·张廷玉等：《明史·礼志三》，中华书局，1974年，第1285页。

45. 唐·慧琳《一切经音义》卷五：“(阎魔王)梵音焰魔，义译为平等王。此司典生死罪福之业，主守地狱八热八寒，以及眷属诸小狱等。役使鬼卒于五趣之中，追摄罪人，捶拷治罚，决断善恶，更无休息。”

十殿阎王为：泰广王、初江王、宋帝王、伍官王、阎罗王、变成王、泰山王、平等王、都市王、五道转轮王。“十王”之说起于唐末，其形象在山西明代寺庙中多见。

46. 在中国很多地方都有药王庙。所祀之神有的是孙思邈，有的是古代传说的神农氏和战国时代的名医扁鹊。

47. 火神，传说为东岳岳神第三子。北宋真宗大中祥符元年(公元1008年)封禅毕，封东岳三郎为炳灵公。火神的另外说法为宋代方士王灵官，其塑像为赤面、三目，披甲执鞭，供奉王灵官的火神庙亦称灵官庙。还有一种说法为古代传说的赤帝祝融氏。

48. 彭海：《晋祠圣母殿勘测收获－圣母殿创建年代析》，《文物》，1996年第1期。

49. 鹿邑太清宫初名老子庙，始建于东汉桓帝延熹八年(公元165年)，唐玄宗时更名太清宫，并将祭祀老子之母的李夫人祠更名洞霄宫。宋真宗时进一步扩建，今遗址尚存。

50. 参看《中华文明史》第7卷第9章，河北教育出版社，1994年；中国佛教协会编：《中国佛教》第一辑，知识出版社，1980年；李冀诚：《藏传佛教》，新华出版社，1991年；宿白：《元代杭州的藏传密教及其有关遗址》，见《藏传佛教寺院考古》，文物出版社，1996年；杨伯达：《秀丽多彩的元明清雕塑》，见《中国美术全集 · 元明清雕塑卷》，人民美术出版社，1999年；王跃工：《元代杭州佛教密宗造像之研究》，载《美术交流》，1993年第4期。

51. 宿白：《居庸关过街塔考稿》，见《藏传佛教寺院考古》，文物出版社，1996年。

52. 龚森浩：《晋城玉皇庙的道教雕塑》，载《中国艺术》，创刊号。

53. 《中国美术全集 · 元明清雕塑卷》，人民美术出版社，1999年。

54. 中国佛教文化研究所、山西省文物局：《山西佛教彩塑》，中国佛教文化出版有限公司，1991年。

55. 《双林寺彩塑》，天津人民美术出版社，1999年。

56. 国家文物事业管理局编：《中国名胜辞典》，上海辞书出版社，1986年。

57. 宿白：《藏传佛教寺院考古》，文物出版社，1996年；金维诺、罗世平：《中国宗教美术史》，江西美术出版社，1995年；《中华文明史》第8-10卷，河北教育出版社，1994年。

58. 清 · 工布查布：《造像量度经 · 附续补》，金陵刻经处，同治十三年翻刻本；门拉顿珠：《如来佛身量明析宝论》；杜玛格西 · 丹增彭措：《彩绘工序明鉴》，见《西藏佛教彩绘彩塑艺术》（罗秉芬译注），中国藏学出版社，1997年。

59. 《藏传佛教造像》（承德外八庙藏），天津人民美术出版社，1995年；杨伯达：《秀丽多彩的元明清雕塑》，《中国美术全集 · 元明清雕塑卷》，人民美术出版社，1999年。

60. 王家鹏：《藏传佛教金铜佛像图典》，文物出版社，1996年。

主要参考书目

1.任继愈、卓新平、何光沪：《宗教大辞典》，上海辞书出版社，1998年。
2. 汉 · 司马迁：《史记》，中华书局，1982年。
3. 汉 · 班固：《汉书》，中华书局，1962年。
4. 晋 · 司马彪：《后汉书》，中华书局，1965年。
5. 元 · 脱脱等：《宋史》，中华书局，1985年。
6. 潘运告主编《图画见闻志 · 画继》，湖南美术出版社，2000年。
7. 何志明、潘运告编《唐五代画论》，湖南美术出版社，1997年。
8. 潘运告主编：《宋人画评》，湖南美术出版社，1999年。
9. 梁思成：《中国雕塑史》，百花文艺出版社，1997年。
10. 史金波：《西夏佛教史略》，宁夏人民出版社，1988年。
11. 史金波等：《西夏文物》，文物出版社，1988年。
12. 张光直：《古代中国的考古学》，纽黑文：耶鲁大学出版社，1986年。
13. 杨晓能：《中国原始社会雕塑艺术》，香港：大道出版有限公司，1988年。
14. 吴诗池：《中国原始艺术》，紫禁城出版社，1996年。
15. 巫鸿：《中国早期艺术与建筑中的纪念性》，斯坦福：斯坦福大学出版社，1995年。
16. 苏秉琦编：《考古学文化论集》，文物出版社，1987年。
17.《殷墟妇好墓》，文物出版社，1980年。
18.《殷墟玉器》，文物出版社，1982年。
19. 李济：《安阳》，西雅图：华盛顿大学出版社，1977年。
20. 张光直：《商代文明》，纽黑文：耶鲁大学出版社，1980年。
21. 杨晓能：《中国夏商雕塑艺术》，香港：大道出版有限公司，1988年。
22. 屈小强等：《三星堆文化》，四川人民出版社，1993年。
23. 李绍明等编辑：《巴蜀历史民族考古文化》，巴蜀书社，1991年。
24.《中国青铜器全集》，文物出版社，1996年。
25.《陕西出土商周青铜器1》，文物出版社，1979年。
26.《陕西出土商周青铜器3》，文物出版社，1980年。
27.《陕西出土商周青铜器2》，文物出版社，1980年。
28. 杨宽：《古史新探》，中华书局，1965年。
29.《河北省出土文物选集》，文物出版社，1980年。
30. 张光直：《艺术、神话与仪式》，剑桥：哈佛大学出版社，1983年。
31. 李学勤：《东周与秦文化》，纽黑文：耶鲁大学出版社，1985年。
32. 黄展岳：《中国古代的人牲与人殉》，文物出版社，1990年。
33. 张正明、皮道坚：《楚美术图集 · 漆器》，湖南美术出版社，1996年。
34. 何兹全：《秦汉史略》，上海人民出版社，1955年。
35. 秦始皇兵马俑博物馆、陕西省考古所：《秦始皇铜车马发掘报告》，文物出版社，1998年。
36. 王学理：《秦始皇陵研究》，上海人民出版社，1994年。
37. 清 · 阮元校刻：《十三经注疏》，中华书局，1980年。
38. 曹者祉、孙秉根编：《中国古代俑》，上海文化出版社，1996年。
39.《长沙马王堆一号汉墓》，文物出版社，1973年。
40.《云南晋宁石寨山古墓发掘报告》，文物出版社，1959年。
41. 徐文彬等：《四川汉代石阙》，文物出版社，1992年。
42. 俞伟超编：《考古学类型学的理论与实践》，文物出版社，1989年。
43. 南京博物馆：《四川彭山汉代崖墓》，文物出版社，1991年。
44.《中国考古学研究—纪念夏鼐先生考古五十年论文集》，文物出版社，1986年。
45. 梁 · 萧子显：《南齐书》，中华书局，1974年。
46. 北魏 · 杨衒之：《洛阳伽蓝记》，范祥雍校注本，古典文学出版社，1958年。
47. 黄明兰：《洛阳北魏世俗石刻线画集》，人民美术出版社，1987年。

48. 姚迁、古兵编著：《六朝艺术》，文物出版社，1987年。
49. 中国硅酸盐学会编：《中国陶瓷史》，文物出版社，1982年。
50. 陕西省文物管理委员会：《陕西省出土唐俑选集》，文物出版社，1958年。
51. 中国社会科学院考古研究所：《唐长安城郊隋唐墓》，文物出版社，1980年。
52. 山西省考古研究所：《唐代薛儆墓发掘报告》，科学出版社，2000年。
53. 南京博物院：《南唐二陵发掘报告》，文物出版社，1957年。
54. 冯汉骥：《前蜀王建墓发掘报告》，文物出版社，1964年。
55. 河北省文物研究所、保定市文物管理处：《五代王处直墓》，文物出版社，1998年。
56. 宿白：《白沙宋墓》，文物出版社，1957年。
57. 中国社会科学院考古研究所编：《新中国的考古发现和研究》，文物出版社，1984年。
58. 中国社会科学院考古研究所、定陵博物馆、北京市文物工作队：《定陵》，文物出版社，1990年。
59. 河南省文物考古研究所：《北宋皇陵》，中州古籍出版社，1997年。
60. 宁夏文物考古研究所：《西夏陵》，东方出版社，1995年。
61. 王剑英：《明中都》，中华书局，1992年。
62. 南京博物院：《明孝陵》，文物出版社，1981年。
63. 南京博物馆：《佛教初传南方之路》，文物出版社，1993年。
64. 连云港市博物馆：《海州石刻、将军崖岩画与孔望山摩崖造像》，文物出版社，1990年。
65. 甘肃省文物考古研究所编：《河西石窟》，文物出版社，1987年。
66. 董玉祥：《炳灵寺169窟》，海天出版社，1994年。
67. 甘肃省文物工作队：《庆阳北石窟寺》，文物出版社，1996年。
68. 刘志远、刘廷壁：《成都万佛寺石刻艺术》，上海古典艺术出版社，1958年。
69. 法门寺考古队：《法门寺地宫珍宝》，陕西人民出版社，1989年。
70. 大足县文物保管所编：《大足石窟》，文物出版社，1984年。
71. 刘长久、胡文和编：《大足石刻研究》，四川省社会科学出版社，1985年。
72. 黎方银：《大足石窟艺术》，重庆出版社，1990年。
73. 王庆瑜：《中国大足石刻》，重庆出版社，1992年。
74. 云南省剑川县文化局编：《南天瑰宝—剑川石钟山石窟》，云南美术出版社，1998年。
75. 宿白：《藏传佛教寺院考古》，文物出版社，1996年。
76. 金维诺、罗世平：《中国宗教美术史》，江西美术出版社，1995年。
77. 南朝宋·范晔：《后汉书》，中华书局，1965年。
78. 陈明达：《应县木塔》，文物出版社，1966年。
79. 刘敦桢主编：《中国古代建筑史》，中国建筑工业出版社，1980年。
80. 周叔伽：《周叔伽佛学论著集》，中华书局，1991年。
81. 江苏省吴县东山紫金庵编：《紫金庵古塑罗汉》，上海人民美术出版社。
82. 广东省博物馆编：《南华寺》，文物出版社，1990年。
83. 李冀诚：《藏传佛教》，新华出版社，1991年。
84. 中国佛教研究所、山西省文物局：《山西佛教彩塑》，中国佛教文化出版有限公司，1991年。
85. 《双林寺彩塑》，天津人民美术出版社，1999年。
86. 国家文物事业管理局编：《中国名胜辞典》，上海辞书出版社，1986年。
87. 《西藏佛教彩绘彩塑艺术》（罗秉芬译注），中国藏学出版社，1997年。
88. 王家鹏：《藏传佛教金铜佛像图典》，文物出版社，1996年。

作者简介

李松　原《美术》杂志主编、编审，中国画研究院院务委员。主要著作有《中国大百科全书·美术卷》雕塑部分（主编，1991年出版）、《中国美术史·夏商周卷》（主编，2002年出版）、《20世纪中国画家丛书·李可染》（1995年出版）。

安吉拉·法尔科·霍沃　美国新泽西州拉特格斯大学亚洲艺术系教授、纽约大都会艺术博物馆亚洲艺术部中国佛教艺术特别顾问，著有 *The Imagery of the Cosmological Buddha*（《大佛诸像》，1986年出版）、*Summit of Treasures：Buddhist Cave Art of Dazu，China*（《宝顶：中国大足佛教石窟艺术》，2001年出版）。

杨泓　中国社会科学院考古研究所研究员、中国社会科学院研究生院考古系教授、《文物》杂志编审，著有《汉唐美术考古和佛教艺术》（2000年出版）、《美术考古半世纪：中国美术考古发现史》（1997年出版）、《中国古兵器论丛》（1986年出版）。

巫鸿　美国芝加哥大学中国艺术史教授，著有 *The Wu Liang Shrine：The Ideology of Early Chinese Pictorial Art*（《武梁祠：中国早期图像艺术中的观念》，1989年出版）、*Monumentality in Early Chinese Art and Architecture*（《中国早期艺术与建筑中的纪念性》，1995年出版）、*The Double Screen：Medium and Representation in Chinese Painting*（《双面屏：中国画的质地和表现力》，1996年出版）。

致谢

在本书的编辑出版过程中，许多人曾付出辛劳，给予关心和帮助，在此表示深切的感谢。

承蒙国内外多所文博机构和有关人士为本书提供了丰富精美的图片，特此作谢并列名如下：北京故宫博物院、文物出版社、人民画报社、中国国家博物馆、山东青州博物馆、陕西省历史博物馆、河北省文物研究所、西安碑林博物馆、秦始皇兵马俑博物馆、西安半坡博物馆、辽宁省博物馆、河南博物院、洛阳博物馆、浙江省博物馆、湖北省博物馆、河北省博物馆、四川省博物馆、南京博物院、新疆维吾尔自治区博物馆、内蒙古自治区博物馆、台北故宫博物院、美国旧金山亚洲艺术博物馆、美国芝加哥美术馆、美国纽约大都会艺术博物馆、美国波士顿美术博物馆、美国费城宾夕法尼亚大学艺术馆、美国麻省剑桥赛克勒博物馆、美国堪萨斯市纳尔逊·阿特金斯艺术博物馆、美国华盛顿弗利尔美术馆、美国哈佛大学赛克勒博物馆、英国大英博物馆、法国巴黎吉美博物馆、法国巴黎赛努施奇博物馆、日本泉屋博物馆、日本京都藤井有邻馆、日本东京永青文库、日本新田私人博物馆、日本根津美术馆、日本大阪博物馆、日本奈良法隆寺、日本东京都国立博物馆。提供图片的有关人士有：杨泓、罗忠民、罗小幸、刘春根、孙树明、王春树、孙永学、兰佩瑾、陈志安、王露、周沁军、阎新法、张宝玺、陈宗烈、李缙云、陈克寅、江聪、郭群、晏新志、孙立治、孙之常、于炳文、陶正刚、王达军、狄祥华、赵岐、梁达才、吴健、李绪成、魏学峰、谢军、张克庆、白亮、董瑞成、王正保、高纯瑞、程钦华、曲维波、胡锤、刘家毅、胡宝玉、夏居宪、杨蔚青、张惠、吴天文、马志超、赵可明。

外文出版社的编辑和翻译人员为本书做了很多工作。

汤博文先生、凌源先生和王明杰先生承担了本书第二章、第四章的中译英工作，在翻译过程中解决了许多棘手的问题，提出了一些很好的建议。他们的工作通常是在时间很紧迫的情况下完成的，对他们艰苦细致的工作表示感谢。

外文出版社“中国文化与文明”丛书编辑部的全体人员配合默契、密切合作，使本书各项工作得以顺利进行。编审廖频女士担负中文稿的编辑定稿工作，并解决了图片方面的许多复杂问题，在工作的后期余冰清女士协助她做了大量工作。孙树明先生负责收集图片、核定图片说明，并对图版版式作了调整，工作极为细致、认真。孙海玉女士在前期做了大量的组织工作。我们还应该特别感谢周大光先生，他参与了本书的策划和前期部分协调工作，如组织学者会晤，陪同学者到实地考察。

耶鲁大学出版社也有一个班子参与了本书的编辑出版工作。耶鲁大学出版社前任社长约翰·莱登先生从本书策划伊始就给予极大的支持，对本书以及“中国文化与文明”丛书的编辑、出版工作提出了中肯的意见。丛书的前执行总编詹姆士·派克先生，为本书的策划、编辑、翻译乃至图片的庋集倾注了大量的心力。现任社长约翰·多纳蒂奇、副社长乔纳森·白瑞特先生的鼎力支持，对本书的出版起到了至关重要的作用。总编乔纳森·布伦特先生在本书完成阶段提供了关键性的支持。耶鲁大学出版社“中国文化与文明”丛书执行编辑玛丽帕·斯蒂女士组织编辑部同仁愉快地合作，她还亲自修定、编审部分手稿。苏姗·艾贝尔、弗里·希尔和苏姗·莱蒂认真地修改了全书各章英文稿。我们还要特别感谢朱莉·卡尔森女士，她对本书英文初稿进行了加工和润色。杰里·凯利设计了本书内页版式。阿南丹鲁普·罗伊为本书绘制了精美的地图。本书英文版的图片编辑朱丽安妮·格里芬处理了图片编排方面的许多疑难问题，并担负本书制版印刷的指导与监督工作。摄影编辑约翰·朗认真处理了照片和插图的一些复杂问题。丽塔·鲍威尔巧妙地处理了图片制作和编目方面的许多细节问题。

中国国际出版集团副总裁、总编辑黄友义先生是“中国文化与文明”丛书合作项目的发起与促成者之一。在这项合作计划实施中，他对每部书的策划、运作都悉心关切，全力支持，对本书也不例外。他以自身的才干和亲和力解决了合作中的许多问题，受到中美双方的推重。

本书在编辑出版过程中，“中国文化与文明”丛书的编辑顾问委员会的中美两国顾问曾不断地给予支持和指导。

我们尤其要感谢中国国务院新闻办公室前主任赵启正先生、中国国际出版集团总裁蔡名照先生、“中国文化与文明”丛书美方总协调人约瑟夫·里德先生，他们的关切与支持对于“中国文化与文明”丛书合作计划的顺利实施起到了决定性的作用。

李振国　　张泰平

外文出版社副总编辑　　耶鲁大学出版社“中国文化与文明”丛书执行总编辑

索引

D

G

H

J

M

N

P

T

Y

Z